21 世 纪 新 闻 实 训 系 列 教 材

新闻采访与写作

（第二版）

欧阳霞　张晨　编著

清华大学出版社
北京

图书在版编目(CIP)数据

新闻采访与写作/欧阳霞，张晨编著．--2版．--北京：清华大学出版社，2014 (2016.8重印)
(21世纪新闻实训系列教材)
ISBN 978-7-302-34444-5

Ⅰ．①新… Ⅱ．①欧… ②张 Ⅲ．①新闻采访－高等学校－教材 ②新闻写作－高等学校－教材 Ⅳ．①G212

中国版本图书馆CIP数据核字(2013)第269995号

责任编辑：纪海虹
封面设计：傅瑞学
责任校对：王荣静
责任印制：何 芊

出版发行：清华大学出版社
网 址：http://www.tup.com.cn，http://www.wqbook.com
地 址：北京清华大学学研大厦A座 邮 编：100084
社 总 机：010-62770175 邮 购：010-62786544
投稿与读者服务：010-62776969，c-service@tup.tsinghua.edu.cn
质 量 反 馈：010-62772015，zhiliang@tup.tsinghua.edu.cn
印 刷 者：三河市君旺印务有限公司
装 订 者：三河市新茂装订有限公司
经 销：全国新华书店
开 本：185mm×235mm 印 张：25.25 字 数：506千字
版 次：2009年10月第1版 2014年1月第2版 印 次：2016年8月第7次印刷
印 数：20601～24600
定 价：48.00元

产品编号：054348-01

再版前言

FOREWORD

《新闻采访与写作》自 2009 年 10 月出版以来，承蒙读者的厚爱，近 4 年已重印 8 次，然而这样的成绩给予我内心的不安多于欣喜，因为本书在结构上存在的一些缺陷及内容的不完善，让我自觉愧对于广大读者的信任。加之在这短短的 4 年中，中国新闻媒体的生态环境发生了重大变革，全媒体时代的到来，迫使传媒业的结构正在发生重大变革，不同介质的媒体走向融合，新闻的载体更加多元化，这必然对新闻工作者提出全新的要求。媒介融合时代的新闻报道是文字、图片、视频、音效多种表现形式的综合体现，与之相应的新闻记者则要求成为能同时为报纸写文字稿、为电视拍摄节目、为网站提供图片的“全能记者”。这一切变化促使我必须对《新闻采访与写作》做重大修改，甚至重新撰写，以求给予读者全新的视野和思维，从而理解和掌握不断变化的新闻媒体所需要的价值理念和新闻采访写作的技能、技巧，深刻理解新闻报道的产生过程，真实感受采写报道过程的欣喜和艰辛，并充分享受研读新闻的乐趣。

本次修改主要表现在以下几个方面：

一、结构上分成三大部分，即概论、新闻采访、新闻写作。概论部分包括三章内容，其中增加了“新闻价值”一章；新闻采访部分包括四章内容，其中增加了“采访对象”一章；第三部分新闻写作包括九章内容，其中增加了“新闻语言”“新闻体裁”“消息导语”“消息主体、背景和结尾”“调查性报道”“网络新闻写作”六章内容。

二、内容上丰富和深化了原版未突出的重点知识，如：新闻价值的判断、赢得采访机会、新闻语言、新闻体裁、网络新闻写作。尤其是对原版中泛泛而谈的“消息写作”，本版从消息的各组成部分着手以三章的篇幅进行了全面深刻的论述。

三、增加了媒体实践发展的全新元素，如：全媒体概念、全媒体时代新闻传播特点及记者的工作方法和状态、微博、微信作为新闻线索渠道等。

四、几乎更新了全部案例，以国内外新闻经典案例和最新案例贯穿教材始终，最新案例截止到 2013 年 7 月国际、国内重大新闻报道。

本教材承袭了原版简洁生动的叙述、清晰的章节结构、生动的小贴士、实践性较强的课后练习等更加符合青年学生的阅读和认识规律的表现形式。同时仍然坚定不移地将新闻理想、探寻真理的精神、批判质疑的态度等新闻核心价值观念潜移默化地渗透在字里行间,希望读者通过本书收益的不仅仅是新闻采写理论和技能层面的知识,而且也对渗透其中的新闻职业道德和职业精神有所认同和领悟。

本书在重新撰写中,主要参考书是我的专著《新闻发现与表达》,该著是我10年来科学研究的成果,亦是我对新闻实践教学苦苦探索的体现。感谢张晨老师撰写了本书的第二章、第十四章、第十五章、第十六章,感谢我的研究生孙艳凤、谭玉婷、左莹莹、白龙为本书做文字校对。本书在编写过程中参考和引用了诸多专业文献和媒体报道,在此一并致谢。在这里我要特别感谢清华大学出版社的编辑纪海虹老师和她对本书的出版所做的一切努力,同时深深地感念参与第一版《新闻采访与写作》撰写的老师们,也真诚地感谢读者的厚爱,期待读者的批评指正。

欧阳霞

2013年夏于青岛

目录

CONTENTS

第一部分　概　论

第二部分 新闻采访

第三部分 新闻写作

第一部分　概　　论

是谁在发现新闻？是谁在表达新闻？是记者。这是一个怎样的群体？这是一个怎样的职业？要想成为一名新闻记者，首先要认识记者这一职业。

第一章　记者是时事的观察记录者

美国一项职业自豪感调查显示，不到75％的美国国会议员、81％的政府高级官员、92％的总统任命官员和92％的记者在向别人谈论自己的职业时，都有一种自豪感。美国早期的小说家霍桑曾说，他不愿意当律师，因为那要靠别人的悲哀生存；他也不愿意当医生，因为那要靠别人的病痛生存；他也不愿意当牧师，因为那要靠倾听别人的罪恶生存。对于霍桑来说，剩下的唯一职业就是写作。“如果你要向社会各个阶层传播你的文章、如果你要做社会发展的推动者、如果你要想抑制一个滥用职权的政府，新闻记者是这一切的开始”。①

新闻记者可能不会像其他职业那样会带来高报酬，但是它却闪耀着经久不息的诱人光芒。

记者是一种职业，这种职业是伴随着报纸的产生才出现的，但早在我国3000多年前的商周之际就出现了“采诗”“采风”的采访活动。到春秋战国时代，朝廷里又出现了史官。这些史官侍奉在皇帝左右，班固《汉书·艺文志》中有“左史记言，右史记事”之说，有了采访、传播活动和记者的雏形，但没有史料证明报纸已经产生。据中国新闻史记载和新闻学家们多年的考证，我国最早的报纸是《邸报》。《邸报》是在唐玄宗开元年间出现的，是进奏院的进奏官传发至地方的原始状态的报纸，记载皇帝活动、诏旨、官吏任免等。因此，可以说，当时办《邸报》的人就是记者，只不过那时不叫“记者”，老百姓称他们是“探听消息的人”。唐、宋、元、明、清历朝都办有《邸报》，都有探听消息的人，但新闻记者还远远没有作为一种职业单独分离出来。

记者作为一种专门的社会化的职业，在近代资本主义报刊形成之后，于19世纪末期和20世纪初正式诞生了。

在我国，“记者”的称谓是从西方引进的。是谁将“记者”称谓引进中国的呢？一种说法认为是梁启超在他主办的《清议报》上最早使用“记者”称谓；另一

---

① 李希光：《新闻自由与新闻公正》，http://www.media.tsinghua.edu.cn/data/2006/0226/article_181.html。

种说法是黄远生在上海《时报》的“北京通信”中首次使用了“记者”作为自称的代名词。无论怎样，之后“记者”就成为从事报纸职业的普遍称呼了。

记者一般“泛指新闻从业人员，即编辑、记者、主笔、主编、发行人的总称”，也指“专跑外勤的新闻记者，即新闻事业机构中从事采访报道的专业人员”。①

可见，新闻记者这一专有名词，实际上包括广义和狭义两种理解。广义的新闻记者，泛指新闻工作者，即所有的新闻从业人员。它包括采写人员、编辑人员、评论员、广播电视主持人、资料人员、翻译人员、通联人员，以及总编辑、主编、主笔、社长、台长，等等。狭义的新闻记者，是指直接从事新闻采访和写作的专职人员。他们的主要工作职能就是从事采集新闻和专题报道，从事语言、文字、摄影、摄像等新闻采访活动，然后将报道在报纸上发表或在电台、电视台、新闻网站播发。

新闻记者主要是撰写有关时事问题的人，也就是时事的记录者。

媒体有着强大的传播功能，它的影响力源自对于新闻事实的深刻关注和记录，并为社会实践中的人们提供充分的信息和知识支持。传媒的这一功能谁来实现？当然是新闻从业者。那么，媒体对于新闻人才提出了哪些关键性的要求呢？

第一节　记者的职业素养

一、新闻品格——对记者的人格要求

中国现代史上的报业巨子史量才说：“国有国格，报有报格，人有人格。三格不存，人将非人，报将非报，国将不国！”。“国有国格，报有报格，人有人格”，是史量才掷地有声的誓言。他执掌《申报》22年，始终贯穿着他对报纸独立品格的追求，并以他的办报思想和报业实践丰富、提升了中国新闻史。《申报》的宗旨明确宣告“无党无偏、言论自由、为民喉舌”。《申报》鞭挞社会、针砭时弊，深深触犯了最高当局。《申报》鼓吹民主，批评政府，惹怒了蒋介石。据说蒋介石曾找史量才谈话。蒋介石说：“把我搞火了，我手下有一百万兵！”史量才冷冷地回答：“我手下也有一百万读者！”在中国报业史上也许没有比这段对话更惊心动魄的了，对话的双方一个是不可一世的枭雄，一个是报业巨子，这是枪杆子和笔杆子的一次对话。笔杆子拒绝了枪杆子的威胁，注定要为此付出血的代价。1934年11月13日下午，沪杭道上——浙江海宁翁家埠，史量才遭国民党军统特务有预谋的暗杀，终年54岁。史量才先生以鲜血染红了《申报》，用他的生命捍卫了报格和人格。②

① 余家宏：《新闻学词典》，88页，杭州，浙江人民出版社，1988。

② 傅国涌：《笔底波澜》，185页，桂林，广西师范大学出版社，2006。

图 1-1　申报

（一）境界、情怀、智慧

中国人民大学教授喻国明先生说，一个有影响力的传媒，最重要的是需要“一种俯仰天地的境界、一种悲天悯人的情怀、一种大彻大悟的智慧”。这是对传媒的要求，也是对记者的人格要求。

有传播学家认为，记者拥有的受众比世界上任何传教士、教师和政治演讲家都要多。传媒的社会形象实际上是新闻人的人格化体现。因此，优秀新闻人的第一特质是境界，是作为新闻工作者的专业主义追求。

新闻业的历史实践告诉我们：新闻工作者的职业荣誉在于深刻地关注和记录社会上正在发生和形成的历史，正是基于这种关注和记录，新闻工作者的职业成果才能有效地融入影响社会发展进程的力量潮流中去。显然，一篇真正意义上的好新闻永远是和时代发展的现实问题联系在一起的。事实上，一个优秀的新闻人的真正价值就在于真实地记录这种“挑战—应战”的社会状态，揭示这一时代发展进程中的制约因素和问题，深刻地反映人类应对挑战的智慧及其成果。其实这也是一切试图成为主流传媒的新闻媒体所应追求的境界。[①]

所以，我们可以这样说，成就一篇好新闻，绝不仅仅需要漂亮的文字、敏锐的嗅觉和机巧的处理，最重要的是需要“一种俯仰天地的境界、一种悲天悯人的情怀、一种大彻大悟的智慧”。当这种境界、情怀和智慧面对社会发展进程的现实问题时，一篇好新闻也就

---

① 喻国明：《新闻人才的专业主义“标准像”》，载《新闻实践》，2003(3)。

应运而生了。[①]

（二）正义、使命、责任

明朝忠臣杨继盛为反强权，一生与奸臣严嵩对立，把生死置之度外。据说，在他第二次被诬陷下狱，临刑前在狱中墙上题了两句述志诗：“铁肩担道义，辣手著文章。”李大钊十分敬佩杨继盛的气节，将“铁肩担道义，辣手著文章”改为“铁肩担道义，妙手著文章”，早在1913年主编《晨报》副刊时，李大钊就在创刊号上选刊了“铁肩担道义”一句作为本期警语。民主革命时期的杰出新闻工作者邵飘萍把“铁肩担道义，妙手著文章”作为自己和全体《京报》工作人员的座右铭。

“铁肩担道义，妙手著文章”成为我国新闻工作者百年来遵循的座右铭。

记录时事，书写历史是职业赋予记者神圣的使命，记者必须关注社会，关注人类发展。原新华社社长郭超人说：“新闻工作者笔下有财产万千，笔下有毁誉忠奸，笔下有是非曲直，笔下有人命关天。”记者要真实地记录历史，记录影响人类生活和历史进程的一切重大事件，记者的责任重大。因此，“坚持正义，追求真理”是记者应该具备的品质。

我国新闻前辈范长江把“要有操守，既不为金钱、利益、美女诱惑，又不为诽谤、诬蔑、威胁所吓倒，要能坚持真理”作为一个新闻记者的一条重要原则。而他本人也在自己的记者生涯中始终恪守着这条原则。

20世纪30年代中后期，法国《世界报》的首任主编伯夫·梅里在担任驻布拉格的记者时，以自己反对纳粹德国染指捷克斯洛伐克的言行向世人充分展示了自己的正义立场。

美国普利策说：“倘若一个国家是一条航行在大海上的船，新闻记者就是船头的瞭望者。他要在一望无际的海面上观察一切，审视海上的不测风云和浅滩暗礁，及时发出警报。”作为社会的瞭望者和公共利益的守望者，新闻记者承担着重要的社会责任。因此，这就要求新闻记者在履行自己职责的时候具有比社会其他职业更强的使命感、崇高感和责任心。

（三）理性、建设性

理性、建设性是办报的理念，也是记者应该有的基本风格。

《纽约时报》在创办伊始，其主要创办者鲁道夫·赫斯特的办报方针就是：要用一种简明动人的方式提供所有的新闻；用文明社会中慎重有礼的语言来提供所有的新闻；要不偏不倚、无私无畏地提供新闻，无论涉及什么政党、派别或权益。

要知道，《纽约时报》创办时的美国报业背景，当时美国报刊史上面向大众的《便士

---

① 喻国明：《新闻人才的专业主义“标准像”》，载《新闻实践》，2003(3)。

报》正在迅速发展,1883 年普利策买下《世界报》后,为了打开销路,采用了一些煽情手法来报道新闻。1895 年,鲁道夫·赫斯特购入《纽约新闻报》后为了和普利策竞争,毫不犹豫地迎合"沙文主义"和其他低级情调,使这场发行量之争在 1898 年达到了顶峰,其时两家报纸都滥用新闻这一工具,采用大胆、耸人听闻的标题,集中报道与性和暴力有关的犯罪活动,刊登刺激感官的照片,使这一时期成了不折不扣的黄色新闻时期。也就是在这个时期,鲁道夫·奥克斯买下了《纽约时报》,他既不在煽情主义上与赫斯特和普利策一争高下,也不以报纸内容的通俗化追赶那些大发行量的报业领袖。他坚决反对新闻事业的通俗化,拒绝刊登玩弄"噱头"的消息和连环漫画;他抨击黄色新闻记者,并且以"本报不会污染早餐桌布"的口号为《纽约时报》做广告,后来又选择"所有适于刊印的新闻"这句话登在头版报眼位置。奥克斯的努力获得了成功。《纽约时报》逐渐成了世界知名的、权威的严肃大报。《纽约时报》被誉为"权力机构的圣经"和"档案记录报",它报道了 1912 年英国豪华客轮"泰坦尼克"号遇难事件;第一次世界大战,它全文刊载了《凡尔赛条约》;1945 年它详尽报道美国在日本广岛投掷原子弹……在普利策新闻奖的历次获奖中,《纽约时报》遥遥领先。和《纽约时报》一样,《华盛顿邮报》也是坚持以维护正义为宗旨,直到现在仍然是全美最有影响力、发行量最大的报纸之一。①

图 1-2 《纽约时报》

"理性、建设性",正是有责任感的新闻人应当有的基本风格——理性观察、建设性的出发点。它意味着不冲动、不破坏、不媚俗、不虚伪、不偏激、不炒作、不盲从、不骄傲,以务实、开放、求证的心态冷静观察社会走势,以建设性的视角来报道"一切值得报道的新闻"。一个优秀的传媒人背负有正确传播社会价值观的责任,因此,他必须选择立场,不能因为有可能得罪谁而试图去左右逢源。②

今天,"理性、建设性"这五个字就印在《经济观察报》的报头上方。可见,在我国"理性,建设性"也正在成为年轻传媒业者的思想方法和行动准则。

① 曾嘉:《论新闻编辑在文化传播中的把关作用》,中国新闻研究中心,2003-07-28。

② 喻国明:《新闻人才的专业主义"标准像"》,载《新闻实践》,2003(3)。

图 1-3 《经济观察报》的报头

链接

总有一种力量让我们泪流满面

(1999 年 1 月 1 日南方周末新年贺词)

这是新年的第一天,这是我们与你见面的第 777 次。祝愿阳光打在你的脸上。

阳光打在你的脸上,温暖留在我们的心里。这是冬天里平常的一天。北方的树叶已经落尽,南方的树叶还留在枝上,人们在大街上懒洋洋地走着,或者急匆匆地跑着,每个人都怀着自己的希望,每个人都握紧自己的心事。

本世纪最后的日历正在一页页减去,没有什么可以把人轻易打动。除了真实。人们有理想但也有幻象,人们得到过安慰也蒙受过羞辱,人们曾经不再相信别人也不再相信自己。好在岁月让我们深知"真"的宝贵——真实、真情、真理,它让我们离开凌空蹈虚的乌托邦险境,认清了虚伪和欺骗。尽管,"真实"有时让人难堪,但直面真实的民族是成熟的民族,直面真实的人群是坚强的人群。

没有什么可以轻易把人打动,除了正义的号角。当你面对蒙冤无助的弱者,当你面对专横跋扈的恶人,当你面对足以影响人们一生的社会不公,你就明白正义需要多少代价,正义需要多少勇气。

没有什么可以轻易把人打动,除了内心的爱。没有什么可以轻易把人打动,除了前进的脚步……

这是新年的第一天,就像平常一样,我们与你再次见面,为逝去的一年而感怀,为新来的一年做准备。祝愿阳光打在你的脸上。

阳光打在你的脸上,温暖留在我们的心里。有一种力量,正从你的指尖悄悄袭来,有一种关怀,正从你的眼中轻轻放出。在这个时刻,我们无言以对,惟有祝福:让无力者有力,让悲观者前行,让往前走的继续走,让幸福的人儿更幸福;而我们,则不停为你加油。

我们不停为你加油。因为你的希望就是我们的希望，因为你的苦难就是我们的苦难。我们看着你举起锄头，我们看着你舞动镰刀，我们看着你挥汗如雨，我们看着你谷满粮仓。我们看着你流离失所，我们看着你痛哭流涕，我们看着你中流击水，我们看着你重建家园。我们看着你无奈下岗，我们看着你咬紧牙关，我们看着你风雨度过，我们看着你笑逐颜开……我们看着你，我们不停为你加油，因为我们就是你们的一部分。

总有一种力量它让我们泪流满面，总有一种力量它让我们抖擞精神，总有一种力量它驱使我们不断寻求"正义、爱心、良知"。这种力量来自于你，来自于你们中间的每一个人。

所以，在这样的时候，在这新年的第一天，我们要向你、向你身边的每一个人，说一声，"新年好"！祝愿阳光打在你的脸上。

因为有你，才有我们。

阳光打在你的脸上，温暖留在我们的心里。为什么我们总是眼含着泪水，因为我们爱得深沉；为什么我们总是精神抖擞，因为我们爱得深沉；为什么我们总在不断寻求，因为我们爱得深沉。爱这个国家，还有它的人民，他们善良，他们正直，他们懂得互相关怀。

二、新闻敏感——从平凡细微处发现新闻

第二次世界大战刚结束，一记者团到饱受战争伤害的日本和德国采访，呈现在记者们眼前的是同样的一片满目疮痍的废墟焦土。大多数记者采写了战后悲凉景象的报道，但其中有两位记者写出了不一般的新闻。一位记者在日本看见几个孩子蜷缩在废墟的石桌边晨读，他立刻拍下了这个珍贵的镜头，并相信从这些孩子的读书声中可以预见充满希望的日本的未来。另一位美国随军记者去柏林贫民窟采访，发现一间在残壁断垣上用旧油毡、破帆布搭建的棚屋旁，盛开着一盆鲜花，于是采写了题为《废墟上的鲜花》的消息，他相信从这盆废墟上的鲜花可以窥见日耳曼民族坚韧的性格和顽强的精神，这个国家一定能很快抹去战争带来的创伤与耻辱，像花一样再度绽放……这两篇报道引起国际报界的轰动。正如记者预见的那样，日本和德国经济很快复兴，跻身到强国之列。为什么面对同样的景象，只有这两位记者采写了不同的新闻呢？有一个原因是肯定的，那就是他们具有更强的新闻敏感。

法国著名雕塑家罗丹曾说过这样一段名言："美是到处都有的。对于我们的眼睛，不是缺少美，而是缺少发现。"新闻，就是一种对有价值的事实的一种发现和发掘，没有发现就没有新闻，而这种发现仅有勤劳是不够的，记者还必须有足够的新闻敏感。

（一）新闻敏感是一种职业敏感

“新闻敏感”一词最早出现于西方新闻界，也称为“新闻鼻”。在我国，较早使用此说法的是邵飘萍、徐宝璜等人。

什么是新闻敏感？《新闻学大辞典》对它的解释是：新闻敏感是新闻工作者迅速、准确地判断有价值的新闻事实的能力，又称为“新闻嗅觉”“新闻鼻”，是新闻工作者的一种职业敏感。

一个具有高度新闻敏感的记者，能够在没有新闻的地方发现新闻。《人民日报》前总编辑范敬宜在当记者时，有一次与另一个记者下乡采访，晚上他们住在公社办公室，一夜没有接到一个告状报案的电话，清晨也没有一位来堵门要粮、要钱的社员。范敬宜问同伴：“这一夜你发现新闻了吗？”同伴说：“什么事也没发生，当然没有新闻。”范敬宜说：“什么事也没发生就是新闻。”于是写出了《两家子公社干部睡上安稳觉 夜无电话声 早无堵门人》的消息。记者若缺乏新闻敏感度，很可能就会漏掉重大新闻。西方新闻史上有一个经典的例子：有一位明星演员到某城市演出，《纽约时报》年轻记者迪姆士・泰勒受报社指派，晚上到剧院采访这位大明星。谁知演出突然取消，泰勒便心安理得地回家睡觉了。清晨，泰勒被电话铃声惊醒，是编辑打来的。编辑气冲冲地告诉他，其他报纸的头版头条新闻是这位演员自杀。编辑说：“像这样一个名演员首场演出被取消，本身就是新闻。它的背后可能有更大的新闻。记住：以后你的‘鼻子’（指‘嗅觉’）不要再感冒堵塞了！”

（二）新闻敏感需要培养

对于新闻从业者来说，新闻敏感至关重要，它是记者的基本素质之一，它直接关系到新闻报道的成败与优劣。

新闻敏感是记者宝贵的素质，是记者的新闻生命。但新闻敏感看不见、摸不着，它是内在思维活动的结果，因此有学者认为新闻敏感是一种天生的鉴别力。从心理学的角度讲，新闻敏感是对事物的一种“直觉”。但这种“直觉”只有与丰富的知识以及从实践中积累的经验相遇，才能擦出新闻敏感的“火花”。明末清初思想家陆桴亭（名世仪，号桴亭）曾说，敏感犹如石头里的火，不断敲击，火才出现。所以，新闻敏感并不能靠天赋，而是要靠记者通过后天的努力，需要在平时的实践中自觉训练、培养。

1. 博学善学，积累经验

新闻敏感的培养不是一蹴而就的，需要记者在细致烦琐的工作当中点点滴滴地去积累、磨练。记者的积累越丰富，思维的运转以及对于外界事物的反应也就越灵敏，发现新闻的能力也就越强，而积累贫乏的记者，外界的信息再强烈、再珍贵，其思维的空间也是狭隘的，不容易产生联想，更难以产生创新思维。

凤凰卫视记者吴小莉，采访提问机智、犀利。在 1998 年“两会”的总理记者招待会上，朱镕基点名让吴小莉提问，有备而来的小莉大方顺畅地提出三个问题：第一个问题是中国政府对香港经济的看法和政策。朱镕基回答中央政府支持香港经济的问题，使当天香港股市上升 300 多点。第二个问题是外界对朱镕基“铁面宰相”“经济沙皇”的评价，对此他本人有何看法。结果，当朱镕基听到“经济沙皇”这些评价时，立刻有感而言，说他不喜欢外界说他是“中国的戈尔巴乔夫”“经济沙皇”。第三个问题是朱镕基推动改革的心路历程。这个问题让朱镕基发出感人肺腑的话语：“不管前面是地雷阵，还是万丈深渊，我都会勇往直前，义无反顾，鞠躬尽瘁，死而后已。”赢得了全场如雷的掌声，让全国人民感动不已。吴小莉在《“两会”的故事》中回忆道：“因为就我对记者招待会前半段的观察，他对媒体的提问听得很仔细，遇到特别有感想的部分，媒体不强调他也有感而发，所以我就提出两个问题，再以铁面宰相、经济沙皇为引子，问他心路历程。”

1998 年国家主席江泽民到马来西亚出席 APEC 会议。事先吴小莉也知道江主席这次出访的姿态比较低调，不准备接受什么采访。她当时就一直动脑筋，怎么才能获得采访机会。会议最后一天，江主席步出会场，她实在挤不到前面，情急之下，掏出一张 10 元面值的人民币在远处高高举起，大声提问：“江主席，我手上这张 10 元人民币明年还能值 10 元吗?”江主席听到了，机敏地看了她一眼，大声说了一句：“Of Course(当然)！人民币绝不会贬值。”接着转身过来简述了有关人民币不贬值的问题。这条消息发到香港后，香港的股市回升创下新高。

吴小莉的“灵机一动”“情急之下”，竟想出如此绝妙的采访点子。2001 年 11 月 25 日，在浙江大学和学生们交流时，有学生问她为什么如此敏锐。她说：“我觉得每一个事件的采访历程都是一个累积的过程，累积的过程不过是比别人付出几倍的时间多学点儿，认认真真做好每一天的工作。1998 年的时候，我工作 10 年了，所以采访中迸发出的‘火花’不是一下子发生的事情。……我一直相信，生命是能量的不断积累，每一个看似平淡的过程，都是你积累能量的机会，因为你永远不知道生命的列车什么时候会拐弯，但只要你的能量储备足了，当机会来了，你就能从容抓住机会，收获生活里最美的果实。”①

2. 增强政治敏感和社会责任感

政治敏感是一个记者政治水平和业务能力的集中表现与综合体现，是新闻敏感的核心。记者的政治敏感，集中表现在对于政策的把握上，政治敏感度高的人未必新闻敏感性强，但一个新闻敏感性强的人，一定要有相应的政治敏感。只要记者不断加强政治理论、方针政策学习，他的政治敏感度就会不断提高。

获得第九届中国新闻奖二等奖的消息《克林顿公开重申对台湾“三不”原则》，是记者对新闻事实的及时发现和成功传播的范例，说明作者具有很强的新闻敏感性。据介绍，

---

① 王化云：《一叶落而知天下秋》，载《新闻爱好者》，2004(2)。

这篇消息虽然只有 375 个字,但短小精悍,突出报道了克林顿在 1998 年 6 月底至 7 月初访华期间,第一次公开明确地阐述美国对台湾问题的"三不"政策,即:美国不支持中国台湾独立;不支持"一中一台""两个中国";不支持中国台湾加入任何必须由主权国家才能参加的国际组织。这也是"三不"原则第一次出自美国总统之口,它集中体现了涉及中、美关系中最敏感、最重要的核心问题以及在国际舆论所关注的这个焦点问题上美国的最新承诺。然而这条主题重大、影响巨大的重要稿件的采写,是新华社记者邹春义、周解蓉从克林顿在上海图书馆与市民座谈时即席发表的大量言论中捕捉到的。虽然这场不起眼的活动事先没有列入发稿计划,但记者一听到克林顿说出此话,就立即一面用手机向总社报告,一面根据笔记很快整理成稿,请在场的外交部负责人转有关领导核实、审定,并在第一时间拿到了审定稿,又及时发至总社,使总社得以及时以中、英等 6 种文字抢先发出。稿件播发之后,引起中国台湾当局、美国朝野、国际社会和海内外媒体的广泛关注,全球大多主流报纸几乎都在显著位置刊登了这条消息。①

记者的政治敏感源于强烈的社会责任感和对时局政策的准确把握。社会责任感是记者对党、对国家、对人民负责的一种强烈冲动,虽然其本身并不能去直接捕捉新闻,但是对记者捕捉新闻起着关键的作用。记者具有了高度的社会责任感,也就具备了勤于思考、善于发现、勇于创新、乐于奉献的精神支柱和动力源泉。记者只有对国家强弱、人民贫富怀着忧患意识,才会随时关注时下党的方针、政策、路线,才会对周围群众关心的一切事物保持高度的敏感,才能敏锐地发现那些震撼人心、感人肺腑的新闻事实,才能迅速地用手中的笔真实地记录下历史的瞬间。

3. 深入生活,奔赴现场

新闻工作是实践性很强的劳动,所以在新闻业界把采访发现新闻称为"跑新闻",只有"跑",只有深入生活,奔赴现场,才会触发新闻敏感,才能发现新闻。一个优秀的、敏锐的记者,一定是"深入生活,奔赴现场"的记者。

奥莉阿娜·法拉奇是 20 世纪最为著名的新闻工作者、战地记者和小说家之一,享有极高的国际声誉。法拉奇的著名,不仅是因为她的新闻报道写得风格独特,也不仅是因为她有办法采访到各国高层领导人,而是因为她具有为实现采访而不计代价的精神。

这个个子纤小,相貌美丽,灰蓝色的大眼睛充满忧郁的女子却有着勇士般的采访作风。1967 年,她作为《欧洲人》的记者,为获得"越战"的真实情况,主动要求去越南,开始了长达 8 年的战地采访生涯,身处血腥的战火之中,身着迷彩服、头戴钢盔的照片令她看起来就像个孩子一样矮小、脆弱。她既采访"越共"领导又采访普通士兵,数次履险,有时炮火就在身旁,却发回大量精彩报道。

看看她的采访笔记吧——

① 王化云:《一叶落而知天下秋》,载《新闻爱好者》,2004(2)。

她曾在早年的一篇描写佛罗伦萨野鸽的文章里，这样描写实施了"灭鸽政策"之后的野鸽：

……它们像退伍军人一样警觉清醒，像靠救济金度日的市民一样贫困潦倒，像一家之父一样忧心忡忡。它们很清楚自己肩上担负着悲惨和不公正的命运。

她在采访记中这样描写沙特阿拉伯石油部部长亚马尼的眼睛：

那双眼睛能欺骗你、爱抚你和刺痛你，因为他向你投过来的那道目光，常常突然由温柔变得冷酷，而冷酷中仍含着温柔。那双眼睛能洞察一切。

在越南战场，她得知越共不由分说地杀死成批的人时，一向亲越共的她这样表达自己的感受：

我们似乎身处集中营，观看犹太人被屠杀的场面。世界并没有发生变化……人也是。不管他们的皮肤和旗帜是什么颜色。

在观察野鸽时，她让它们成为有血有肉的人，从而透射出人类的残忍；在解读控制着大量石油、可以影响西方经济的亚马尼时，她详尽地"读"了他的眼睛，敏锐而细腻地描绘出了亚马尼的复杂和不一致；在记录"越战"中关于屠杀的感受时，她穿过时空，触及了人类的共同主题。……这些独特的视觉触角，来自现场，来自记者的眼睛和心灵，也来自深厚的文学底蕴、人文精神。①

有记者问中央电视台记者柴静：为什么一定要进 SARS 病房？一定要去现场？柴静说："我到新疆喀什地震现场，当我看到一个老人光着脚，在零下 12℃ 的黑夜里赶路，到救灾的卡车前领出一双北京大街上常见的比他的脚大一号的黄色皮鞋，套在脚上，颤巍巍地走时，我知道这就是赈灾。两个喀什的小女孩带着我到她们住的地方，房子全都垮了，她们就睡在地上，当我把手伸进她们的被窝里，感觉到里面的冰冷、潮湿时，我知道了什么是安顿灾民。我现在仍然清晰地记得，人民医院急诊科主任周继红带着我们去人民医院天井，她蹲下身子把门锁打开，那一刻我突然明白什么叫现场，什么叫新闻。以前我也采访专家，采访学者，当然那也是新闻。但是，当人民医院天井的灯光大亮，我看到天井里所有的椅套上写着星期四，黑板上写着 4 月 7 日最后被转走的 20 多个患者的名字，面对当时慌乱撤离留下的场景时，我强烈地被震动，想要知道那时到底发生了什么……"②

1992 年，中央人民广播电台记者胡家麒在云南边陲瑞丽市采访改革开放后小城的变

① 邵薇：《"以我的方式写作"——法拉奇"个性新闻"考察》，载《现代传播》，2002(2)。

② 董小慈等：《中国女记者记录重大历史瞬间》，载《文摘报》，2003-11-11。

化。在采访了很多人和事之后，他却总是不满意，觉得这些事例不能深刻反映小城的变化，表现方式也雷同。于是，胡家麒到街上“闲逛”。在买西瓜时，他听到的是河南话；在理发摊上，他听到的却是上海腔；在卖工艺品的小店里，他见到的又是印度人、巴基斯坦人……无意中一个灵感跳了出来：南腔北调，这不正是往日封闭的小城在今天改革开放形势下的写照吗？于是，他用录音机记录下了这丰富多彩的音响，用7种声调组成了现场报道《南腔北调瑞丽边贸街》。这个报道获得当年“中国广播奖现场报道一等奖”。[①]

如果没有足够的知识经验积累、深入深入再深入的采访作风，即使再有价值的新闻出现在身边，记者也只会视而不见、充耳不闻。只有深入生活、奔赴现场，面对新事物、新问题，记者才能够迅速激发新闻敏感，捕捉最有价值的事实信息。

三、专业主义精神——之所以与他人不同

传统上，新闻并不是一个专业，新闻工作者也不被认为是“专业人士”。专业人士是指有专门知识并组成特定行业的人，他们受过专门的教育，有体面的职业，例如医生、律师、建筑师或教授，受人尊敬，社会地位较高。而最初的新闻工作者来自印刷行业的发行人或工人、学徒，是一些东奔西走、道听途说的“包打听”，社会地位不高。报业从一开始也不是像现在这样是公共信息的载体。但是随着时间的推移，媒介开始承担越来越多的责任，也拥有了越来越多的特权，媒介社会责任理论应运而生，由此也就诞生了对新闻专业主义的要求，强调适当的专业规范，高尚的新闻理想以及正确的业务技能。

那么，到底什么是新闻专业主义精神？根据新闻学者潘忠党的解释，新闻专业主义是美国政党报纸解体之后在新闻同行中发展起来的“公共服务”的信念，它是改良时代行政“理性主义”和专业“中立主义”总趋势的一个部分，它有两个核心的理念，一是客观性新闻学，即客观性；一是新闻媒介和新闻工作者的独立地位和独特作用，即独立性。新闻记者在报道中应当坚持专业主义理念，以体现新闻工作的专业性。另外，在新闻报道中也要强调真实性。《新闻调查》曾播出的《从市长到囚犯》，记者钱钢在牢牢把握自己职业角色的同时，以平等的视角对罪犯身份的被访对象进行了采访，体现了新闻专业主义的核心理念——平等客观，用事实说话。

“当你想起的时候，内心有矛盾和冲突吗?”，“你认为自己从当年跨进市长的办公室到现在跨进这座监狱，是什么东西给你带来了这么大的命运的变化?”，“你缺钱吗?”(省去被访者的回答)

在采访的全过程中，记者自始至终流露出一种平等的意识，既尊重了被采访对象的人格，又通过提问触及事实的本质；既暴露了采访对象的犯罪事实，又不同于办案人员的

---

① 王化云：《一叶落而知天下秋》，载《新闻爱好者》，2004(2)。

审案。正是由于记者在采访中把握了交流与审视结合的分寸，才很好地引领观众一步步看见“囚犯市长”的灵魂深处。

我们应当如何实现新闻专业主义精神？专业主义精神有哪些方面的要求？

第一，新闻专业主义精神强调新闻客观性，强调全面、客观、公正、平衡地报道新闻。客观性已经成为一种世界公认的新闻语汇和报道模式，它代表了现代社会对新闻事业的常识、期望，是人们构思、定义、安排、评价新闻文体、新闻实践和新闻机构的标准。在全球化的今天，“客观公正”已成为国际新闻业的共同标准，是当今占据统治性地位的新闻信条，是记者必须遵守的常规做法。中央电视台调查访谈栏目《新闻调查》非常注重新闻客观性，强调新闻的公正平衡。在其中一期节目《迟来的审判》中，公正平衡原则体现得非常明确，记者几乎将所有的当事人都找到了，每个人都有自己的说法，但观众会发现，记者对每个被访者的提问都是经过精心设计的，因为直接与法律相关，记者围绕着一些重要的证据向每一个被访者“取证”，让每个人都开口说话。记者始终冷静客观地给予当事各方以同等的表述机会，让他们倾诉各自面临的尴尬和委屈。也正是记者客观、平衡的态度，加上视听语言表现出的碰撞，使观众从究竟谁是谁非的混沌中解脱出来，得出自己的判断。

第二，新闻专业主义精神强调报道新闻的独立性，强调不应当受任何形式的强权压迫，也不应当受到任何的经济诱惑。“在伊拉克战争中名气最大的战地记者”阿内特曾经说过：“我感到有义务报道每一场冲突的各方……我认为他们(记者)的职责首先不再为哪个国家效力，而在于告知公众。”在美国，政治家不仅不能使用手中的权力打压新闻媒介，反而要接受媒介对他的舆论监督。任何一个政治家从他宣布参加竞选或就任公职起，他便时时刻刻处于新闻界的监督之下。如果政治家涉嫌有任何经济问题，绝难逃过新闻记者的跟踪追击，也难得到公众的谅解。就算该政治家被选举为总统，也绝不意味着能获得新闻“豁免权”，恰巧相反，总统本身会更严格地受到新闻界最严密的监视。白宫及其花园常年游客不绝，总统及其家庭的私生活也属于全体美国公众。正如斯蒂芬·赫斯所说：“人民有检查的权利，任何禁区都自然而然受到怀疑。”美国《纽约时报》的执行编辑弗兰克尔(Max Frankel)就公开说过：“美国总统没有权利保守私人秘密，他们的生活，他们的个性，他们的财产、家眷、亲朋和价值观念无一不是新闻报道的对象。”同时，这种独立性还表现在新闻媒介经济上的独立，即可以不受任何经济势力的影响，独立自主地报道新闻。

第三，新闻专业主义精神强调新闻写作要真实，强调实事求是地进行新闻采访与报道。客观事实，是新闻报道的第一要素，坚持新闻的真实性，是对新闻工作者和新闻媒体最基本也是最重要的要求。2007 年中国新闻网为了在第一时间抢发新闻，记者在没有深入采访，也没有对信源进行核实的情况下，贸然发出一条新闻信息，指出“发生在弗吉尼亚理工大学的特大枪击案凶嫌身份初步认定：该行凶男子是一名持学生签证来美国就读的中国留学生，现年24岁”。[1] 消息引起了国人的极大关注。可就在当天晚上，该消息被证实为假消息，引发了受众对中新网的强烈不满，认为中新网“作为一个国家级通讯社犯下如此低级的错误，实在让人难以原谅”。[2] 也有的记者，为了追求新闻的真实性，不惜花费几个月甚至几年的时间，以求得第一手准确无误的资料。1991年，美国南卡罗莱纳州州立大学内设立一个研究开发财团，某新闻媒体根据它所暴露出的种种迹象，怀疑它有一定的经济问题，在对该单位提出采访要求后，遭到拒绝。但是该媒体并没有放弃，而是暗中展开了调查。经过长达两年的调查研究，该新闻单位掌握了一些材料，但是关键性的财务收支记录却一直没有找到。为了保障新闻的真实性，该媒体一直没有发表报道，而是继续探寻新闻线索。后来，根据勤杂工提供的线索，记者决定翻腾垃圾场。他们穿上工作服，开着推土机，把堆积三年的垃圾翻了个底朝天，找到了几只箱子，并发现了装在箱子里的收支记录。一系列的证据最终证明，这个机构的负责人确实存在问题。也正是在搜集齐全相关证据后，该媒体才最终发表了这条新闻。

第四，新闻专业主义精神要求记者要超越自我，淡化自我。在新闻传播过程中，记者处在信息接受的最前列，他不仅是作为个人、更重要的是作为受众的代表，最先接受新闻信息，代表社会、代表受众寻找和采写新闻。在整个传播过程中，记者一方面作为一个特定的受传者个人，拥有自己的人格信仰、社会观念、知识结构、兴趣好恶，他是作为一个有个性的特定的“个人”，带着固有的经验，按照自己的意愿、需要来接受信息；另一方面，由于职业的要求，他必须充当一个职业化了的角色，即必须代表受众，进行新闻的传播。所以，一个职业化的记者追求的目标肯定应该是超越自我，弱化自我的存在性，应该表现出自己的道德高度和责任意识，而不是在新闻中表达自己的观点和情绪，在新闻传播过程中建立自己的形象。

我们也会常常看到，一些记者在新闻传播过程中凸显自己，超越新闻事实本身，这是一种不专业的表现，也是一种价值观上的倒错。例如：在2008年和2013年两次四川地震中，媒体对灾难的报道，让受众迅速了解了灾情的同时，也看到了有些媒体的新闻报道和电视记者在镜头前缺乏新闻专业主义的表现。例如：《深圳晚报》在2013年四川雅安地震的报道中，让自己的记者成为新闻的主角。(见图1-4)

谁应该是报道中的主角？灾民的状况、呼声、需要解决的问题……需要记者关注、记录、传播的有太多。哪怕记者确实参与了救援，但专业记者至少不应该跳到新闻传播的平台之上，记者本应站在新闻事实的背后，而不应该成为新闻传播平台上的主角。

总之，新闻专业主义精神要求记者时时刻刻牢记自己新闻记者的身份，在采访报道中严格执行职业操守，客观公正地报道新闻，用事实说话。

---

① 转引自：贾亦凡、陈斌、阿仁：《2007年十大假新闻》，中国记协网，http://news.xinhuanet.com/zgjx/2008-01/02/content_7351785.htm。

② 转引自：贾亦凡、陈斌、阿仁：《2007年十大假新闻》，中国记协网，http://news.xinhuanet.com/zgjx/2008-01/02/content_7351785.htm。

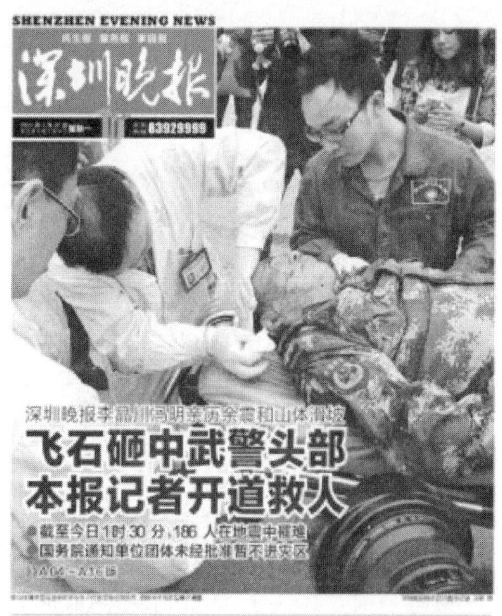

SHENZHEN EVENING NEWS

深圳晚报

83929999

深圳晚报李晶川冯明亲历余震和山体滑坡

飞石砸中武警头部
本报记者开道救人

- 截至今日1时30分，186人在地震中罹难
- 国务院通知单位团体未经批准暂不进灾区

A04－A16版

聚焦4·20芦山地震·现场

行进途中遭遇余震引发山体滑坡

工程师宋永科被飞石砸中头
本报记者乘摩托车开道引路

几经波折抵达重灾区

图 1-4 《深圳晚报》

链接

灾难中的作秀难逃人民厌恶

喻国明

谁应该是灾难报道中的主角？答案似乎是明确的：灾难当中的灾民——说出他们的状况、表达他们的呼声、描述救难中需要解决的问题。然而，在实际的灾难报道中，我们看到的情形却不是这样。在这两天雅安地震的报道中，我们看到的报道过多集中在救援动态、特别是领导人动态以及一个个感人的英雄事迹上，而灾民状况和灾区需求却往往被一笔带过，沦为配角。

更有甚者，有些人、有些机构甚至把灾难当成自我表现的作秀平台。一些企业打着赈灾的旗号，举着一张吸聚眼球的大大支票，表现自己的捐款数目——慈善难道不可以静悄悄地做吗？大张旗鼓地自我标榜，这种赤裸裸的公关行为，难道不是在借助赈灾消费灾民的苦难吗？那位被称为"最美新娘"的电视主播，难道缺少三分钟的时间脱下与救灾氛围完全不和谐的婚纱吗？某卫视的直播，有必要让嗓音已经沙哑、说话都十分困难的主持人来主持报道吗？要知道，他并不是站在灾区一线不可替代位置上的记者，有那种必要非让他坚守岗位吗？明眼人都看得出，这是媒体作秀的噱头。

老实讲，在灾难报道中，把本应站在幕后的自己推到聚光灯下成为主角，这是一种报道价值的倒错。举目望去，在一个拥有现代文明的社会，很少见到灾难面前，企业家和媒体人如此不加遮掩地作秀。大难当前，灾害一线的实情如何，处在痛苦中的人们有什么需求，亟待解决的问题到底是什么？这些才是讲求以人为本和人道主义的社会中最需要报道的信息，而不是谁谁围绕救灾的表现，哪个媒体的记者第一个赶到现场了。后者不是在报道灾难，而是在表现自我。

媒体、官方、企业等，这是影响社会的基本构造，是社会的示范力量。一个良性的媒体、企业和政府机构，追求的目标肯定应该是超越自我，而不是沿着底线走；应该表现出自己的道德高度和责任意识，而不是只想着建立自己的形象。灾难面前，媒体和舆论领袖把自己抬在前面，超越了救灾和灾民本身，这是一种价值观上的倒错。

其实，人民的眼睛是雪亮的。在灾难面前，任何一种价值倒错的表演都难逃人民的厌恶和讥讽。官员、商人抑或媒体概莫能外。这个道理聪明人都懂。在影片《蝙蝠侠：黑暗骑士》中，那个小丑不要钱，堆成山的钱被他随手烧掉，因为他说：那是最 cheap(廉价)的东西。他的目标也很简单，只是为了追求一点技术含量。他的名言是："你只是普通的罪犯，一点品位也没有。"看看吧，即使

我们要追求自己的名声，恐怕也要学学这个小丑，提升一点作秀的技术含量。

谁是灾难报道的主角？这已经成为一个现代文明和社会道德的严峻拷问。“我们”是否应该退隐到灾难报道幕后？让灾民和灾情以及与此相关的议题成为报道的主角吧。▲(作者是中国人民大学新闻学院副院长)

（资料来源：《环球时报》 2013-04-23）

第二节　记者的综合素养

优秀报道的出炉，除了需要记者的职业素养以外，还有没有其他的要求？是不是只要我们具备了新闻敏感、新闻责任感和专业主义精神，就一定能成为一名好记者？当然还不够。

2003年，“普利策新闻奖”有一篇获奖报道名为《恩里克的旅程》，是由42岁的女记者纳扎里奥撰文，摄影记者巴特雷地拍照的，原稿载于《洛杉矶时报》。全文有3万多字，讲述了一个洪都拉斯少年偷渡到美国的经历，典型地表现了南美诸国大批人偷渡的情况。这篇报道的主人公恩里克的母亲在他5岁时就离家偷渡到美国打工，孩子度过了穷苦的并被歧视的凄凉岁月。16岁时他决心也偷渡去美国，8次失败，终于成功，最后母子重逢。

两位记者在洪都拉斯遇见恩里克时正是他在第8次偷渡的途中。两位记者在长达5个月的采访中，沿着偷渡者的路线穿越了洪都拉斯、危地马拉的国境和墨西哥31个省份中的13个，先后搭乘长途汽车、货车、油罐车、卡车，和偷渡者一样躲避沿途的检查站、警察和专门袭击偷渡客的匪帮。整篇报道被称为文字“动人”“详尽”，“像一部悬念迭起的惊险小说”。

《恩里克的旅程》之所以能获奖，主要原因当然是该篇报道深刻的选题，除此之外，我们可以发现，文章的文字很“动人”，记者在采访过程中有着深厚的对当地风土人情的了解，在陪同少年偷渡到美国时，也经历了种种磨难，展示出良好的心理素质。这一切就是社会对新闻记者提出的其他方面综合素质的要求，包括较高的文学素质、全面的知识储备和良好的采访心理。另外，进入到网络时代以后，技术的发展也对记者提出了新的要求。

一、知识储备——让报道更有深度

《人民日报》总编辑邓拓曾经说过：“报纸是古今中外、天文地理无所不包的。因此，

新闻工作者一定要有广博的知识,知识的范围越广越好。”[①]好记者首先要是个杂家,要博闻强记、兼收并蓄。媒体是信息载体,尤其处于当今的信息时代,新闻媒体的内容涉及方方面面、各行各业的信息,这就对新闻工作者的知识结构提出了更高的要求。新闻工作者必须尽量扩展自己的知识面,在工作中学习,并将所学习到的知识学以致用。尤其是进入21世纪后,知识已经成为效益和力量的代名词,是否具有复合型的知识结构决定一名记者能否有效度、有深度地采访到有价值的新闻信息。现在,许多记者采写的新闻仅仅表现了事件发生的过程,如果你有充足的知识准备,就会发现事件背后更深刻的内涵。比如“非典”疫情的背后是人类过于任性的嘴巴,从此可以引申出野生动物保护、人与大自然如何和谐相处等许多值得我们思考的问题。

具体来说,新闻工作者需要具备以下几种综合知识能力:

第一,记者应当适当地掌握一些政治经济学知识。政治经济学是研究生产关系及其发展规律的科学,阐明了人类社会各个阶段物质资料生产、交换、分配和消费的一般规律,揭示了人类社会经济发展的一般规律,有助于我们认识各种社会制度的本质。被称为“中国财经记者第一人”的记者胡舒立,年轻时也曾因为专业经济知识的匮乏而面临过尴尬。在第一次采访中国著名经济学家吴敬琏时,胡舒立对很多问题的茫然和无知,让老经济学家谈得索然无味,她硬着头皮坚持到最后。有此事为鉴,胡舒立恶补经济方面的相关知识,之后,当她将采访吴敬琏的文章拿给吴敬琏看的时候,老学者非常高兴。

第二,新闻记者应当了解一些哲学知识。哲学对新闻工作的指导和渗透是广泛而全面的,如物质决定意识,事实产生新闻,指导我们新闻报道以事实为依据;意识对存在有反作用,指导我们对报道事实有所选择,掌握准确的舆论导向;哲学上认为物质是运动的,世界是多变的,指导我们撷取新事物,讲究新闻时效;对立统一规律则指导我们全面地把握报道分寸,表扬和批评兼顾等。

第三,新闻记者要具备一定的法律知识。随着我国法律建设的不断推进,知法、懂法已成为每个公民必备的素养。作为新闻工作者,担负着引导正确舆论导向的重任。一方面,良好的法律素质,有助于新闻记者在采访中依法采访,保护被采访者的权利,也尽量避免新闻官司的发生。2002年12月某日,某电视台播报了批评性节目“韩先生的烦恼”,消费者韩某投诉说床垫有异味,他的孩子因睡床垫身上起泡并住院治疗。节目中虽未点商品和厂家的名称,却用特写镜头播出了梦宝床垫商标和售后服务卡。但随着调查发现,这原来是记者为了一己之私而联合另一床垫生产商对梦宝床垫进行的恶意侵犯。此案发生后,给梦宝床垫造成了巨大的经济损失。法院最终判决记者犯侵害商品声誉罪,并处以罚金。这位记者的行为首先是因为其缺乏职业道德,当然也是因为其缺乏相应的法律知识。

---

① 中国人民大学新闻系编:《中外记者成才经验谈》,191～193页,内部用书,1988。

另外，随时随地学习新的专业知识，既向有经验的新闻工作者学习，又向各行各业的专家学习，以不断完善自己的知识结构，掌握最新的学科知识。比如最新的科学发展动态，新能源、新材料科学、环境科学、信息科学、气象学等，都是当下报道的重点，也是新闻记者应当学习的内容。正如国学大师南怀瑾所说："新闻记者是杂家，知识要渊博，天文地理、诸子百家、人文科学、自然科学、管理科学等，无所不知不晓。"①

只有不断完善自己的知识结构，掌握更全面、更详细的专业知识，记者才可能与社会的发展同步，才可能在观念上、知识上、思维上以及新闻的表现手法上不落伍，才可能成为一名优秀的职业记者。

二、心理素质——让采访收获更多

前面提到的《恩里克的旅程》，为了完成采访，在 2000 年 5 月，纳扎里奥和巴特雷特像偷渡的移民一样，趴在火车顶上，经历了被强盗抢劫、被当地警察围捕的过程。从洪都拉斯首都特古西加尔巴，经过南洪都拉斯，穿越危地马拉和墨西哥一直到美国，重走了恩里克的寻母路程。他们采访并拍摄了村民、走私者和其他一些恩里克寻母过程中遇到的人，最后同几十个其他孩子一起完成了与恩里克同样的偷渡旅程。"穿越美国和墨西哥之间的格兰德河是非常危险的挑战，"纳扎里奥说，"成百的人死在河里，很多人被急流和旋涡吞没。即使顺利过去了，很多人也不会再继续踏上征途，因为过河后还要徒步走 4 天的时间来穿越沙漠。我知道除非我携带特殊装备，否则我很难完成这次采访。我带了一部移动电话，一个治疗蛇咬伤的工具包和一个救生圈。在我重走恩里克旅程时，我只随身带了很少的钱，也从来没有在任何人面前拿出过移动电话。即使我在飞驰的火车顶上我都要克制自己不打电话给我的丈夫。我从不当着孩子们的面吃东西和喝水。有一段在火车上的 16 个小时的车程我一点东西都没有吃，一点水都没有喝。看上去我应该有能力在路上帮助那些孩子。但我是在尽我最大的能力减小我对事实的干预。"②在整个采访写作过程中，两名记者冒着巨大的生命危险，如果他们没有良好的心理素质，很难坚持到最后。

记者应具备如下的心理素质：

第一，要有快捷的应变能力。美联社记者依塔利决定去采访著名的电影明星简·方达。但是他没有时间跟随在这位大明星后面，陪同她在全国各地飞来飞去，也没有时间去采访方达的家人或朋友，他只有一个小时短暂的采访，而且这个采访还被提前安排好了谈话的主题——介绍方达最新的健身录像带，而依塔利则希望了解简·方达对电影的

---

① 《写好时代文章培养优秀记者——南怀瑾先生谈新闻教育》，载《新闻大学》，1995 年秋季号。

② 杨晓白：《美国媒体是带着面具的伪君子？——谎言与真实》，载《青年记者》，2003(6)。

一些看法。依塔利并没有放弃,他找到了一个采访的突破口:在刚刚坐下不久,依塔利提起了他前不久刚刚看过的电影《月亮就是我们的家》。这部影片的主演恰恰是简·方达的父亲亨利·方达,果然,引起了简·方达的兴趣,并最终获得了他想要了解的信息。试想一下,如果依塔利没有良好的应变力,也许就会和其他记者一样得到一篇关于方达健身俱乐部的最新宣传报道。

第二,要有稳定的情绪和饱满的感情。2008 年 5 月 15 日,北川县城 26 岁的青年陈坚在被埋压 70 多个小时后,终于被救出。可就在救援队员抬着担架下山时,他却没能坚持到最后。从发现陈坚直至将他救出废墟,四川电视台的记者一直在旁边进行现场采访,救援过程中,她不断地鼓励着陈坚,当陈坚被救出后,她高声欢呼;当陈坚最终离去时,该记者失声恸哭。这一幕,深深打动了电视机前的观众们。这位记者饱满的感情也可见一斑。

第三,要有坚强的意志,过人的胆魄。20 世纪 30 年代,范长江只身一人,冒着炮火硝烟,穿过了极其艰险的藏汉杂居地、原始森林、雪山草地、戈壁沙漠、激流峡谷,跨越西北 6 省,写出了彪炳史册的《中国的西北角》;20 世纪 60 年代,新华社著名记者郭超人不顾缺氧严寒,跟随登山运动员一同攀登珠穆朗玛峰,亲身体验了高山的极度缺氧和严寒刺骨,见证了运动员的顽强毅力,写出了撼人心魄的《英雄登上地球之巅》;在纪念红军长征胜利 70 周年之际,有位部队的新闻记者独自一人背着行囊,挎着摄影机,沿着当年红军长征翻越的雪山草地,徒步走完了二万五千里长征路,写出了一批富有内涵的现场新闻,出版了一部以长征为题的报告文学。若是记者在采访之前首先要考虑自己的安危,瞻前顾后,就不能获得那些真正有价值的信息。

第四,要有良好多元的性格。一方面,采访调查、现场报道、主持节目等工作需要记者有外向型性格,应当健康积极、乐观向上;另一方面,读书、学习、思考等又需要记者有内向性格,应当温和、沉得住气。试看一下活跃在各种媒体的名记者们,在他们身上可以看到这样两种性格的相互结合。如:美国《新闻 60 分》栏目的主持人迈克·华莱士一方面"无惧、无耻",穷追猛打地采访新闻,执着于探寻新闻的真相;另一方面,他又内敛、沉稳,在面对强势人群时稳扎稳打,最终获取有价值的信息。

另外,新闻记者应该保持自己的独立思考能力,不要人云亦云,盲目跟风,要见人所未见,想人所未想,要有怀疑精神。美国新闻界有句话:"如果你的妈妈说她爱你,记着,核实一下。"这话虽然极端,但它说明记者不应该轻易相信任何预设的前提,应该时刻保持思想的清醒和独立。

三、全媒体素养——让记者与时俱进

面对新兴媒体的兴起和对传统媒体的市场威胁,传统媒体纷纷开创与新兴媒体融

合，以求在竞争中生存和共同发展的新模式。媒体融合作为传媒业发展的新趋势，表现为传统媒体与新兴媒体走向融合，不同介质的媒体走向融合，一个新闻集团以运作某种媒介形态如报纸或电视为主的同时，可以兼有其他类型传媒。比如，广电集团同时可以拥有报纸、出版社、网站。报业集团可以同时拥有出版社、网站并参与制作电视节目。

全媒体（或称融媒体）在传播业发达的国家并不是新概念，维亚康母、新闻集团、时代华纳无一不是集各类媒体业务于一身的传播集团。时代华纳、维亚康姆公司、维旺迪集团以及默多克新闻集团、贝塔斯曼，还有新加坡的报业控股和新加坡传媒公司等，这几年都在进行不同层面、甚至是最高层面（所有权）的“融合”。特别是美国“媒体综合集团”，他们在佛罗里达州坦帕市建立的“坦帕新闻中心”，更是将“媒体融合”做到极致。报纸、广电、网络三种媒体形态的采编人员互相配合、协调，合作采访新闻，甚至同一名记者（这类记者被称为“背包记者”）可同时采写报纸新闻、电视新闻以及电子版的即时新闻，同样的资讯通过不同的形式，被包装成适合不同媒体表达的产品。[①]

《纽约时报》在 2012 年 12 月推出了震撼人心的全媒体长篇报道《雪崩》，《雪崩》是《纽约时报》记者大卫·布兰奇（David Branch）采写的专题报道《雪崩：特纳尔溪事故》（*Snow Fall：The Avalancheat Tunnel Creek*）的简称，它完美融合了新闻报道与多媒体交互技术，生动描述了发生在华盛顿州喀斯喀特山脉一次惊心动魄的大灾难，全面记叙滑雪者的罹难过程，讲解雪崩的科学原理。《雪崩》报道的展示方式十分多元化，制作精良，通过交互式图片、采访视频以及知名滑雪者的传记等多元化的方式呈现。打开专题地址，读者可以看到宏大的滑雪圣地的 3D 版地图、追踪知名滑雪者的第一手图片、幻灯片式的滑雪运动历史，还有知名滑雪者的视频访谈等（见图 1-5）。

《纽约时报》的全媒体专题报道《雪崩》（*Snow Fall*）赚足了眼球，通过创新式的多媒体报道方式大获成功，发表之后的 6 天之内就收获了 290 万次访问和 350 万次页面浏览，为沉闷已久的传统新闻媒体圈带来新鲜空气，而采写这一专题的记者 John Branch 也因出色的报道获得了 2013 年的“普利策特稿写作奖”（Feature Writing）。《雪崩》项目成功之后，至少在报道自然灾害（以及人员伤亡）时，《纽约时报》更多地借助新媒体技术。比如，在报道 2013 年 6 月发生的亚利桑那州大火灾及与火灾勇敢搏斗而不幸丧生的 19 名消防员时，该报在数字平台上大量使用图片、互动式地图、音频、视频，弥补报纸的缺陷。

全媒体时代的悄然来临，对新闻工作者提出了全新的要求。下图（见图 1-6）是 2013 年“两会”期间，在微博上出现的一张媒体记者的照片：这位女记者头戴 Hero 摄像机，颈上挎着相机、手中拿着手机“全副武装”采访。她头上的摄像机应是拍视频的，手机用于发现场微博兼录音笔，大镜头便于抢远景又抢个人特写，配专访用。一人身兼文字、摄像、新媒体三个记者的职能。

---

① 黄志祥：《探索中国化“媒体融合”新路径》，载《中国记者》，2009(11)。

图 1-5 《纽约时报》全媒体报道——雪崩

（图片来源：http://t.cn/zHP1eva）

图 1-6 "全副武装"的记者

（资料来源：中新网）

"全媒体记者"这样的身份描述越来越频繁地出现在媒体上，并渐渐取代了"本报记者""本台记者"等传统称呼。

全媒体记者，是从国外传媒界流行过来的一个新概念，目前还没有明确的定义。国内传媒界较为通行的定义认为，全媒体记者，集采、写、摄、录、编、网络技能运用及现代设备操作等多种能力于一身，文字、图片、视频、音频全面报道，传播渠道涵盖报刊、电视、广播、网络、手机等多种媒体。①

这张照片（图 1-6）形象地说明进入 21 世纪，记者在具备传统的新闻采写能力、专业素养、职业操守等素质要求的基础上，必须具备更能适应竞争与发展需要、更具时代特色的全媒体素质。

（一）掌握各类别媒体的知识和技能

要成为全媒体记者，必须打破各媒体界限，了解不同媒介形式之间沟通配合以及融合的相关知识和技能。比如作为文字记者，在保质保量完成文字稿的基础上，要加强摄影技术的训练，以使报道生动、深入、图文并茂；而对于电视、广播、网络方面的知识也要有所了解。随着科学技术的发展和新闻竞争的日趋激烈，全媒体记者尤其需要掌握现代化采访和发稿手段，不断更新有关的知识和技能，应学会使用电脑、多功能电话、多功能照相和摄像机等设备采集编制文字、图片、音频、视频，以完成适合不同介质媒体传播的

① 王晓明：《全媒体记者，准备好了吗?》，载《视听界》，2012(5)。

新闻。能否深刻了解各类别媒体的传播特点与理念知识，熟练掌握媒体新技术并将其有效地运用到新闻采访写作中，成为衡量新时期记者水平的重要标准。

（二）培养采访写作不同类别媒介稿子的能力

媒介融合时代的新闻报道是文字、图片、视频、音效多种表现形式的综合体现，与之相应的新闻记者则要成为能同时为报纸写文字稿、为电视拍摄节目、为网站提供图片的"全能记者"。澳大利亚迪肯大学新闻学院副教授史蒂芬·奎恩博士认为，"全能记者"分三个层次：第一个层次是能够用手机对突发事件进行报道；第二个层次是一个记者既能在一天内为网站写稿，又能提供视频和博客新闻，还能为报纸写稿；第三个层次是能够为报纸写深度报道，又能够为电台、电视台做纪录片。"最理想状态就是，传媒集团能拥有所有这三个层次的记者。"①

中国人民大学教授蔡雯曾经介绍过美国媒介综合集团（Media General Inc.）一名女电视记者一天的全媒体工作情况。以她采访的一起案件报道为例，她每天的工作日程是：早晨6点给网站写一篇专栏文章，介绍案件的情况，然后到法院去采访当天的最新进展情况，上午10点通过电话给电视台发去最新报道；下午2点半到3点编制一个晚间电视节目传回去，然后再回到法院采访下午的进展情况，通常到晚上7点才结束采访；最后，还要给第二天出版的报纸写一篇新闻稿。②

《丹佛邮报》因其对"极光影院枪击事件"的报道获得2013年度"普利策突发性新闻报道奖"，报道采用了从社交媒体到摄影和印刷的多重报道手段，完整记录了枪击案导致12人死亡，58人受伤的前期过程。"报道可以使用任何新闻报道工具(journalistic tool)，包括文字、视频、数据库、多媒体、互动展示以及以上这些方式的结合使用"。"普利策奖"在2010年就对其评选规则进行修改，2013年的评选结果更是体现了这一点。

网络媒体连续四年斩获普利策新闻奖：2010年ProPublica网调查飓风灾害下安乐死的特稿获奖；2011ProPublica网站调查华尔街银行家中饱私囊再获殊荣；2012年互联网报纸《赫芬顿邮报》再夺大奖；2013年Inside Climate News（透视气候新闻）网站记者击败《华盛顿邮报》等老牌报纸获国内报道奖。

在当下的中国传统媒体，特别是一些实力雄厚的报业集团，同一个新闻题材，记者至少要写多篇不同的稿子。如：《南方日报》一名记者日常的新闻采写流程是这样的：出去采访的时候，随时更新微博，即时发布最新的消息；回来以后，马上撰写一篇涵盖各项基本新闻事实的稿件，发送到南方报业网等网站上；然后，才开始自己原有的职责——撰写刊登在明天报纸上的稿件。同一新闻题材至少要有多篇不同类型的稿件，还仅仅是文字

① 程忠良、梅玉明：《全媒体时代新闻职业的变化》，载《青年记者》，2010-08-25。

② 蔡雯：《从"超级记者"到"超级团队"——西方媒体"融合新闻"的实践和理论》，载《中国记者》，2007(1)。

记者的基本任务。如果再加上摄影记者必须要拍摄和剪辑的图片、视频新闻，在同一新闻事件的报道体裁和传播媒介上已经涵盖了几乎所有的媒体。这是全媒体趋势下，记者不得不做出的调整与改变。①

全媒体记者的核心能力应是对新闻事件的多媒体整合、传播、策划能力，包括“内容策划”及“介质分发”两个层面，而不是指仅仅掌握所有媒体的采编技能，却不具备媒体整合传播的传播理念。“多媒体整合传播策划”是“融媒体”记者的核心技能。这首先表现在融媒体记者是一种理念，即对新闻内容的价值判断及介质选择；其次表现在它是一种技能，即如何来组织报道，比如是否发动 UGC(用户贡献内容)，采取何种方式来呈现新闻报道，采用何种渠道来分发新闻报道。融媒体记者应该是一个“新闻事件报道的组织者”与“多媒体整合传播策划者”，能够发现新闻线索、联系被采访对象、联系相关专家以及掌握分发渠道，并将内容传播扩大。②

既要文章写得好，又要照片拍得好，还要音、视频做得好，更重要的是，还要能够根据不同媒介的要求来采制合适的稿件，难度之大可想而知。按照一般的标准，一名“全媒体记者”一天起码要完成 3～4 篇稿件，其中有文字，有视频。这是平常记者工作量的 3～4 倍，每天工作时间都将在 12 小时以上。正如一位全媒体记者描述的工作状态：一个周六下午 3 点，接到一个线人电话，杭州发生重大自来水事故：千吨沙山压爆城北主进水管，城北大面积停水。时值周末，出事地点在城郊结合部，这时叫摄影记者赶来，时间来不及，现场新闻肯定没了。她像往常一样，操起摄录机坐了 1 个多小时车赶往出事地点。她抢到了第一手的照片和视频。拍了半小时后，现场就是另一种场景了。接着，她开始文字内容的采访。当晚回来，她先写供报纸刊发的文字稿，然后剪辑视频，当天就把视频和照片上传到杭州日报网，这时已是晚上 10 点。如此工作不仅表现了一个记者的全媒体操作能力，也表现了其敬业精神。但这样的工作强度，往往会使得记者因为追求“全”而降低“能”，长此以往不仅让记者在工作中疲于奔命，也会使媒体产生偏向的全媒体理念与实际操作的误导。因此，今天的“全媒体记者”依然面临着诸多难题需要探寻解决之道。

链接

新媒体时代的《纽约时报》实验

把新闻内容从纸张搬到互联网上的事情比你想象得要更为复杂，Aron Pilhofer 会这样介绍自己的工作。

---

① 叶明华：《传统媒体记者的全媒体生存》，载《青年记者》，2011(16)。

② 栾轶玫：《融媒体记者：理念与平台之战》，载《视听界》，2012(5)。

然后，他会举些例子，比如“我们做了很多互动的信息图，但现在的网站很静止封闭，我们需要去内容管理系统中手工找到某个页面，然后将能给读者带来互动的代码添加进去。但我们希望代码能够和内容管理系统交互，自动完成这部分事情。”Pilhofer 是《纽约时报》互动新闻技术部（Interactive News Technologies Department）的负责人。

你可能不太理解他正在说什么，Pilhofer 自己也承认这并不是三言两语能说清楚的。不过这清楚表明，《纽约时报》正在做的事情和以往的完全不同。

在过去漫长的时间里，记者、文字、图片、印刷才是这份《纽约时报》或者整个行业的关键词。记者将现场变成文字和图片，编辑们进行修改，印刷厂将这些印刷成报纸，然后，人们在自家的门廊或者办公室中获取这些新闻。但现在，Pilhofer 所说的那些——代码、系统交互等，更像是发生在科技公司中的事情。

其实数据可以解释这一切。2011 年 3 月，《纽约时报》完成了一次重要转变，它为自己的网络版建立起付费墙（Paywall）制度，成为第一份这样做的美国大众新闻报纸。一年之后，《纽约时报》的数字发行量超过了纸质发行量。

另一件具有标志性意义的事情是，根据彭博社的一份分析，2012 年《纽约时报》及集团旗下《国际先驱论坛报》的订阅收入将首次超过广告收入。这对报纸业的商业模式是一次颠覆——传统的发行物往往 80％的收入都来自于广告。投资银行 Evercore Partners 的分析师 Douglas Arthur 表示，“付费墙发挥了巨大的作用”，他分析付费墙为《纽约时报》贡献了 12％的订阅收入。

变化在数年间发生。数年前，《纽约时报》和半个世纪前的报纸看上去也并无太大差别。这个行业中，无论新闻伦理还是制作过程都已成熟。“在 2005 年，创新只是意味着开些博客。”Pilhofer 说。

但在那会儿，年轻人逐渐开始在网络上获得信息，报业的人们也开始谈论互联网可能对报业的影响几何。在 2005 年那一年，Facebook 风靡全美国的大学；第二年，Twitter 成立了。

不过新闻采编室内的工作节奏并未受到这些影响。《纽约时报》网络编辑和技术团队在离位于第八大道的《纽约时报》大楼几个街区以外的一栋楼里——《纽约时报》在 1996 年就有了自己的网站，但在 10 年间这个部门所做的事情都差不多——把已经呈现在印刷版上的内容转化成数字版本，放到网络，也许会稍加修改一下标题。事实上，他们和编辑部少有联系，是不大被关心的角色。

“想来好笑。当我们要和技术团队开个会，都需要从楼上跑下来，穿过好几个街区，走上十多分钟。”《纽约时报》首席信息官 Marc Frons 说。

Frons 说的那些会议中包括和 Pilhofer 的一次会议。2007 年 8 月，Pilhofer

和图片团队的主管 Matt Ericson 坐在 Frons 的会议室里，建议说应该建立一个记者加程序员的团队，好探索线上新闻的未来。

“最初，我们就像采编室里的科技创业团队。只是我们用的原料之一是《纽约时报》的内容，”Pilhofer 说，“我们也不知道到底能做多大的事情。”

Pilhofer 的第一个项目和美式橄榄球有关——进行一些数据分析，把参与球队的数据全都列出来。他说自己做得“相当差劲”，但谁也没期待做得会更好。在当时，整个楼里几乎没什么人知道他们这个小组的存在，他们需要自己去争取各个部门的合作。编辑和记者考虑的依然是如何在印刷版的报纸上做出最好的新闻。

Pilhofer 的团队甚至很难找到一个理想的成员：既有新闻素养，又有编程经验。所有人都得重新学习，要不就学着了解什么样的新闻是优秀的，要不就学习编程的基础知识。

但现在一切都和当年不同。记者、编辑和 Pilhofer 所在的团队在大楼的同一层工作。Pilhofer 的办公桌就紧挨着体育部，相邻的还有图片团队和多媒体团队。

“每个人都想着自己的稿件是马上就要在网上刊登出来的，谁也不想拖到第二天早晨再见诸纸质报端。这个时候，我想大家已经被完全改变了。”Pilhofer 说。

人们都试图用更聪明也更有突破性的方式来讲故事。在飓风 Sandy 来临前，采编部想到的一个主意是在《纽约时报》大楼上放一部摄像机来记录 Sandy——就像安迪·沃霍尔在帝国大厦架设摄像机记录纽约一样。之后这段视频被放到《纽约时报》的网站上，没有经历飓风的人也能透过视频看到狂风如何将雨狠狠甩到镜头上，让摄像机颤抖歪斜，并在 Sandy 最强烈的时候，曼哈顿的灯光如何渐次熄灭，最后让纽约陷入灰暗。这比文字的力量更让人身临其境。

除此之外，在整个 2012 年，《纽约时报》做了超过 60 个互动的信息图，每一张都少不了由数据在底层作支撑，并用读者更加容易理解的方式解读出来。例如奥运会时的“如何赢”(How to win)系列图片，《纽约时报》用 3D 捕捉技术和动态图片向读者展示金牌和银牌之间的细微差别——这本来是用文字难以清晰说明的部分；而在总统大选后，根据“摇摆州”投票数而描绘出的线条在图片上“摇摆”，颇为直观地表达这些“摇摆州”在历史上是怎么“摇摆”的。

对于《纽约时报》而言，这是个渐变过程。但如果一定要挑出一个让变化加速的时刻，那就是 2008 年美国总统大选。

当时 Pilhofer 团队尝试着建立了一个数据平台，以使得在选举日网站能实

时地在一张地图上显示出选举结果、数据和相关图片。最终呈现的地图使读者能最直观地看到结果，也可以让读者进一步点击以去了解更具体的信息。编辑部各个部门的成员被最终的效果打动了，觉得在奥斯卡颁奖典礼或其他很多场合也能通过这种互动方式进行报道，于是 Pilhofer 的团队一下成了项目不断的团队。在 4 年后的美国总统选举报道中，这种展现选举结果的直观方法被各大新闻机构采用，不但呈现在网上，也有被做成单独的应用程序放在平板和智能手机上。

也是在这一年，Pilhofer 注意到，当数字化的实验越来越多，原有支撑新闻制作的平台就越显得陈旧。起码，他对《纽约时报》在报道北京奥运会时的表现很不满意。

一直以来《纽约时报》都在体育报道中用着 STATS 的平台，这家公司通过技术能将实时比分、运动员信息、历史等相关信息推送给新闻机构。

“这并不是说他们做错了什么，而是他们无法满足我们的需求。例如无法和我们的内容管理系统整合在一起。”Pilhofer 说。他苦恼于采用 STATS 平台之后，显示比赛结果的页面看起来和《纽约时报》的风格格格不入；更让他备感挫折的是，他无法利用这些数据做出类似总统大选时所做的那种复杂而有趣的互动图表——这可是奥运会！每个记者都想在这种重大的事件上做得出彩。

Pilhofer 开始游说 Frons 由自己的团队来做这套系统，好让《纽约时报》的采编团队能更有效率并更具创造性地进行报道。例如，Pilhofer 试图实现的一个功能是，建立一个通道，使得现场图片能及时顺畅地源源不断流入到图片编辑的电脑中，让他们迅速抓取选中的图片、放上图说、打上标签，然后这些图片就能自动根据标签呈现在它们该呈现的地方。

2010 年温哥华冬季奥运会小试成功之后，Pilhofer 的雄心壮志被激发了。他开始计划为伦敦奥运会的报道从无到有做一整套复杂的系统，使得最终《纽约时报》能在自己的网页上实时呈现现场比赛情况、比赛结果、各个国家的奖牌数、运动员信息以及各种报道。而且完全是《纽约时报》风格。

这花了他一年半的时间——最开始只有 3 个技术人员参与，最终增加到了 12 个。从一开始，体育采编团队和社交网络团队就参与了进来，一起设想这套系统应该具有哪些功能。

最终，这个系统所能实现的功能让《纽约时报》表现出色的同时，还足以扮演 STATS 的角色。有 12 个新闻机构购买了这套平台上的服务，它们做出少许的自定义，就能制作出符合自己风格的奥运报道页面。当然，也有的选择仅仅是为网页制作一个奥运报道插件。

“在这套系统里我们有 1.3 万张照片，这在以前不可想象。因为我们没有那么多人手去处理照片,再做成幻灯片放到网络上。现在我们找到了更加自动化和有效率的方法。"Pilhofer 说。

越来越清晰的一点在于,Pilhofer 和他的团队不再是一个边缘的做点新尝试的团队,他们做出来的东西也不是为了追求"酷"那么简单。新闻报道的制作方式和流程都在随之发生变化。

在飓风 Sandy 的报道中,《纽约时报》网站的首页上内嵌入一个能自动更新新闻的区域,使得当有和 Sandy 相关的新闻发生时,《纽约时报》的首页能犹如 Twitter 一样将新闻自动显示出来。当然这也对文字记者和图片记者的截稿时间有了更高要求。

另外一个被称为"飓风追踪"(hurricane tracker)的互动地图则把记者从无聊而又必须让公众知晓的飓风到哪儿、风力如何的报道中解放了出来。

在这场时刻都在发生新闻的事件中,《纽约时报》还允许人们直接将照片发到其网站上。当然,这个想法在人们已经习惯于用 Twitter 和 Instagram 来捕捉新闻瞬间的时代也不算新鲜。

在几年间的尝试中,《纽约时报》内部更细的分工正在形成:技术部门把《纽约时报》从 1981 年以来的新闻都做了数字化,并进行了索引,还将《纽约时报》扩展到平板电脑和智能手机上;传统采编部门加大了对图片部门和多媒体部门的投入,让网站上所呈现的形式更加丰富和互动。《纽约时报》甚至还有一个独立研发团队,以为未来 5～10 年之后的技术做实验—听起来特别像英特尔或微软做的事情。

而 Pilhofer 的部门则交叉在技术和采编部门之间,同时向两边汇报。这个部门的 35 个成员中,有一半是开发者,另有 7 人负责社交网络的事宜,剩下的人员对《纽约时报》上有争议的评论进行审核。每天他们都和图片、多媒体部门或者记者们在进行合作。"这个部门是这栋大楼里唯一有两个老板同时管着的。"Pilhofer 开玩笑说。

无论如何这里的每个人都开始理解为什么《纽约时报》需要一个更自动化、更开放的系统。就像 Pilhofer 在北京奥运会之后觉得第三方平台已无法满足《纽约时报》的报道需求一样。

在飓风和总统大选的报道中,技术部门负责平板电脑和智能手机应用开发的人员做了这样的努力。"我们希望在移动设备上的《纽约时报》看起来不仅仅是文章的聚合,而是要像在 NYTimes. com 所呈现的动态效果一样。"《纽约时报》新平台小组的编辑 Fiona Spruill 在一次采访中说。

"这能让我们更加高效率地去做报道,并更好地帮助读者明白所报道的内容。这不是坏事,是我们改变了做事情的方式。当然这需要探索,需要去学会

使用新方式。"Frons 说。他正在推动接下来新一轮网站和数字版报纸的改版，这是他这一年最关注、也最感到兴奋的事情。

改造自己的花销不小。在伦敦奥运会的项目中，即使 Pilhofer 自豪于这个项目的成功，却也不得不承认所花代价要比从 STATS 购买平台更为昂贵。

当《纽约时报》大胆开始自己的网络付费模型时，大多数人都曾对它提出过质疑。现在即使大部分质疑已经过去，但也不意味着这个行业内的大胆创新都能成功。已经有一些试图改造自己的新闻机构承认了错误，其中一个是新闻集团的 The Daily——这家第一份完全在 iPad 上发行的报纸尽管勇于大胆实验，但依然在 2012 年 12 月 15 日停刊了。默多克将其原因归咎为过大的投资、无法盈利。

但《纽约时报》相信自己在做正确的事情。2012 年年末，它又做了一次最新的尝试。与创业公司 Byliner 合作，《纽约时报》将一些内容制作成 e-singles(单行本)发行，第一期《雪崩》在亚马逊、苹果和巴诺的电子书店里出售，共 1.8 万字，售价 2.99 美元。《纽约时报》的一位编辑说，第一年里他们将在这种全新的数字发行物上做更多的实验，e-singles 可能是深度报道，也可能是散文或者故事合集。

"我们要看未来的读者所在，我们得往读者去的那个地方去。"Pilhofer 说。

(作者：徐涛、苏希杰　资料来源：《第一财经周刊》　时间：2013-01-28 15:20)

练习

一、你怎样看待"新闻记者的第一技能不是写作而是发现"这种说法？

二、新闻专业主义是什么？有什么重要的作用？

三、以 5 人一组观察你所在学校的食堂或图书馆，寻找其中触动你的细节并记录下来，5 个同学比较一下看谁发现了更多更好的细节。思考分析别人发现的我为什么没有发现？

四、你认为新闻教育在全媒体时代应该有怎样的改革和创新？试着给你所在的新闻院系提出办学建议。

采访新闻，要比为新闻下定义容易得多——正如“爱”和“真理”，也是追求起来容易，定义起来难。前《纽约时报》总编辑卡特利奇(Turner Catledge)在回答电视记者访问时说：“所谓新闻，就是那些你原先不知道、已经忘记，或从未曾理解的事情。”

这正足以说明，新闻人在为自己的产品下定义时所遭遇的困境。因为照这位编辑的说法，似乎查字典也成了获得新闻的方法之一。[①] 那么新闻到底是什么呢？

第二章　新闻是在实践中定义的

第一节　新闻的深层本质和功能

将新知与新闻画上等号，结果似乎也只是模糊了新闻的定义，因为现有的定义，根本无助于我们了解新闻记者每天究竟是以什么标准来判断何为新闻。

定义新闻的种种努力，最后的结果往往只是列出一张张新闻事件的清单。即使是那个最广为人知的所谓定义“狗咬人不是新闻，人咬狗才是新闻”——也是以形容一个典型事件的方式出现的。

我们生存在一个媒介的地球。从报纸、广播到电视、网络，如今手机也都成了“带着体温的媒体”，并得到了广泛的使用。媒介不仅用特殊的方式记录着世界，也塑造着人们脑海中关于世界的图景。从这个意义上说，新闻就是世界变化的模样，新闻就是人们对于世界的感受。

在社会化媒体的时代，越来越方便的传播方式，UGC(User Generated Content：用户创造的内容)作为一种新的信息传播方式，在 Web 2.0 时代已经成为一种信息的主要来源。每一个用户都可以生成自己的内容，互联网上的内容逐渐转变为用户自由、自主地创造，而不只是由以前的大众传媒来把控。

① Bernard Roshco：《制作新闻》，姜雪影译，17 页，台北，远流出版公司，1994.

有人称这是一种"大规模的业余化"的趋势。这种趋势摊薄了新闻记者的神圣感，似乎每个人都可以发布新闻。随之而来的是各种具备了各种新闻"价值"的新闻：车祸、虐童、小三插足、不伦之恋，等等。信息的爆炸除了虚假信息之外，制造出更多的信息冗余。人们不再是信息的主人，更像是海量信息的奴隶。所有新闻人都面临一个紧迫的问题：新闻的本质到底是什么？

对于"新闻是什么"，学界有不同的定义，如果从不同的维度来考察，新闻将向我们呈现出它的多重面貌。

新闻联结着我们的世界：对于受众而言，新闻是一篇篇报道，他们通过报道获得周围世界的变动信息，获取新闻就像听故事一样轻松自然；对于政治家和公共关系人员而言，新闻是一种话语，是能发表意见的讲台，掌握新闻就等于掌握了话语权；对于新闻机构而言，新闻是产品，等待检验的产品，这种产品是速成品，而且非常考验制作者的良心。

一、新闻：作为故事

1. 大事发生时不缺数字缺故事

各种突发事件中，媒体有时会关注一些重点的数字，这没有什么不对。但比数字更触动人心的是背后的故事。一场夺去1000个人生命的事故，绝不仅仅是死了1000人这么简单，而是"死"这件事发生了1000次。每一个人，都是故事的主角。

汶川地震、日本福岛核泄漏、雅安地震，我们是否还记得地震中准确的遇难人数？但是这些事件中那一个个打动人心的故事，一张张坚强的脸，却难以忘怀。北京奥运会、残奥会，多年之后你是否还记得各个国家拿到的金牌总数？但很多激人奋进的瞬间，每一位成功者和失败者背后的故事，甚至能够让你铭记一生。大事发生时，我们缺少的不是数字，而是一个个打动人心的故事。

作为记者，我们在社会中穿梭，结识不同的人和事，我们是事实的提供者，更是故事的讲述者。2013年的雅安地震中，《中国青年报》记者田文生用一种记者讲述的方式，真实地再现了自己在震区经历的动人场景，这种故事特有的感染力让人难忘：

"你们天远地远来帮我们，我收啥子钱呦"①

《中国青年报》记者 田文生

今天晚上，我在雅安地震灾区吃了一顿超级美味的饭：一碗皮蛋瘦肉粥，一份红烧鸭。

临时餐馆紧邻芦山县的中心广场安置点，1张篷布，4张桌子，若干小凳子。好客的女"店主"姓李，平时在芦山县城卖烧烤。男"店主"是她位于县城三和街

---

① 田文生：《"你们天远地远来帮我们，我收啥子钱呦"》，载《中国青年报》，2013-04-22。

的邻居,姓王,也做餐饮。

地震发生后,他们推来自己的餐具,为救援者和受灾群众煮饭。米是自己家的,水只能用矿泉水,因为井水黄黄的,泥沙多。

另一个卖鸭子的梁姓贩子,送来了鸭子,免费。

临时餐馆的铁三角就此形成,更多的邻居来帮忙。昨天有400多人吃了午餐,有300多人吃了晚餐。

我饿得头晕眼花,两天没吃盐了,浑身没劲。"老板,有没有有咸味的东西?"一到这家临时餐馆,我就问道,心想,再贵也认了。

我还想,这回得吃热一点。2008年汶川大地震时,我去北川县采访,就因吃了没加热的食物,结果闹肚子,不得不从一线退下来。所以,我要老板把饭菜"热一下"。

女老板面露难色:对不起,我煮得太干了,不好继续加热了。饭菜用铝锅盛着的,我摸了摸铝锅的盖子,热的。我心想将就吧,灾区,有吃就好。

店员满脸堆笑端碗过来。好家伙,这饭菜盛得真满,快溢了。

喝完粥,吃完鸭肉,我掏出钱想给女老板。

"你们天远地远来帮我们,我收啥子钱呦。我还得谢谢你"。女老板笑着回答。

那一瞬间,我尴尬了,草草和她搭讪,问清了她们的姓氏,道谢后离开了。

走前,我喝光了碗里剩下的鸭汤,每一滴都喝光了,想起自己还要求她加热饭菜,觉得很惭愧。明天,我不会来这个临时餐馆吃了,我想把吃免费餐的机会让给其他人。

若干年后,如果我再来芦山,我一定能在烧烤摊上认出她。那笑容,曾这般温暖我。

为了地震报道,我今天在晚上9点多才开始吃第一顿饭,但这是最可口的一顿,是我38年来最香甜的一顿。

3天后,是我的生日,或许,我会去这个临时餐馆,笑着喝下粥,心里念过一句:拿酒来!(本报芦山4月21日电)

这篇记者手记式的稿件,从一个侧面,讲述了芦山地震中记者遇到的一件小事。直观地再现了记者的感受,也让人们体会到大灾面前那种人与人之间无声流淌着的温暖,新闻的价值就在于此。

2. 平凡时刻故事的别样感染力

也许你会认为,在重大时刻,大事发生的瞬间,总会有感人的故事出现。那么,当生活按照正常的轨道有序运行,新闻是否成了"无米之炊"? 其实,平凡日子里,记者对于事件的敏感,更是一种专业精神的体现。

近年来的"走基层"新闻,深入百姓的日常生活,旨在发现普通人生活中的动人故事。中央电视台荣获"第二十二届中国新闻奖"一等奖的新闻作品《走基层·塔县皮里村蹲点

日记》就是一个很好的范例。

《走基层·塔县皮里村蹲点日记》共7集，在新闻频道《朝闻天下》栏目中连续播出，开创了走基层节目“电视连续剧化”报道的先河。拍摄过程中记者用身体验、用心体会，该作品是对当下新闻战线“走转改”的现实注解。记者跟乡干部、塔吉克族老乡同吃同住，同翻悬崖，用心去体会、去观察、去记录。孩子们的坚强乐观、乡干部的尽职尽责，报道过程中记者不扣帽子、不贴标签，不唯苦、不唯远、只唯真，真实记录、真诚面对。《皮里村蹲点日记》带给观众的是一份深切的思考，无论是进步还是落后，都是今天中国的基本国情，对这样的国情有了最深刻的认识，我们才有更多的、更明确的方向，更多的、具体的努力来化为行动，来改变我们的中国。

塔什库尔干塔吉克自治县位于新疆喀什，与塔吉克斯坦交界，是我国重点扶贫县，地处帕米尔高原，平均海拔4000米。整个县城4～5年级的孩子都在县城小学读书。新学期开学，在其他学生坐进课堂开始学习的时候，有一个村子的学生还在等待，他们是马尔洋乡皮里村的孩子。5名记者历时9天时间，在马尔洋乡党委书记郭玉琨的带领下，往返行程400多公里，徒步200多公里，从皮里村接出42名学生，最大的17岁，最小的6岁。在这个过程中，制作团队总共拍摄了30多个小时的画面素材，然而最危险的地方是拍不到的，因为许多路段因为太险，需要双手抓牢旁边的悬崖辅助度过，可摄像记者还是以卓越的敬业精神涉险拍下了许多后来成为经典画面的瞬间。这里的老乡对“路”的理解跟其他地方不一样，搁下一只脚就算一条路，2名女记者、3名摄像记者用绳子攀悬崖、蹚过多条冰冷的河，用镜头记录下皮里村孩子们的艰难上学路，记录下基层干部的劝学过程。在这条步步惊心的上学路上，大人的手成了孩子们的路，在最后的节目中，我们看到了悬崖间最美的人间真情。

图2-1　悬崖峭壁间最美的亲情、最重的责任

（图片来源：袁清祥摄）

3. 我们为什么要讲故事

在西方新闻学理论和业务研究中，出现频率较高的术语之一就是“新闻故事(news story)”，这意味着新闻可能是一种特殊的叙事结构。从具体的新闻实践来看，新闻的确具有叙事的功能，任何一种新闻形态，或者说报道文体，包括消息、通讯、特写、深度报道等都包含了5个W[who(何人)、where(何地)、what(何事)、when(何时)、why(为什么)]和1个H[how(怎样)]。六个要素向我们呈现了有事件、有情节、有评论、有背景的一个完整的叙述文本，我们可以把这样的叙述文本称作新闻故事。

实际上每一件新闻作品都在向人们讲述一个或几个最新的事件，而这些事件都可称之为新闻意义上的“故事”。尤其在一般人们的阅读行为和习惯中，也更愿意接受故事化的信息。新闻故事同样具有了事件、行为者和场景这三个“故事”的基本元素，并“采用对话、描写和场景设置等，细致入微地展现事件中的情节和细节，突现事件中隐含的能够让人产生兴奋感、富有戏剧性的故事”①。但是它又有别于日常谈话、儿童读物或文学小说中的故事。因为作为对已经发生或者正在发生的新闻事实进行叙述与建构的产物，新闻无疑是一个真实的“故事”。真实是新闻的生命，也是衡量一切新闻价值的首要标准。离开了真实性，新闻故事与一般文学类的“故事”也就没有什么本质的区别了。

值得说明的一点是，作为故事的新闻与新闻故事化的区别：前者的意思是我们把任何新闻都看作故事，因为新闻不仅具备叙事的功能，同时也具备故事的各个要素；而后者则是新闻的故事化处理方式，比如套用故事的叙述模式、制造悬念、突出细节、铺垫情节，等等。一般而言，新闻往往没有故事那么出彩和情节迂回的特点，因为故事是对生活的虚构和艺术化。而新闻是以真实、新鲜、接近等特征满足人们的知晓、认识和接受教育等需求。

作为故事的新闻，在叙述方式上大多采用倒叙，把最重要的新闻事实，一般是事件结果首先呈现给受众，引起受众的兴趣，然后在对悬念的一步步解疑中完成对真相的描述，这就形成了典型的倒金字塔的结构。这种模式化的新闻叙事尽管在逻辑上可能没有故事连贯或流畅，但它在最短的时间内高效地完成了人们对事物的好奇心的满足，反而让人觉得这种顺序安排更为合理。

我们现在经常能在报纸上见到的深度报道、长篇连续报道和系列报道等，都是对新闻故事功能的发挥，这类报道一般较受欢迎，能够极大地吸引读者。而在电视上，也出现了越来越多的讲述、社会写真之类的专题节目，这些节目也是运用讲故事的手法，以人为中心，围绕“内容新、形式活”来挖掘新闻的表现手法，也极大地吸引了观众的眼球。不少新闻工作者把讲好故事作为做新闻的一个准则，当然这个故事不仅要讲得真实，还要讲得出彩，让观众或读者有兴趣看。

---

① 美国普利策新闻奖得主富兰克林语。

就像叶圣陶先生曾经以“读者的话”要求作者，“我又要求你们的工作能使我的心动一动，就是细微，像秋雨的滴入倦客的怀里也就好了；能使我尝到一点滋味，就是淡薄，像水酒的沾上渴者的舌端也就好了。”

二、新闻：作为话语

新闻话语的力量

新闻报道通过词语的选择与暗示、文本的结构与句子的连贯以及文化符码的排他性等方法，来显示说话人作为团体成员而预设好了的社会知识和态度图式，同时还实践着他所属团体的价值范式、利益、权力关系和意识形态。换言之，新闻在传递信息、沟通世界的同时，也在传递和表达着一种隐含的意识形态和主流文化观念。

媒体从本质上说，不是一种中立的、懂常识的或者理性的社会事件协调者，而是帮助重构预先制定的意识形态。[①] 对于媒体而言，新闻报道不仅仅是一个个故事。同样的新闻，不同的报道角度，体现的是媒体深层次的意识形态。

来看一则消息：

澳洲一对情侣驾车发生意外身亡　女方为中国学生

2013年7月8日 11:50　来源：中国新闻网

中新网7月8日电　据澳洲新快网报道，澳洲一对处于热恋当中并憧憬着美好未来的年轻情侣上个月在一场车祸中双双殒命，女方是中国学生。当他们驾车行驶在新州边远地区诺克农(Knockrow)的时候，一辆大卡车意外翻车，砸在两人驾驶的车上。

据当地媒体报道称，车祸发生当日，詹克(Mitchellan Janke)及其中国籍女友刘莎(Sha Liu，音译)本应在几个小时之后就回到他们位于黄金海岸的家中，当警方敲开门告诉詹克的家人这一噩耗时，一家人都痛苦不已。詹克的父亲丹尼斯(Dennis Janke)称，詹克和刘莎都是格里菲斯大学(Griffith University)的学生，同为28岁。一家人都非常喜欢“莎布莉娜”(Sabrina，刘莎的英文名字)。

丹尼斯说：“她是个非常可爱的女孩，而且性格非常好，有她在身边总是令人很高兴。而詹克非常聪明、乐观、善良，他愿意放下手头的一切去帮助他人。他们曾经谈论将来要生几个孩子，并憧憬着未来。”

据悉，詹克和刘莎此次是去新州麦克莱恩(Maclean)东边的布鲁姆角(Brooms Head)露营，以此来庆祝他们完成了大学的考试。

---

① [荷]托伊恩·A.梵·迪克：《作为话语的新闻》，曾庆香 译，12页，北京，华夏出版社，2003。

丹尼斯称,詹克想要与女友分享一下家族传统,并让她感受一下澳洲文化,于是在他们返回黄金海岸的途中,带刘莎去了澳洲坚果园(Macadamia Castle)喝咖啡。

据丹尼斯介绍,詹克和刘莎相识于2013年年初,当时詹克刚刚从香港返回澳洲,并想学习中文。他于是上网到Gumtree上寻求帮助,正好看到有一个中国女孩希望有人能够在课业方面予以帮助。两人于是见了面,并发展成了男女朋友。

刘莎的家人已于4日抵达澳洲,来为两人的葬礼做准备。

丹尼斯称,新州警方、死因裁判办公室以及格里菲斯大学非常热心地帮助他们一家人,并安排了刘莎的家人从中国南方来到澳洲。

詹克的父母仍然健在,而且还有两个弟弟。而刘莎是家中的独生女。

新闻话语的主题并非简单的事项堆砌,相反,它们形成一种层次分明的等级结构。背景和后果是构成新闻话语图式的两个重要部分。文章的最后一段:"詹克的父母仍然健在,而且还有两个弟弟。而刘莎是家中的独生女。"从新闻背景和视角后果的角度,进行了一种话语阐述。这一段中的两个句子"詹克的父母仍然健在,而且还有两个弟弟"和"而刘莎是家中的独生女"形成了对比,流露出作者对独生子女政策的遗憾态度。

新闻事件的后果有时甚至比事件本身更重要,这种情况下,后果范畴的主题就可能和主要新闻事件的主题处于一样重要的等级位置,甚至可能成为最高级主题。

范文:

藏族同胞看人口、环境与发展

今年6月,为了寻购著名的藏刀,我们去了后藏拉孜县的孜龙村。然而,在与村中一位铁匠交谈时,我们的话题却转到了计划生育上。这位铁匠叫次旦旺加,他打造的藏刀1993年在拉萨获过奖。

从17岁就开始从事藏刀制作,现年40岁的次旦旺加非常直率地告诉我们:"听上面来的工作人员谈起过计划生育,但是没要求我们做什么。可是我们夫妻俩自己不想再要孩子了,所以我们已经采取了措施。这完全是我们自愿的。"

他的妻子两年前在日喀则人民医院免费做了结扎手术。"对我们来说,做这样的手术可不容易,因为政府不鼓励西藏的农牧民做绝育手术,"次旦旺加有些得意地说,"但我们有路子,因为我们在这家医院有熟人。"

次旦旺加夫妇有3个男孩和一个女孩,他们认为4个孩子已经足够了。"我们的生活比村里其他人好些,就是因为我们家的孩子比他们少,"次旦旺加说,"我们村有44户。现在村里小孩子比大人多。在这里一个家庭有七八个孩

子并不稀奇。”

20世纪80年代初期，西藏开始实行婴儿计划免疫。次旦旺加最小的3个孩子在出生后12～18个月内都注射了预防肺炎、小儿麻痹、百日咳、白喉、破伤风以及麻疹的疫苗。

“所有疫苗接种都是不收费的，”这位铁匠补充说，“乡里的医生发给每个孩子一本小手册用来记录，每到需要接种疫苗的时候，他就会通知我们，这样我们就可以带着孩子去。”

38岁的农妇央金有5个男孩。她曾从后藏的日喀则地区到150公里外的拉萨做绝育手术。“我和我丈夫原打算要两个男孩和一个女孩，可是我们却接连生了三个男孩。我们十分想要一个女孩，因此决定生下第四个，谁想又是一个男孩。当我们生了第五个男孩的时候，我觉得我们的孩子太多了。”

央金说，过去西藏妇女生多少孩子全凭运气。“我们无法控制生育的数量和生育的间隔，这些全都是命中注定的，我们中很多人都因为孩子太多而弄坏了身体，生活也很贫困”。

自治区卫生厅负责计划生育的官员扎西朗杰说，越来越多的藏民需要计划生育措施，但是只有很少一部分人才能得到象绝育手术这样的服务。他说：“只有那些有了3个以上孩子的夫妇经过乡政府的许可才能去做这样的手术。”

扎西朗杰说，西藏计划生育工作是从1980年开始的，最初它只是针对在西藏的汉族居民。后来，政府提倡藏族干部和城市居民也实行计划生育。“1985年以前，我们的工作主要是提供信息、咨询，告诉人们计划生育对家庭、对妇女健康、对孩子的教育以及对社区发展的好处，我们也提供一些有关避孕方法的知识。”

1985年，西藏的计划生育工作者开始在群众中提倡晚婚晚育，倡导藏族干部和城市居民一对夫妇生两个孩子。同时，计划生育的观念开始被介绍到农村、牧区。“但是，在西藏农牧区，对生育孩子的数量没有任何限制，也没有采取过任何强制性的手段，”扎西朗杰说，“像门巴族、珞巴族和夏尔巴人，他们在全西藏229万人口中占不到1%，对他们则根本不宣传计划生育。”

令我们吃惊的是，他说很多藏族干部和城市居民只要一个孩子，并坚持像他们的汉族同事们一样要“独生子女证”，因为有了这个证他们可得到一些优惠，比如较长的全薪产假、孩子优先入托、入学以及较多的补助金等。“当然，藏族人并不是因为想得到这些优惠才只要一个孩子的，因为这些优惠实际上也没有多少，”扎西朗杰说，“我们犹豫了很长时间才给他们发证。我们一遍遍劝说他们至少要两个孩子，但是他们大多数都很坚定。”

他们中有一个叫米马仓曲的妇女，是1987年西藏大学的毕业生，现在在拉萨教材编辑局工作。“我已经有了一个男孩子,不想再生第二个了,”她说,“所以我要领独生子女证。”米马仓曲解释说,她一心扑在她的工作上,她那当高中化学教师的丈夫工作也非常忙。“我们都想把各自的工作做好,所以我们只要一个孩子就够了”。

中央政府对在西藏地区推广计划生育非常谨慎,把全部的权力都下放给地方政府。扎西朗杰说:“自治区政府遵循了这样一个原则,即根据不同地区人民的需求和意愿,提供指导和服务。但是很多社区都制定了自己的政策。”

后藏吉隆县宗嘎乡,就制订了自己的控制人口增长方案。这个乡只有1983口人,离地区首府日喀则有400多公里,距中国尼泊尔边境只有50公里。乡党委书记罗布说:“我们乡人代会1991年通过决议,决定从外乡因结婚或其他原因来我乡定居的,必须先得到乡政府的许可。那些流浪汉要想在我们乡待下来,必须参加劳动。”

他说,这个乡还规定,一对夫妇最多可以有4个孩子。“每超生一个,这对夫妇就得准备罚款222元,”他又补充说,“每生一个‘龟儿子’,也就是非婚生孩子,双方要准备罚款333元。”

现年50岁的罗布说:“我们赞同人口控制政策,因为一个民族的地位和繁荣不是取决于人口的多少,而是取决于其人口的素质及经济、文化的发展水平。我们的耕地面积增长并不快,我们的粮食产量也不能不断提高,因此,如果我们任由人口增长,那必将会导致灾难。”

罗布说,1993年全乡的粮食产量增长明显超过前一年,“但是当年增加了58个婴儿,抵消了粮食的增长,人均粮食产量甚至下降了一点。1994年全乡只出生了28个婴儿,尽管当年粮食总产量仅增长了一点,但人均粮食产量是368公斤,人均收入是668元,是历年来最高水平”。

罗布强调说,罚款是乡里自己规定的,当地老百姓也接受。“如果有妇女怀上了超生胎,我们就告诉她家在准备把孩子生下来的同时,准备罚款。我们不主张堕胎”。

乡里的医生巴桑今年35岁,他从1976年就开始当乡医。像他这样在基层,为农牧民提供计划生育和医疗服务的医务工作人员全藏有3600人。全藏县一级以上的医务工作人员共有9700人。

巴桑说,他可以给育龄妇女提供两种避孕措施。“住在乡政府附近的妇女倾向于打避孕针,而住在离诊所较远的牧区的妇女更愿意使用避孕药。要想使用宫内节育器,得去县医院做。要想做绝育手术就得去日喀则医院”。

巴桑工作一直很忙,一方面他向农牧民提供计划生育服务,并且每天都要去乡卫生所接诊病人;另一方面,他要为全乡的小孩进行免疫接种。

"这里是 1984 年开展计划免疫的，"他说，"当时很多人却不愿接受它，甚至拒绝它，怀疑会危害孩子的健康。我们就努力让他们相信，直到他们真正体验到免疫接种的好处。"他回忆说，1989 年，从邻国尼泊尔传过来麻疹病。本乡那些注射过疫苗的孩子都安然无恙，而那些没有注射过疫苗的孩子全部感染上了麻疹。从那以后，当地人自觉地接受了计划免疫。

吉隆县医院副院长扎西说，所有乡医生的工作都要被检查，以确保每个孩子都得到了适当的免疫接种。他说："每年都有一个由政府官员和医务人员组成的工作队下到乡、村检查计划免疫工作。我们要看孩子父母保持的记录是否与乡村医生手上的记录相一致，孩子母亲是否知道他们孩子接种的是什么疫苗，接种是否是按时进行的。步骤不当，或者卡介苗疤痕的位置不对，都算是工作不合格。"他说令他欣慰的是，绝大多数乡村医生工作都很踏实，合格率没有低于 95%的。

自治区卫生厅的扎西朗杰说，正是由于这些乡村医务工作者的工作，西藏自治区的婴儿死亡率才会从 50 年代初的 430‰下降到 1989 年的 92‰，人均预期寿命则从 33.5 岁增加到目前的 66 岁。

他补充说，在过去的 40 年里，西藏的人口年均增长 17.2‰，育龄妇女总和生育率是 3.8，高于全国任何省区。西藏的农村人口占全藏人口的 85%，在农牧区有 40%的夫妇拥有 4 个以上的孩子。

"我们的生育模式已经从高出生率、高死亡率、低增长率转变为高出生率、低死亡率、高增长率。"扎西朗杰说。因此，他指出，西藏亟须计划生育。他说，西藏面积 120 万平方公里，占中国总面积的 1/10，但其中可耕地面积只有 0.19%。这意味着西藏的人均可耕地面积只有 1.6 亩。西藏的粮食供应有 1/4 要靠外援。如果不搞计划生育，那么现在的人口增长率就有可能阻碍西藏未来的发展。

他很高兴地看到，无论在城镇还是乡村，计划生育已为越来越多的藏族人所接受。"根据他们的需求，我们每年免费提供价值 200 万元的避孕药物，但是在西藏农牧区只有 40%的妇女能够得到这些药物，"他说，"在偏远的牧区，需要派医疗队提供计划生育服务，但是现在缺乏能够胜任的医生。"

另一个问题是，乡村医生大多数是男性，为妇女提供计生服务很不方便。扎西朗杰说，"我们正在努力培养可以在农牧区工作的女卫生员。"

（作者：央珍、熊蕾、李慧。原文是英文，熊蕾执笔，1995 年 7 月载于香港《窗》周刊并获美国人口学会第 17 届全球人口新闻奖最佳集体采访奖。译文曾在法国《欧洲时报》和美国《侨报》刊载）

这篇报道，是新华社中国特稿社副社长熊蕾的作品。新闻主题同样是人口政策，但通过对藏族同胞的采访,使得整篇文章在新闻话语结构上,对计划生育和独生子女政策有更加正面的表述。

三、新闻:作为产品

1.“内容为王”还是“渠道为王”

很长一段时间里,“内容为王”这一信念被越来越多的媒体奉为圭臬,新闻作为一种产品的价值就已经被充分重视。

媒体流水线上生产出来的新闻信息,有两层含义:第一,从经济层面来讲,媒体传递的信息都可以看作经济产品,新闻作为经济产品,不能简单地将其理解为商品,因为商品是纯粹用来流通与交换的,新闻作为经济产品的含义是指新闻可以带来经济效益,而且在商业运作的模式下,新闻也可以作为一种经济产品来进行包装、流通和交换。

现代媒体在理念上不仅奉行内容为王,而且推崇“形式”为金,报纸或电视节目的外在包装也成为一门很大的营销学问。因为要有影响力,首先要具有冲击力,而这一点上,新闻也必须要重视其经济属性,注重产品的包装和营销,以便进入良好的市场流通。

第二,从文化的层面来认识,新闻也作为一种特殊的精神产品,因为它不仅反映文化、传承文化,也在建构文化。新闻反映文化,是指新闻报道必然体现社会环境和人文环境的大致风貌,体现主流文化的特征;而随着时间的推移,这种反映又会不自觉地担当起传承文化的重任;新闻建构文化是指新闻在向人们传递信息,提供资讯服务的同时,也在潜移默化地引导与建构一种能被广泛认知的大众文化、精英文化和通俗文化。

在大多数人倾向于把媒介现实与客观现实等同的今天,这种文化层面的认识就更加重要。

2012 年年底,继德国老牌报纸《德国金融时报》停刊之后,创办于 1933 年美国老牌周刊类杂志《新闻周刊》也无望迎来纸质版的 80 岁生日,于 12 月 31 日发布了最后一期印刷版杂志封面,随后全面转向数字出版。

素以深度报道和精辟分析见长的《新闻周刊》,其权威性和影响力早已深入人心。在其最辉煌的时期,曾创下全球 400 万份的发行量。然而在过去的数年间,该杂志经历了接连亏损、转型失败、低价出售、终结纸质版的跌宕历程。《新闻周刊》的阴影不禁让我国传媒界忧心忡忡:它们的今天会不会是我们的明天?我国的传统媒体在新时代又将如何寻求突围?

《新闻周刊》的遭遇不是一家之虑,世界范围内,传统媒体力图通过转型在新媒体时代寻求突破的趋势正在蔓延。随着西方传统媒体的改变持续在中国传媒业界引发争议,人们似乎患上了“新媒体焦虑症”——渴望机会的同时,又害怕跌进未知的陷阱。传统媒体的发展是一个淘汰、选择、重组、成长的过程,应顺应时代发展潮流与新媒体结伴而行,且在转型中不能偏离“内容为王”和“内容创新”的原则。

2012年互联网广告规模达到800亿元，超越纸媒成第二大广告媒介。罗兰贝格研究表明传统媒体广告收入正受到新媒体严重侵蚀，内容消费原有的商业模式被互联网和新技术颠覆。在盈利、整合等诸多困难下，传统媒体自我转型过程中“究竟是内容为王还是渠道为王”也成了一个不断被讨论的话题。内容为王告诉我们，优质内容是媒体生存发展的第一要素，而多种和强势渠道的内容分发同样也是内容增值变现的重要手段。

2. “二次售卖”带来的尴尬

随着传媒经济的发展，所有的传媒产品都将经历“两次售卖”的过程：第一次售卖中，传媒产品是一种直接的物质商品，生产者将传媒产品卖给对其内容感兴趣的消费者；第二次售卖中，作为商品的传媒产品再次出售给广告商和各类产品的生产企业。

现实的情况是，第二次售卖常常会对第一次售卖产生影响，也就是我们常常看到的媒体中广告部门和新闻部门之间一种难以言说的复杂关系。

在2007年的中央电视台“3·15”晚会上，一家热水器因为质量不合格上了“榜”，这当然很正常。然而，在随后的重播中，这家企业“莫名其妙”地从“榜”上消失了。

广告部门承担着媒体运行所需要的大部分费用，它们的压力无疑很大。然而，我们现在越来越多地看到了一种压力的转移：为了不让大客户跑掉，媒体几乎很少主动去找自己广告部门的大客户的麻烦；为了能有更多的广告，媒体甚至会经常去还没有在自己的广告部门投放广告的企业里“舆论监督”。这是一个怪圈，是我们不愿意看到的尴尬。

2013年的央视“3·15”晚会后，“大概8点20发”成为一句流行语。知名艺人何润东在新浪微博上一条发布后又立刻删除的微博被眼尖的网友截屏为证后，引起众人对“3·15”晚会的质疑。这条微博称：“苹果竟然在售后玩这么多花样？……果然是店大欺客么。大概8点20分发。”句尾这句蹊跷的“大概8点20分发”引发网友的围观和猜测，有网友将当晚8点20分前后几条微博进行对比，发现有“郑渊洁”等大V都在相同时段发布了对苹果进行声讨，为“3·15”造势的微博。随后，关于央视出钱邀请名人微博对晚会进行造势宣传，相约在当晚8点20分统一发布的传言在微博网友之间流传。尽管何润东随后辟谣称自己微博账号被盗，郑渊洁也表示自己是被央视“3·15”晚会邀请到现场观看晚会，发微博并未收钱。随后，“大概8点20发”迅速蹿红。不管发的微博是什么内容，都在结尾注上一句“大概8点20发”。

“收的是广告费还是保护费？”央视“3·15”晚会结束后，对于微博上质疑的“投放广告就不会被曝光”的传闻，总导演尹文接受采访时明确表示不存在所谓广告客户保护，节目是节目，广告是广告。为防止一些大公司提前获悉播出内容而进行游说，所有参与节目制作的成员都签署了严格的保密协议。

谈到“3·15”晚会的选题来源，执行总导演史亚东表示，几乎所有的选题都来源于消费者的投诉和举报。尹文表示：确定选题有三个标准：“第一，是不是真的是消费者关心的问题。第二，是不是现在我们需要迫切解决的问题。第三是不是共性的问题。”

第二节　变做“新闻”为做“好新闻”

新闻事业是一项公共事业,高素质的新闻报道正好体现了为公众服务的本质。现在普遍的情况是,科技越来越发达,公众可以获得的信息越发繁杂,但这并不等于高素质的,关乎公众利益的报道也随之呈正比增加。

对刚刚进入新闻专业的学生而言,真实、客观、公正、准确、同情、友善……这些新闻人中代代相传的美德,很容易产生共鸣。吸引他们进入新闻殿堂的,正是对这些美好品质的向往。

这些简单、抽象的精神一旦脱离教材就变得复杂起来,所有这些美好的愿景,如今在实践中正遭受着越来越多的挑战。而只有在实践中的坚持,才是真正的坚持。

而随着实践的深入,我们会渐渐发现:所有的技巧(如果新闻报道有技巧的话)最后都是能够习得的。但评判一条新闻是不是好新闻,并不在于记者运用了多少纯熟的技巧,而在于他们观察事实的角度、对待新闻的态度,甚至,他们在报道中的伦理选择。

这一节,我们要学习的是如何在掌握报道手段的基础上,把你的新闻变成“好”新闻。

先不比较道德和伦理的差别,我们先来看看新闻事业需要哪些美德来支撑?

准确、详尽、全面;真实、独立、勇气;公平、公正、正义;得体、建设性;诚恳、诚实;责任、值得信赖;乐观、进步;关怀、周到、和善;温和、均衡、审慎;无私、服务大众;遵守专业内部规则……

以上的这些伦理标准,其实并不是仅仅适合于记者。比如诚实、善良等标准,也是普世的道德准则。

一、准确地报道真相

1. “准确、准确、再准确”

美国新闻业巨人约瑟夫·普利策(Joseph · Pulitzer)给他的采编人员立下一条最重要的规则:“准确、准确、再准确。”新闻编辑室或许会就写作风格和如何采访一名棘手的采访对象的最佳方式发生争议,但是在对待差错问题上是没有任何异议的。[①] 那么,现在对比检查一下你曾经写过或正在写作的新闻稿件,有没有类似这样的字眼:“事实基本属实”、“基本上解决了”、“取得了显著成效”、“有很大进步”、“发生了喜人的变化”……写新闻稿件,要尽量不用“不久前”、“长期以来”、“经过几小时努力”、“短短几天内”等语句代替可以表明的具体时间;尽量少用“一些”、“不少”、“无数”、“许多”等代替可以具体地表

① [美]梅尔文·门彻:《新闻报道与写作》,展江主译,45页,北京,华夏出版社,2008。

明的程度，“最近”这样的词也要少一些，能说几月几日就不要用“最近”来打马虎眼。注意了这些，可以减少读者许多疑问，也可以有效减少作者任意的编造。

新闻的准确性即真实性是通过准确的语言来表述的。新闻中反映的立场、观点、方法都集中通过语言来体现，因此，必须用准确的新闻语言反映党的路线、方针、政策。

准确意味着没有偏见，以真实的方式浓缩或提供新闻，它通常暗示努力做到客观，报道没有偏袒或私利。意味着要避免陈词滥调和毫无根据的断言。

如“个人的事再大也是小事，集体的事再小也是大事”、“玩命地干，拼命地玩”等语言，就犯了片面性、绝对化的错误，读者听了也要怀疑其说法是否真实。新闻语言只有准确才能真实，才能给读者以可信感。比如农民工讨薪问题。其实，农民工在城市从事各种各样的工作，有从事保安工作的，有从事电器修理工作的，也有木工、电工、水暖工等，不一而足，而被拖欠工资的农民工大多是从事建筑工作的。所以，新闻用语、用词要严密、严格，要力争做到无懈可击。

新闻传播进入“读题时代”后，新闻标题的“首因效应”更加明显。新闻是给人看的，倘若对读者没有吸引力，激发不了受众的阅读兴趣，其传播价值和传播效果便无从产生。一般情况下，标题字句简短浅易的，比复杂艰涩的吸引力强；具体形象的，比抽象概括的吸引力强；具有广泛兴趣的，比专业性强的吸引力强。法国新闻理论家贝尔纳·瓦耶纳在《当代新闻学》中说：“新闻工作者的职业也可以说是一半搞新闻，一半搞诱惑。新闻的好坏还得看它吸引力的大小。”

今天，在高度信息化的社会中，在各类媒介日趋激烈的市场竞争中，标题正极大地改变着人们接受信息的阅听方式，当“看报看题”逐渐成为人们的阅读习惯时，“5 秒效应”便成为媒体从业人员的追求，媒体上的标题越做越生动的同时，也往往带来一些问题。

2. 新闻的不同层次

派克是首先认定“新闻也是一种知识形态”的人。比他早半个世纪的学者詹姆士(William James)首创“两种‘知’的方式(two way of knowing)”的说法，而派克则以相同的逻辑，区别了“知识”的两种基本类型：“知晓”性的知识(acquaintance with)和理解性的知识(knowledge about)。

所有的新闻都可以被定义为“及时的知晓”(timely acquaintance with)。相对而言，社会学家梅顿指出，“知识”则牵涉较多的抽象意念，它可能与人们对事件本身的直接经验完全不同。

通过“知晓”而获得的认知，大多较为具体而且多属于描述性，通过“理解”而来的认知，则多半抽象且多属分析性。一般而言，“知晓”是由亲身经历或类似的直接经验而来，而“理解”则大多经由正式的教育或系统化的研究而获得。“知晓”强调的是“现象”(facts)，“理解”则注重于观念的层次(concepts)。①

---

① William James：“The Principles of Psychology”，p. 221，New York，Henry Holt&Co.，1890.

虽然“知晓”与“理解”知识只是深浅有别——一个人可以先知晓，再慢慢建立深一层的理解，但这二者的功能及目的则互不相同。派克就指出，“知晓”与“理解”乃两种不同形态的知识，在个人生活及社会中，各有不同的功能及目的。

新闻若不以“理解”来强化，则仅能提供对事件内容的肤浅认识。从另一个角度来看，粗浅的“知晓”——亦即所谓的“纯新闻”——可以成为包含更多“理解”的深入报道的重要基础。因此，许多新闻报道中，就常常包括一些严格来说并不算新闻、不具备时效性的“背景”资讯——也就是“理解”性的知识。

新闻媒体通常将重要知识的发现或发展，视为新闻而大加报道，但这些知识的本身却进不了新闻内容。

比如心脏手术发明新技术的消息，必然成为新闻，但这项技术本身所牵涉的知识，却未必包括在新闻报道中。许多熟悉这些背景知识的人，因此常批评新闻媒体为了使报道更加普及，往往将深入的知识“稀释”，以协助非专业的一般民众“知晓”，因而造成新闻内容过度简化，甚至扭曲的弊病。

派克指出，新闻“并非一种系统性的知识……，阅听人‘知晓’的兴趣一旦满足，新闻的价值也就消失……，这种短暂、无常的特性，真是新闻的本质，而这种本质和新闻所表现出来的其他特质也密切相关。”

做记者的第一要素就是报道真相，真相不仅仅是事实的准确程度，我们还应该试图寻找事件背后的故事。对于不知道是否准确的事情，我们在任何时候都绝对不能报道。事实加起来不一定是真相，真相逾越事实的准确度。

新闻的即时性所引发的问题之一就是：所谓的“忠实报道(truthful reporting)”的标准究竟何在？何谓“真相”？

李普曼(Walter Lippmann)在《民意》一书中指出：“新闻”和“真相”经常是两种本质完全不同的东西：新闻与真相并非同一回事……，新闻的功能在于告知大众事件的发生，陈述事件外显的一些事实；而真相的作用在于揭露事件背后隐藏的事实，并将这些隐藏的事实连贯起来，呈现出现实的真正面貌。换句话说，李普曼认为，透过“知晓”所呈现出来的真相，和以“理解”为基础而产生的真相，在本质上有极大的差异。新闻重视的是事件的描述，而非事件本质的分析。①

二、真实地报道事实

1. 网络时代的真实性

虚假新闻如今已经成了新闻界最为常见的丑闻。网络传播的即时和快速，让假新闻

---

① Bernard Roschco：《制作新闻》，姜雪影译，28页，台北，远流出版公司，1994。

的传播速度呈几何级数增长，传播过程中信息的嬗变，后期缺乏的更正和应答机制，使得新闻真实性成为网络时代更加可贵的特性。

2012年4月9日凤凰网影视新闻频道报道称："近日，3D《泰坦尼克号》将上映，其中露丝全裸露点的镜头被删引起了观众的质疑。对此，广电总局做出了解释，称考虑到3D电影的特殊性，担心播放片段的时候观众伸手去摸打到前排观众，造成纠纷"。

其实，这条"新闻"之前就在微博上广泛流传了，不少媒体微博曾转发过这一信息，甚至被英国《卫报》等国外媒体关注并转发，连《泰坦尼克号》导演詹姆斯·卡梅隆也信以为真。

这个"国际玩笑"的始作俑者——网友"豆瓣逗你妹"解释了此事的来龙去脉。4月8日他在自己的微博中杜撰了这条"新闻"。在这条纯属搞笑的微博最后，特意加上"#假新闻#"标签。对此，他解释说，考虑到大家可能对讽刺、恶搞的"洋葱文化"不了解，专门在最后加了一个"假新闻"标签，以免人们以假当真。不过，在社交媒体的不断转发中，这条信息"火"了，但是他特意设置的"假新闻"标签，却在转发中缺失了。有的媒体机构认证微博不但把"假新闻"标签丢掉，还换上"首席评论"的标签，更增添了这条信息的真实性、权威性。

网友抱着娱乐的态度信手"创作"了一个"客里空"，而且注明了这是假新闻，然而在传播的过程中，"假新闻"的标签却被遗失了，俨然以真新闻的身姿登场，并得以广为传播。也许有些传播者明白其中的调侃成分，只不过是为了取乐而放任自流罢了。问题在于，媒体如何承担起核对证实的责任？如何确保自己作为事实准确发布者的权威地位？①

新闻不是历史，但同样追求真实。美国当代历史学家威廉·麦尔尼(Willian H. McNeill)就曾隐约区分了"新闻判断"和"历史判断"的不同：历史上的重大转折点并不容易辨认。少数历史性转折点在事前有迹可循，例如"二战"的开始及结束。但大多数的历史关键则是在很久以后，当人们重新回顾时，才得以在日常事件中的泡沫之下，发现到隐藏其中的暗流。

一般情况下，新闻仅止于处理一些独立的事件，并未试图建立其间的关联性。历史则不仅描述事件的发生，还更近一步为事件找出恰当的历史定位。要从片段的资讯中辨认出趋势或原则并不容易，这正是为什么新闻只能为历史提供素材，而不能自成历史的原因。当新闻逐渐褪色的时候，也就是历史开始为新闻事件进行评估、寻找定位的时候。②

2. 电子暗房：PS背后的政治

老照片的"造假"，无非是在照相馆把照片洗印出来之后，加上一些颜色或者风景，而这样的技术如今早已被淘汰，取而代之的则是更加"出神入化"的"电子暗房"。

在《沉思录》(*Meditations*)一书的怀疑阶段，笛卡儿曾经以为其所有经验都是由一个恶魔所故意制造而出："我以为空气、地球、色彩、形状、声音以及我们眼中所见的所有外

---

① 白红义、江海伦、陈斌：《2012年虚假新闻研究报告》，载《新闻记者》，2013(1)。

② Bernard Roshco：《制作新闻》，姜雪影译，25页，台湾，远流出版公司，1994。

在事物，都只是他置放于我们周围的假象与谎言。”这个恶魔巧妙地操控笛卡儿的感官输入，以一些令人信以为真的假象与现实世界交战，笛卡儿在这场战争获取一些与真实相同的感受，然而这些全都是恶魔的杰作。

恶魔在当代抱着犬儒心态的影像新闻记者或编辑身上找到了他的化身，后者使用崭新的电子技术操控新闻读者所能看到的画面。在目前精密的计算机技术的协助下，任何画面均可转换为像素，然后通过电子控制，几乎每个人都可以将影响操控到令人不觉有疑的地步。①

如今，我们只要花几分钟，就可以天衣无缝地将两张图片拼在一起，造成某种错觉，例如明明梅杰和布莱尔各自站在房间的两边，但却被编造成梅杰在与布莱尔交谈。或者调整两座金字塔在画面上的距离，以便作为封面。一些不太方便透露的细节可以被抽换而不留下任何蛛丝马迹，而且还可以撷取其他影像合成一张新的画面。摄影技术流行对模特儿的照片进行电子修改，他们的双眸常被放大，双腿则被加长，我们再也不能相信照片中所见之物。

PS 等图像处理软件在新闻摄影中的普遍运用将导致人们对摄影认识论的改变：摄影不再是一则报道无可辩驳的证据，而是可以改变的报道插图。当公众意识到照片可以——而且经常——受到电子修改，照片就失去了它们的“道德权威”。②

面对这种情形的唯一合理策略，或许就是如同笛卡儿的做法，除非能绝对地信其为真实之物，否则就将所有得自于影像的看法视为虚妄。

在报章杂志新闻中，影像技术向来扮演着重要的角色，提供文字叙述中视觉上的证据。譬如战争影像比任何其他谈论个人恐怖与受难经验的印刷品更具感染力。“越战”在我们许多人心中所残存的记忆，就是记载那一系列特定事件的许多照片，它们象征着不必要的生命伤亡以及残暴手段。布朗(Malcolm Brown)那幅以自焚表达抗议的和尚画面、亚当斯(Eddie Adams)那幅警察局长在西贡街头以手枪处决越共军官的照片，以及黄功吾(Huyn Cong Ut)那幅令人难忘的小女孩裸身被汽油弹燃烧而在镜头前奔跑的画面——这许许多多的画面使人们对于战争的理解产生深远的效果。但其效果是建立在对它们所试图呈现的事件而言，它们是足资信赖的记录性证据，如果丧失与事实之间的因果关系，这些画面也只会被当成捏造出来的宣传工具，失去其原先所应拥有的见证者地位。③

互联网极大地释放了普通民众的表达欲望，空前地兑现了他们的知情权、话语权、监督权、参与权。而且，虚假新闻被揭露、被抨击，在微博上形成“围观”态势，也给媒体造成极大压力，往往被迫公开致歉。《厦门商报》2012 年 8 月 16 日刊登保钓人士登上钓鱼岛的照片时，将其中一人举着的青天白日旗 PS 为红旗，被网友发现，引发受众的不满，该报

---

① [英]马修·基兰编：《媒体伦理》，张培伦、郑佳瑜译，121 页，南京，南京大学出版社，2007。

② [美]菲利普·帕特森，李·威尔金斯：《媒介伦理学：问题与案例》，李青藜译，224 页，北京，中国人民大学出版社，2006。

③ [英]马修·基兰编：《媒体伦理》，张培伦、郑佳瑜译，122 页，南京，南京大学出版社，2009。

第二天也在报纸上公开道歉。

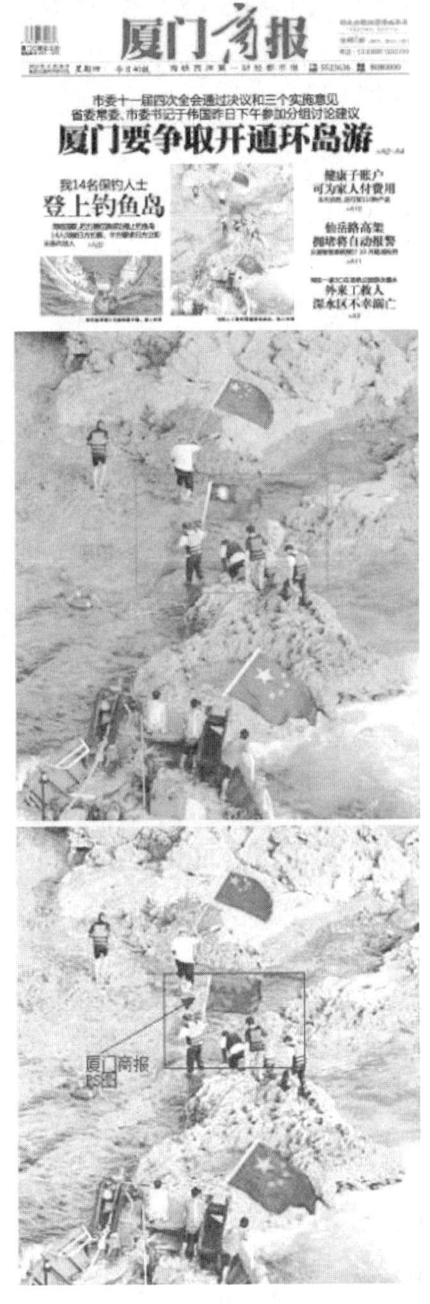

厦门商报

市委十一届四次全会通过决议和三个实施意见
省委常委、市委书记于伟国昨日下午参加分组讨论建议

厦门要争取开通环岛游

我14名保钓人士
登上钓鱼岛

健康子账户
可为家人付费用

仙岳路高架
拥堵将自动报警

外来工救人
深水区不幸溺亡

图 2-2　《厦门商报》2012 年 8 月 16 日 电子版

（图片来源：网络截图）

因此,《厦门商报》致歉:“本报今日不当使用PS图片,伤害了读者的感情。作为负责任的媒体,不应发生这样的错误。在此特向广大读者致歉!”

三、独立和公正不可动摇

1. 独立、中立、客观

很多媒体都表示,它们十分珍视自己不受社会约束的自由,公众也希望媒体能在其他各种压力出现时,能够保持同等的自由。商业化色彩使得各种媒体的趣味日益庸俗,报刊很多时候缺乏指名道姓的勇气,广告作为保持媒体正常运营的主要手段,也开始对媒体内容的制作施加压力。

从新闻业肇始之初,新闻的媒介者(相对于发表个人意见的评论家)即开始面对一项商业促销的问题——他们必须证明自己不应为产品的瑕疵负责任。在无法保证自己所提供的新闻绝对正确无误的情况下,新闻界只好退而求其次——保证自己绝未心存偏颇、刻意扭曲。

1926年9月1日,张季鸾郑重其事地提出了独立办报的方针,即“四不”方针:“不党、不卖、不私、不盲”。“不党”主要是防范编辑工作受到政治力量的干扰;“不卖”则力图排挤金钱对报纸的腐蚀;“不私”主要从报纸功能上明确了为公众服务的原则;“不盲”则主要从编辑主体角度阐明了实践中应规避的情形。“四不”方针表达了一名合格的新闻工作者对新闻工作执行标准的感悟,它不仅在精神上追求办报的独立地位,而且在新闻工作中具有很强的可操作性。张季鸾也一直力图践行这一办报宗旨。

张季鸾早在1924年为《新闻报》30年写纪念祝词时,就称赞该报将报业“视为一种纯粹商业,不假政治之力,不仰人资助,独立经营以维持而发展”。这种视报业为独立职业的思想也被张季鸾带到了《大公报》。张季鸾在为纪念《大公报》发行1万号而撰写的社评中说:“自英君敛之创刊,以至同人接办,本社营业,始终赖本国商股,不受政治投资,不纳外人资本。”这种经济独立,不依赖于任何外来政治投资的经营方式正是《大公报》的经营特点,也是他能获得成功的一个重要因素。只有经济的独立,才能真正做到言论的独立。

除了坚持报馆保持经济的独立性之外,张季鸾也坚持保持自身品性的独立。在张季鸾主持笔政的三十余年间,他最为痛恨的就是贿赂行为。在军阀互争的混乱时代,有人赠送近万元给张季鸾,他拒不接受;又有某位政要请他出任某部部长,也遭到了他的拒绝。其后,张季鸾与蒋介石的私交甚好,但他也从未接受过蒋介石等人的经济赞助和变相投资;在张季鸾经济最拮据的时候,有人曾以万元为他祝寿,他也婉言谢绝了。此类的事情举不胜举。从这些事例中我们都可以看出张季鸾先生品行的高洁,也只有这样,才

能做到言论独立，使自己的报纸不受任何私人关系的影响。[①]

同样，英国的第一份日报就在创刊号上刊登了自己的编辑方针。这篇文字与今天被美国新闻界奉为圭臬的"客观"原则，在精神上遥相呼应。在 1702 年 3 月 21 日，由女发行人伊丽莎白·麦勒（Elizabeth Mallett）所创办的《伦敦每日新闻》（*London Daily Courant*），在创刊号头版（也是仅有的一版）以"广告"为标题，发表了这份编辑方针，其中除了宣布该报的创刊以外，并保证《伦敦每日新闻》各项报道的作者：

> 绝不因个人所拥有的智慧，在事实之外另行添加任何杜撰的内容，而将秉持公平、中立原则，据实报道所得之资讯。在每一篇报道之前，本报作者将标明报道所取材之外国刊物，使得读者大众得以了解该篇报道是经由哪些国家政府标准批发，以自行判断其可信度和公正性。本报作者也不会在报道中掺入任何个人评论或意见，而仅将提供与事件相关之事实。因本报相信个人皆有充足之智慧，可依事实衍发各人自己的看法。[②]

2. 公正

公正是使新闻变成好新闻的一条重要标准。公正意味着：不偏不倚、公平、合乎逻辑、不带成见、不偏爱、不带私利和偏见、无预设的意见或判断、客观，不受个人信念或想法的影响，对每一方都公平。

做到这些是不是很难？

为了帮助我们更好地理解，还需要澄清以下几个问题：

公正和准确一样是一个相对的概念，也就是说不存在绝对的公正。

记者需要认识到事件的复杂性，许多事件往往涉及多方而不是两方。

公正是一种道德责任，不能简单和极端地通过时间长短和版面大小来衡量。

公正不意味着给各方同样的版面或时间。

公正不意味着没有主次、轻重、缓急。

做到公正也许很难，但是如果报道的立场不公正，容易伤害当事人，也很容易失去受众。

来看一个案例，这是梅尔文·门彻在《新闻报道与写作》中提到的例子：

《行列》杂志主编沃尔特·安德森年轻时曾经采访过一个妇女，在报道中，他称之为"有 5 个孩子的未婚妈妈"。

报道刊登后，那位妇女的孩子打电话找到他：你为什么这么写？那关别人什么事情？

---

① 游聪：《张季鸾的"四不"方针》，载《学习时报》，2012-06-28。

② Bernard Roshco：《制作新闻》，姜雪影译，51 页，台北，远流出版公司，1994。

事情过去了20多年,每当安德森回忆到这个报道,都会觉得难受。“我写的文章是准确的,但是我认为我写得不够公正。我正确地摆出了事实,但是我错了。”

这就是说,公正有时候还意味着我们没有必要使用那些无关的信息。《纽约时报》的新闻政策就有规定:除非明显的与新闻有直接关系,当事人的种族、宗教及经济文化背景不得在新闻中特别提出。

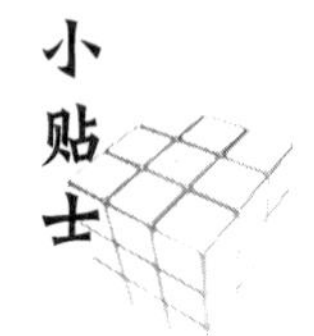

《纽约时报》的“新闻政策”,是以备忘录的方式记下来的:

a) 新闻报道不得特别指出当事人的种族、宗教及经济、文化背景,除非明显与新闻有直接关系外。如谋杀前旧金山市市长的嫌疑犯,新闻中说他生长在天主教的大家庭,兄弟姐妹多达16人。这里的“天主教”“大家庭”与案子相提并论,会引起不必要的误解。

b) 新闻报道不能只用“一面之词”。如法官判抢劫犯轻刑,并交付保释,市长及其他官员均表示愤怒,新闻中只提到市长们的不满而未说明法官轻判的理由,这是不公平的。

c) 新闻报道不能冷箭伤人,或做不当的影射(innuendo)。如纽约市交通处长处理公车停车站风波,新闻中说他“雇用名律师”代理他接受市政府调查,这里“雇用名律师”,话中有话,有含沙射影之嫌。

d) 新闻报道不能对女性有所歧视与侮蔑。如新闻中说“他的一个女儿是哈佛大学校长夫人”,事实上,他的这个女儿本身是哈佛大学医学院的教授,又是一位作家,有其独立的地位与成就,并非只是“附属品”。

四、构建社会信任

1. 摒弃无痛感新闻

几年前,在建筑工地打工的一位胡姓民工,不慎从脚手架跌落,被钢筋穿透了身体,钢筋从其颈右侧插入,从背部左后肩胛下侧穿出。胡被送往医院抢救,热线记者迅速赶赴现场进行报道。当天,一家都市类报纸在详细的文字叙述之外,将血淋淋又粗又锈的钢筋穿胸镜头,搬上了头版。

这样一则图文并茂的痛感新闻会刺痛受众的心。更让人痛心的是,这种事情不断地在媒体上出现。因为每隔一段时间,总能从媒体上看到这样赤裸裸的残酷照片。应该说,这类新闻并没有违背所谓的新闻概念,是对最近发生的事实的报道。但是它似乎中立得太过冰冷,在这种新闻展示中,丝毫看不到对于人类痛苦应有的怜悯,体会不到人群中与生俱来的物伤其类的疼痛感和同情心。当然,也看不到媒体应有的价值观和信念。

农民工是我们这个社会的普通劳动者，他和他的家属一样有自己的尊严、情感，他们一样有隐匿自己的伤痛免受新闻展览的权利。可以想见，当胡姓民工被拍照、接受采访时，钢筋依然穿胸、血迹兀自鲜红、尚处于一种生命垂危的状态，无力拒绝被展览的命运；也许他的家属们——爱他的孩子、日夜祈祷他平安的年迈长辈、思念他的妻子——尚不知情，被示众的结果只会增加他们痛苦。我们的媒体，有什么理由忽视他们的感受和存在？

新闻之追求视觉冲击，无视当事人的感受和对读者的痛觉刺激，笔者以为大可以称之为新闻无痛感主义。它的盛行似乎已经有些时日了。我们在报纸上见到了有卖淫嫌疑的衣衫不整的妇女，见到了误入歧途吸毒的少男、少女，见到了受伤后血流满面被抓的小偷，毫无遮拦地见到了许多不该见到的，也有生命和尊严的生活在社会最底层的人物。他们除了是新闻中的人物，具有新闻价值之外，我们看不到他们还拥有一个公民应有的不被展览示众的权利，看不到他们作为人的价值。

新闻由于商业利益的追求，需要冲突性、悲剧性的东西来刺激读者的神经，但这种刺激法，一旦使用变需要不断加码，后果不堪设想。这种没有痛感的新闻，从社群主义的角度讲，也伤害了人们对真实世界的理解。

2. 不要伤害社会信任

我们来看看 2013 年 7 月下旬的一些重大社会新闻：

> 2013 年 7 月 17 日，湖南省临武县城管人员在执法过程中与一商贩发生冲突，致该商贩“倒地死亡”。
>
> 7 月 20 日 18 时许，山东菏泽鄄城县富春乡冀庄行政村人冀中星在首都机场 T3 航站楼引爆炸药，除冀中星左手腕因被炸截肢外，无他人伤亡。此前据冀中星博客所述，2005 年 6 月 28 日凌晨 2 时左右，冀中星拉客经过东莞市厚街镇新塘村治安队门口时，和其所拉的客人龚涛遭到新塘村治安队队员殴打并致下肢瘫痪。
>
> 7 月 23 日晚，北京大兴区一公交站旁，两名驾车男子与一手推载有两岁女童的童车的女子发生争执，一男子动手殴打该女子，随后，男子又将女童从推车中抱出，重摔在地，并随后驾车离开。目前，作案男子已被抓获，为刑满释放人员。7 月 26 日，女童被确诊死亡。

如此频繁的负面消息，以至于有人说“国内每一个新闻，都可能是一条移民广告”。

社会的“狠化”已经成为当下值得警惕的现象——官员敢用黑监狱关押上访民众；开发商敢用推土机轧死被拆迁户；城管敢打死小贩；访民敢自杀性施暴……很多人心态上产生严重问题，做事越来越不计后果，心越来越狠，凡此种种，都在不断突破社会规则底线，这也许是中国社会的新动向。

这些新闻在微博等新型社交媒体上被广泛转发和讨论。微博在重建社会信任的过程中表现出了鲜明的特点，一方面，微博对信息生产与传播的积极改变、对新闻传播与管制形成挑战；另一方面，微博存在撕裂信任、加深危机的趋势。比这更加值得警惕的是，我们在传统媒体的写作中也越来越多地阅读到这种“戾气”。

新闻应该是社会的良心，俯仰天地的境界，悲天悯人的情怀，这是一个好记者，一则好新闻的必须。

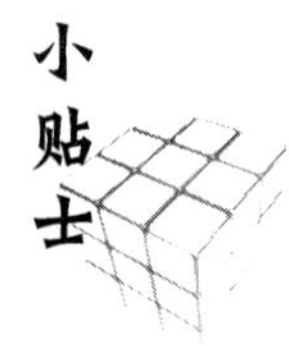

记者的个人信条

- 信仰并忠于一种以基石为节制权力的政治文化。
- 在生活和工作中讲究适度。
- 对手头的工作抱以一种坚韧、科学的态度。
- 以开放的心态寻找并努力去理解不同的观点，包括那些与记者相冲突的观点。
- 对自己的能力和才华负责。如果听凭他们荒废，或因懒惰、缺乏严肃目的等原因而未能发展这些才能，那就是自弃理智，并贻害社会，而社会的进步依赖于通过生机勃勃的探索求得新思想。对荷马而言，善就是功能的实现；对亚里士多德而言，善就是挖掘出自己的潜能；对康德而言，培养人的才能是一种责任，而恪守“责任”则构成道德生活。如果一个记者的报道和写作能力同他的潜能不相称，那么他就是不道德的。
- 理解并宽容大多数重要问题中存在的模棱两可，尽管存在这些不确定性和疑点，也有能力采取行动，并愿意为这些行动负责。
- 乐于承认错误。
- 能忍受孤独和批评——独立的代价。
- 不愿依据截稿时间的节奏塑造英雄和恶棍。
- 了解包括新闻学在内的知识领域中的探路者。
- 投身工作。
- 具有历史感。奥登说：“让我们记住，过去的伟大艺术家虽然不能改变历史的进程，然而正是通过他们的工作，我们才能与逝者交流；而没有与逝者的交流，人的生活就不可能丰富。”
- 抵制赞扬，态度谦虚。

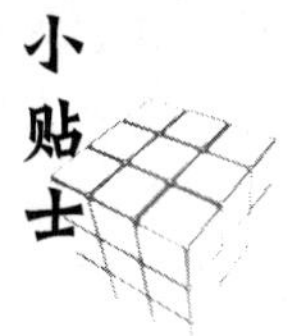

- 责任在肩。约翰·杜威说："如果一个人有一种见解，那么他不仅希望将它表达出来，而且他也应当表达出来。无论是出于他的良知还是公益，他都应该这么做。表达意见这种不可或缺的功能是一种责任，一种对社群和社群以外事实的责任，让我们向真理说话。"
- 避免产生取悦他人的欲望。
- 谨防将文字本身当做目的。[①]

练习

一、找一篇你认为"好"的新闻，分析你心目中"好"的新闻的要点。

二、找一件你感兴趣的新闻热点，比较不同媒体的报道话语，试着理解话语对新闻写作的影响。

---

① ［美］梅尔文·门彻：《新闻报道与写作》，展江主译，743页，北京，华夏出版社，2008。

新闻是新近发生的事实，可是新近发生的事实并不都能成为新闻。为什么呢？很简单，如果这个事实没有价值，不能满足新闻传播的需要，就不能成为新闻。事实必须通过价值尺度的衡量，才能确定它能否通过报道成为新闻。所以，记者在采写新闻时，对事实要进行新闻价值判断。所谓新闻价值“是选择和衡量新闻事实的客观标准，即事实本身所具有的足以构成新闻的特殊素质的总和。素质的级数越丰富、越高，价值就越大”。(《新闻学辞典》余家庆主编)

第三章　新闻价值是衡量事实的尺度

新闻价值理论是伴随着近现代新闻业的形成和发展而提出的。1690年，德国人托亚斯·朴瑟(Tobias Peucer)在一篇论文中指出选择新闻的主要标准是异常性和重要性，就此“新闻价值”获得了最早的回答。另一位德国学者卡斯帕·斯蒂勒(K. Stieler)在1695年还提出了新闻价值的新鲜性、接近性、显要性及消极性等。德国学者确立了新闻价值理论的最初形态，而新闻价值的概念及其理论的真正形成，是在19世纪30年代的美国。[①] 1903年，美国学者休曼出版的新闻学专著《实用新闻学》正式使用了“新闻价值”(news value)这一概念。他认为新闻价值具备三个要素，即当乎其时(时宜性)、有兴趣者(趣味性)、最新之新闻(及时性)。后经美国和日本的新闻学者研究，新闻价值理论越来越完善。尽管对于新闻价值的标准，学者们的观点有一些差异，但基本上认同了时新性、重要性、显著性、接近性、新奇性和趣味性(人情味)等是判断新闻价值的要素。

---

① 陈龙、陈霖：《新闻作品评析概论》，135页，长沙，中南大学出版社，2005。

第一节　构成新闻价值的要素

一、时新性

新闻是时间的"易碎品"，新闻贵在"新"，英文的"新闻"news就是"新"——New一词演变而来的。美国《纽约时报》前副总编辑罗伯特·赖斯特说："最没有生命的事物莫过于几小时以前发生的新闻。"客观世界每时每刻都在发生变化，而新闻的价值往往就跟新闻作品反映这些新出现事物的速度有直接的关系。正是基于这一要旨，作为新闻，它既要求所反映的事实是新鲜的，同时又要求其传播速度越快越好，因为只有"快"才能保"鲜"，所谓"抢新闻"就是为了缩短新闻事实发生与新闻报道之间的时间差，从而将信息迅速传达给受众。梅尔文·门彻说："媒体是一种商业机构，以其将易碎品迅速传递给人们的能力为基础来出售时间和版面。市场奖励那些快速的信息传递者。虽然与电子媒体相比，报纸对速度不是那么强调，但是一份向读者提供老调重弹式的新闻的报纸是生存不下去的。当电视捕获了大部分听众时，一直在为自己的葬礼做准备的广播也恢复了全天候、全新闻的电台。"新闻的魅力就在于它蓬勃的生机和新鲜感。

随着网络媒体的崛起，日趋激烈的媒体竞争又赋予"新闻是易碎品"以新的意义，重视新闻的时效性比以往显得更为必要而迫切。在新闻界，往往是快新闻淘汰慢新闻，而不是好新闻淘汰坏新闻。例如：英国伦敦2005年7月6日在新加坡申办竞选中获胜，成为2012年奥运会主办城市，7日全城人沉浸在申奥成功的喜悦中，这对于全世界的新闻媒体来说都是重要新闻。然而，下午在伦敦的地铁、公交车上发生了7起恐怖爆炸袭击。这是更新的新闻，媒体和受众的目光立刻转向了这个更新的新闻。

记者对某一问题认识较早，对某一事物的变动产生敏感较快，而且采写和发布又抢在别人前面，那么你的报道肯定在时效上就占了先机。新闻只有及时才会有效。所以，当记者或编辑判断一条新闻能否进入报道时，首先要问的一个问题是："它是否及时？"一篇新闻之所以成为"新"闻，全在于认识、发现、采写和播发过程中的时效把握。

在新闻实践中，新鲜性是自在的，而时效性则是记者编辑自为的。我们的媒体总希望新闻的报道距离事件发生越近越好，但有些时候，新闻距离事件的发生时间虽然不算近，但通过记者、编辑对新闻报道角度进行选择和调整，同样也可以产生新鲜的传播效果。

时新性包括两层含义，即时间新、内容新。

时间新即事实应当是"新近发生的"。新闻报道，就是要以最快的速度把最新的事实告诉读者。美国新闻学学者希伯特说："我们常说，没有比昨天的报纸更老的东西了。报纸的新闻只有一天的寿命。过了一天,新闻就要加上新的消息加以改写。"在新闻写作中,如果所报道的事实时过境迁,则要从新闻事件发展中努力挖掘全新的新闻依据。当然,不是随时报道都可以有新的新闻依据,要选择适当的时机。

如:《文汇报》报道《收养法》的实施情况:

本报讯 出生才8个月的弃女婴唐易半,昨天有了金发碧眼的"洋父母"——来自美国费城的莫尔德夫妇。她是自1992年4月《收养法》颁布以来上海第100名被外国公民收养的小孩子。(1995年11月14日《文汇报》)

记者从外国人收养婴儿的角度,报道了《收养法》的实施情况,等到昨天"第100名"出现,就找到了新闻发布的新依据。

"内容新"即事实应有新意。一件事情,如果令人耳目一新,或者是亘古未有的,人们往往愿意了解,就会有好的传播效果。所以,有些时间上稍陈旧的新闻事实,只要内容新,受众依然会有关注热情。

例如:

知情老农临终宝藏泄密:日军10吨黄金藏身太平洋岛国

半个多世纪前,入侵东南亚的日军疯狂洗劫了被侵略国家的财富,但在战败投降时,许多价值连城的财宝却下落不明,引得世界各地的无数冒险家频频出没于东南亚的深山密林中,甚至一些国家的政府也加入到了寻宝队伍中。

10月7日,澳大利亚和巴布亚新几内亚的主流媒体传出一条令人震惊的消息:太平洋岛国巴布亚新几内亚政府在该国偏僻的山区发现了当年日军隐藏在此地重达10吨的黄金,大批军警已经前往藏宝地。这对于深陷经济危机困境的巴布亚新几内亚政府来说如同一针强心剂,于是立即启动相关程序,调派军警赶赴现场,确保这笔巨额财产不落入私人手里。

新爱尔兰省政府官员透露,当地有知情老农多年来一直严守日军藏宝的秘密。数周前,当他快死的时候就把这个消息透露给其他村民。没想到这一消息被传给了外人。结果很快引来很多人带着挖掘工具赶来,他们招了大量的当地村民当劳工,潜入深山寻宝。许多国防军的高级军官们也悄然组建公司,准备挖掘日军埋藏的黄金。在这种情况下,巴布亚新几内亚政府决定调动大批军警,目前他们已经驻扎在藏金洞四周,准备挖掘这个传说中藏宝上亿美元的山洞。

(资料来源:青岛新闻网 2003-10-08 16:14:06)

"日军10吨黄金藏身太平洋岛国"的事实在时间上已经过去半个多世纪,但这一事实却有新意,记者用"知情老农临终宝藏泄密"的事实来作为新闻的"新"根据,同样使这

条“旧闻”具有了新闻的品格。

需要注意的是新闻的及时不能以牺牲新闻的真实为代价，不能为了抢新闻而违背新闻真实性的原则。2013 年北京时间 7 月 7 日凌晨，韩亚航空公司 214 航班波音 777 客机在旧金山机场发生事故，机上 307 人中 141 名是中国人，其中两名中国女学生当场罹难，此外尚有多人伤势严重。这一消息在国内成为媒体焦点。然而此次空难中媒体的错误报道也一时间铺天盖地，形成了各执一词的“罗生门”。个人为了吸引他人注意利用微博发布消息，以及网络时代，媒体面对突发事件抢时效的竞争成了大量失实报道的主要原因。由于事发地在旧金山，国内大部分媒体无法安排人员现场采访，即便有当地驻站记者，也无法深入到机场的隔离区地带，很多媒体又急于发声，导致了新闻错误百出，如飞机型号不清，航空公司名称不清，妄论失事原因，而最初被错误传播最多的也是最早发生错误的就是媒体称该飞机是从上海浦东飞往旧金山的航班，这仅仅是因为该媒体认为飞机上有很多乘客是中国人。

图 3-1　韩亚空难是发生在新媒体时代的第一次重大空难，出现了一些新特点

（资料来源：加拿大华人网）

真实是新闻的生命，也是新闻的底线，不能让真实成为时效的牺牲品。当突发事件发生时，记者与编辑应该谨慎核实，在不能确定其真实性的情况下，宁可放慢传播。2003 年 3 月 20 日“伊拉克战争”打响，中央电视台主持人鲁健播出第一条新闻：“伊拉克首都巴格达遭到空袭”。这条新闻 CNN 慢了一分钟，央视海外中心新闻部国际组组长王跃华解释说：“这是我们为核对这一新闻是否真实付出的时间。”

所以，一定要在确保真实的前提下来要求新闻的及时快捷。

缺乏及时的消息，是老化而失去生命的新闻。但新闻的时效性，对不同的新闻体裁而言，并不能一概而论。比如，相对来说，通讯、特写等体裁承受时间压力的能力较强。

二、重要性

重要性是指新闻事实具有震撼人心，能在某种程度和范围内产生较大影响的特质。

一个事实所具有的重要性,同它发生作用的范围是大是小,产生影响的程度是深是浅成正比。换言之,某一事实与越多的人有关系,这种关系就越深越大,就越具备重要性。

重要性是新闻价值的核心要素。一切战争风云、政局变化、经济涨落、自然灾害等都是人们所关心的问题。比如:"9·11恐怖袭击","伊拉克战争"爆发,香港、澳门回归祖国,汶川大地震,奥运会……都是关乎国际、国内民生的大事,触及社会问题的诸多方面,具有相当的震撼力,显然,这些报道是重要的,因而具有新闻价值。

可以说,重大的事件发生的时候,就是产生优秀新闻作品的好时机。2001年的"9·11恐怖袭击"事件和"阿富汗反恐战争"成为2002年度美国普利策新闻奖的绝对主题,在14个新闻奖项中,8个奖项的作品都是有关"9·11恐怖袭击"和"阿富汗战争"的文字报道或照片。2004年度中国新闻奖获奖作品中有关2003年抗击"非典"的报道也占据了相当的比例,其中31篇一等奖作品中与非典有关的作品就有7篇。

有些事件虽然具有重要性,但往往由于出现频率过多,使其新闻价值减弱,比如领导人接近普通群众,这在民主社会里司空见惯,一般很难出新闻,但是如果变换一下报道角度就会产生不同的传播效果。2003年10月24日,在重庆云阳县考察三峡库区移民情况的温家宝总理在路过龙泉村时临时决定要去看望一下村里的乡亲们。领导人到农家访贫问苦,这本是一件小事,但重庆电视台记者从小事情上做出了大文章。"总理为农民讨工钱"几乎成为爆炸性新闻被其他媒体竞相转载。

案例

图 3-2 温家宝总理与农家妇女熊德明握手

一张摄于2003年10月24日的照片使熊德明和她的全家终身难忘。一个是十几亿人口的大国总理,一个是刚刚劳作完一天连手都没有来得及洗的重庆市云阳县龙泉村的普通农家妇女熊德明。当时温家宝总理在重庆云阳视察的时候,在农家,见到照片上这个女主人公熊德明,总理要和她握手,但是熊德明

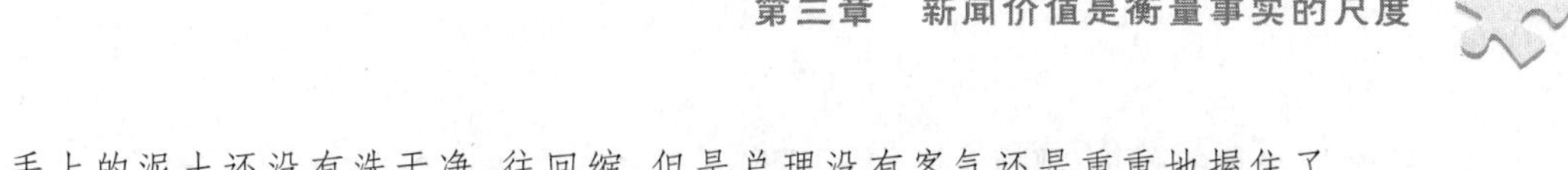

因为手上的泥土还没有洗干净，往回缩，但是总理没有客气还是重重地握住了她的手。这个照片就反映了这个细节。但是在这张照片的背后，总理帮助熊德明当农民工的丈夫讨回工资比这张照片还知名。

在详细地询问了村民们的生产生活状况之后，温家宝总理问道："大家还有什么困难？有什么需要我们做的？"

这时略微有一些腼腆和胆小的熊德明向总理提出了自己在城里打工的丈夫辛辛苦苦一年却拿不到工钱的事。总理当即表示："一会儿回到县里，这事我一定要给县长说，欠农民的钱一定要还！"

温家宝："好多事啊，在县里、在地区都认为是小事，在老百姓来说都是大事。"

10月27日，"总理为农民讨工钱"的新闻经媒体披露后几乎被所有人所关注，这其中自然包括遍布在全国各个大中城市总数约1亿的农村打工者，他们或许可以从这则新闻中体会到一种久违的温暖情感。……

（资料来源：央视国际，2003年11月3日　文字有调整有删节）

三、显著性

显著性是指新闻人物或新闻事件具有引人注目的特质。人物或事件越具有引人注目的特质，新闻价值就越大。

西方新闻学家认为，百万富翁的子女结婚，当为多数人所爱读；名人的一举一动、一言一行，都有很好的传播效果。

著名人物的一举一动的确具有非同一般的价值。政界名流、影视明星的一举一动都有可能成为公众关注的焦点。名人的趣闻逸事、桃色事件乃至其他各种丑闻都会成为媒体追逐的内容。凤凰网新闻《杨锦麟讲述"有报天天读"台前幕后》《海峡都市报》消息《我就是那个"深喉"——水门事件神秘线人现身》等就是名人或与名人有关的新闻，具有显著性。这就是我们所说的名人效应。

普通人不具备显著性，能否成为新闻报道的对象？当然可以。如果普通人做了不普通的事，由于事件所具有的显著性，也就构成了新闻价值。我们所宣传的许多英雄人物，在成名前，实际上都是普通人物，但他们做出了普通人难以做到的事情，像许振超、葛路、魏青刚……

人物的显著性与事件的显著性是相辅相成的。美国新闻学家杰克·海敦说："美国总统的手指割破了是新闻；你在滑雪时摔断了腿就不是新闻。不过，如果你从五层楼上掉下来只摔断了一条腿，那就是新闻了。汽车碰弯了保险杠不是新闻，但是，如果这种事故牵涉本州的州长,那就是新闻了。"①

上述这段话,还可以用西方流行一时的新闻数学公式表示:

平常人+平常事=0

一个妈妈生了一个孩子,这算不了新闻。

不平常人+平常事=新闻

英国王子威廉得子,世界各国媒体争相报道。

平常人+不平常事=新闻

东北海林市一妈妈生四胞龙凤胎,中央电视台也报道了。

这一"数学公式"简明扼要,很好地说明了人物显著性与事件显著性构成的价值关系。②

四、接近性

这一新闻价值要素表现的是新闻与受众在地理上、心理上的关联程度。关联程度越紧密,读者对此越关注,新闻价值也就越大。新闻学家徐宝璜曾说:新闻价值与读者的距离成反比。这个"读者距离",实际上包括了地理距离和心理距离。

对此,杰克·海敦也有很形象的解说:"如果在智利发生飞机失事中死了三个人,那就不是新闻。但是,如果你居住的区里发生了飞机失事死了三个人的话,那就是新闻了。或者说,如果在智利的飞机失事中丧生的三个人中有一个是本市人的话,那也可能成为新闻。"③

徐宝璜也有过类似的表述:美国芝加哥城中,有一著名富翁,今年病故,是最近事实。芝加哥的报纸均登载此事于新闻栏中,中国的报纸也可视为新闻吗?否。因为读者平时未闻其名,所以不会注意其生死之事,报纸登之,殊无味也。但此富翁临终前之一遗嘱,将其所有财产全部捐赠,在中国设一大博物院,这样中国报纸可视为新闻而登之。

新闻事实在地理上接近或在心理上接近受众生活,就会具有报道价值。《青岛日报》报道青岛房价涨跌消息,会引起青岛市民的关注,因为这一新闻无论在地理距离还是心理距离上与青岛人是接近的。而对于远离青岛的西宁读者就未必会感兴趣。但如果有西宁人想要移居青岛或有亲人在青岛或在青岛有房产,这一新闻与这些读者立刻就会发生心理上的接近,并引起他们的关注。

---

① 杰克·海敦:《怎样当好记者》,12页,北京,新华出版社,1980。

② 《如何判断事实的新闻价值 》,中国新闻研究中心,2002-07-27。

③ 杰克·海敦:《怎样当好记者》,11页,北京,新华出版社,1980。

五、新奇性(异常性)

事实如果对现状有非常明确的变动,偏离常规和日常经验,就越显异常。“空前”“绝后”“罕见”“唯一”“第一”“最后”等现象和事件都是符合异常性的要素,而异常的事情很容易激起受众兴趣。像巧合、悬殊、新奇的生存方式,异乎寻常的习惯和迷信等,所有这些对读者都有着莫大的吸引力。

比如:

美国怀孕变性人自然分娩诞下女儿

中新网7月4日电　综合报道,美国人托马斯·贝蒂本是女儿身,通过实施变性手术过上了男人生活。后通过人工授精代妻怀“孕”,3日自然分娩诞下一女儿。

告别“女人”身份,保留“怀孕权”

现年34岁的贝蒂,原名特蕾西·纳古蒂,曾经是夏威夷的选美皇后。10年前,她切除了乳房,并通过注射睾丸激素维持男性特征,从而拥有了男人身份,但是他保留其女性生殖器官。这意味着,他为自己保留了“怀孕的权利”。

代妻怀“孕”

变性后的托马斯·贝蒂和南希结婚。可南希因严重的子宫内膜异位,在20年前切除了子宫,托马斯又不可能提供精子,怀孕对这对夫妻而言,绝非易事。

期盼儿女的两人决定,依靠人工授精,由托马斯代替妻子怀孕。托马斯说,他两年前停止注射睾丸激素,4个月后,停止多年的月经得以恢复。

漫漫求“精”路

在寻求人工授精的道路上,托马斯夫妇却屡遭波折。一年里,他们找了9个医生,但没有一人愿意帮助托马斯完成人工授精。托马斯说,他找到的第一个医生要他把胡子刮干净,还让他和南希去看心理医生,以确保他们“适合生孩子”。然而,夫妻俩花了上千美元后,这名医生还是拒绝了他。迫于无奈,他们只好匿名从精子银行买回精子,自己在家人工授精。

很快,托马斯怀上了一对三胞胎,却因胎位不正而流产。他回忆说:“我兄弟知道我流产时说,‘挺好,谁知道那是什么怪胎’。”

他们的“孕”事遭到了家人、朋友及医生的强烈反对。

非凡怀孕传记

在接受欧普拉·温弗瑞脱口秀的采访时,托马斯表示:“我是一个人,我有权利拥有一个生物学意义上的孩子。”他还补充说:“爱成就家庭,这才是至关重要的。”

此前有报道称,托马斯与圣马丁出版集团签订了合约,计划在今年9月出版一本有关他生活经历的传记,书名为“爱成就家庭:一本关于困苦、康复及一次非凡怀孕的传记”。

现在的他已经而且是一个拥有非凡生育能力的男人。

(资料来源:http://www.sina.com.cn,2008年7月4日)

有些事是如此新颖、奇特,以致大众对自然法则都会产生疑问。

六、趣味性(人情味)

能够引起人们感情共鸣,富有人情味和生活情趣的事实,会引人入胜。西方新闻界虽然对趣味性的含义有不同的理解,但是一般都把社会学所研究的内容,如犯罪、道德伦理、人口、人生、婚姻、家庭、人间真情、金钱和色情等作为趣味性的主要内容,因为这些内容具有浓郁的人情味,易于激起读者或欣喜、或愤慨、或悲哀、或惊讶等多种的情感,从而唤起强烈的共鸣。

比如《北京青年报》的消息《法警背起生病被告》《南方都市报》的新闻稿《河南打工妹网恋铸就奇缘,新郎居然是波兰准总统》等富有人情味的新闻往往以感人的故事打动读者。西方记者更是善于捕捉新闻中有趣味性的细节,美联社记者在报道当年美国前总统里根遇刺事件时,写道:“……‘亲爱的,我忘了躲闪了。’当里根在担架车上被推进手术室时对他的夫人说。”这样的报道给新闻增添了趣味,使原本很严肃的重大事件,看起来比较轻松而富有可读性。

链接

法警背起生病被告

本报记者杨永辉、实习记者王雪莲、通讯员吴怡报道:前天,西城法院正常开庭。法警11083号把一个行动不便的女被告背上了三楼的法庭。当旁听的市民见到法警背上来一个戴着手铐的被告时,大厅立刻安静下来。据目击者吴小姐介绍,她在1月29日去西城区法院办事时就看到过这一幕。当时女被告深埋着头,不时地发出啜泣声。背进三楼休息室时,法警的额头已渗出了汗水,女被告则流出了眼泪。

昨天,女被告告诉记者,今年6月她被确诊患有椎管狭窄症,两腿走路十分困难。被法警背起时,她问过法警的姓名,可法警没回答。

11083号法警叫贾文家,今年26岁,在西城法院已工作6年。昨天,记者采

访了他。"我没觉得这个举动有啥大不了,她一个老太太,得了病走路很困难,虽然是被告,但作为法警帮她这个忙是我的职责。"据他介绍,那天背着老太太从楼下上来时,正赶上大厅里有50多个等候旁听的市民。见他背着个戴手铐的,本来乱哄哄的大厅顿时安静下来。"那会儿,我听见背上的老太太哭了,我能感觉到她低下头,把脸靠在我肩膀上。"

目前,该妇女已被宣判犯有贪污罪,判处有期徒刑1年。宣判结束后,已成犯人的老太太仍由法警一步步地背下楼梯。

记者注意到,在此之前,我国司法界连续出现了一些意义深远的变化。诸如:罪犯在未受到法院判决前一律改称犯罪嫌疑人,抚顺推出了"零口供";有些地方刷有"坦白从宽,抗拒从严"字样的墙壁被画上了山水画等。这从一个侧面昭示了我国司法制度正在进行着一场前所未有的变革。

为此,本报记者采访了最高人民检察院民事行政检察厅杨立新厅长。杨厅长认为,从犯罪到犯罪嫌疑人称谓的改变以及法警背着行动不便的被告人到庭,反映了我国司法体制改革的进程,更重要的是体现了对人的人格的尊重。

(原载2000年12月16日《北京青年报》)

《法警背起生病被告》是第十一届中国新闻奖一等奖的获奖作品,这条消息仅有700多字,却写得十分动人。据说在新闻奖的评选中,很多评委在阅评此稿时,流下了眼泪。消息的作者不仅以生动的笔触对新闻事实进行了具体的现场描述,还多侧面地进行解读;不仅让人看到了法警的形象和职业道德的进步,更从这件小事中折射和反映出司法制度的改革和创新的重大主题。

构成人情味的新闻价值因素有:同情、悬念、名人、弱势群体,还有动物的智慧、勇敢、忠诚、舐犊之情等,也很容易引起受众的关注、同情和兴趣。

例如:

天津街头一只流浪狗护送刺猬过马路

昨日凌晨2时许,多位读者报料称,一只黑白花的流浪狗正保护着一只小刺猬过马路,场面十分感人。据目击者称,当时流浪狗正在马路边溜达,当发现前方一只小刺猬从便道边朝左拐,一点点向马路上挪动时,流浪狗马上跑过去。两个小家伙一左一右并排穿行马路,小刺猬走走停停,流浪狗同样走走停停。每当有车经过,流浪狗都会叫两声"示意"小刺猬停下。一些过路的司机看到此幕后,为了不打扰它们,纷纷将车速放慢。在流浪狗的精心"护送"下,10多分钟后,小刺猬安全通过了6米宽的马路。

2时40分许,两个小家伙终于靠近了便道,但小刺猬无法登上台阶,它们停了下来。大约1分钟后,流浪狗独自离开,只留下小刺猬在道边。2分钟后,流浪狗返回,引导着小刺猬向右侧几米外的一处斜坡走去,并最终于2时42分带领小刺猬爬上斜坡。流浪狗又护送着小刺猬前行了大约十几米后,独自离开。

(资料来源:2004年8月18日《城市快报》)

第二节　新闻价值取向

新闻价值取向,是指实践主体在进行新闻的采访、制作、编辑等活动中遵循的以相应价值为衡量标准的判断和决策方向。也就是说,是对新闻价值要素(重要性、接近性、及时性、趣味性等)之间的侧重与取舍。处于不同国家和不同新闻传播体系中的新闻工作者,受到传统、历史、文化及新闻传播体系的性质、构成、变化过程的制约,其新闻价值取向是有差别的。

网上流传着一则虚拟的新闻,内容是:一大娘在街头摔倒后,中国大陆、香港地区、台湾地区,以及美国的四家报纸分别对其进行报道,同一件事情,但呈现出的新闻确有着明显差异。虽说每一篇虚拟新闻都有夸张之处,但亦形象地表现出媒体新闻价值取向的差异。

"大娘在街头摔倒"的几个版本如下——

《××日报》:

今日一大娘在街头摔倒

本报讯　今日一大娘出门买菜时,一不留神摔倒,随后被路人扶起,后有人拨打110,110民警马上赶到,将大娘就近送到医院,民警忙前忙后,并且为大娘垫付了医药费。经医生诊治,只是掉了一颗门牙,没有生命危险。民警没有留下姓名悄悄走了。

记者几经周折,终于找到了这两个做好事不留姓名的民警,两个小伙子羞涩地说,这是我们应该做的,任何一个民警见到都会这样做的。

记者在医院见到已经逐渐康复的大娘,大娘和家人激动地对记者说,真是要感谢110,感谢党和政府,感谢现在的好社会,感谢改革开放,要是在旧社会,这样摔一下,至少要摔掉三颗门牙。病房里的老人纷纷感慨,真是遇到好社会了,要是换旧社会,别说三颗门牙,恐怕连一颗也剩不下了。

××市老年人协会会长、××市门牙医院门牙科主任提醒全市的老年朋友,出门应该留神脚下。不要轻易摔倒,老年人腿脚不便,门牙松动,特别容易摔掉。××市政府社会主义精神文明办公室对记者说,这是在市委市政府正确领导下涌现好人好事,是学习"三个代表"的具体体现,说明我市的"三讲"工作

做得好，做得扎实。

正在国外访问的市领导接受电话采访时指出，从这件事情看出，我市的精神文明建设取得了巨大的成就，也是改革开放的成就，是我们团结在党中央周围所取得的巨大成就。不过，在这一事件中，也说明了我们的工作还是有不足之处，有的领导对群众出行的安全重视不够。领导最后语重心长地指出，今后群众再摔倒的时候，绝不让一颗门牙摔掉！

香港《明报》：

今晨一老妪摔掉门牙

（本报讯）　今晨一老妪出行时，因路面不平扑倒，摔掉门牙。路人将其扶起，对老妪的不幸表示同情。并纷纷指责港府近年来整治道路不力，在税收上的使用上和公共设施的改善上工作不力，导致市民摔倒事件发生。据记者了解，数月来，此处已有多名市民摔倒，严重的需要到医院医治。

对市民摔倒事件的发生，各界对此反应不一。虽然港府发言人和特首已向摔倒市民致歉，并由公共事业局立即开始公共设施改善的工作，但各界仍有微词。自今年年初以来，港府不仅在公共设施的投资上出现很多贻误，而且在教育以及公共卫生事业上，都显得不够主动和积极，引起市民不满。虽然在港府的努力下，经济有了复苏迹象，但由于在去年港内发生的巨贾被绑架事件上，港府及警方的行动不力，使得在市民中的形象 大打折扣，令市民缺乏安全感。

台湾《××早报》：

老妪摔脱大牙　党棍再起争端

（本报讯）　今晨一陈姓老妪，出行不慎摔倒，送医院诊治时，发现门牙已不见，恐遗落在现场。针对近期多数老年人在同一处摔倒而致伤，公用局官员虽然已做出解释，但今日的摔伤事件又增加了市民的愤怒，纷纷指责公用局光吃饭不干事，挥霍纳税人的钱财，有挪用修缮资金的嫌疑。

市民要求公用局负责道路维修的官员引咎辞职，立即公开道路修缮资金的去向，并且迁怒于自民党，指责自民党纵容党徒不务正业，致使民众受到伤害，出行缺乏安全感。而自民党发言提示市民不要轻信谣言，认为是国民党的栽赃陷害，小题大做。而国民党代主席在午间的记者招待会上却公开指责自民党不仅工作不力，更是对民众严重缺乏同情心，并且公开说："试试摔脱你老母的大牙，看你心疼不心疼。"矛头直指自民党主席。

自民党晚间也立刻召开记者招待会，向记者详细解释了老妪摔倒事件是件普通的出行伤害事件，认为国民党不负责任的指责完全是丧失理智的行为，并再次提出去年国民党与台岛黑社会以及民进党政治“黑金事件”有染的嫌疑。民进党当晚也发表言论，强烈指责国民党和自民党大放厥词，发言人情绪激动，使用了“满嘴喷粪”这样的字眼。

台岛廉政公署明日将开始着手调查公用局的道路修缮资金的使用问题。并令公用局负责道路修缮的官员停职，接受调查，不久将给公众一个满意答复。

美国《纽约时报》：

六十老妪状告白宫

60岁的珍妮女士，在华盛顿的街道上摔倒，门牙当场摔掉。经医生诊治，绝无修复可能，一怒之下，珍妮在征求律师的意见后，准备状告美国政府保护公民不力。要求美国政府对她摔掉的门牙予以1.3亿美金的赔偿。

联邦法院已于昨天收到诉状，根据经验，这场官司至少需要耗费5～15年的时间。但珍妮女士表示非常有信心，并且委托加州大学物理学研究专家，仔细研究了门牙从撞击地面到从牙床脱落的全过程，得出结论，摔倒并撞掉门牙肯定和路面的不平有着必然的联系，而路面的建设和修理完全由美国政府负责。而美国的司法专家对珍妮在这场官司中的前景表示担忧，认为，导致珍妮摔倒并掉牙的原因有很多，而不光是路面的原因，并且拿出很多数据，证明一个60岁的女人摔倒在大街上的概率非常之高，美国有记载的每年摔倒并且导致门牙脱落的60岁的妇女共有13441人，其中因为晕眩导致摔倒的占30.34%，受外力撞击而导致摔倒的占43.33%，其他等各种原因占20.63%，完全能够证明是由路面不平导致摔倒并致门牙脱落的只有5.6%。这一数据显然对珍妮女士不利。

但珍妮获得了美国女权主义者的支持，全美牙医协会也表示对珍妮的支持和同情，美国的妇女组织表态，通过珍妮的事件，可以使美国政府更加关心美国人民，而且，支持珍妮向美国政府索取巨额赔偿，该妇女组织发言人在演讲中声称，牙的作用不光是用来吃饭和美观的，它在提高我们的生活质量中起到了巨大的作用，无法想象珍妮戴着假牙生活的境遇，该发言人还指出，如果莱温斯基小姐像珍妮女士一样少一颗门牙，或者戴着假牙，克林顿总统还会对她有兴趣吗，她还做得了白宫的实习生吗？

全美劳动和就业者协会也对珍妮事件发表了看法，举出少一颗门牙将严重影响珍妮未来的就业机会，全美医疗救助者协会认为牙治疗价格过高，要求美国政府在这方面加大财政拨款，减少军费开支。全美假牙协会发表看法，认为假牙确实只是权宜之计，不能取代真牙在生活中的地位和作用。

演讲结束后，共有300多名美国妇女举着提高妇女地位的牌子以及珍妮摔

掉的那颗门牙在白宫前面游行。

昨天，白宫发言人在一次非正式的讲话中，提到珍妮女士的事情，对珍妮女士的遭遇表示了极大的同情和遗憾，表示，美国《宪法》规定，美国政府必须为保护每一个美国公民的生命和财产而不懈努力，珍妮女士的门牙不光是珍妮生命的一部分也是财产的一部分，肯定要受到巨大的尊重。

希拉里发表讲话，同情珍妮的遭遇，并且希望能够成立全美老年门牙保护基金会，但对妇女组织关于莱温斯基的言论表示了不同意见。

珍妮的诉讼引起了好莱坞的浓厚兴趣，21世纪福克斯公司计划投资5亿美金拍摄一部动画片，片名叫《珍妮门牙旅行记》。

差异在哪里？大陆媒体的报道淡化大娘摔倒所受到的伤害，突出送大娘去医院的人，宣传助人为乐的事迹——“今日一大娘出门买菜时，一不留神摔倒，随后被路人扶起，后有人拨打110，110×××马上赶到，将大娘就近送到医院。×××忙前忙后，并且为大娘垫付了医药费。经医生诊治，只是掉了一颗门牙，没有生命危险。×××没有留下姓名悄悄走了”，并且进一步和精神文明建设联系起来——“正在国外访问的市领导接受电话采访时指出，从这件事情看出，我市的精神文明建设取得了巨大的成就，也是改革开放的成就，是我们团结在党中央周围所取得的巨大成就”。

香港媒体的报道中指责港府办事不力，进而质问公共设施的投资情况——“今晨一老妪出行时，因路面不平扑倒，摔掉门牙。路人将其扶起，对老妪的不幸表示同情。并纷纷指责港府近年来整治道路不力，在税收的使用上和公共设施的改善上工作不力，导致市民摔倒事件发生”。并采访各界人士，适时地对政府进行批评——“自今年年初以来，港府不仅在公共设施的投资上出现很多贻误，而且在教育以及公共卫生事业上，都显得不够主动和积极，引起市民不满”。

台湾媒体也是以批评监督的角度进行报道——“针对近期多数老年人在同一处摔倒而致伤，公用局官员虽然已做出解释，但今日的摔伤事件又增加了市民的愤怒，纷纷指责公用局光吃饭不干事，挥霍钱财，有挪用修缮资金的嫌疑”。但与香港媒体的不同之处在于，即使是大娘摔倒这件小事，也能被党派斗争利用，成为两党相互诋毁的证据——“市民要求公用局负责道路维修的官员引咎辞职，立即公开道路修缮资金的去向，并且迁怒于自民党，指责自民党纵容党徒不务正业，致使民众受到伤害，出行缺乏安全感。而自民党发言提示市民不要轻信谣言，认为是国民党的栽赃陷害，小题大做”。

美国媒体在报道中则是大量引用具体数据佐证，用数据和事实说话。报道中体现出美国公民的自由意识以及个人权利意识——“一怒之下，珍妮（摔掉门牙的老妪）在征求律师的意见后，准备状告美国政府保护公民不力。要求美国政府对她摔掉的门牙予以1.3亿美金的赔偿”。

美国等西方国家的文化整体上崇尚以强调感性个体为特征的个体本位论，而中国等东方国家的文化整体上崇尚以强调理性整体为特征的社会本位论。中西方两种截然不同的文化,必然要影响到作为观念形态的新闻作品。所以在美国新闻中,往往把注意力置于单个的人,把个人的事件放在社会背景和制度下来分析,他们从个人出发,以个人作为报道的起点和终点,既剖析了问题的根源,又突出了人的个性。而我国新闻作品中缺乏个体意识的觉醒。

香港和台湾媒体由于社会历史原因,在新闻价值取向上与美国较为接近,都比较关注制度文明,但又各具特色。

"大娘在街头摔倒"虽是虚拟新闻,但它反映的价值取向差异在真实的新闻报道中也不难见到。2003年2月25日,北大、清华两校在中午午餐时间分别发生了食堂爆炸事件,此事当然极具新闻价值,但比较新华社和《纽约时报》对此事的报道,可以发现它们在什么是最重要的这一问题上差异明显。新华社的新闻标题是《清华、北大在爆炸发生后校园基本保持平静》;《纽约时报》的新闻标题是《北京二高校炸弹爆炸致伤9人》。前者的导语是:25日几乎同时发生爆炸的中国最著名的两所高校——清华大学和北京大学,在事件发生后的几个小时内,迅速恢复正常秩序,校园基本保持平静态势。《纽约时报》的导语是:今天中午午餐时间,在中国两所著名高校的食堂,发生了自制炸弹爆炸事件,中国官员和学生说,至少9人受伤。我们看到,新华社的报道认为最重要的是爆炸发生后的"平静",后者认为最重要的是"爆炸,伤9人"。而"爆炸致伤9人"这一信息在新华社新闻中的第4段才交代。这里面显然存在着新闻价值观的差异,并且与新闻工作者的意识形态立场相关。①

又如,2004年9月1日,俄罗斯北奥塞梯发生人质事件,9月5日俄政府军实施了解救措施。关于这件事的报道,美联社的标题是《俄军突袭学校:7人被杀》,突出了句子末尾的信息"7人被杀",而且和前面的"施事者"相连;新华社的新闻标题则是《俄军解救人质和消灭绑匪行动结束》,这里强调了句末信息"行动结束"。前者未指出行动的结果(成功或者失败,或者是否仍在进行),后者没有描述行动的代价,而且两者的不同之处正是对方强调的重点。前者的"7人被杀"是行动导致的后果,包含有一种"行动失败"暗示;后者的"行动结束"则相反,暗示人质危机已经过去,包含有"任务完成"意味。②

新闻价值取向的确立从属于一定社会新闻传播体系,受到新闻传播体系的性质、构成、变化过程的制约。同时,社会政治、经济、文化的差异也为新闻价值取向的不同提供了宏观而深刻的内在依据。新闻价值取向反映了社会话语在经济、政治和意识形态的价值观。

新闻价值取向不同是无法避免的,全球媒体各有自己已形成的新闻价值取向标准。

---

① 陈龙、陈霖:《新闻作品评析概论》,64页,长沙,中南大学出版社,2005。

② 陈龙、陈霖:《新闻作品评析概论》,64页,长沙,中南大学出版社,2005。

作为中国媒体，由于长期以来过分强调新闻的宣传价值，只从指导性、工作性出发取舍新闻，造成了新闻功能的单一化。新闻的协调社会关系、传播信息、服务受众生活等多种功能一度被忽视。受众在接受新闻的时候，需要的是平等的对话和自由的交流。在全球经济一体化的背景下，我们的媒体应该更为开放。

所幸的是在我国新闻改革的过程中，新闻单向的指导性也开始逐渐转变为双向的沟通，既有指导，又有监督。我国新闻界毕竟开始了人的觉醒。在新闻中如何确定个人与社会的价值，许多新闻工作者有了新的思考。随着市场经济的发展，使得国内的媒体开始面对市场和日趋激烈的市场竞争，由此带来了媒体对新闻规律的关注和新闻向"受众本位"的回归。但一些媒体在新闻价值取向上却又出现了矫枉过正的偏差，表现为新闻对以迎合大众趣味为目标的接近性、趣味性的过度追求。由于媒介种类的迅速增加，信息节奏急剧加快，信息量骤然增长，独家新闻的获得越来越难，为了争夺受众的"注意力"，一些媒体竞相在新奇性、时效性方面加大力度，导致了新闻价值取向上误区的出现。

新闻价值是重要的，但并不是第一位的。记者在追求新闻价值的同时，还需要思考新闻报道所带来的社会效果。新闻媒体除了提供信息、娱乐之外，还有重要的舆论引导功能，所以，媒体必须要站在国家和公众的立场，对社会的健康发展担当一定的责任。毋庸置疑，新闻事业与其他以盈利为目的的企业不同，媒体不仅需要考虑自身的经济价值，更需要考虑其社会价值，在新闻价值取向上实现社会效果的最优化。

总之，新时期的媒体要从实际出发，调整好新闻价值取向，在受众与传者意识间寻找到一个平衡点，才能获得新闻的最佳传播效果。

练习

一、分析下列这条消息的新闻价值要素。

内地 21 位女市长上研究班学习插花、化妆提升个人魅力

如何和媒体有效沟通？怎样最大程度发挥团队能力、让人才各司其职？今天上午，由中国市长协会女市长分会、上海交通大学联合举办的第十四期全国女市长研究班（上海）结业典礼在上海交通大学徐家汇校区举行。为期5天的课程培训后，来自全国 14 个省市的 21 位女市长们纷纷表示"很受用"。而上述两个问题则成为多天培训课程中，女市长们最关心的话题。

学习如何与媒体有效沟通

"如果我是铁道部新闻发言人王勇平，'7·23'甬温线动车追尾事故发生后，答记者问时至少应更具备悲天悯人的人文情怀。"参加此次女市长研究班后，江苏省连云港市政府副市长滕雯颇有感触。

去年“7·23”甬温线动车追尾事故发生后，铁道部召开的首次新闻发布会中，在回答部分记者提问时，铁道部新闻发言人王勇平的几句话“这只能说是生命的奇迹”、“至于你信不信，我反正信了”被网友们在网上无数次引用，他本人因此被免职。

此次女市长研究班中，特意安排了一堂名为《公共行政与媒体关系》的课程。主讲人、浦东干部学院副教授王石泉在授课时强调，现在是信息爆炸的时代，可以说人人都是自媒体，人人都是传播者。

“这种新传播形势，是挑战也是机遇。”滕雯说，“这给予领导人更多的机会，去了解倾听民意。在更了解舆情的基础上，同媒体沟通可以采用更有效、更透明的方式。当然女性领导人还具有细腻、注重细节的性别优势，同媒体沟通时应该充分利用这一点。当然这必须建立在事实调查清楚、态度不能随便的基础上。”

发挥团队能力得先认清自己

除了如何同媒体有效沟通，怎样最大程度发挥团队能力、让各类人才各司其职，多位女市长坦言，这是她们的“短板”。

“女市长既是领导人，更是女性。在男性上级和下属围绕的男权社会中，如何发挥女性的影响力很重要。不过，在这个过程中，如何同他们既打成一片，又保持适当距离，是一门艺术。”中国市长协会女市长分会副会长张学斌说。

授课人甘斌在讲课中，为男下属最不愿跟随的女领导刻画了8大特征，比如情绪化、敏感、患得患失。“女市长们对此有清楚的认识后，就可以发挥自身优势，让团队成员从内心中认识你、认可你，并对你产生信任感。”

对此，江苏省徐州市副市长孔海燕表示，甘斌的“取世、明道、悦己、树人”的合格女市长的4大特征，即用巧劲去影响周围的人，获取各种信息，接纳自己、平衡关系，并将一个人放在合适的岗位。而如何与新媒体打交道，很受用、实战性也很强。

今天的结业式中，上海市副市长赵雯也颇为认同：“有了上述基础，才能真正地了解人、用好人，这样就可以最大程度发挥团队作用。”

学习茶艺、插花打造个人魅力

此次研究班围绕新时代背景下女市长如何提升其执政能力和领导力，还设置了专题讲座、情景模拟、参访考察、分组讨论等多样的教学形式，聘请了包括国防大学教授金一南、国家著名化妆师毛戈平等上海和全国相关领域的知名专家教授。

研究班还针对女市长特点，专门设计了《茶与花艺》和《优雅女市长形象打造》等专题讲座。对此，承办此次研究班的交大海外教育学院有关负责人表示，茶艺、插花、化妆可以提升女性领导人特有的魅力，从某种程度上来说，这些“外功”的重要性并不亚于工作。

此前，女市长研究班已举办了13期，其中12次在上海举办。

二、举例说明中西方新闻价值取向的差异并阐释原因。

第二部分　新 闻 采 访

新闻采访是新闻材料的采集与对采访对象的访问的合称。在我国，对于采访的记载始于东晋史学家、文学家干宝的《搜神记序》，这本书是他编辑的神灵怪异的故事。《晋书干宝传》中曰："宝撰授神化，因作序曰，若使采访近世之事，苟有虚错，欲与先贤前儒分类讥谤。"[①]新闻采访是一种复杂系统的活动，是一个由许多环节构成的动态过程，其中每一个环节都相互支持又相互制约，每一个环节又都有其规范和要求。采访既是一种职业技能，也是一种职业艺术。只有掌握了新闻采访技艺，记者才可能更为顺利、更为出色地完成新闻报道。

采访活动是从寻找新闻线索开始的。

第四章　新闻线索是采访的出发点

新闻线索是新闻记者发掘题材的一种凭据，也是新闻记者进行采访活动的出发点。它是新闻报道的可能状态，是对新闻记者的召唤。这种召唤以它的多种可能性等待着我们，我们就从这里出发吧。

第一节　寻找新闻线索

一、什么是新闻线索

（一）新闻线索的概念

新闻线索也称采访线索、报道线索，是指新近发生或发现的事实表现出的某些信号或迹象。新闻线索不是新闻事实的全部，是有待证实、扩展和深化的信息，它只是新闻事实个别片段在记者头脑中的反映，记者通过新闻敏感捕捉到了事物中有新闻价值的片段，就形成了新闻线索。

新闻线索一般比较简略，甚至只是一个片段，要素不全，但它昭示着新闻在哪里，为记者的采访提示了方向。有经验的记者会从这些零散片段中追寻，从而追根寻源，发掘出更重要的完整的新闻事实来。

---

① 王泽华：《中国古代新闻如何传播》，载《人民日报・海外版》，2005-05-26。

发现新闻线索要求记者要有高度的新闻敏感与新闻价值观念,要求记者要有穷追不舍,寻根溯源的专业素养和精神。

(二)新闻线索有哪些特点

1. 事实简略,要素不全

新闻线索不等于新闻事实,相对于新闻事实,新闻线索往往是比较零碎的,信息是不完整的。它往往比较简略,新闻要素不全,如有人物,却确定不了时间、地点、原因等。新闻线索提供的信息也往往没有事物的全貌和全部过程,常常只是一个片段或概况,或有头无尾,或有尾无头。

新闻线索这一特点启示我们,新闻线索虽然比较零碎,信息不完整,但不能轻易放弃,而是要进一步去寻找,去发现,从而了解完整的新闻事实。

2. 事实概括,不具体

新闻线索所提供的新闻事实信息一般较为概括,只是事实的大概,不具体,没有细节。

20 世纪 80 年代,《广州日报》记者采写了一条独家新闻《唯一的失踪者找到了》,这条新闻的线索具有概括、不具体的特点。1982 年的一天,一架民航机刚在广州机场着陆,即起火燃烧。《广州日报》两名记者去现场采访。在记者招待会上,新闻发言人提到有一旅客失踪了,后来又找到了。仅此一句,没有详细介绍,既无人物的姓名,也无事实的原因和过程,但记者敏锐地感到其中可能有新闻,一散会,就立即打听到这位旅客的住址,通过采访,了解了整个事实的过程,成就了一条独家报道。原来,在飞机着陆起火后,这位乘客立刻从机舱口跳了下来,并主动参加抢救工作。在匆忙中,机场人员没问底细,以为他是"混"进机场来的,立即把他赶走,这位旅客就不辞而别了。

新闻线索这一特点启示我们,仅凭一条新闻线索还是无法写出新闻报道的,必须通过深入采访才能得到新闻具体的内容和生动的细节。

3. 事实不确定,真假不明

即新闻线索真假未定、价值未定。新闻线索涉及较多的是表象,可能确有其事,也可能只是假象,或者是真假混杂。其可靠性有待记者进一步去核实。所以,对所得到的新闻线索,首先就是要认真核实其确有性、可靠性。如果对新闻线索不加核实和深入采访,就很容易制造假新闻。

案例①

"从西安飞往武汉的客机在陕西商南县发生空难!"2006 年 4 月 28 日上午

---

① 陈力峰、王际凯:《亦喜亦忧的"新闻线人"》,载《青年记者》,2007(10)。

10 时 30 分,《楚天金报》热线电话骤然响起。

报料人段先生是一名商人,经常往返于西安与武汉间,当日 10 时 18 分,他在陕西商南县的朋友胡先生打电话称:一架飞往武汉的客机,早些时在商南县青山乡坠毁。

记者马上与胡先生取得了联系。胡称,坠机之事也是听说的,具体情况不详,但事发地点的确发生了巨响并有物体坠落,当地还传闻有 100 多人遇难。

了解到此情况,编辑部立即派车直奔商南。但 11 时 40 分,连线民航的记者接到好消息:被疑失事的航班已到达武汉天河机场,飞机和乘客均安然无恙。

记者又与离商南最近的省内媒体十堰日报社和《十堰晚报》联系,十堰媒体迅速让在河南紫荆关的朋友骑摩托车赶到传闻坠机的事发点——商南县青山乡跃进村,发现事发地只有几块大小不一的金属碎片,并没有见到尸体及其他物品。

直到中午 1 时整,记者终于从陕西媒体及政府方面得到确切消息,坠物系头一天早上在太原卫星发射中心发射"遥感卫星一号"的运载火箭的推进器部件。

消息传到编辑部,大家都长长地舒了一口气。幸亏反复核实,否则一则假新闻会对社会秩序造成危害。

另外,新闻线索的不确定,还表现为新闻线索的价值会出现多种变化。有的很有价值;有的有一定的价值;有的暂不显示新闻价值;有的线索与实际情况距离很大。

新闻线索的这一特点启示我们,对待新闻线索,既不能轻易放过,也不可轻易相信。

记者的采访活动是从寻找新闻线索开始,然后依据线索提示找到知情人采访,在采访中弄清全部新闻事实。从采访的全过程来看,记者寻找新闻线索是采访的第一步。

二、新闻线索从何而来

新闻线索从何而来?从大的方面说,一是来自政府机关发布的信息。政府是最权威的信息源,正因为如此,政府在第一时间发布的新闻信息会成为可靠的新闻线索,来自这个渠道的线索,具有较高的新闻价值和真实性。比如,在"5·12"汶川大地震的新闻报道中,国务院新闻办和各省级新闻办的新闻发布会成为世界各媒体的重要新闻线索来源。地震发生后的第二天下午 16:00,国务院新闻办就汶川地震灾害和抗震救灾进展情况举行首次新闻发布会,中国地震局新闻发言人张宏卫、民政部副部长罗平飞将地震灾情和政府行动在第一时间通报世界。抗震救灾中的医疗救援、灾区农产品供应、解放军和武警部队抗震救灾情况、抗震救灾的通信保障、设备工具保障情况和救灾供电情况、地震灾区群众生活安排情况、中央企业抗震救灾总体情况等,逐一通过国务院新闻办的新闻发布会向全社会公开。而以四川省人民政府新闻办公室为代表的各省市新闻发布机构,是发布灾区一线状态及救援进展的主要渠道。

又如,奥运会新闻中心的新闻发布会,不仅成为奥运会信息发布单位的权威发布平台,而且也成为境内外媒体获取北京奥运会信息的主要来源,更成为他们寻找新闻线索和报道题材的主要渠道。

二是来自基层通讯员和受众提供的线索。这是一条获得新闻线索的广泛渠道。记者的活动面、时间、精力都有限,如果仅凭记者自己去发现新闻线索,必然会使不少有价值的新闻线索遗漏。为此,各媒体和记者要加强同社会各方面的联系,培养通讯员,设立热线电话,使媒体的触角延伸到社会各个层面,这条渠道畅通了,新闻线索就会源源不断。

三是来自记者发现、寻找、挖掘。通过前两条渠道获得的新闻,是等来的新闻,如果记者只靠等别人送线索,工作就会很被动。寻找新闻线索更多意义上说,是强调记者自己的发现,自己的寻找,自己的挖掘。记者寻找新闻线索的渠道很多,在新闻实践中比较常用的有以下几种:

1. 利用互联网寻找新闻线索

网络的普及使得信息源更为多元化,网络成为记者寻找新闻线索的最便捷的渠道。特别是对刚入行的年轻记者,认识人不多,对报道领域不熟悉,苦于不知到哪里寻找新闻线索,但是,如果能够利用好互联网,还是能寻找到新闻线索的。

记者可以进入聊天室、BBS、博客、微博、微信等网络平台,看看最近网民都在关注什么?哪些点击率最高,跟帖评论最多?哪些内容是当前大家都在关心,并且还没有结论的?这些都可以看作是新闻线索,只要发现有值得去挖掘的信息,就可以进一步进行采访、追踪,查个水落石出。网上还有各地的新闻报道,也可以提示某些信息,尽管信息可能不准确,不全面,但可以作为新闻线索,引导记者深入调查。一些突发新闻事件有可能最快在社区、博客等网络平台上传递,只要记者迅速做出反应,赶往现场采访,也不失为最便利的寻找新闻线索的方法。

案例

2007 年 1 月 24 日上午,一篇《救命呀! 病人需要输血!!》的帖子(如图 4-1 所示)出现在青岛新闻网青青岛社区的各大论坛上。一位青岛网友在网上寻找一种稀有血型,希望能够在青岛找到相同血型的热心市民,拯救他在天津病情危急的 72 岁的老姨夫。

青岛新闻网记者看到帖子后,立刻意识到其中一定有故事,于是根据帖子上留下的电话号码,联系到新闻知情人进行核实、采访。发帖人路先生介绍说,其姨夫名叫杨克智,是曾在青岛远洋船员学院工作过的一位老船长,也是青岛

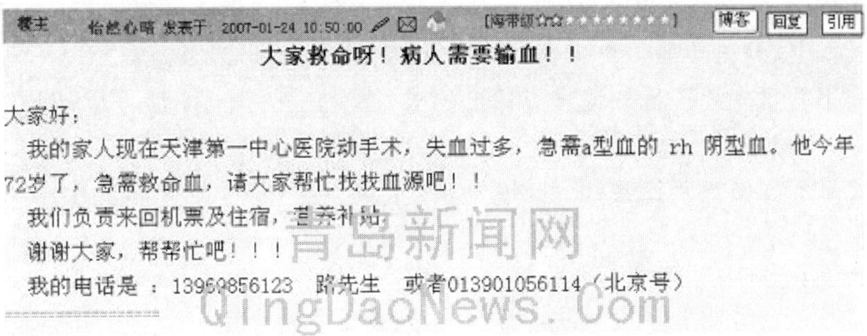

楼主　怡然心晴 发表于：2007-01-24 10:50:00　[海带级☆☆★★★★★★★★]　博客　回复　引用

大家救命呀！病人需要输血！！

大家好：

我的家人现在天津第一中心医院动手术，失血过多，急需a型血的 rh 阴型血。他今年72岁了，急需救命血，请大家帮忙找找血源吧！！

我们负责来回机票及住宿，营养补贴。

谢谢大家，帮帮忙吧！！！

我的电话是 ：13969856123　路先生　或者013901056114（北京号）

图 4-1　帖子截屏图

（资料来源：青岛新闻网）

的第一位领航员，现在已经72岁高龄。由于身患绝症，日前和家人从青岛到天津就医，现在正在天津进行手术，但由于老人血型十分罕有，是A型血的RH阴型血，手术过程中已经将天津当地血库中存留的该血型用尽，接下来的手术过程中还需要这种救命血才能继续治疗。一家人在万般焦急中想到在家乡的青岛新闻网上发帖求助。

青岛新闻网记者据此采写了题为《社区发帖急需救命稀有血 网友热心联系直送天津 》的新闻，报道发出不久，就有不少青岛热心网友帮助联系青岛市中心血站，救命血有望直送天津。

随着QQ、微博、微信成为便捷且普遍的交流工具和发布信息的平台，越来越多的媒体和记者通过它们获取新闻线索。

案例

2013年4月5日下午，新浪网民@南汀一水向《都市时报》官博发私信："昆明市第一人民医院死了一个泰国小孩，据说他家是开养鸡场的。"@南汀一水在私信中说，他从去医院探望病人的朋友处听到了这个消息，想到时下备受关注的"禽流感"，觉得事态很严重，便给《都市时报》新浪官博发来私信。

该线索经记者核实采访后，4月6日时报头版头条刊发了《云南发现一例不明原因肺炎死亡病例》。因此线索及时、准确、重大，且独家提供，都市时报社决定给@南汀一水颁发1000元线索奖励。

"当时听说是外国游客在昆明患病死亡，家里还养过鸡，觉得还是挺严重的。"@南汀一水说，当时他不敢公开发微博，怕引起大家恐慌，于是第一时间通过微博发私信给《都市时报》官博。@南汀一水说，以前也打电话给媒体提供过新闻线索，但用微博私信提供线索这是第一次。

2013年在四川雅安地震,从震区传出来的信息、外界反馈的动作,最先都集中在微博上,抢先其他传统媒体成为最快速、最便捷的信息流动平台。

以下是雅安地震后微博发布的时间表:

8时2分

四川省雅安市芦山县(北纬30.3度,东经103.0度)发生7.0级地震,震源深度13千米。

8时3分

国家地震台网官方微博"@中国地震台网速报"发布自动测定消息,测到8时2分在四川省雅安市雨城区附近(北纬30.1度,东经103.0度)发生5.9级左右地震,但说明最终结果以正式速报为准。(来源:国家地震局下属国家地震台网官方微博"@中国地震台网速报")

8时6分

《成都晚报》官方微博发布"地震了? 吓死了!",是第一家发出地震消息(但不确定)的官方媒体。(来源:成都晚报官方微博"@成都晚报")

8时7分

成都微博用户"@要致富走夜路"发微博"四川成都刚发生地震,震感强烈"。(来源:@要致富走夜路)

8时8分

雅安芦山县微博用户"@meaningless-批话多"发微博"我以为我要死了! 震中肯定在芦山县! 我家房子已垮!",是第一个从芦山县发布微博宣布地震的网友。

8时8分

新华网快讯发布四川雅安5.9级地震的消息,是最早发布地震消息的全国性媒体。(来源:新华网官方微博"@新华网";人民网1分钟后发布,还是比新华晚1分钟)

8时14分

国家地震台网官方微博@中国地震台网速报正式发布消息,测到4月20日8时2分在四川省雅安市芦山县(北纬30.3度,东经103.0度)发生7.0级地震,震源深度13千米。(来源:国家地震局下属国家地震台网官方微博"@中国地震台网速报")

……

震后18分钟救援动员开始

截至4月20日下午5点,新浪微博统计:有关四川雅安7级地震的微博总数6400万条;雅安地震寻人微博总数231万条。

互联网是强大的信息传播渠道，守住网络寻找线索，应该成为现代记者的重要选择。在网络上，我们也越来越多地看到一些媒体的官方微博和记者个人微博发出的“征集新闻线索”的启事。摘录几条如下：

河南新闻广播：凡是向我们提供新闻线索的亲，都将有机会获得由@河南移动10086提供的50元移动充值卡一张。赶快给我们提供线索吧～～～分享您身边的所见、所闻、所想、所感～

湖北电视台官方微博：电视剧《战火兵魂》精彩剧照（组图）｜新节目资讯，同步网上直播，观众朋友请点击湖北综合网站http://t.cn/GI05e提供新闻线索、网上报名参与节目、与帮女郎和主持人实时互动。http://t.cn/zTGtcrY

天府早报：【“微报料”平台开启】即日起，@天府早报开启“微报料”平台，实现微信、微博和新闻热线无缝链接，将成都新鲜大小事一网打尽。各位亲，您可以将自己认为有价值的新闻线索发送给我们，不管是突发事件、生活烦心事，还是趣味生活现象，都可以通过微信、微博发送给我们。

微时代，每个人都是信息的集散中心，而当新闻事件发生时，拿起手机，人人都可以成为自媒体时代的新闻报料人。

2. 从其他新闻媒体中发现新闻线索

已经刊发的新闻中还有新闻线索吗？答案是肯定的。在新闻实践中，记者从同行的报道中寻找线索是很普遍的现象。比如，电子媒体记者从报纸信息中寻找线索，报纸媒体记者从广播、电视中寻找新闻线索，然后重新进行采访，挖掘出事实的新内容、新视点、新思想。所以记者在读报纸、听电台、看电视时，不仅仅是在接收新闻信息，更是在敏锐地捕捉这一新闻信息报道的不全面和欠缺之处，细心揣摩新闻背景，预测新闻发展的方向，对于那些较肤浅、表面的报道，记者可以对其进行跟踪补充报道；变换角度，变换思路进行深入挖掘，重新报道。在别人的稿件里发现“新闻”也是一种惊喜，记者工作的乐趣有时就在于不断地发现与创新。

案例

1960年2月3日，山西平陆县发生民工中毒事件。不久，新华社发了一条几百字的简讯，表扬了北京特种药品门市部的职工在春节期间为抢救民工而设法火速送药的事迹。《中国青年报》记者王石等人在《北京晚报》上读到这则消息后，立即意识到这是一条难得的新闻线索，有进一步深入报道的价值，于是在编委会、主管部门的协助下，记者深入当地重新采访完成了题为《为了六十一个阶级兄弟》这一影响深远的通讯报道，新闻主题也上升为颂扬共产主义的协作精神。

案例

新华社对汶川大地震报道高度重视。要求记者在抓好抗震救灾动态反映的同时,要注意发现和塑造在抗震救灾中涌现出的典型,特别是要善于从普通典型中发现和塑造感人至深、具有代表性的重大典型。要求记者重点采访表现突出的解放军武警部队官兵、公安干警、医护人员、教师、基层干部等群体,注重从中挖掘感人细节。

新华社抗震救灾应急报道领导小组从所掌握的各种线索中,研究确定了9个重大典型,即为抢救学生而牺牲、"摘下我的翅膀,送给你飞翔"的汶川县映秀镇小学教师张米亚;在生命的最后时刻用身体护住4名学生的德阳市东汽中学教师谭千秋;为抢救学生而牺牲自己孩子的汶川县映秀镇幼儿园老师聂晓燕;率部冒雨徒步行军首先进入映秀镇的某集团军军长许勇;率部首先进入汶川县城的武警某师参谋长王毅;率领官兵打通理县至汶川道路的武警水电三总队总工程师陶然;带领各族人民勇抗灾害的阿坝藏族羌族自治州藏族州长张东升;失去15位亲人之后仍然坚持工作抢救他人的北川县民政局局长王洪发;失去10位亲人后坚守在抗震救灾一线的彭州市女民警蒋敏。这些典型有的是已经报道过但没有特别突出,有的是从各种渠道获知的线索。根据记者分布,任务具体落实到记者人头上,要求他们对已报道过的继续深入挖掘,对没有报道过的抓紧联系采访。记者们落实很得力,在此后几天里陆续发回了《将军突击——记挺进震中映秀镇的某集团军军长许勇》《在生死之间,他选择永恒——映秀镇小学教师张米亚追记》《那一刻,泪飞如雨——谭千秋老师采访札记》等报道,感动了一大批读者。①

《南方周末》的社会调查,就时常从其他媒体报道过的新闻中,寻找新闻线索,或挖掘更新、更深刻的内容,或通过自己记者的重新采访,发现不实报道,然后纠偏。同一个新闻线索,只要选择不同的采访对象,转变报道角度,增加新闻的背景材料,都能够使旧闻成新闻。

3. 新闻线人提供新闻线索

这是最有效,也是最生动的新闻线索渠道。对于一个记者而言,线索、关系极其重要,所以一个记者从进入新闻这个行业的第一天起,就要有意识培养、构建自己的关系网。记者在社会上广泛地结交一些朋友,就好像把新闻的触角伸向社会的四面八方,这样社会上一旦出现了新的动态,就能通过他人迅速传递给记者。所以,记者应当经常与

---

① 彭树杰:《汶川大地震新华社前方报道指挥部工作手记》,新华网。

一定数量的新闻线人保持联系，依靠他们的力量来弥补自身活动范围的不足，时刻与现实社会保持着最短的距离，从而及时报道各行各业的重大新闻。

报业市场竞争的加剧，为求得在市场上生存，越来越多的媒体相继打出了"重奖征集新闻线索"的口号，于是也随之出现了一批以此为生的人，他们总是最先出现在事故的第一现场，他们总是事件的直接目击者，他们总是第一个打进新闻热线电话的人，他们就是距离新闻最近的人——新闻线人。为了更快地获取新闻资源，很多媒体用物质利益来吸引社会人员提供新闻线索，以期在激烈的竞争中站稳脚跟。

新闻线人，或称"新闻报料人"，是指非新闻专业的从业人员有意识地去寻找、挖掘新闻线索以提供给新闻从业人员，从而获取媒体给予的相应报酬的一类人。新闻线人目前已遍布中国各主要城市。他们或者兼职，或者专职，每天为当地媒体"报料"。

以北京为例，为争夺新闻资源，京城几乎所有媒体都推出了"报料有奖"的活动。按照提供线索的价值高低，报社给这些"新闻线人"的奖金一般每条在 50 元到 2000 元不等，而《法制晚报》打出的口号更加诱人："奖金上不封顶！"甚至新华社也加入了抢占新闻资源的行列，四处网罗线人。

2003 年 3 月 20 日凌晨，当巴格达市民还都在睡梦中时，市区上空响起了让人撕心裂肺的警报，伊拉克人贾迈勒首先意识到这是战争开始的信号，于是迅速通过海事卫星电话给新华社中东总分社拨电话："巴格达响起空袭警报。"总分社的工作人员立刻将这一快讯用英文特急稿的形式发出，报告了"伊拉克战争"爆发的消息。几分钟后，贾迈勒听到了大街上的爆炸声，他再次通过电话把这一消息传给总部。就在这短暂的一瞬间，新华社通过新华网连发两条特急稿，从而以提前 10 秒钟的优势领跑全世界所有媒体。2003 年 12 月 9 日，这位让新华社在"伊拉克战争"报道中领先全球 10 秒的新闻线人，前来新华社北京总部接受了新华社颁发的最高奖——社长总编辑奖。①

新华社运用"线人"模式让中国媒体首次实现了世界领先。京城各主要都市报的热线版新闻有 80%来自线人报料。他们无处不在，不管是乐事、趣事、好事、坏事、烦心事、倒霉事，他们都会以此为料向媒体抖搂，并获得一定数量的报料奖。

4. 热线电话提供新闻线索

要重视热线电话、读者来信，因为这都是媒体获取新闻线索、收集读者反馈、解决群众问题的直通渠道。这条渠道畅通，媒体的新闻线索就多，群众关注媒体的程度就高。

中央电视台的《焦点访谈》节目，大量的新闻线索来自群众反映：有通过寄信、打热线电话、发电子邮件等方式反映问题的，甚至有守在中央电视台门口反映情况的。《焦点访谈》根据群众反映的问题深入采访，做出的节目才更受群众关注。

20 世纪 90 年代都市类媒体出现以后，热线电话、热线新闻日益增多，新闻源得以拓

---

① 潘天翠：《情系中国魂 网尽天下事》，载《网络传播》，2007(12)。

展,热线新闻占据着媒体新闻的"半壁江山",[①]中央和地方报纸也基本上都设有"新闻热线"等版面或栏目。据统计,一周内,北京各主要都市报的热线版新闻有80%来自热线报料,其中《北京晚报》热线新闻部每天24小时有100多个热线电话,其中95%来自群众日常生活的社会实际。[②] 1982年元旦,《羊城晚报》第一个在我国正式开通24小时报料热线时,"热线"仅仅意味着热线电话,而随着这20多年来的信息技术革命的实现,"热线"的含义就变得更为广泛,除了热线电话,还包括电子邮件、手机(可用其发送照片)、传真、BBS论坛等新媒体方式。例如,"南京零距离""1860新闻眼"向民众提供了新闻热线电话,并且在"西祠胡同"网站上建立了"南京零距离"和"1860新闻眼"论坛,众多网友在这些论坛上提供民生新闻的话题或线索,比如,建邺区文体路中段的违章建筑和噪声的问题,假耐克在雨花巷出现的情况等。"南京零距离"设有4部热线电话,并招聘了10个接线员通宵值班,24小时接听电话。如果新闻播出了,其新闻线索提供者可获得50～1000元的信息费,这更增大了热线电话的拨打率,以至于"南京零距离"有一半的新闻来自市民提供的热线线索。"直播南京"有7部热线电话,每天平均接到300多个电话,有价值的最少有50多个,做成新闻的亦有20个上下。[③]

"新闻110"是近年来风行的一种方式,"新闻110"采访车上街,推出"新闻招手停"。新闻热线借用110的名称进行创新,可提高影响力,扩大新闻线索来源。在一些城市,新闻媒体作为110的联动单位,纳入政府部门协调的范围。有的媒体为了防止以往办新闻热线不成功的情况,在操作规范、具体措施上下功夫。如《武汉晚报》在1999年5月30日开通湖北省第一家"新闻110"后,经过一段时间的运作,成立了新闻110部。在110部下面设立热线组,分三班24小时接听3部电话,并配备2台新闻车。一版每天固定位置专门刊发"新闻110"稿件。以往头版可读性差,"新闻110"设立后,这种状况得到明显改变,一版110的新闻占有1/4。[④] 这样做一是出于抢新闻和做好独家新闻的考虑,同时,由于市民提供的新闻都是发生在自己身边的事,这种社会新闻在体现亲和力和贴近性上占有优势。

第二节　如何发现新闻线索

怎么才能及时发现新闻线索呢？事实上,许多新闻线索就藏在人们的生活中,藏在某个人的讲话中,藏在与朋友的闲聊之中。只要我们对生活充满热情,对身边发生的事

① 王华、高骞:《媒介热线新闻的传播学解读》,载《传媒观察》,2005(5)。

② 李冬明:《从整合到深度整合——都市类报纸新闻热线信息资源开发有待深化》,载《新闻传播》,2005(11)。

③ 陈正荣:《电视第三次浪潮——解析"南京现象"》,63页,北京,中国传媒大学出版社,2006。

④ 王再承:《传媒论坛:传媒新闻线索来源方式及要义》,载《城市党报研究》。

情都有浓厚的兴趣，不放过耳闻目睹的每一件新鲜事，就会找到新闻线索。

一、在闲谈中捕捉

通过与读者、亲戚朋友的接触，在同他们的交谈中获取新闻线索，这是记者获取新闻线索的一个充满活力的源泉。与读者、亲戚朋友的接触会为记者发现新闻线索开拓崭新的空间。据说，抗日战争期间，著名的战地记者陆诒去重庆找周恩来，谈及新闻线索缺少时，周恩来对他说："当你在新闻线索实在贫乏之时，不妨到茶馆里去坐坐，听听群众在谈论什么，想些什么。"陆诒深受启发，立刻去访问几个擦皮鞋的儿童、嘉陵江渡口的船夫和公共汽车售票员，写了不少访问记和特写，受到读者欢迎。

案例[①]

张海迪这个先进典型人物被发现源于记者闲谈中捕捉的信息。1981 年 11 月 27 日，山东省引黄济津启闸典礼在东阿县举行，新华社山东分社派记者宋熙文参加，他在乘车路上听山东画报社摄影记者李霞说，莘县有一个为人称道的瘫痪姑娘张海迪(小名玲玲)勇敢地与疾病作斗争，能活下来还精神那么好，医生都说是奇迹。宋熙文参加完启闸典礼就奔了莘县。1981 年 12 月 28 日新华社播发了报道张海迪的人物通讯《只要你能昂起头——记瘫痪姑娘玲玲》，次日《人民日报》头版头条改名为《瘫痪姑娘玲玲的心像一团火》。这是新闻媒体首次报道张海迪的事迹。

案例

2003 年媒体热炒的奇事——北大学子落魄街头卖肉事件，也是记者从闲聊中很偶然发现的线索。一次，陆步轩的一位高中同学和西安一家电视媒体的记者吃饭，这位同学无意中说起陆步轩的遭遇。说者无心，听者有意，于是这家媒体依据线索找到陆步轩并对他进行了采访。节目播出后，陆步轩的"眼镜肉店"顾客盈门，生意奇好，清晨进的 500 斤肉，不到中午就全部卖光了。当地媒体的报道迅速引起了广泛关注，全国各地媒体记者纷至沓来。陆步轩一夜间成了新闻人物。陆步轩曾经高兴地说："这两天手机几乎被打爆了，几分钟一个电话。已经有 100 多家省内外的单位想让我过去工作呢！"陕西的一个县级市和西安一个中学生作文编辑部更是派人"三顾茅庐"，盛邀陆步轩到他们那儿工作。接

---

① 戚鸣：《实用新闻采访》，80 页，北京，新华出版社，2004。

连不断的好消息把陆步轩乐坏了。他感慨道:“瞎折腾了这么多年还是个卖肉的,没想到媒体的力量这么大。几篇报道就把我的命运给改变了。”

每一个记者应该养成无论在什么地方、什么时候都随时采访的习惯。有一句话说:我不在采访就在采访的路上。这就是记者的职业心态和职业作为。

二、在联想中发现

记者观察的视野要开阔,要善于从大的社会环境中观察捕捉事实,把单个新闻事件与整个社会生活联系起来进行考察,根据自身对社会整体状况的认知,展开联想,触类旁通,由此及彼,由表及里,根据事物内在特征找到与其他相关事物联系的契合点,挖掘到新闻背后隐藏的更有价值的信息。

案例

1982年11月10日早晨,勃列日涅夫猝然逝世,但当时苏联官方未宣布。而路透社、美联社驻莫斯科记者却通过两点不为人注意之处,发现了其中的疑点。一是莫斯科电视台晚上预定播出的冰球赛被取消,被严肃的古典音乐所取代;二是苏联在给安哥拉的贺电中没有勃列日涅夫的名字。这两位记者根据种种迹象所作的判断和猜测,很快被证实了。

英国记者露丝·史密斯看到一条消息里讲,钢铁和羊毛股票要上涨了。本来这只是一条很平常的消息,可是从这条消息中,她却联想到“马上要打仗了”。因为生产武器要用钢铁,做军服要用羊毛,如果不是就要打仗,就不需要多生产武器,也不需要多生产军服,现在钢铁、羊毛都涨价了,这正是要爆发战争的前兆。于是,她就从准备打仗的方面,采访到了许多重要的新闻。

这种看似“踏破铁鞋无觅处,得来全不费工夫”的偶尔得之的现象,实际上就得益于记者的发现力。

三、在对比中探寻

发现新闻线索,一个常用的手段是把事实放在特定的环境中来观察,通过观察,许多相似的、相同的、相反的特点都会凸显出来,新闻是来自新与旧的对比中。新生事物层出不穷,记者判断事物的新旧就得认真细致地比较,并及时准确地发现新闻线索。

案例[①]

2002年7月11日《河北日报》发表的《我省交通图五年七变》荣获第十三届中国新闻奖。该报记者石磊采访一位祖籍沧州从上海返乡的郑先生，郑先生离家前买的1996年版的河北省地图册这次返乡失去了作用，因为里面的河北交通图上，只标有京石和石太两条高速公路，而现在连沧州这个号称“交通死角”的地方都有两条高速公路穿过。于是记者对照新旧两张地图报道了河北省交通的发展。

是温故知新让记者的报道获得了大奖，这就是比较出的新闻。

案例

2000年6月，朝鲜和韩国领导人在平壤举行战后首次会晤，这是举世瞩目的新闻。但在会晤前，有关安排，包括朝方将由谁到机场迎接来访的韩国总统金大中，都没有透露。金大中抵达当日，新华社记者到机场采访。这位记者从机场正在播出的欢迎仪式的注意事项中，敏锐地意识到金正日将亲自到机场迎接金大中。因为按照过去的做法，只有金正日亲临机场迎接来访者，才会安排群众欢迎的场面。记者马上找到朝方官员证实，然后打电话给新华社驻平壤分社值班的记者，让他通知总社做好准备(朝鲜没有移动通信设备)。同时，他的一个同伴记者则守在机场的公用电话间。当金正日出现在机场时，这位记者隔着停机坪和候机室的玻璃向等在电话间门口的记者做手势。后者迅速打电话回分社。几分钟后，金正日亲自到机场迎接金大中的快讯就发了出去。新华社记者离开电话间时，见到朝中社的记者才急匆匆地赶来。

这一次，新华社又抢发了这条有重要新闻价值的独家新闻。发稿速度之快，令其他新闻同行羡慕。这也是记者在比较中抓到的新闻线索。

四、在细节中抓住

事实上，蕴含信息量最大、新闻价值最高的事实可能是最细小的、不起眼的“次要事实”。

案例

1996年维也纳举行一年一度的新年音乐会，不少记者受到邀请。音乐会开始前，世界十大著名指挥家之一的马泽尔出人意料地用汉语向观众说了一句：

---

① 戚鸣：《实用新闻采访》，83页，北京，新华出版社，2004。

> “新年好!”现场顿时爆发出雷鸣般的掌声。因为这不是一句普通的问候，其代表的意义重大，表现了中国国际地位的提高。《人民日报》记者迅速捕捉到这一富有趣味性和意义的细节性事实，发回了报道《维也纳传来的信息》，在国内外引起了很好的社会反响。

记者抓取的事实虽然不是主体性新闻事实，但丝毫不显琐碎，反而凸显出记者独特的观察视角和对有价值事实的敏锐感知。[①]

案例

> 1986年9月2日，美国著名的电视新闻访谈节目《60分钟》主持人迈克·华莱士在中南海紫光阁采访邓小平，在采访过程中，录像带用完需要更换，华莱士请邓小平先休息一下。邓小平不慌不忙地从桌上的一包“熊猫”牌香烟中抽出了一根，很礼貌地对华莱士说：“我抽烟可以吧?”“可以。能给我一支吗?”华莱士一边说，一边欠身向邓小平伸出一只手。邓小平递给他一支，华莱士仔细看了看，把这支烟掰断，惊奇地发现过滤嘴的长度超过烟丝的长度，他的摄像师很机敏，把这个镜头也拍了下来。邓小平微笑着说：这是他们为了对付我，让我少抽烟，特制的这种香烟。由此，我们才知道中央领导人抽的香烟是特制的。

国内那么多报道都没有报过这个细节，这么好的细节却让华莱士发现了。

新闻细节或明示、或隐藏、或关联着新闻事实。在开掘新闻事实过程中，记者抓住了细节，就可以更好地发现新闻，认识事实。

没有发现就没有新闻，优秀的新闻作品大多始于记者的发现，记者的生命力其实就是发现力，发现力是一种奇妙的力量。从这个意义上说，新闻记者的第一技能不是写作而是发现。

美国哥伦比亚大学教授麦尔文·曼切尔说：“记者必须学会用孩童般的眼睛观察世界，他把每件事都看作是新鲜的、各具特色的；同时，他必须用聪明长者的眼光洞察世界，能够区分出有意义的东西和无意义的东西。”[②]

练习

一、每5人一组，双休日去街上走一走，和人们聊聊，也可以通过微博、微信等看看有没有不寻常的迹象，把自己观察到的或听到的不寻常的事物记在笔记本上，看看其中有没

---

① 陈媛媛：《发现新闻背后的“隐性信息”》，载《新闻前哨》，2004(2)。

② 麦尔文·曼切尔：《新闻报道与写作》，197页，北京，广播出版社，1981。

有新闻线索？每一组的每一个同学都要通过各种方式至少捕捉到一条新闻线索，然后集中起来，小组选出一条最有价值的线索，进行线索价值分析或据此线索采写一篇新闻。

二、仔细阅读当地主流报纸近日新闻，试着从已经刊发过的新闻中找到一条新闻线索，并写出"旧闻翻新"的采写计划。

发现新闻线索后，记者便要寻着线索的指示进入采访了。采访是记者与采访对象进行交流的活动，当然，首先记者要找到采访对象，接近他们，并且让采访对象同意接受采访，只有赢得采访机会，之后的采访活动才有可能进行。所以，善于寻找和接近采访对象，是记者采访的先决条件。

第五章　采访对象是要寻找并接近的

因为采访对象的情况各有不同，所以接近采访对象并不是一件容易的事。有些人是媒体追逐的焦点人物，很难接近；有些人行踪不定，很难找到；有些人顾虑重重，躲避记者采访；有些人个性鲜明，拒绝接受采访……正因为采访对象有许多不确定性，这就要求记者在接近采访对象时，不仅要有应变能力，更要有不放弃的执着精神。

一般情况下，记者采访新闻人物或新闻事件的知情人，不能贸然登门采访，如果不给采访对象准备的时间，既不礼貌也很难得到充分的新闻材料。所以，在一般情况，记者要与采访对象事先预约。预约方式可以是电话预约或通过电子邮件预约。事先预约采访是让采访对象有时间做思考准备，让采访对象有时间查阅相关资料，更准确地回答记者的问题。

但有时候采访活动不具备预约条件，比如：突发事件发生时，记者来不及预约采访；遇到不接受采访的人，记者很难预约采访；重大活动现场，记者无法预约……在这种情况下，记者更需要用采访智慧和职业精神赢得采访机会。

第一节　找到采访对象

争取采访机会一般分为两步：第一步是找到采访对象；第二步是征得采访对象的同意进行采访。这两点看似简单，但在实际操作中，也有需要注意的地方和一些可行的技巧。

一、寻找采访对象的途径

（一）通过宣传部门

在一些常规的采访中，记者通常会遇到这样的情况：需要就某事进行采访了解情况，但对具体采访谁、他（她）的情况怎样、在哪里能采访到却一无所知。在这种情况下，我们可以通过我们的各级宣传部门来寻找合适的采访对象。在我国现行的新闻构架下，地方宣传部门和通讯报道组发挥着重要的信息沟通的作用，记者可以先联系这些部门，将采访的情况和问题悉数告知，一般就能在很短的时间内获得合适采访对象的信息，并能在有接应的情况下顺利进行采访。

（二）通过查找电话号码

更多的时候，找到采访对象的电话号码无疑是最快接近采访对象的方法之一。电话号码一般是通过 114 查询台、通过电话号码簿、通过知情人、通过网络等途径查找。

很多时候，在查询电话号码的过程中，被访对象的电话号码并不会一下子就被找到，记者可能要几经周折并通过多种手段才能最终找到想要的电话号码。比如某记者了解到某单位发生了严重的火灾，想就火灾的损失情况向厂方进行了解，就可能需要经历以下过程：首先，通过网络查询，找到了该单位的准确名称，并由此打开了该单位的网页，在网页的下端获得了单位的联系电话，但没有打通。然后，记者通过该单位所在地方的 114 查询台获得了该单位的另外几个联系电话，记者一一进行了拨打，其中一个打通。记者说明来意后，被告知再拨打另外一个部门的电话号码，找某某某进行联系；记者拨打了这个座机号码，却被告知某某某不在，记者再次询问，获得了某某某的手机号码；找到了某某某，对其介绍了来意，并约定在某天进行采访。

从上述案例中我们可以看到，寻找电话号码这样一件看似简单的事，有时也是非常烦琐和耗时的。

（三）通过网络

我们还可以直接通过网络来找到被访者。

比如，当你想就某事进行深入采访时，有时就可以通过这种方法找到知情人。尤其是在微博盛行的今天，信息的公开化为记者找寻信息提供了极大的方便，通过关键词搜索，我们总能找到所需信息的蛛丝马迹。有时候，我们还能在网络上找到知情人的电子邮箱地址，这就为进一步采访提供了线索。

二、征得采访对象的同意

找到合适的采访对象只是赢得采访机会的第一步，征得采访对象的同意接受采访才是最关键的。在这方面，我们除了要掌握一些技巧外，还要把握一个最关键的原则，就是要在尊重、理解采访对象的基础上与其进行沟通，努力与采访对象建立融洽的关系。

那么，让采访对象同意接受采访的方法有哪些呢？在运用这些方法时，我们又该注意哪些问题呢？

在和采访对象面谈之前，记者要先和采访对象"打招呼"。贸然登门拜访，不但容易遭到拒绝，就是进行了采访，也往往会出现采访无法深入的现象。正确的做法应该是提前预约，时间以正式采访前一周为宜，告知采访对象采访目的和主要内容，这样既显得礼貌、周到，又能给采访对象一定的思考时间，在采访的内容是比较专业的问题时，还能使被访者有时间提前查阅资料，提高采访的准确性。一般来说，我们可以通过电话预约、书信预约、电子邮件预约、传真预约、短信预约等几种方式。

在进行电话预约时，记者要注意打电话时的礼貌，根据不同的采访对象，采用不同的称呼、说话的语气和适当的客套话，这些看似简单，但在实际操作中却并不容易。一般来讲，与行政机关的人打交道时，要首先弄清对方官职，有适当的问候，说话的语气也要较为谦恭、庄重。与知识界、教育系统的人士打交道时，一般也要先清楚对方的职称、学历、学位，选二者中高者称呼，比如记者要采访一位刚刚留校的博士，他的职称是讲师，称呼其"某某博士"较为合适；而有一些学界前辈，可能学位并不高，但早已是院士、教授，称呼后者则较为合适，如果搞不清其职称、学历，也要以"老师"相称。同时在讲话时，用词要文雅，语速要慢。在与知识水平较低的人打电话时，则要注意选择词汇时要简洁、朴实，过于高深的词汇不但有卖弄之嫌，还会阻碍双方的交流。除此之外，打电话的时间选择也是记者需要注意的问题。

在对重要的人物进行时效性不严格的预约采访时，我们可以采用书信或电子邮件的形式。一般来讲，书信的内容包括记者的自我介绍、采访目的、方式与所需的时间。在书写时，除了要注意称呼、语气这些和打电话同样的问题外，书信的格式和字体、纸张的整洁也需要记者留意。除此之外，我们可以在信中附上自己的新闻稿件，让被访者了解自己的水平、采访目的和已经做过的工作，使其更容易接受自己的采访。

案例[①]

《作家文摘》记者向大作家雷克斯·里德递交的采访预约信

亲爱的里德先生：

我不仅是您作品的崇拜者，也是《作家文摘》的记者。我们杂志的编辑想登

---

① 参见 http://source.sns.donews.com/donews/article/2/24788.html。

载一篇有关您的文章。不知您是否愿意接受一次采访？

我知道您很忙，但是您知道，我使用的是问答形式，只需半小时就够了，不会超过1小时。

如果您同意，我可以安排在您方便的时候前去拜访。我希望您能为这次请求抽出时间，并期待着您尽快的答复。

诚挚的记者：×××5月3日

写采访预约信有方法可循：①

1. 措辞要礼貌；

2. 必须介绍清楚自己的身份和采访的主题；

3. 要灵活地约定采访时间；

4. 有时也可把采访的提问写在信中，让采访对象有时间充分思考。考虑成熟了，他就会热情地接见你，采访就会有意想不到的效果；

5. 适当的恭维是必要的，对方会由于你的赏识而喜形于色，欣然接受采访。

传真预约适宜于那些由秘书来处理信件的被访者。传真的方式可以使秘书在第一时间将信息送达被访者，比用其他方式更为简便、迅速。

短信预约也是比较便捷的一种预约方式。它一般适用于以下两种情况：一是与记者比较熟悉的采访对象；二是只有对方手机号却又不熟悉的采访对象。在第二种情况下，可以先用短信的方式说明来意，征得对方同意后再打电话进一步联系，以免贸然打电话显得唐突。这样，既容易被采访对象接受，又给予了采访对象足够的尊重。无论哪种方式，都要在短信中交代清楚采访的目的和大致的内容、情况等。

第二节　赢得采访机会

一、“抢”，必然的追求

重大历史事件、大型活动、大型会议等，有众多新闻媒体参与报道，新闻现场记者云集，想要接近采访对象，赢得采访机会谈何容易。在这样的场合，如果记者不抢问、抢拍是无法接近采访对象赢得采访机会的。

（一）抢问问题

重大新闻事件中的新闻人物是众多记者们追逐的焦点，他们不可能接受那么多记者

① 参见 http://msxx.nbyzedu.cn/school/ReadNews.asp?NewsID=464。

的采访，记者要采访他们，最好的方法或者说唯一的办法就是抢问问题，好的问题才可能引起采访对象的注意，记者也才有可能接近采访对象，赢得采访机会。

中央电视台记者王小丫从2000年就开始跑"两会"，她总结了一套参加"两会"新闻发布会的窍门儿："起床要早，抢个好位置；穿着尽量醒目，容易被发现；举手尽量高点儿，但不要在最高峰时举，会被齐刷刷手的丛林淹没掉。"可是，在跑"两会"的几年里，她也经历了从不成熟到成熟的历练。

每年在跑"两会"的过程中，记者倾注了很多的心血，使出各种招数，对高官进行围追堵截。

2003年3月在"两会"报道中，刚刚就任天津市市长的戴相龙成了"两会"新闻大战的焦点人物。2003年3月5日，戴相龙在京西宾馆会议楼开小组会，审议政府工作报告，会议议程刚结束，王小丫就快步走到刚刚站起来的戴相龙身边，随机提出问题："您刚刚完成由人民银行行长向天津市市长的角色转换，请问您的感受是什么？您如何看待今年我国经济增长7%？"这时其他媒体的记者们也都涌了过来。一直保持低调的戴相龙见到这个阵势，赶紧对王小丫说："咱们再约个时间聊吧。"说着转身就要走。王小丫见状，一下挽住戴相龙的胳膊，堵在戴相龙的面前，戴相龙一边应付着，一边向外挪动脚步，眼看着戴相龙就要迈出会议室大门，与王小丫同来的中央电视台记者张雪梅见状，立即上前提问："请问您准备为天津人民做些什么？""发展经济，维护社会稳定……"戴相龙说罢，径直走进电梯，记者们也急忙拥到电梯里。走出电梯，张雪梅又问了一个问题："请问您希望天津人民给您一个什么样的评价？"戴相龙突然停下脚步回答："一个好市长！"①

2013年"两会"，备受关注的国务院机构改革和职能转变方案出台，新一轮国务院机构改革即将启动，届时，国务院组成部门将减少至25个。实行铁路政企分开，将铁道部拟定铁路发展规划和政策的行政职责划入交通运输部，不再保留铁道部。因此交通部部长立刻成为记者采访的热点人物，3月8日，人民大会堂北大厅，交通部部长杨传堂被记者们"围追堵截"，拉到采访区进行采访。

在每年的"两会"记者会上，在现场的媒体记者想尽办法希望赢得提问机会，比如：早早到现场抢占最容易被关注的位置、穿鲜艳的引人注目的服装……用各种办法争取提问的机会，一旦未能赢得提问的机会，所有的记者都会惋惜，有些甚至泪洒现场。

在2013年"两会"记者会上，一名《工人日报》女记者在最后一次举手提问时，虽然高喊："请给工人阶级一个提问的机会"，但仍没有得到提问的机会，于是泪洒记者会。女记者奋力争取提问机会的敬业举动，成为微博热点，众多网友转发了相关微博。

---

① 戚鸣：《实用新闻采访》，130页，北京，新华出版社，2004。

下列这组照片是 2013 年两会期间，记者们抓拍到的各媒体同行“抢”新闻的各种状态。

3月5日，媒体记者跑步进入人民大会堂时不慎摔倒　　摄/新华社记者 邢广利

3月4日上午，在人民大会堂东门外采访的《中国青年报》摄影记者陈剑不小心摔倒，路过的陕西省委书记赵正永(左一)伸手搀扶 摄/刘霞

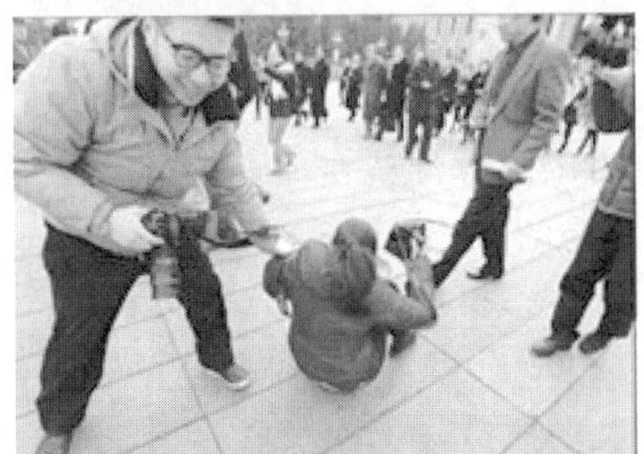

3月2日，一位女记者因追委员摔倒，让同行陷入两难：是先扶还是先抢采访？摄/记者 吴海浪

图 5-1　“两会”期间，各媒体记者“抢”新闻的各种状态

（资料来源：《法制晚报》）

（二）抢拍照片

在重大新闻事件采访中，文字记者想要接近采访对象，需要抢问问题，摄影记者则要

抢拍照片。

在“5·12”大地震的新闻报道中，涌现了一批优秀的新闻照片。其中绵阳晚报社摄影记者杨卫华拍摄的《生命的敬礼》捕捉了大事件中的精彩瞬间，人物形象堪称经典。

为了将整个北川县城受灾的情况从最好的角度记录下来，2008 年 5 月 13 日上午 7 时许，杨卫华爬上了一座废墟。当他刚刚准备取景的时候，隐约听见废墟中有孩子时断时续的哭声。“赶快来人啊，这里还有一个活的娃娃！”杨卫华兴奋得嗓子都喊沙哑了。他大喊几声后，马上掏出手电筒，在断壁残垣间晃动，并大声喊：“能不能看见我的灯光？”从两米外传来声音“我看到光了”，只见废墟的缝隙隐约露出一个男孩的黄色外套。这时，红军师装甲团一营的班长陈德永、战士李帅已经听见了喊声，带着战友火速赶来。战士们迅速展开对这个小男孩的救援工作。小男孩被掩埋了 17 个小时，一被救出来就开始哭啼。这时，杨卫华发现被救的孩子左手手臂骨折，耷拉在下面。一名医生在废墟上找来一块木板，给他做了简单的固定包扎。杨卫华听见孩子在低声说：“谢谢叔叔！”。副营长周孝东命令战士们把孩子放在门板上，转往临时救护站。这时，孩子又说了一句：“谢谢叔叔！”听见这句话的时候，杨卫华回过头来，突然看见男孩右手正慢慢举起……“敬礼，孩子在给他们敬礼！”杨卫华忍不住要喊出来了，他赶紧举起胸前的相机……“咔嚓、咔嚓、咔嚓”这张感人的照片，就这样被拍了下来。当时，战士们急着把孩子从废墟上快速转移，无暇留意“敬礼”这个动作。而杨卫华也因继续留在灾区，和孩子失去了联系。《生命的敬礼》一经发表后迅速在网络世界流传开来，相关的新闻、视频、帖子、博客文章多达 2000 余篇，并有网友为照片上那个躺在担架上向解放军战士敬礼的 3 岁男孩郎铮设立了“郎铮吧”，称“一个男孩一张照片一个瞬间，感动中国”。数天后，战士们看见了这张照片，被震撼了。6 月初，杨卫华第三次到唐家山堰塞湖。当驻守在堰顶的解放军副总参谋长葛振峰上将得知杨卫华就是“敬礼娃娃”的拍摄者时，把他叫到身边：“你把军民鱼水情拍出来了。我要谢谢你。”然后，是一个标准的军礼。杨卫华说：“这是一位解放军上将向一位普通记者的敬礼，也是对所有战斗在抗震救灾第一线的新闻工作者的敬礼。”这一切，就嵌在唐家山的

图 5-2 《生命的敬礼》 杨卫华拍摄

悬湖危岩之上。[①]

2006年7月1日清晨，新华社记者陈爕自格尔木驱车400多公里赶到沱沱河，到沱沱河大桥桥头时，突然看到当地藏族群众涌到铁道旁，欢迎从格尔木出发的“青1”次列车。陈爕果断舍弃此前的拍摄计划，抓拍了以欢迎人群为主的生动瞬间，留下了一张具有历史意义的照片，这张照片也是青藏铁路报道照片中唯一一张将铁路、高原风光和欢迎人群纳入一个画面的照片。《火车来到长江源》在新华社刊发后，被国内近百家报纸采用。《火车来到长江源》获得第十七届中国新闻奖二等奖。

图5-3　《火车来到长江源》　陈爕摄

记者接近采访对象，赢得采访机会，没有成规可循，但“抢”一定是每位成功记者必须追求的。

二、等待，不得不有的付出

赢得采访机会，需要抢，但有时候也需要等待，比如说跟随领导人出访，保卫措施很严格，对记者采访也有严格的纪律要求。在这种情况下，不仅“抢”的难度很大，而且自行其是很容易出现危险，等待几乎成了这类采访的唯一办法。

香港记者的敬业是有目共睹的。每年北京的“两会”，最早出现在大会堂东门的几乎都是香港记者。在代表进入大会堂之前，记者们追寻着每一个值得采访的目标人物。跟随国家领导人外访，只要是领导人进进出出的场合，不管早上有多早，晚上有多晚，总是会看到香港记者的身影。2003年，胡锦涛作为中国新一任的领导人，首次出访，出访的第一站是俄罗斯。闾丘露薇被派去采访。6月25日下午，她到达莫斯科，比胡锦涛一行早了24小时。下面的问题是，如何进入总统饭店。如果不能住在总统饭店的话，那就没有

① 顾咪咪：《杨卫华：向生命敬礼！》，载《解放日报》，2008-07-04。

可能在酒店的大堂等候胡锦涛,赢得采访的机会就微乎其微了。但在俄罗斯严格的安全措施下,与国家领导人同住一个酒店是不可能的。住不进酒店怎么办?经过尝试,闾丘露薇发现,如果说到里面吃饭,门卫通常还是放人进去的。于是,闾丘露薇与摄影师带着小型录像机进入酒店餐厅。但是,在酒店就餐不能无限期,他们自己被要求3点钟之前必须离开。闾丘露薇只好和摄影师躲在洗手间里。在洗手间里通过电话与外面的同事联系。接到在机场等候的同事的电话,知道胡锦涛的专机抵达了莫斯科后,她们开始行动。根据以往的经验,车队需要20分钟到达酒店,于是,闾丘露薇与摄影师提前5分钟出现在大堂的礼品店里,装着买东西。礼品店在二楼,当闾丘露薇看到提着行李的警卫人员一出现,立刻和摄影师冲出礼品店,拿出放在背包里的数码摄像机和麦克风站在大堂一边,不过使馆人员的反应比闾丘露薇还快,马上提醒她,不要冲到主席面前采访。为了不妨碍以后的采访,尽管闾丘露薇的等待这么不容易,她还是答应了使馆人员的要求,只是站在一边。1分钟后,胡锦涛主席走进大厅。令闾丘露薇没有想到的是,胡锦涛主席竟然在经过她面前的时候,主动与她打招呼,闾丘露薇也向他表示欢迎:"主席您好,欢迎来到莫斯科。"等胡锦涛走过,闾丘露薇便不顾一切地冲上去,采访目标是陪同外访的国务委员唐家璇。之后,闾丘露薇的等待终于有了回报。29日下午,胡锦涛在下榻的酒店大堂专门会见了前往莫斯科采访的香港记者,不仅接受了闾丘露薇的采访,还关心地问:"你怎么样,你好吗?"胡锦涛的问候,让闾丘露薇很感动,她知道胡锦涛主席是在关心她和所有中国记者在巴格达时的安全。不久前,闾丘露薇在伊拉克采访美伊战争,胡锦涛亲自打电话给约旦使馆,要求他们一定要确保所有中国记者安全撤离巴格达。为了做到这一点,张维秋大使在伊拉克的边境等候了10个小时,坚持和最后一批记者一起离开。在莫斯科见到闾丘露薇,胡锦涛主席关切地说:"后来我知道你安全地回来,心里踏实了。我送你两句话:'事业要追求,安全也要保证'。好不好?"[①]

在很多时候,记者能够争取到一个采访机会,哪怕一个问题的回答都需要记者付出巨大的努力。一个有着专业追求的记者会有意识地在实践中不断磨练采访智慧和应变的能力。

中央电视台记者柴静在几年的"两会"报道过程中,不断总结经验教训,想方设法接近采访对象。她发现每次新闻发布会结束后,部长、局长都要从主席台上走下来,这当中大概有不到5米的距离。于是,每一次发布会柴静一定会站在那个地方等待这些高官经过,等待采访机会。有同行问她,为什么总站在那个地方,柴静的回答很简单:"我站在这里3年了。"

等待主要是指记者要有足够的耐心和毅力与采访对象联系,但等待不意味着无所作为,在被采访对象接受的过程中,记者要等时机,更要动脑筋有所行动。

小记者李晶的故事也可以给我们一些启示。2004年10月11日,中华小记者李晶接

---

① 戚鸣:《实用新闻采访》,131～132页,北京,新华出版社,2004。

到邀请专程从北京乘机来到莫斯科克里姆林宫，和《人民日报》、中央电视台的大记者一道采访了俄罗斯总统普京。这名北京大街上普普通通的女孩子，是怎样走进克里姆林宫，成功采访普京总统的呢？2003年，李晶当上了“中华小记者”，当她从媒体上得知普京总统的两个女儿都在学习武术，16岁的小女儿卡卡嘉已经开始学习汉语，普京总统很重视中俄关系，对中国一直怀有良好的感情等情况之后，心中便萌生了采访普京总统的愿望。

可是，李晶只是一名普通的学生记者，而普京是一位国家元首，这一次高端访问谈何容易。为了赢得采访机会，李晶首先致信俄罗斯联邦总统普京，信中不但提到自己是一名中国的女学生，非常希望能采访他，还特意提到自己作为北京金帆艺术团的大提琴手，希望能有机会与普京喜欢小提琴的女儿合作演奏表现中俄青年友谊的乐曲。不知什么原因，俄罗斯总统新闻局一直没有回信。李晶并没有气馁，她一边等一边继续给普京总统的网页发 E-mail，提出采访申请，同时积极参与各项中俄友好活动的采访报道，以及“您对俄罗斯知多少”的问答竞赛活动，与此同时还积极策划采访方案。

功夫不负有心人。好消息终于传来了。李晶终于等到了普京总统的邀请，允许她在10月8日至13日的某个时间进入克里姆林宫采访，以此作为他来华访问前的公开亮相。就这样，凭借着耐心而又智慧的等待，李晶终于获得了宝贵的采访机会。[①]

等待也让凤凰卫视的记者吴小莉受益匪浅。1998年，国务院总理朱镕基访问欧洲，香港凤凰卫视中文台派记者吴小莉随同采访。由于访问期间朱总理的行程很满，所以并没有安排接受记者采访。面对这一情况，吴小莉并没有放弃，她每天从早到晚跟着总理，耐心地等待着，希望能够等来采访总理的机会。终于有一天，当朱总理从温莎堡会见英国女皇后返回酒店时，吴小莉正和当地侨民一起在酒店大厅等候，当总理接受完侨民的献花准备离开时，吴小莉赶紧挤上前，向总理展开“人情攻势”：“总理，我们等了好久，可不可以说几句话？”总理同情地点头答应了，吴小莉终于用自己的耐心等待赢得了一次宝贵的采访机会。

三、应变，创造机会的智慧

有许多重大的新闻现场，记者必须有特殊通行证才能进入，在这种情况下，得到采访机会，难度会更大。在特殊场合赢得采访机会没有任何规律可循，完全要靠记者的应变能力和采访智慧，同时更要靠记者的敬业精神。

一个有经验的记者是不会轻易放弃采访的，即便是条件不允许，也会想方设法创造机会进入现场采访。

---

① 资料来源：新华网，《走进克里姆林宫的中国少年——小记者采访普京》，http://news.xinhuanet.com/world/2004-10/13/content_2086775.htm。

2007年10月24日,《青岛晚报》记者姜宝虎获得在西昌卫星发射基地现场报道“嫦娥一号发射”资格,要知道,这次奔赴西昌采访报道“嫦娥一号”的记者逾千人,能够得到一个现场观看发射的机会,是每一个记者梦寐以求的事。但当姜宝虎确认这次发射不管是有证的中央级媒体记者还是买到票的观众,观看“嫦娥一号”现场的两个平台一个是4公里外的八一村观看平台,一个是6公里外的奔月楼顶平台时,他还是在23日下午毫不犹豫地做出了放弃手中的正规观看证的决定。为了更近些,为了真正在安全的“零距离”上观看“嫦娥一号”发射的全过程,姜宝虎不得不另辟蹊径。

“要想避开最严格的巡查,必须提前一天上山,而且还要连夜上山!”熟悉掌握基地发射前巡查规律的朋友这样提醒姜宝虎。10月23日晚10时,姜宝虎乘着夜色赶到了发射基地一号大门口,朋友已经在那里等待姜宝虎。“现在只有发射场周围3个村的村民可以通过发射场围墙外的小山路到山上去,而且还要查当地的户口本”。朋友再次提醒姜宝虎。于是,姜宝虎先到离基地门口最近的一个村子麻叶林村,敲了一家村民的门。朴实而好客的男主人从身上扒下了他那件袖口早已成了绺的黄上衣,又从橱子里翻出一条膝盖上补着两个大补丁的黄裤子让姜宝虎穿上,并叮嘱他:“包就不要带了,藏好你的相机和本子就够了!千万不要说话,查的时候递给他户口本就行了!”他叫醒他的侄子小陈开小面包车送姜宝虎上山到亲家老万家里住下。乘着夜色,姜宝虎一行人上路了。过发射场大门的时候,小面包被哨兵拦了下来。经周旋,哨兵仔细地查看了两本户口本,做了一个放行的手势。小面包车沿着弯弯曲曲的山路一路狂奔将姜宝虎送上了山。

到了老万家,老万说自己对发射场附近的所有路都了如指掌,他会带姜宝虎去最近的地方看发射。姜宝虎最想去的是发射场和老万村子之间的那个隧道口,姜宝虎前一天进发射场时已经考察过,那里是最好的看发射的位置。老万就带着姜宝虎去探路,但他们走近隧道口才发现,那里已经有6个警卫一字排开在巡查了。“还有一个地方和隧道口在一条线上,但你得保证能趴在草丛里看!”老万说的草丛是离隧道口只有100米远的地方,警卫们说话的声音清楚可闻。爬了整整一个小时的山路他们终于绕过了隧道口,安全抵达了目的地。这里是一个再好不过的地方了:趴在草丛里,对面千米之外的“嫦娥一号”发射塔看得清清楚楚。当发射架上的“嫦娥一号”保护架打开,运载“嫦娥一号”的火箭呈现在他们面前的时候,姜宝虎甚至可以清楚地看到火箭上“月亮之上”的探月标识和“中国航

图5-4 “嫦娥一号”成功发射 姜宝虎摄

(资料、图片由姜宝虎本人提供)

天”的字样……

10月26日下午6时5分，从西昌卫星发射基地升空的“嫦娥一号”成功发射。姜宝虎在离发射场内最近的一条安全警戒线上，以近乎“零距离”的方式目睹了“嫦娥一号”的顺利飞天。

能否在特殊场合赢得采访机会，是判断记者是否成熟的重要标准。

1994年，南非进行首次多种族大选，曼德拉成为第一任黑人总统。大选结束后，包括CNN、CBS、美联社、路透社等来自世界各地数百家新闻媒体的记者们把曼德拉总统下榻的酒店围了个水泄不通。记者们等待了8个多小时后，曼德拉终于走出酒店，但他拒绝接受专访。这时，台湾“华视”的记者胡一虎果断冲过保镖手挽手组成的防护线，用非洲土语向总统大声喊道：“保佑南非，曼德拉万岁！”。一个东方人居然能说南非土语，这让曼德拉很好奇，于是他主动走过来与胡一虎握手。胡一虎一只手紧紧握住曼德拉不放，另一只手快速从衣袋里抓出微型麦克风，向曼德拉提问。

四、信任，赢得采访的桥梁

采访活动就是双方进行沟通与互动的过程。在这个过程中，记者只有掌握消息沟通的主动权，在整个采访活动中始终发挥主导作用，随时调整自身与采访对象的角色关系，寻找最佳谈话切入点，才能获得好的采访效果。

记者要面对不同的采访对象，采访对象的性格、个性各有不同，记者想要接近他们，还需要运用心理学知识，赢得对方信任，使双方见面以后很快消除陌生感，营造自然随和的氛围，这样才能让对方打消顾虑畅所欲言。

如果遇到性格外向、热情、大方的采访对象，记者就很容易接近他们，在访问中他们也会有问必答，乐意配合记者的工作。遇到这样的采访对象，记者就可以直接提问。但在很多时候，记者遇到的采访对象有可能性格内向，在访问中不配合采访，回答问题谨慎保守，情绪紧张，缺乏条理。在这种情况下，记者就不可直接提问，而是首先要想办法消除陌生感，营造良好的谈话环境。

1988年4月，南沙“3·14”海战之后，军事记者刘善兴到南海舰队采访，遇到一批从南沙守礁归来的海军陆战队员。连续几个月的孤礁执勤，使这些本就不善言谈的战士更加木讷。交谈中，记者发现这批陆战队员大部分是河南人，有个战士的家与刘善兴的老家仅隔数十里。于是，刘善兴便从家乡谈起，由于地理上的接近，使得这些战士心理上产生了微妙的感情变化，一下子缩短了与记者之间的距离，很快消除了生疏感。战士们不仅向记者介绍了守礁中的生活情况、生动故事，而且把排长怎么想老婆，小张怎么给对象写信等这些感情细节全都讲给记者听。这些故事成就了长篇通讯《南沙英雄出中原》，这篇通讯生动地反映了海军陆战队队员艰苦守礁、无私奉献的感人事迹。

在事实不利于采访对象或与己无关的采访中，采访对象会表现出说话吞吞吐吐、态度模棱两可的状态，甚至极力回避，拒绝采访。面对这类采访，记者无权、也不可能强制采访对象接受采访，而只有通过自己的行为和表现来影响、改变其态度。

中央电视台记者柴静曾想采访华北第一例 SARS 患者，但他不愿意接受采访。柴静便给他写了封信说："我和你同岁，我希望 20 年后我的孩子可以看到我们这个时代发生了什么，你的孩子也会通过这些记录了解他的父亲曾经经历过什么。我们经历了这个特殊的时期，这是不可选择也无法避免的，但作为一个记者，我们应该让我们的后代知道真相。"柴静用真诚打动了采访对象。

拒绝采访者往往有情感上的矛盾，他们常常明知采访事实对自己不利，但是社会舆论、道德良心的谴责等形成的自我压力又使他们常常处于矛盾的心理状态之中。记者要掌握他们的矛盾心理，万万不可急躁，要耐心说服，边等待边引导。通过巧妙的说服把有利于采访的情感调动起来，使采访对象突破心理防线。

可以向采访对象和盘托出采访目的、内容、问题、效果，让他们了解采访的目的，打消其犹豫不决的干扰因素。记者也可以视情况，说些软中带硬的话，让采访对象清楚接受采访对他有利，不接受采访对他不利。

例如：《北京青年报》"大墙内外"专栏记者在从歌手红豆入狱到出狱的这两年当中，一直都在关注红豆的情况。2004 年 5 月 20 日，歌手红豆获假释出狱。红豆出狱后，记者对他说："在监狱，管教尊重你的意见，不向媒体透露你的消息，可是现在你出去了，如今媒体都重赏新闻线索。万一你在街上或者什么场所被人认出了，给媒体打个热线，个别媒体捕风捉影甚至臆造关于你的消息，也不是没有可能的。"

随后几天，媒体都在炒红豆出狱的新闻，并链接他"猥亵儿童罪入狱"的案情。害怕媒体炒作的红豆主动找到《北京青年报》记者，希望通过他的专访告诉人们他在狱中的真实生活和他出狱几天来的真实心情。

采访过程是一个特殊的人和人之间交流沟通的过程，只要记者与采访对象之间建立起相互信任的关系，从对方角度替对方着想，获得采访对象的信任，沟通就会容易一些。

2000 年 3 月 5 日，在胡长清将要被执行死刑的前三天，中央电视台《新闻调查》记者王志来到江西省看守所想对他进行采访。采访前，考虑胡长清已被二审裁定判处死刑，此前《焦点访谈》记者采访又被拒绝，法官、看守所所长与王志反复研究如何争取胡长清对采访的配合，担心采访难以顺利进行。王志和胡长清一见面，就握着他的手说："我是中央电视台《新闻调查》的记者，我们还是老乡，我也是湖南人，想和你聊一聊。"胡长清一开始不接受采访，他说我都这样了，还说什么。王志在给他端了一杯水后说，我知道这时候即使你接受了我的采访，也不会对你有任何帮助。但是我想在生命的最后时刻，你应该想留下些什么吧，至少你还留了一个你的声音在这个世界上，这样就能让大家看到一

个真实的胡长清，而不像小报上所说的胡长清有十几个情人，或者贪污了几千万等，你自己说出的话可能更权威一些。最终王志说服了胡长清并进行了近 3 个小时的访谈。在访谈中，胡长清回顾了自己走过的 51 年跌宕起伏的人生道路的每一步，总结了自己犯罪的原因和教训，谈起了对耄耋老母的思念，历数了自己在江西做的一些有益工作，时而感慨万分，时而追悔叹息，时而潸然泪下，时而掩面而泣。用他自己的话说是"人之将死，其言也善"。

在这次采访中，王志首先用了"家乡人"这一心理接近点，然后抓住采访对象的矛盾心理，站在采访对象的角度劝服采访对象。告诉采访对象他不会强迫采访对象说什么，采访对象可以通过媒体让人们了解真实的胡长清是什么样子。记者把采访动机向采访对象作了交代，减轻了采访对象的心理负担，而胡长清一直希望通过伸诉，减轻罪行，王志此时的采访某种程度上切合了他的某种侥幸心理。王志的这一番开导，使一开始不愿意接受采访的胡长清在心理上有了一定的转变。

另外，最重要的是记者要以真诚的态度对待每一个采访对象，让采访对象知道记者是一个有职业操守的人，是值得信任的人。

在王志采访胡长清前，一位警察向他建议，不要告诉胡长清他是中央电视台的，这样也许能顺利采访胡长清。王志并没有接纳这个建议，他说如果对方认识他，但他又说了谎，这样胡长清对他就不会有信任感。在王志见到胡长清时，王志非常真诚地说："这时候我对你的关注，其实就是关怀和关爱，而且即使你接受了我的采访，也不会对你有任何帮助。但是我想在生命的最后时刻，你应该有想留下些什么的心理诉求。"

五、坚持，绝不轻言放弃

如果做了许多努力，仍然不能接近采访对象，记者仍不要放弃。如果是打电话预约面谈遭到拒绝，可以马上转为电话采访，提一些简单易答的问题。如果采访对象也拒绝在电话中回答简单的问题，可以再要求给采访对象寄信或问卷，转为书面采访。遇到客气、谦虚的人，要一请再请；遇到不愿意抛头露面的人，就要说服、说服、再说服。

1980 年的一天，中国国际广播电台记者杨淑英采访翻译家李健吾先生。记者进门刚说明来意，李老不但态度冷淡，而且还一再声明"我这个人不求名，不要宣传。"杨淑英顿时显得很尴尬，但又不甘心就此罢休。记者灵机一动，想到李老师是研究莫里哀的专家，而当时北京正在举办的法国电影周，有一部传记篇《莫里哀》正在上演。于是，记者立即转变话题，就莫里哀的一些问题求教李健吾。这时，李老一反冷淡态度，情不自禁地打开话头，从他研究莫里哀的情况开始，说到他的译著、工作和生活，一谈就是 3 个多小时。

从遭冷遇开始到采访圆满成功，杨淑英的经验告诉我们，除了坚持不懈、有耐心外，记者还要学会研究采访对象不愿意接受采访的真实心理,从中找出规律性。比如,一般专家学者对记者采访有偏见,往往将新闻报道等同于宣传,被宣传并不为学界认同,因此,学者面对媒体时,都会相对谨慎。另外,专家学者做事较为认真严谨,在没有把握的时候,他们不愿意随便发言。记者如果能够掌握专家学者拒绝记者采访的普遍心理,就能有效对应采访中的困难。

1997年央视的水均益随江泽民主席访美时产生了采访克林顿的念头,此后一年通过正常的官方渠道和私人途径多次与美方进行沟通,但采访工作还是没有什么进展。1998年时任美国总统的克林顿来华访问,水均益希望能对总统进行一次专访,但美方一直没有明确的答复。负责克林顿访华新闻事务的中国外交官都说"可能性也就是百分之零点几",但水均益没有放弃,在克林顿飞往上海后,他和同事对克林顿近期的行程情况进行了研究,决定前往上海等待时机,这样一方面可以明确表明中国电视台期待采访美国总统的态度;另一方面也让白宫不能轻易忽视中国电视台的这一愿望。经过多方努力,美方终于安排了对克林顿的访问。

记者不能直接与采访对象进行沟通的情况,记者首先要做的就是与负责安排采访事宜的工作人员保持频繁的联系,同时记者绝不能被动等待,应随机行事,灵活应对,才能获得难得的采访机会。

总之,在采访受挫的情况下,还是要以积极的态度,争取、再争取,绝不轻言放弃,坚持是记者赢得采访机会的关键。

六、场所,因人因事而异

采访总要在一定的时间和空间中进行,而不同场所会给人以不同的心理感觉。比如办公室,有公事公办、正规、庄重的感觉;家中,则是温馨自然,生活气息浓的感觉;公共场所,如酒吧,则有自由放松,谈话开放的感觉,等等。一个人在环境中的心理状态会直接影响谈话的效果。恰当的采访场所,往往会使采访对象情绪稳定,不会因为记者的采访介入而紧张拘束,从而很快地进入状态,配合记者的采访。因此,在采访场所的选择上,最好选择那些采访对象熟悉的生活、工作场所或者在双方都认可的第三场合进行采访。美联社记者休·马利根说:"假如让你选择访问的场所,要设法做到在后台上约见演员,在车站约见侦探,在会议厅约见法官,在室外竞选讲台上约见政治家,在栏圈约见斗牛骑士,这样如果没有恰当的话、可供引用的话,你至少也可以从他所在的自然环境中找到主题。首要的是,要避免在旅馆的房间里约见被访问的人。"这是因为旅馆是一个采访双方都不熟悉的场所,采访对象在一个陌生的休息空间里也会手足无措,双方都会感到不自在。

记者到了新闻人物或新闻事件的人物常态下的场所,不仅能使自己的采访顺利地进

行，而且还能从中寻找出新闻报道的细节、氛围，补充有价值的新闻信息量，同时，增强报道的现场感。

1979 年 1 月 1 日，中美建交的联合公报正式生效。1978 年 12 月 30 日晚上，美联社记者克雷布突然提出要中方为他安排次日随 100 名美国旅游者去长城游览。本来，要采访这批人谈中美建交，他完全可以在北京饭店进行。可是，为了追求报道的现场感，柯雷布特意选择了长城作为采访的地点。在火车上，他没有进行采访。一直到了八达岭长城脚下，旅游者纷纷爬上烽火台时，柯雷布才开始采访，他同 8 个人进行了交谈。归途中，他把谈话稍加整理，回到宾馆后即开始发稿。柯雷布在导语中写道，"一位歪戴着牧人帽的牧场主(美国南方的代表性人物)，靠着由褐色石头砌成的长城(世界闻名的中国名胜地)说，星期一即将生效的美国对中国的承认，是一件好事情。"……在中美正式建交日没有任何其他活动的情况下，将一条模式化的、枯燥的时政新闻写得有时间、有地点、有人物，给读者留下强烈的现场感、新鲜感。

美国新闻学家梅兹勒说："要特别注意人物周围的环境，被采访者办公室有多大？书架上有什么书？从书架上取了什么书？摆在桌上的书哪一页被打开？有哪段被圈点了？桌子上摆了什么？是摆得井然有序呢，还是乱七八糟？废纸篓里有什么东西……"[①]这些细节，往往与人物的爱好、兴趣、文化素养、性格等紧密地联系在一起。记者在采访时，就应该像梅兹勒所言，有刑侦人员一样的细腻，善于从细节中发现线索，然后循线追踪，最终还原出事实真相。

1998 年 5 月 30 日，杨澜采访跨越地球三极的女探险家李乐诗，地点选在香港清水湾的海边大礁石上，那里"目极无穷，海阔天空，正符合旅行家、探险家的心胸"。这样的场合，让受众一下子感受到李乐诗的生活状态，她与大自然的亲密无间，她喜好探险的性情，甚至从中感受到她周游世界的经历。选择在香港清水湾的海边礁石上，两人在海边上自由畅谈，与选择在办公室或家中相比，后者似乎远不如身在大自然中给人的感觉自然亲切。当然，并不是说在办公室和家中采访李乐诗效果一定不好。但一件事情，大多数时候只有一次采访场所的选择，根据采访对象的生活经历、身份、职业和兴趣爱好、性格秉性等选择采访场所，能够获得最好的效果。

如果不注意选择采访场所则有可能导致采访失败。曾经有一位记者采访一名在生产第一线做出突出贡献的工人，采访地点选在了工厂内最豪华的会客室。而工人由于环境的不适应而显得极为紧张，心情难以平静，使得采访时断时续，效果很不好。

总之，记者的每一次采访都要因人而异，因时、因地而异，一切以接近采访对象，完成报道为目的。

---

① 邱沛篁：《新闻采访论》，177 页，成都，四川大学出版社，2001。

链接

专访吴小莉：获得采访机会的“七种武器”

有大事发生的地方，我存在！有华人的地方，就有我。这就是大家熟知的吴小莉，自1998年，首次随凤凰卫视北上采访“两会”，时隔10年，吴小莉再次整装待发，关注“两会”，关注民生。3月3日政协会议第一天结束后，凤凰卫视主播吴小莉接受了凤凰网的专访。

凤凰网：刚才讲了很多小莉去采访当中的故事，其实我们的凤凰网也非常关心一个问题，就是作为一个优秀的主播，作为一个优秀的记者，其实大家都知道在“两会”的时候，争取到采访的机会是很难得的。那么小莉做好采访，争取到采访机会的“七种武器”是什么？

吴小莉：我不知道我有什么武器，但是我觉得有几点，还不止是“两会”采访，我觉得还有很多的采访，也包括在内。

做采访　要勤快

第一个要勤快，你要常常在你希望采访的人面前晃悠，让他熟悉你，人家都说有脸缘，觉得这个人很认真，在什么场合都见得他倒茶，然后老实，很孜孜不倦地问你问题，觉得这个敬业精神，也给点分。

我们曾经试过几次，都是很有效的，比如说我们在海外的记者，在拉姆斯菲尔德——美国的前国防部部长面前老晃悠，后来有一次终于他忍不住了，他说你是谁，你问我什么问题？你就问吧。问了一个美国在华府的记者。

我觉得这个是管用的，真的管用，然后我们这个方法，也常常用在领导人外访的时候，他到任何一个场合，都奇怪我们也没跟他坐同一般飞机，也没跟他坐同一部车子，但总是会在他前面，比他还早到了酒店，或者是机场等他，他觉得老见着你，也就觉得不好意思，认为你太辛苦了，他就会说几句话。那我觉得一个是脸缘，一个是要勤快。

采访前要做充足的准备

第二个是要做充足的准备，你一定要把所有关于这个人的资料给我一份，而且他们后来就发现，一定要给我，因为我常常看完了资料以后，再问他们提案里的问题，他们还答不出来，我说我资料里看到某一个疑问是什么什么，我一定全部看完。我的习惯是这样的，我觉得是毛病，你去见这个人之前，你不把这个人摸个透不行。

凤凰网：心里没有底？

吴小莉：你会觉得不是没底，我照样可以问到好东西，也可以问到，照着提纲里面的东西，已经是可以做出一个好的节目。但是我觉得，我是一个好奇宝

宝，我会有疑惑，那我又怕这个疑惑。其实他是说过的，甚至我看到提纲，我的兴趣点，我的编辑们没看到，但是我的兴趣点，在跟他对话交流的时候，他会觉得说你怎么知道？然后就会引出他更多的内容。

比如说我们有一次访问水利部的陈雷部长，我说：我记得你在一次大会上，说过什么话，他说你怎么知道？他说这个不是内部资料吗？但是我觉得倒不是内部资料，的确是收集得到的资料，因为我看得比较细。后来一个同事说，陈雷部长自己说，小莉姐是真的看过那些资料。

有一次，他们说，不想把资料再重新翻了，想把我盘里的那个碟还给他们，我给了他们以后，他们翻，发现每一行都看过，有问题啊，画线，旁边放了问题，或者是写了疑问，或者是写了感想，这样的方式，就是把这个人先研究透。

然后去跟这人聊天的时候，我会觉得，我知道你，我熟悉你，因为我们不是每一个人都能够这么熟悉的，我觉得我既然来访问你，我要了解你，我要熟悉你。这样的话，我们在同一个频道上互振，振出来的可能会是很多新东西。

所以我觉得准备是很重要的，如果说这个是专访，准备就更重要了，我常常要花起码 7 个小时，最好 7～9 个小时，看资料，再重写提纲，才能够安心去访问一个人。

我觉得每个人都是一本书，有机会见到他，采访他，他给我这么多时间，我觉得应该把这本书读好，这个即使是一般的采访，也要把它当作专题采访，我觉得应该这样做。一般采访，就是说所谓的新闻式的采访，我觉得也要做好准备。

所谓准备是什么呢？如果你每次想要采访这个人，你面对他的时候，他经过的时候，你问的问题都是很好的问题，他不得不回答的时候，他就习惯性问你的问题，甚至是他没有回答，也会说这个记者挺有水平，他如果以后真想来问我，我觉得我可以接受他的采访，我可以试试，听听他想问什么。

我觉得这个是一个机会，就是让他第一对你有印象，第二觉得说，我也想听听你想问我什么？就好像你问的，1998 年那一次采访我觉得也是一样，他就是想听听你想问什么，就是因为他常常看到你，所以他想听听你问他什么，他也好奇，我觉得是这样。

所以这就是一个互相的交流，互动，我觉得最重要的记者工作，是比一般的人把权利给了记者，到第一线常常走动，有机会接触到受访者，有比较好的互动，让他们有一些机会把一些老百姓想要知道的很重要的东西给传达出来，所以我觉得这个勤奋是需要的，这种自我的努力也是需要的。

要懂得一些采访的小技巧

第三当然是看场合了，而且我刚才说的，比如说也包括准备，你们大家也比较清楚了，比如说只问人民币问题，我准备人民币，我觉得这个是一个准备工作,是一个小小的技巧。

你想那个时候是1998年,10年前,这种高层的互动还很少,真的是在一个草创初期,香港媒体刚刚进入能够采访的阶段,所以是一个互动的开始,一定破那个冰,所以要做更多的准备。

我觉得现在,我们常常发现,如果你问的问题是受访者也想回答的,或者是说触到了他某一个神经,我刚才说的那个问题,人民币问题,我觉得不是因为我拿了什么东西,而是我问的那个问题,他觉得不得不回答,因为触动了他想要回答的一个感受,我觉得这点很重要。

如果是记者会现场,当然尽量要早到,争取好的座位,而且要锲而不舍地举手,虽然常常落空。

凤凰网:今天我来之前,在网上查到资料,在2003年记者招待会的时候,文字的第一行写着凤凰卫视记者吴小莉,开门之后第一个冲进会场,抢占第一排座位。

吴小莉:我觉得这个努力还是需要的,因为加上安检,加上所有的媒体记者,都赶早,所以很早在外面,我们也是,排队安检进场,这个普遍都是,如果为了做好一件事情,我觉得这个是必须要做的。①

练习

一、想办法找到你喜欢或关注的老师、或新闻当事人的电话号码,或电子邮箱地址等,并用各种方式说服他们接受你的采访。

二、通过微博或微信找到一条新闻线索,并根据线索找到当事人或知情人,赢得采访机会来核实新闻线索。

三、阅读一些著名记者的采写手记,从中体会作为优秀记者的理想、智慧和艰辛。

---

① 资料来源:凤凰卫视网站,http://phtv.ifeng.com/hotspot/xllh/guanzhu/200803/0304_2868_423890.shtml。

“两会”期间，全国政协委员、经济学家吴敬琏先生经常遭遇记者们“围攻”，问题一个接着一个。

记者1：吴先生，您能不能用一句话概括一下……？

吴敬琏：对不起，我没有能力来回答这个问题。总是有人让我用一句话来概括一个什么问题，我真的没有办法用一句话来概括复杂的经济问题。如果经济问题能够简化到一句话，我们为什么要印那么多经济书呢？经济学的本科生需要上4年，研究生要上3年，博士就更长了。你有具体问题可以提出来，我们来探讨。

记者2：吴先生，你觉得房价会不会涨？

吴敬琏：这是一个我没有办法回答的问题，我相信决定房价的因素是多方面的，但是我没有很多研究。

记者3：吴先生，关于您去年提出的……问题？

吴敬琏：对不起，这个问题不是去年提出来的。是我1993年就提出来的。你完全没有看过我的书，我又得重头给你讲一遍，这太困难了。

记者4：吴先生，你怎么看今年的资本市场？

吴敬琏：你指的资本市场是什么？

记者4：股市。

吴敬琏：那你理解的资本市场太狭窄了。

记者5：你怎么看农民工讨工资的问题？

吴敬琏：关于欠薪和农民讨工资的问题，这显然已经是一个热点问题了。但是我真的没有专门研究，不能深入回答你的问题。如果这个课题交给我，我会认真地去调查研究，看谁在欠薪，为什么欠薪，解决的办法是什么，找出原因来解决这个问题。①

为什么这个场面如此尴尬？为什么吴敬琏总是听不懂记者的提问？吴敬琏与其说是在回答记者的问题，不如说是给记者们上了一堂课，他要告诉记者的是：想要做一个好记者，就要懂得学习，要懂得怎样提问，要懂得采访前做充分的准备……

① 《记者手记：采访吴敬琏先生让人汗颜》，人民网，http://politics.people.com.cn/GB/1026/3232804.html。

第六章　采访准备是预先的工作

古语说："凡事预则立，不预则废。"(《礼记·中庸篇》)中国民间还流传着"失败于准备就是准备失败""兵马未动、粮草先行"等谚语。任何有明确目的的人类活动的成功，都离不开事先充分而有效的准备。采访也和做其他事情一样，预先要有所准备。采访前的准备工作做得越充分，越细致，越具体，达到采访目的的把握性就越大。

成功的采访基于充分的准备，准备工作做得好，记者的采访就会更有目的，采访对象也能更好地领会记者报道的意图，记者搜集到的素材主题就会更集中，这样，在写新闻报道时，就会收到事半功倍的效果。如果不准备就采访，采访对象无法明了记者的采访目的，提供的材料主题就很难集中，这会给记者之后的写作带来很大困难，材料集中不到一个点上，报道无法选择角度，如果报道集中到一个角度上写，相关的材料又缺乏。所以，记者每次采访的目的要十分明确，要清晰地知道为什么要进行这次采访，重点谈什么内容，这些内容写出来是给什么人看的，预计会引起怎样的社会效果……这样，就能减少采访的盲目性，提高采访的自觉性。

那么采访前应该做好哪些准备工作呢？

第一节　熟悉采访对象

美国学者布雷恩·S. 布鲁克斯在《新闻报道与写作》中写道："采访——与他人交谈——更多的是一门艺术而不是科学。"[①]这就是在提醒我们，不管我们是由于何种原因为了何种目的进行的采访，采访要素首先是我们在采访中所要面对的活生生的人。他们有可能是乞丐、政府高官，也有可能是普通的游客或临刑前的杀人犯。不管采访对象的身份如何变化，他们的共性——"人"是不会改变的。所以，在采访前，我们必须做好充分的准备，我们所做的工作不是科学研究，而是怎样与人沟通交流。[②]这种人际沟通的能力

① 布雷恩·S. 布鲁克斯等：《新闻报道与写作》，范红主译，第7版，58页，北京，新华出版社，2007。

② 方芳、乔申颖：《名记者清华演讲录》，163页，北京，人民日报出版社，2003。

的基础就在于对采访对象的熟悉。

一、为什么要熟悉采访对象

1. 有利于创造良好的谈话气氛

对于记者而言,即使你获得了采访的机会,也并非意味着你就能从这次采访中获得有用的信息。而影响采访气氛的可能是采访的环境、你的穿衣打扮、你的神态语气、你用于采访的话语的选择、你的第一个问题,甚至只是你一个不经意的动作。

意大利著名女记者奥琳埃娜·法拉奇 1980 年对邓小平的采访是这样开始的:

> 法拉奇:明天是您的生日?
>
> 邓小平:我的生日?我的生日是明天吗?
>
> 法拉奇:不错,我是从您的传记中知道的。
>
> 邓小平:既然这样说,就算是吧!我从来不记得什么时候是我的生日。就算明天是我的生日,你也不应该祝赞呀!我已经 76 岁。76 岁是衰退的年龄啦。
>
> 法拉奇:我父亲也是 76 岁,如果我对他说那是一个衰退的年龄,他会给我一巴掌呢!
>
> 邓小平:他做得对,你不会这样对你父亲说的,是吗?

从这段采访对话,我们看到了什么?很清楚,法拉奇在访谈之前进行了大量的资料准备,采访邓小平之前,她所翻阅的有关邓小平的材料足有 5 公斤重。法拉奇从大量介绍邓小平的有关材料中,熟悉了邓小平的生平,也了解了他的思想观点。法拉奇不仅仅了解邓小平,还从材料中了解与邓小平有关的人和事,了解毛泽东、林彪、“四人帮”,了解中苏关系、中越关系。采访以这样的方式开头,就创造了一个非常轻松和亲切的气氛,为之后的采访做好了准备,法拉奇对邓小平的采访,有交锋,有质疑,甚至有咄咄逼人的追问,由于有了这样的氛围,锋芒也就不那么尖锐了,受访者也就愿意与她交谈,让她获得了想获得的素材。

之后她的问题还包括:

“但我有一句话,希望您听了不要生气,这不是我说的,西方有人说您是中国的赫鲁晓夫!您对此有何看法?”

“今天人们把很多错误都归咎于‘四人帮’,这符合历史事实吗?听说中国人说‘四人帮’时,伸出的却是五个手指!”

“据说,毛主席经常抱怨您不太听他的话,不喜欢您,这是否是真的?”

“在中国有这么一个人,他在任何时候都没有被碰到过,这就是周恩来总理。这个情况如何解释?”

对这个问题,邓小平回答:“周恩来为大局忍辱负重,也说了一些违心的话,做了一些违心的事。”

居然可以跟最高领导人这样去对话,中国民众相当震撼。

法拉奇以访问世界政坛风云人物而蜚声世界,被誉为政治采访专家。她先后采访了邓小平、基辛格、阿拉法特、霍梅尼、卡扎菲、西哈努克等30多个国家、政府和政党的领导人。她说,采访前准备工作的紧张程度,“简直就像学生准备大考一样”。每一次访问,都是对她的“智慧和政治敏感的挑战,是不可能重演的事件,是消耗灵魂的一次人类实践”。①

图6-1 法拉奇采访邓小平

1994年5月,中央电视台有一位记者,到上海采访历史学家、社会活动家周谷城先生。病榻上的老人表示只能回答记者一句话。这位记者问道:“听说在‘五四运动’的游行队伍里你曾经跑掉过一只皮鞋?”周谷城一听感到很吃惊,面对眼前这个如此了解自己的年轻人,他谈兴大发,于是谈话整整持续了一个下午。

相反,采访中最尴尬的局面莫过于因谈话氛围不融洽而引起的采访对象的不配合或者沉默。敬一丹曾在一次演讲中讲到自己一次失败的采访经历。“……我原来曾觉得,我应该算是会和农民说话了吧,还有过一段知青生活,应该不会说什么‘大爷您好’。可是有一次,山东农民就给了我一个教训……到了农村采访的是一个养猪协会的会长。我一切细节都想到了,采访农民,要让自己从里到外的感觉都靠近。比如说我去采访一个养猪协会的会长就不能穿这衣服啊(指演讲时穿的套装,作者注),要朴素啊,那个场景呢,当然要选择典型的场景了,就选了一个猪圈,大猪小猪全有,很生动,然后我就穿了一件特朴素的夹克衫,我甚至没有化妆,我觉得我们之间的距离很近,就开口了:‘你这个协会辐射了多少农户啊?’这个农民满脸疑惑,看着我说:‘对不起,记者同志,什么叫辐射?’”②

敬一丹的这个例子就很好地说明对采访对象的了解和认识要深刻,在采访前必须准备周到,考虑全面。

---

① 周克冰:《中外经典采访个案解读》,25页,北京,北京广播电视学院出版社,2003。

② 方芳、乔申颖:《名记者清华演讲录》,164页,北京,人民日报出版社,2003。

2. 有利于采访对象对记者产生信任感

在有准备的采访中，采访对象会迅速对记者产生信任感，记者就能够充分地调用已知的信息以接近和获取未知的信息。

如果采访前没有准备，记者的采访就会非常艰难，收获会很少，甚至一无所获。

1986 年"金鸡奖""百花奖"大会期间，电影导演谢晋结合他刚在美国举办影片回顾展的经历，对中外记者采访前的准备工作做了对比。谢晋说："美国的记者很注意资料工作，善于在接触采访对象之前从资料中掌握有关情况，事先准备好提出的问题。他们采访实践通常不超过半小时，提出的问题简明扼要，角度独特，采访效率甚高。而国内的不少记者不大善于利用资料，采访提问大同小异，缺乏自己独特的角度。因而，常常要对记者从头讲一遍自己的简历。其实，本人的籍贯、年龄、艺术经历，只要一翻材料就全都有了……"

记者采访前不做准备，如果遇到敏感的有个性的采访对象，他很可能对不了解自己的记者不理不睬，甚至拒绝接受采访，记者便一无所获。英国著名影星费雯丽因扮演影片《乱世佳人》中的郝思佳一角而一举成名，获得奥斯卡金像奖。1961 年 3 月 8 日，她飞抵纽约庆祝《乱世佳人》复映。一个记者去采访她。

> 记者问："您在电影中扮演什么角色？"
> 费雯丽反问道："你看过这部影片吗？你看过那部小说《飘》吗？"
> 记者回答："都没有看过。"
> 费雯丽说："那就不必多谈了。"

她无意和一个如此无知的人交谈。当时在场的美联社记者目睹了这一记者的窘状，写了一篇特写，于是这件事在新闻界传为笑柄。

著名作家伯纳德·德·弗托来到康涅狄格州的哈特福德市，有一位记者前去采访他。这位记者问他："我可以采访您吗？"作家说："当然可以。"于是，这位记者提出第一个问题："对不起，我真的没有时间来做准备。请问您是干什么的？"作家听了，苦笑了一下，非常不高兴地对这位记者说："如果你没有时间查一查《名人录》，或翻一翻你自己的藏书，把我的情况搞清楚，我也没有时间与你交谈。你很忙，那就请你去忙别的事情吧。"作家毫不客气地把这位记者打发走了。

记者对采访对象一无所知，采访对象怎么会有兴趣配合采访呢？即使采访对象勉强配合采访，记者的采访仅仅从了解情况开始，谈话停留在浅表层上，这样的采访不能在有限的时间里获得更多信息，更不可能让采访对象谈更多深入的问题。

二、怎样熟悉采访对象

记者对采访对象的认识不是从彼此见面那一刻开始的，而是从采访之前就开始了，这种认识来自采访前的准备。采访准备越充分,记者与对方的距离就越接近,共同的语言就越多,对方也更容易了解记者的意图。

1. 了解与采访对象相关的知识

在见面之前,记者熟悉采访对象主要是从一些文字资料等形式的间接介绍中开始的。一般来说,从资料中熟悉采访对象,记者应该从搜集采访对象的个人资料开始。

搜集个人资料从三个方面着手:一是采访对象的简介,包括性别、年龄、职业、职务、家庭情况、主要社会关系、基本的政治态度,等等;二是采访对象的专长、主要贡献或专著,曾产生过什么影响,在同行中的地位,别人有过什么评价或传说,等等;三是采访对象的特点,包括性格、爱好、目前的心理状态、是否健谈、对接受采访是否习惯、有何忌讳,等等。此外,还要了解采访对象与所采访的问题有何利害关系,是否愿意回答问题,会不会隐瞒事实真相等。采访前尽可能多地了解这些内容,是获得采访成功的一项必不可少的准备工作。[①] (见表 6-1)

表 6-1

从三方面着手	采访对象的基本情况	采访对象的专长	采访对象的特点
包括	性别、年龄、籍贯、经历、学历、职业、职务、家庭情况、亲友关系、人际关系、政治态度等	贡献、专著、影响、地位等	性格、兴趣、忌讳、所属阶层的社会环境、当时情绪、心理状态等

采访前不仅要熟悉采访对象,对于采访对象所从事的工作、专业知识及相关领域的知识也要有所掌握,特别是采访政治家、专家、科学家等人物时,要了解其专业领域的相关知识,这的确不是一件容易的事,记者需要下功夫,付出更多。

报告文学家徐迟为了采访陈景润,为了弄清"哥德巴赫猜想"是怎么一回事,读了许多数学方面的书。他知道如果不了解数学方面的知识,就很难接触陈景润,也很难对数学领域的奥妙进行描写。这样的努力,最终让徐迟完成了著名的报告文学《哥德巴赫猜想》。《哥德巴赫猜想》叙述了数学家陈景润的传奇经历,多方面展示了他的个人遭遇,揭示了知识分子的不幸与民族命运的关系。在新时期报告文学中此文率先展现了"文革"给知识分子带来的时代烙印和心灵伤痕,呼唤对人的价值、科学、知识的尊重。徐迟还创造性地将枯燥、抽象的数学计算式大段地以生动的文学语言表现出来,做出了成功的尝试,使读者感叹于数学王国的高深时,领略科学家研究、探索的艰辛。

美国已故的报刊评论员利布林有一次去访问一位著名的赛马骑师。此人一向不愿同记者交谈。许多记者都认为,让这位骑师开口,比让哑巴说话还难。但是利布林却让这位骑师滔滔不绝地同他谈了 1 个小时。

---

① 戚鸣:《实用新闻采访》,147 页,北京,新华出版社,2004。

利布林怎样让这位骑师说话的呢？

见到骑师，利布林提的第一个问题是："您赛马时左镫皮带比右镫皮带多放几个眼？"骑师一听这个问题很内行，就兴高采烈地从马镫谈起他的驭马术。最后还对利布林说："我看得出来，你同骑师们一定混得很熟。"其实，这位记者并不精通骑术，他只是在采访前做了充分的准备，请教了一些行家，知道赛马的骑手在跑马场风驰电掣般策马飞奔时，为了克服在圆形跑道上产生的离心力，两个脚镫的皮带不能一样长，必须使左镫皮带比右镫皮带长一些，以便使身体重心稍稍内侧。利布林第一个问题就从这里开始，使那位骑手既惊讶又高兴，谈话的兴趣也就激发起来了。

由此可见，了解与采访对象相关的知识是为了融洽的关系，使采访对象更愿意接受记者的采访，也便于和谐采访气氛。而且对采访对象越熟悉，记者提出的问题才能更深入、更细致、更切中要害。

相反，对相关知识没有起码的把握，不仅很难把握采访机会，而且还有可能让采访陷入尴尬的境地。

有一次，美国苹果电脑公司到中国举办新产品技术交流会，在北京举行了一次记者招待会，邀请了首都各大传媒的记者出席。主持人在发布了新闻之后，由记者自由提问。等了一阵子，没有一人举手提问。主持人再次邀请提问，还是没人响应。为什么记者提不出问题，理由很简单，就是记者在采访前没有做必要的准备，对美国苹果电脑公司在京举办的新产品交流会的背景和新产品缺乏认识。①

所以，记者在采访前，掌握采访对象的有关知识是必要的。

那么，怎么来获取这些资料呢？我们可以尝试以下几种方法：

- 通过互联网搜索；
- 查阅以往报纸对采访对象的报道；
- 到图书馆查阅相关图书、期刊；
- 先采访一下采访对象的亲朋好友或知情人；
- 查阅信件、内部文件、简报等资料；
- 到有关部门去了解。

2. 搜集与新闻相关的背景资料

新闻事件的发生不是孤立的，有其发生的原因、背景、社会影响，这些也是受众关心的内容。所以，记者采访新闻事件前的准备工作还应该包括搜集与新闻事件、新闻人物有关的背景资料和其他材料。如果是去某地采访，我们还应该了解该地的政治、经济、文化、社会状况，以及自然地理、风土人情、历史沿革和类似的地方情况调查等，除了可以加深对采访地的了解外，还可以做一些比较，有助于采访工作的深入。

---

① 苏再丰：《采访前应做哪些准备工作》，广东广播在线网。

背景材料对于新闻报道有着重要意义。有些背景材料需要写进新闻报道中，以充实新闻内容，增强新闻的厚度。有些背景材料虽不直接写进新闻报道中，但往往是记者分析判断事实必不可少的依据。有经验的记者，都十分重视采访前对有关背景材料的掌握和搜集。

对于采访突发新闻事件的记者来说，由于没有时间进行临时准备，采访前准备全靠平时积累。在日本，新闻记者常常要当一二年的资料员，在较多地熟悉情况、丰富知识后，再去做采访工作。美国写内幕新闻的名记者约翰·根宝一生竟然积累了6万张卡片的资料。离开报社以后，他利用这些资料，撰写了《亚洲内幕》、《非洲内幕》等7部书，每一部都引起了社会轰动。

我国老一辈新闻工作者吴晗说："没有资料就写不出内容充实的文章来。"记者平时要多读书，广泛涉猎各个学科的知识，注意收集和追踪新知识、新信息，还要关注和追踪国内外大事，不断丰富自己的知识积累。只有掌握了丰富翔实的资料，采访才会更有效，报道才会有分量。

改革开放初期，我国著名科学家钱伟长访美，美国几家报纸对钱伟长的情况介绍得十分翔实，报道很有深度，钱伟长惊讶于美国新闻界对其情况的谙熟，便向采访他的记者询问，作为回答，记者把一大叠有关他钱伟长的资料摆在了他的面前。

记者只有平常不断积累，在突发新闻事件来临时，才能形成联想，把看似不相干的事情联系起来，能迅速从事件的表面现象进入实质性的采访，使突发新闻事件报道既快又有记者自己的独到见解。

《东方早报》记者简光州以一篇题为《甘肃14名婴儿疑喝"三鹿"奶粉致肾病》的报道，成为报道"三鹿奶粉事件"第一人。在对"三鹿奶粉事件"进行调查采访过程中，记者在对资料进行分析的同时做了大量的求证以及个人的思考：

"9月10日，(我)看到甘肃当地媒体关于14名婴儿可能因为喝某品牌的奶粉而致肾病报道，联想到当年安徽阜阳假奶粉的报道，感觉这可能又是一个重要食品质量安全问题。

随即联系到甘肃的解放军第一医院，医生们介绍说，以往一岁以下的婴儿得肾病非常少见，同时他们也还没有确定奶粉是不是致病的确切的原因。

……

此时，我感觉证据还不充分。8月底，湖北一家媒体也曾曝出有3名分别来自湖北、河南、江西的婴儿可能因奶粉而患肾结石，报道也没有点是哪家企业。通过朋友找到了报道的记者，得知喝的也是三鹿奶粉，只不过报社出于多种原因没有点名。

多个不同的地方出现了相同的病例，我初步判断这可能不是由于水质问题，最大的根源还是出在奶粉。"①

---

① 简光州：《我为什么要公布问题奶粉"三鹿"的名字》，载《东方早报》，2008-10-17。

对于记者预先可以计划行程的采访，像外事互访、会议采访、节日报道、到企业采访，在采访前就应该尽可能多地了解新闻事件的背景资料，以便到达新闻现场后能更快地进入采访活动。

例如：地方媒体对奥运会的报道，采访会受到一定限制，采访前的准备工作就要更为细致，一些素材来自于平常的积累和采访前的准备。

作为地方媒体，本地受众一定更加关心本省运动员取得的成绩，有怎样的故事。所以，记者除了在前方赛场上取得一手材料外，还可以在前方联系熟悉的教练进行采访，了解运动员平常训练中的一些情况，以及在比赛前后的一些故事。这些细节性内容极有可能派上大用场。早在奥运前记者就要将参加奥运会的本地运动员名单列出来，了解一些运动员的生活细节，并且了解他们家住哪里，与家人取得联系，了解他们的家人是否进京观赛，这也是记者前往北京采访前所做的功课之一。如果到时他们在家中观赛，就可以派记者到他家中采访。对于大型活动的采访，媒体要前后方联动，共同作战，采访不仅包括关于运动员方方面面的采访，还包括对话题的策划。这样的新闻让奥运报道会更有人情味，更精彩。①

记者除了采访突发新闻事件或预知新闻事件要做准备，自己安排的采访也应该做采访前的相关准备。如果采访前不做任何准备，寄希望于临场发挥，自然得不到好的结果，甚至会闹出笑话。

有一位记者到武汉钢铁厂走访，与陪同者有一段对话——

> 记者：武钢真是全国最大的钢铁基地呀。
> 陪同者：不是最大的。
> 记者：那是全国最老的钢厂？
> 陪同者：也不是最老的。
> 记者：嗯，对了，那就是最先进的。不管怎么说，总归有个“最”吧？
> 陪同者：是有个全国之最的地方，不过不是你说的“最”。
> ……

事先毫不准备，对所要走访的企业没有起码的了解，这对于记者是有损职业形象的，对于被访者是不尊重的。既然要去武钢走访，记者就应该在采访前对中国钢铁行业的情况进行起码的了解，这本是记者基本的自我要求，而且也并非困难的事情。

采访前，准备一些新闻事件的背景材料是必要的，它可以帮助记者透过现象看本质，扩展采访思路，采访才会更加深入。

约翰·布雷迪在《采访技巧》一书中说：“经验丰富的记者一致认为，每采访一分钟至

---

① 王芳：《准备在于细节》，载《中国记者》，2008(8)。

少要准备十分钟”,西方学者和记者称此为“十比一”原则。“准备”是支持所有采访的基本活动。

链接

重新评价毛泽东的历史地位

——邓小平答意大利记者奥琳埃娜·法拉奇问

(1980年8月21日、23日)

法拉奇:天安门上的毛主席像,是否要永远保留下去?

邓小平:永远要保留下去。过去毛主席像挂得太多,到处都挂,并不是一件严肃的事情,也并不能表明对毛主席的尊重。尽管毛主席过去有段时间也犯了错误,但他终究是中国共产党、中华人民共和国的主要缔造者。拿他的功和过来说,错误毕竟是第二位的。他为中国人民做的事情是不能抹杀的。从我们中国人民的感情来说,我们永远把他作为我们党和国家的缔造者来纪念。

法拉奇:对西方人来说,我们有很多问题不理解。中国人民在讲起“四人帮”时,把很多错误都归咎于“四人帮”,说的是“四人帮”,但他们伸出的却是五个手指。

邓小平:毛主席的错误和林彪、“四人帮”问题的性质是不同的。毛主席一生中大部分时间是做了非常好的事情的,他多次从危机中把党和国家挽救过来。没有毛主席,至少我们中国人民还要在黑暗中摸索更长的时间。毛主席最伟大的功绩是把马列主义的原理同中国革命的实际结合起来,指出了中国夺取革命胜利的道路。应该说,在60年代以前或50年代后期以前,他的许多思想给我们带来了胜利,他提出的一些根本的原理是非常正确的。他创造性地把马列主义运用到中国革命的各个方面,包括哲学、政治、军事、文艺和其他领域,都有创造性的见解。但是很不幸,他在一生的后期,特别在“文化大革命”中是犯了错误的,而且错误不小,给我们党、国家和人民带来许多不幸。你知道,我们党在延安时期,把毛主席各方面的思想概括为毛泽东思想,把它作为我们党的指导思想。正是因为我们遵循毛泽东思想,才取得了革命的伟大胜利。当然,毛泽东思想不是毛泽东同志一个人的创造,包括老一辈革命家都参与了毛泽东思想的建立和发展。主要是毛泽东同志的思想。但是,由于胜利,他不够谨慎了,在他晚年有些不健康的因素、不健康的思想逐渐露头,主要是一些“左”的思想。有相当部分违背了他原来的思想,违背了他原来十分好的正确主张,包括他的工作作风。这时,他接触实际少了。他在生前没有把过去良好的作风,比如说民主集中制、群众路线,很好地贯彻下去,没有制定,也没有形成良好的制度。这不仅是毛泽东同志本人的缺点,我们这些老一辈的革命家,包括我,也是

有责任的。我们党的政治生活、国家的政治生活有些不正常了，家长制或家长作风发展起来了，颂扬个人的东西多了，整个政治生活不那么健康，以至最后导致了“文化大革命”。“文化大革命”是错误的。

法拉奇：你说在后一段时期毛主席身体不好，但刘少奇被捕入狱以及死在狱中时，毛主席身体并不坏。过去还有其他错误，“大跃进”难道不是错误？照搬苏联的模式难道不是错误？对过去这段错误要追溯至何时？毛主席发动“文化大革命”到底想干什么？

邓小平：错误是从50年代后期开始的。比如说，“大跃进”是不正确的。这个责任不仅仅是毛主席一个人的，我们这些人脑子都发热了。完全违背客观规律，企图一下子把经济搞上去。主观愿望违背客观规律，肯定要受损失。但“大跃进”本身的主要责任还是毛主席的。当时，经过几个月的时间，毛主席首先很快地发觉了这些错误，提出改正这些错误。由于其他因素，这个改正没有贯彻下去。1962年，毛主席对这些问题进行了自我批评。但毕竟对这些教训总结不够，导致爆发了“文化大革命”。搞“文化大革命”，就毛主席本身的愿望来说，是出于避免资本主义复辟的考虑，但对中国本身的实际情况做了错误的估计。首先把革命的对象搞错了，导致了抓所谓“党内走资本主义道路的当权派”。这样打击了原来在革命中有建树的、有实际经验的各级领导干部，其中包括刘少奇同志在内。毛主席在去世前一两年讲过，“文化大革命”有两个错误，一个是“打倒一切”，一个是“全面内战”。只就这两点讲，就已经不能说“文化大革命”是正确的。毛主席犯的是政治错误，这个错误不算小。另一方面，错误被林彪、“四人帮”这两个反革命集团利用了。他们的目的就是阴谋夺权。所以要区别毛主席的错误同林彪、“四人帮”的罪行。

法拉奇：但我们大家都知道，是毛主席选择了林彪，就像西方的国王选择继承人那样，选择了林彪。

邓小平：这就是我刚才说的不正确的做法。一个领导人，自己选择自己的接班人，是沿用了一种封建主义的做法。刚才我说我们制度不健全，其中也包括这个在内。

法拉奇：你们对“四人帮”进行审判的时候，以及你们开下一届党代会时，在何种程度上会牵涉毛主席？

邓小平：我们要对毛主席一生的功过做客观的评价。我们将肯定毛主席的功绩是第一位的，他的错误是第二位的。我们要实事求是地讲毛主席后期的错误。我们还要继续坚持毛泽东思想。毛泽东思想是毛主席一生中正确的部分。毛泽东思想不仅过去引导我们取得革命的胜利，现在和将来还应该是中国党和国家的宝贵财富。所以，我们不但要把毛主席的像永远挂在天安门前，作为我们国家的象征,要把毛主席作为我们党和国家的缔造者来纪念,而且还要坚持毛泽东思想。我们不会像赫鲁晓夫对待斯大林那样对待毛主席。

法拉奇:这是否意味着在审判"四人帮"和开下一届党代会时,毛主席的名字不可避免地会提到?

邓小平:是会提到的。不光在党代会,在其他场合也要提到。但是审判"四人帮"不会影响毛主席。当然,用"四人帮",毛主席是有责任的。但"四人帮"自己犯的罪行,怎么判他们都够了。

法拉奇:据说,毛主席经常抱怨你不太听他的话,不喜欢你,这是否是真的?

邓小平:毛主席说我不听他的话是有过的。但也不是只指我一个人,对其他领导人也有这样的情况。这也反映毛主席后期有些不健康的思想,就是说,有家长制这些封建主义性质的东西。他不容易听进不同的意见。毛主席批评的事不能说都是不对的。但有不少正确的意见,不仅是我的,其他同志也在内,他不大听得进了。民主集中制被破坏了,集体领导被破坏了。否则,就不能理解为什么会爆发"文化大革命"。

法拉奇:在中国有这么一个人,他在任何时候都没有被碰到过,这就是周恩来总理。这个情况如何解释?

邓小平:周总理是一生勤勤恳恳、任劳任怨工作的人。他一天的工作时间总超过12小时,有时在16小时以上,一生如此。我们认识很早,在法国勤工俭学时就住在一起。对我来说他始终是一个兄长。我们差不多同时期走上了革命的道路。他是同志们和人民很尊敬的人。"文化大革命"时,我们这些人都下去了,幸好保住了他。在"文化大革命"中,他所处的地位十分困难,也说了好多违心的话,做了好多违心的事。但人民原谅他。因为他不做这些事,不说这些话,他自己也保不住,也不能在其中起中和作用,起减少损失的作用。他保护了相当一批人。

法拉奇:我看不出怎样才能避免或防止再发生诸如"文化大革命"这样可怕的事情。

邓小平:这要从制度方面解决问题。我们过去的一些制度,实际上受了封建主义的影响,包括个人迷信、家长制或家长作风,甚至包括干部职务终身制。我们现在正在研究避免重复这种现象,准备从改革制度着手。我们这个国家有几千年封建社会的历史,缺乏社会主义的民主和社会主义的法制。现在我们要认真建立社会主义的民主制度和社会主义法制。只有这样,才能解决问题。

法拉奇:你是否能肯定,今后事情的发展更为顺利?你们是否能够达到你们的目的?因为我听说,所谓"毛主义分子"仍然存在。我说的"毛主义分子"是指"文化大革命"的支持者。

邓小平：不能低估“四人帮”的影响。但要看到，97%、98%的广大人民对“四人帮”的罪行是痛恨的。这表现在“四人帮”横行、毛主席病重、周总理去世时，1976年4月5日天安门广场爆发的反抗“四人帮”的群众运动。粉碎“四人帮”，特别是最近两年，我们党的“三中全会”“四中全会”“五中全会”体现了人民的意志和人民的要求。我们正在考虑从制度上解决问题。已经提出了许多问题，特别是强调要一心一意搞四化建设，这是得人心的。人民需要一个安定团结的政治局面，对大规模的运动厌烦了。凡是这样的运动都要伤害一批人，而且不是小量的。经常搞运动，实际上就安不下心来搞建设。所以我们可以确信，只要我们现在走的路子是对的，人民是拥护的，像“文化大革命”样的情况就不会重复。

法拉奇：很显然，只有在毛主席逝世以后才能逮捕“四人帮”，到底是谁组织的，是谁提出把“四人帮”抓起来的？

邓小平：这是集体的力量。我认为首先有“四五运动”的群众基础。“四人帮”这个词是毛主席在逝世前一两年提出来的。1974年、1975年，我们同“四人帮”进行了两年的斗争。“四人帮”的面貌，人们已看得很清楚。尽管毛主席指定了接班人，但“四人帮”是不服的。毛主席去世以后，“四人帮”利用这个时机拼命抢权，形势逼人。“四人帮”那时很厉害，要打倒新的领导。在这样的情况下，政治局大多数同志一致的意见是要对付“四人帮”。要干这件事，一个人、两个人的力量是办不到的。

粉碎“四人帮”后，建毛主席纪念堂，应该说，那是违反毛主席自己的意愿的。50年代，毛主席提议所有的人身后都火化，只留骨灰，不留遗体，并且不建坟墓。毛主席是第一个签名的。我们都签了名。中央的高级干部、全国的高级干部差不多都签了名。现在签名册还在。粉碎“四人帮”以后做的这些事，都是从为了求得比较稳定这么一个思想考虑的。

法拉奇：那么毛主席纪念堂不久是否将要拆掉？

邓小平：我不赞成把它拆掉。已经有了的把它改变，就不见得妥当。建是不妥当的，如果改变，人们就要议论纷纷。现在世界上都在猜测我们要毁掉纪念堂。我们没有这个想法。

法拉奇：为什么您想辞去副总理职务？

邓小平：不但我辞职，我们老一代的都不兼职了。华国锋主席也不兼国务院总理的职务了，党中央委员会推荐赵紫阳同志为候选人。我们这些老同志摆在那里，他们也不好工作。我们存在一个领导层需要逐渐年轻化的问题。我们需要带个头。

过去没有规定，但实际上存在领导职务终身制。这不利于领导层更新，不利于年轻人上来,这是我们制度上的缺陷。这个缺陷在60年代还看不出来,那时我们还年轻。这不是一个人的问题,是整个制度的问题,更多的是关系到我们的方针、四个现代化能否实现的问题。所以我们说,老同志带个头,开明一点好。

法拉奇:我看到中国有其他的画像。在天安门我看到有马、恩、列,特别还有斯大林的画像。这些像,你们是否还要保留?

邓小平:要保留。"文化大革命"以前,只在重要的节日才挂出来。"文化大革命"期间才改变了做法,经常挂起。现在我们恢复过去的做法。

法拉奇:四个现代化将使外国资本进入中国,这样不可避免地引起私人投资问题。这是否会在中国形成小资本主义?

邓小平:归根到底,我们的建设方针还是毛主席过去制定的自力更生为主、争取外援为辅的方针。不管怎样开放,不管外资进来多少,它占的份额还是很小的,影响不了我们社会主义的公有制。吸收外国资金、外国技术,甚至包括外国在中国建厂,可以作为我们发展社会主义社会生产力的补充。当然,会带来一些资本主义腐朽的东西。我们意识到了这个问题,但这不可怕。

法拉奇:那么,你是否认为资本主义并不是都是坏的?

邓小平:要弄清什么是资本主义。资本主义要比封建主义优越。有些东西并不能说是资本主义的。比如说,技术问题是科学,生产管理是科学,在任何社会,对任何国家都是有用的。我们学习先进的技术、先进的科学、先进的管理来为社会主义服务,而这些东西本身并没有阶级性。

法拉奇:我记得几年前,你谈到农村自留地时说过,人是需要一些个人利益来从事生产的,这是否意味着共产主义本身也要讨论呢?

邓小平:按照马克思说的,社会主义是共产主义的第一阶段,这是一个很长的历史阶段,必须实行按劳分配,必须把国家、集体和个人利益结合起来,才能调动积极性,才能发展社会主义的生产。共产主义的高级阶段,生产力高度发达,实行各尽所能,按需分配,将更多地承认个人利益、满足个人需要。

法拉奇:你谈到还有其他人对毛泽东思想作出了贡献,这些人是谁?

邓小平:老一辈的革命家。比如说,周恩来总理、刘少奇同志、朱德同志等,还有其他许多人都作了贡献。很多老干部都有创造,有见解。

法拉奇:您为什么不提自己的名字?

邓小平:我算不了什么。当然我总是做了点事情的,革命者还能不做事?

法拉奇:你说"四人帮"是少数,全国很多人反对他们。他们这些少数人怎么可以控制中国,甚至整体老一辈的革命家?是否因为他们当中有一个是毛主席的夫人,他们的关系太好,你们不敢动她?

邓小平：有这个因素。我说过，毛主席是犯了错误的，其中包括起用他们。但应该说，他们也是有一帮的，特别是利用一些年轻人没有知识，拉帮结派，有相当的基础。

法拉奇：是否毛主席对江青的错误视而不见？江青是否像慈禧一样的人？

邓小平：江青本人是打着毛主席的旗帜干坏事的。但毛主席和江青已分居多年。

法拉奇：我们不知道。

邓小平：江青打着毛主席的旗帜搞，毛主席干预不力，这点，毛主席是有责任的。江青坏透了。怎么给"四人帮"定罪都不过分。"四人帮"伤害了成千上万的人。

法拉奇：对江青您觉得应该怎么评价，给她打多少分？

邓小平：零分以下。

法拉奇：你对自己怎么评价？

邓小平：我自己能够对半开就不错了。但有一点可以讲，我一生问心无愧。你一定要记下我的话，我是犯了不少错误的，包括毛泽东同志犯的有些错误，我也有份，只是可以说，也是好心犯的错误。不犯错误的人没有。不能把过去的错误都算成是毛主席一个人的。所以我们对毛主席的评价要非常客观，第一他是有功的，第二才是过。毛主席的许多好的思想，我们要继承下来，他的错误也要讲清楚。

（这是邓小平同志会见意大利记者奥琳埃娜·法拉奇时两次谈话的国内问题部分。）

（资料来源：《邓小平文选》）

第二节　准备采访问题

记者采访前熟悉采访对象，掌握大量资料，在采访中最终是以提问来体现，采访成功与否关键还在记者所提的问题。所以，采访前还要准备与采访主题相关的问题。

为什么采访之前要准备采访提问的问题呢？

一、为什么要准备采访问题

记者采访是一种受时间限制的谈话，一般来说，记者和采访对象有约在先，谈多长时间，很多时候是由采访对象决定，记者只能在采访对象答应的谈话时间里完成采访任务。

在有限的时间里,记者事先有准备与没有准备收获是不一样的。有一位年轻的记者,想采访老舍先生,老舍先生非常忙,但还是同意并接受了他的采访。这位年轻的记者来到了老舍的家,老舍先生非常热情地接待了他。记者第一句话就问:"请问老舍先生,您的代表作是什么?"老舍先生没有回答,站起身来推说有点头疼,谢绝了他的采访。

这样的问题在名人字典里可以查到,完全没有必要问采访对象。如果记者事先准备一些有价值的问题,而不是从采访那一刻起开始了解采访对象的基本情况,问一些新闻基本元素性的问题,在有限的时间里采访的内容会更加深入。

在有些采访活动中,记者可能用来提问题的时间很短,如果事先没有做目的的问题准备,采访就会不到位,写报道的素材也会不够用。

另有一种情况是在采访时间里问题准备不足。美联社著名记者尤金·莱昂斯曾经有过两次让他后悔一生的采访经历。一次是采访斯大林,事先约定只能采访两分钟,但两分钟后,斯大林并没有结束谈话的意思。对于记者,这是意外的机会,可是,遗憾的是莱昂斯当场却提不出更多有准备的问题。莱昂斯事后说:"我在斯大林的办公室尽管待了近两个小时,但使我一辈子后悔的是,当时没有趁机提出富有意义的问题来。"另一次是莱昂斯采访伊朗前国王巴列维,约定只能谈五个采访提纲上的问题,几分钟就谈完了。而此时巴列维谈致正浓,等待继续提问,但莱昂斯也没有准备更多的问题。事后,莱昂斯懊恼地说:"我当时就在国王的办公室发下庄严的誓愿,今后哪怕约定我只有几分钟的采访,我若不事先准备好供一两小时谈话的问题,便决不再来到世界伟人的面前。"

当然即使采访对象对时间没有太严格的限制,记者也不宜用时过长,一次人物专访超过两个小时,对一般人来说就很疲劳了,两个小时后的谈话近似于聊天,内容不会集中,记者在谈话中获取的信息量也会大大降低。一般人物专访,采访一小时左右为适宜。预约谈话时间更短的专访,记者采访前问题准备更要细致。初学者最好把问题记下来,甚至将提问的排列顺序记下来,自问一下:我应该按什么方向提问?这样提问主题会集中吗?目的会明确吗?①

二、怎样准备采访问题

采访前准备问题目的是能在有限的时间里让采访对象提供更多的新闻素材。新闻素材是采访对象提供的。记者在准备采访问题时,最好站在采访对象的角度,想一想采访对象是否有兴趣回答,怎么回答,回答的内容是不是你需要的。这样设计问题才会恰到好处。

美国记者威廉·曼彻斯特回忆他首次采访肯尼迪总统前,查阅了肯尼迪总统特别助

---

① 戚鸣:《实用新闻采访》,150页,北京,新华出版社,2004。

理和内阁顾问的名单，发现他们当中80%的人比总统年轻，因此，他在采访中问肯尼迪，是不是年纪沙文主义者？肯尼迪从来没有想到过这一点，美国总统是被记者问烦了的特殊人物，记者巧妙新颖的问题引起了他谈话的浓厚兴趣，肯尼迪饶有兴趣地与记者探讨了一番。曼彻斯特解释说："我认为事前准备事关重大。对美国总统这样的人提出一个他早已回答过多次的问题，这是对他莫大的侮辱。他很可能随即对你下逐客令。因此，你的问话应该是他前所未闻的。应该显示出你对他的生涯了如指掌。这样，他就可能尊敬你，有兴趣跟你交换意见，举行会谈。"采访原定曼彻斯特只能同总统谈10分钟，可由于总统对记者的问题感兴趣，实际采访持续了3个半小时。成功的采访让记者获得了宝贵的材料，威廉·曼彻斯特由这些资料撰写的《总统之死》一书，成为美国畅销书。

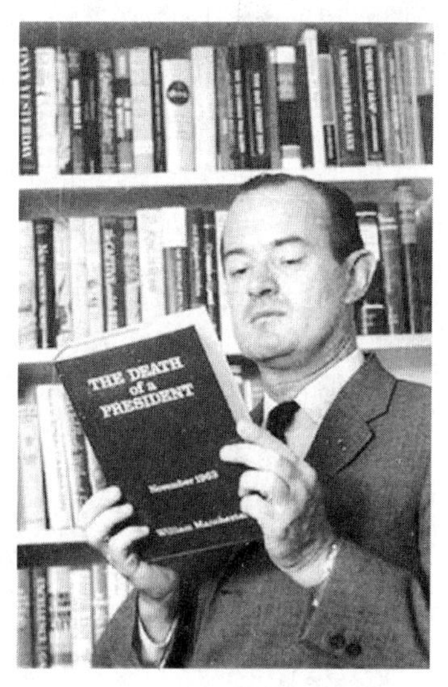

图 6-2　威廉·曼彻斯特

威廉·曼彻斯特事后说："当时，他(肯尼迪)从来没有想到过这一点，但他喜欢这个提法，玩味不已，从中得到一番乐趣。真正第一流的采访可以让一个能言善辩的采访对象如醉如痴，如果他入了迷，采访就会顺流直下，你将从他身上得到更多的东西。这都取决于你事前下了多少功夫。"

小贴士

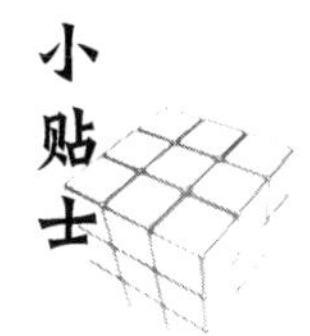

威廉·曼彻斯特的著作《光荣与梦想》一书被誉为传媒人的圣经，作者以恢弘的视野，独特的叙事结构，委婉的表达方式记述了1932年从罗斯福政府时期至1972年"水门事件"期间，美国政治、经济、文化和社会生活等方面发生的巨大变化，以及历届政府内部和两党之间的斗争、经济危机引起的社会动乱，包括美国一些小人物的画像。

有一次，中央电视台记者水均益去采访当时的联合国秘书长加利，采访前，他到过北京街头，征求群众想问联合国秘书长什么问题。到了采访时，水均益的提问令加利很感兴趣。比如，水均益说："有个小女孩让我问问您，联合国有多大？您的官有多大？"加利一听就乐了。他兴致勃勃地用中文对这位小姑娘说了一句话："我们都是老朋友。"这句话引起全场一片笑声。接着，加利用儿童式的语言说："联合国就像一个大家庭……联合国这个大家庭一共有185个成员……我呢，就像一个大管家……每天早晨开门，打扫卫生……"这位联合国的行政长官，就像爷爷在给自己的孙女讲故事一样，介绍联合国和他本人。无疑，这次成功的采访，是和水均益精心准备问题分不开的。

所以记者设计采访问题一定要是采访对象感兴趣的问题，这点越来越重要。

斯诺当年采访陕北苏区，撰写了脍炙人口的名作《西行漫记》。但是很多人并不知道他为了这次采访事前进行了多么周密的准备工作。单是在《西行漫记》中就记下了70多个问题。1936年6月，在斯诺跨入“红色中国”之前，就对采访做了细致准备，他从政治、经济、军事、文化等方面归纳和拟想了70多个问题。例如：中国共产党员究竟是些什么样的人？中国苏维埃是怎样的？共产党人是怎样穿衣、吃饭、娱乐、恋爱的？中国共产主义运动的军事和政治前景如何？它的具体历史意义的发展是怎样的？等等，都是当时国内外国际人士议论的中心，是人们欲知而未知或欲解而未解的问题。斯诺很敏感地抓住了这些“关心东方政治及其瞬息万变的历史的人”所感兴趣的问题，作为采访红色中国的纲要。正是由于做了充分的采访准备，斯诺在陕北的采访有目的，有重点。在短短的几个月中，斯诺四处奔波，获得了大量生动具体的材料。

链接

斯诺为陕北采访准备的问题

中国红军是不是一批自觉的马克思主义革命者，服从并遵守一个统一的纲领，受中国共产党的统一指挥？如果是的，那么那个纲领是什么？共产党人自称是在为实现土地革命，为反对帝国主义，为争取苏维埃民主和民族解放而斗争。南京却说，红军不过是由“文匪”领导的一种新式流寇。究竟谁是谁非？还是不管哪一方都是对的？

在1927年以前，共产党员是允许参加国民党的，但在那年4月以后，共产党员以及无党派激进知识分子和成千上万的有组织的工人、农民，都遭到当时在南京夺取政权的“右派”政变领袖蒋介石的大规模处决。从那时起，做一个共产党员或共产党的同情者，就是犯了死罪，而且有成千上万的人受害。然而，仍有成千上万的人继续甘冒这种风险参加了红军，同南京政府的军事独裁进行武装斗争。这是为什么？有什么不可动摇的力量推动他们豁出性命去拥护这种政见呢？革命党和共产党的基本争论究竟是什么？

中国共产党人究竟是什么样的人？他们是不是“纯正的”马克思主义者？他们有没有一个彻底的社会主义经济纲领？他们是斯大林派还是托洛茨基派？或者两派都不是？他们的运动正是世界革命的一个有机部分吗？他们是不是真正的国际主义者？还是“莫斯科的工具”？或者主要是为中国的独立而斗争的民主主义者？

这些战士战斗得那么长久，那么顽强，而且——正如各种色彩的观察家所承认的，就连蒋介石总司令自己的部下所承认的：从整体说来是那么无敌，他们到底是什么样的人？是什么支持着他们？他们的运动的革命基础是什么？是

什么样的希望、什么样的目标、什么样的理想，使他们成为顽强到令人难以置信的战士呢？

他们的领导是谁？他们是不是对于一种理想、一种意识形态、一种学说抱着热烈信仰的受过教育的人？他们是社会先知，还是只不过是为了活命而盲目战斗的无知农民？

红军抗击拥有极大优势的军事联合力量达9年之久，这个非凡的纪录应该拿什么来解释呢？他们是怎样生存下来并扩大了自己的队伍的呢？他们采用了什么样的军事战术？

中国的苏维埃是怎样的？农民支持它吗？为什么红军没有攻占大城市？中国80%以上的人口仍然是农业人口，工业体系即使不说是患小儿麻痹症，也还是穿着小儿衫裤。在这样的国家怎么谈得上"共产主义"或"社会主义"呢？

共产党怎样穿衣？怎样吃饭？怎样工作？他们的婚姻法是怎样的？他们的妇女真的是像国民党宣传的那样是被"共妻"的吗？

红军的兵力有多少？真像共产国际出版物所吹嘘的那样有50万人吗？果真如此，他们为什么没能夺取政权呢？他们的武器和弹药是从哪里来的？它是一支有纪律的军队吗？它的士气怎么样？官兵生活真是一样的吗？

中国共产主义运动的军事和政治前景如何？它的具有历史意义的发展是怎样的？它能成功吗？一旦成功，对我们意味着什么？对日本意味着什么？这种巨大的变化对世界1/5的人口会产生什么影响？它在世界政治上会引起什么变化？它对英、美等外国在中国的巨额投资会产生什么后果？共产党究竟有没有"对外政策"？

共产党倡导在中国建立"民族统一战线"，停止内战，这到底是什么意思？

（资料来源：http://www.douban.com/group/topic/2190638/）

记者准备的问题越多，他的采访和报道就可能越全面、越细致、越接近真相。但是，这并不意味着要面面俱到，很多提问还要根据采访的时间、采访对象的反应和采访进程的变化来决定。

第三节　准备采访装备

现代记者出行前首先要考虑的是怎么传输信息，达到尽快发稿的目的，写稿、传稿设备是现代记者出行所必备的。随着科技的发展，采访装备的准备越来越重要，采访装备成为新闻竞争的要素。

一、为什么要准备采访装备

突发新闻事件发生时，文字记者可以轻装奔赴现场，但摄影记者无论情况多么紧迫也要带上必要的采访设备，如果没有携带照相机或摄像机，就像战士上战场忘了带枪一样不可思议。

新闻工作的特点会使记者有更多的机会奔赴地震、探险、战争、登山等常人很难涉足的现场。在面对特殊事件和特殊地点的采访时，采访前的物质准备更需细致考虑，除了衣食住行必不可少的装备外，在采访设备上还要注意通讯畅通，记者不仅要保护自身性命，还要保证在无法预料的意外情况下，将信息传递出去，必要时要携带先进的卫星通讯设备。比如，2003 年报道“美、伊战争”的中央电视台拍摄组到巴格达采访，就携带了卫星发射系统，确保电视图像清晰。

在 2008 年 5 月进行的奥运圣火攀登珠穆朗玛峰的报道，就是一次在特殊地点进行的具有一定危险因素的报道。登山队员一路保管火种，必须时时抓着保护绳，攀登六七十度的陡坡，随时都有可能失足。而如此惊险的画面，是由央视 8 名高山摄影随行跟拍的。转播总指挥黄平刚说：“我们这一次的转播，应该说是实现了世界电视史上第一次从世界最高峰把我们电视信号转播下来，也是创造了电视历史 。”①而这种历史的创造，与中国移动公司在峰顶为新华社提供了良好的网络信号，联想公司为新华社提供了稳定的无线传输设备，尼康公司专门为新华社改造了专业摄影器材这些充分、细致的物质准备是离不开的。

在重大自然灾害的报道中，良好的物质准备不仅能够将第一线的消息报道给公众，更能为有效的救援提供及时有利的信息。2008 年 5 月 12 日下午 14：28 发生在中国四川汶川地区的 8.0 级大地震，由于交通阻隔、信息中断，第一条关于震中汶川地区的灾情情况就是两天后用军用卫星电话传递出来的。

比起文字记者，摄影记者完全依赖摄影器材进行采访，采访准备更加复杂、精细。摄影记者采访前不仅要检查拍摄的器材，还要尽可能多地了解新闻发生地的图片传输情况。熟悉掌握数码、电脑、海事卫星、互联网技术等已经是当前摄影记者不可缺少的传图技能。

因为摄影记者采访依赖照相器材，机器设备有时会出现故障，摄影记者出行更要时刻想到设备有可能出现意外，注意准备两套摄影器材，有备无患。

由于物质准备不充分而导致的失误在新闻实践中并不鲜见。1999 年 12 月，人民网派两名记者赴澳门参加回归报道，但在某天的采访中，仅仅由于数码相机的电池没电了，

---

① 《台媒赞央视转播创造电视历史》，中国新闻网，2008-05-08。

而备用电池又因疏忽未在身边，导致整个下午未拍一张照片，原计划发回的一组图片报道只好泡汤。这一次“失手”让这两位记者刻骨铭心。[①] 而让这两位记者刻骨铭心的原因，就在于因为没有进行充分的物质准备而错失了报道的良机。

记者工作的顺利完成，除了要求记者具备良好的新闻素养、完好的物质准备之外，有利的发稿准备同样也是稿件能够顺利出炉的必要条件，就像肯尼迪遇刺这一重大的历史事件，第一个把这个震惊世界的消息传出去的，不是最先看到这一事件的人，而是那个最先得到无线电通讯设备的记者。而有些时候，物质准备上的一丁点差池，甚至会造成采访机会的丧失，美国已故的《纽约先驱论坛报》记者罗伯特·伯德在采访爱因斯坦时就曾经遭遇过这样的尴尬：“为了获得采访机会，我费了吃奶的力气，一天夜晚，我发现自己走进了离第五大街不远的一幢旧式建筑，在灯光朦胧的图书馆与爱因斯坦谈论关于原子弹的事。他刚刚在《大西洋》杂志发表了一篇强烈反对使用原子弹的文章。让我经久不忘的与其说是他对于原子弹发表的见解，倒不如说是下面这件事：我那支不争气的铅笔几乎在会谈刚开始就断了。爱因斯坦有支自来水笔别在‘V’形领口的毛线衫上，我请他借我一用。他脸色变得十分难看，取出钢笔，慢慢拧掉笔帽，勉强地递给我。我开始用这支笔记录，但是，他向我道了个歉，又从我手里把钢笔拿走，拧上笔帽，重新别到‘V’形毛线衫上，说他要给我找支铅笔。5分钟后，爱因斯坦就拿着一支铅笔回来了。但此时记者伯德却是在给一位被触怒的天才做笔记了。我的印象是他根本不喜欢记者，而由于我这次采访，以后采访他的记者的境遇想必更糟。”

由此可见，只有做足事前的功夫，才能做到处变不惊。当一种终端、一种发稿手段遇到问题时，立刻可以启用另一种终端和发稿手段，以确保在任何时候、任何场合均能将稿件在第一时间发送回去。

二、怎样准备采访装备

一般来讲，一个现代记者在进行常规采访时必需的物质准备大致有这些：

证件：记者证、介绍信、名片等。

采访工具：本、笔、包、照相机、闪光灯、录音设备、手提电脑、电池、充电设备等。

交通方面：地图、交通工具（汽车、火车、飞机等视情况而定进行不同的选择）。

传稿条件：电话、网络、卫星发射系统、当地的通信条件等。

除了最关键的通讯设备外，在特殊事件和特大灾害的报道中，特殊衣食住行方面的装备也是必不可少的，比如登山服、压缩食品、防毒面具等。

---

① 蔡华东、张晓峰：《重视采访的全方位准备》，载《新闻前哨》，2007(11)。

重大灾难现场特派记者必备装备

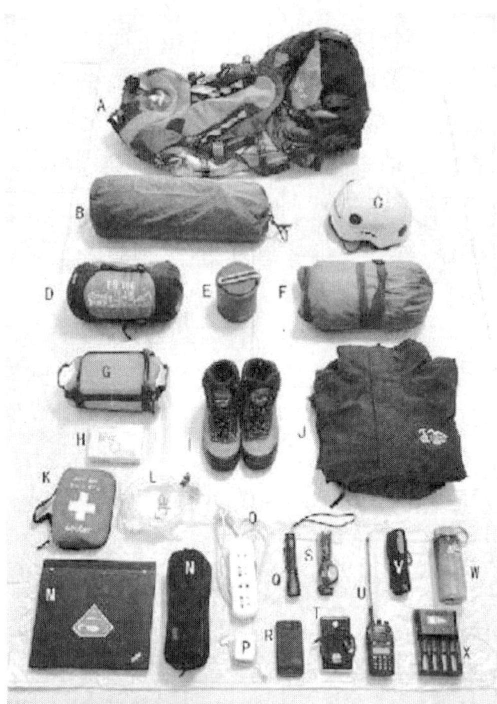

A．大型背包或驮包　　B．防潮垫
C．安全头盔　　D．睡袋
E．个人炊具　　F．帐篷
G．洗漱包　　H．一次性内裤
I．登山鞋　　J．冲锋衣及换洗衣物
K．急救包　　L．饮水袋
M．笔记本电脑　　N．电脑配件包
O．便携插线板　　P．手机充电器及数据线
Q．手电筒　　R．手机
S．头灯　　T．移动电源及充电线
U．对讲机　　V．净水器
W．水杯　　X．智能充电器

有条件的可加配：汽车电源逆变器、海事卫星电话

图 6-3　重大灾难现场记者必备装备

（资料来源：新浪微博）

第四节　准备采访方案和提纲

在具体的采访工作中，采访方案和采访提纲准备的优劣最能体现出一个记者的思考能力和具体操作水平的高低。

什么是采访方案和采访提纲呢？它们之间又有什么关系呢？

一般来说，采访方案指的是对采访过程的整体策划，比如采访目的和重点的确定、采访对象、采访时间、采访地点、采访次数、采访方式、采访方法的选择以及报道形式、角度和初步选题等。而在新闻采访中，向被采访者问什么，怎么问，则需要拟定采访提纲。这是在前几项准备的基础上，进一步落实采访方案，选择采访的方向和突破的重要环节。

采访提纲比之采访方案更详细、具体、实在。在某种程度上我们可以说，采访方案中应包括采访提纲的拟定。

一、写出采访方案

一份完整的采访方案通常包括两个部分。第一部分是对前期工作的总结，包括表明采访的意图，确定采访对象以及对前期采访准备的简要回顾。这有利于记者在设定具体的采访行动时找准方向，明晰目前的情况，同时理清思路。第二部分则是具体的采访安排，包括采访的大体顺序、活动安排、采访的方法、手段以及采访提纲的拟定。

那么，在拟定采访方案时，哪些环节需要我们着重注意呢？一般来说，有以下几点：

1. 安排采访

（1）采访地点的确定

在什么地方进行采访看似是一个小问题，但就像之前所述，有时地点的选择会影响采访的效果，甚至决定采访的成败。是去被采访者的场所还是中性的场所取决于不同的采访对象和采访目的，这一点，也是需要记者事先考虑的。

（2）采访时间的确定

选择采访对象和你都方便的时间，一般要以采访对象为主，但记者拥有建议权，同时在采访前要告诉被采访者你的采访所需要的时间，以及你可能需要再次访问以得到更详细的信息。同时记住，在实施采访时，一定要守时，去的过早或者迟到都会给对方带来不便。

（3）采访方式的确定

不同的采访方式（单独采访、座谈会采访、现场采访、补充采访、暗访、电话采访、网络采访等）会带来不同的采访效果，因此，在采访之前，记者要根据已经获得的信息和采访目标确定选择哪种采访方式进行采访。

2. 确定实施采访的具体途径

这是采访活动的进一步具体化。在这个过程中,记者通过掌握的材料在心中对采访对象进行"预采访",以期达到最好的采访效果。下面我们给出美国新闻学教授卡罗尔·里奇在《新闻写作与报道训练教程》中的19种采访途径以供参考,当然,尽管这些方法非常的实用,但并非所有的方法都会在一次采访中全部用到。

链接

实施采访的几种途径

(1) 用破冰船起航:首先介绍一下自己并简短陈述你的采访目的。一定要礼貌友好。通过寒暄与采访对象建立亲善关系,不要马上掏出笔记本,不要坐在采访对象正对面,以免造成采访对象的对抗效果。因此,你应该坐在采访对象的斜对面,一张桌子可以成为有利的屏障,能够提供足够的距离使你显得不具有威胁性。

观察周围的事物,看看是否有什么东西可以成为破冰船,成为建立友善关系的桥梁?采访地点墙上的地图、画像以及桌面上摆放的照片都可以起到很好的破冰作用。尽可能地使谈话的开始显得自然,而不是矫揉造作。

(2) 用不具威胁性的顺序安排问题。

(3) 询问基本信息:5W是最基本的要素。加上"与读者的关联性"这个要素,询问其意义和重要性。"谁会受到影响,会受到什么样的影响"这个问题为你关于影响面的段落提供素材。

(4) 跟进问题:这些问题帮助你获得引语和趣事轶闻。使用谈话技巧,让采访自然顺畅。在被采访者回答问题的时候,顺着他的思维跟进为什么、怎么样等问题,并要求采访对象作出解释或举例说明。根据采访对象对上一个问题的回答组织下一个问题,你可以抓住回答中的关键信息并在此基础上组织下一个问题,用跟进的方式从笼统的问题追到具体问题,如果采访对象的陈述很模糊,请他给出具体的例子。

(5) 控制采访:如果被采访者的回答过于啰唆和冗长,而你想要改变话题方向,你也不要打断他的话,等他自然停顿后,你再用跟进问题的技巧提出下一个问题。

(6) 重复问题:你问了一个重要敏感的问题,而被采访者也已经推托或做了不完全的回答,你请他进一步阐述的要求并没有产生满意的效果,你该怎么办?上策是暂时放下这个问题,让采访继续。等到已经讨论过几个其他问题后,再重复你想问的问题,但表述方式应该与第一次提问稍有不同。

(7) 询问背景信息：弄清楚问题的来龙去脉。问题或者项目是什么时候、如何开始的？为什么？

(8) 询问发展过程：从现在问到过去和将来。目前值得关注的是什么？有什么进展？问题是如何演进的？将来还可能发生什么？关于未来发展问题的回答能够为你的报道提供一个很好的结尾。有时候，它甚至是你写导语的素材或者成为新的报道重点。

(9) 建立事件顺序表：也许你没有必要按照时间顺序写报道，但你需要掌握事件发生的先后顺序。

(10) 转换角色：如果你置身读者位置，你会怎样使用信息呢？比如你要申请贷款，你需要采取哪些步骤？需要到哪些地方去办手续？什么是读者所需要和想知道的呢？

(11) 询问正反两方面的意见：请采访对象谈谈与一个问题相关的两个方面，他赞成或者反对哪些意见？他对反对意见作何反应？

(12) 询问解释性定义：你的任务是将行话翻译给读者。让采访对象用你和读者都能够明白的语言来解释官方术语或者技术术语。你可以用自己的语言来重新陈述这些信息，并且征求被采访者的意见，看你的解释是否正确。

(13) 验证：即使你知道问题的答案也同样要问。你需要引用他的原话而不是你自己成为这条信息的来源。一定要反复核对被采访者姓名、头衔和关键事件的日期，如果被采访对象告诉你一些关于另外一个人的事情，你必须向那个当事人进行核实。

(14) 使用"沉默对峙"法：在问题之间停顿几分钟，给被访者展开叙述的时间。如果停顿令人不安，一般来说，被采访者会首先打破沉默。有时候，最好的追问就是不问问题。

(15) 使用"归咎他人"法：当你不得不提出尖锐问题时，可以把责任推到他人身上。比如"您的反对者说您在所得税上有欺骗行为，您对此有何看法？"

(16) 概要总结式提问：重复一遍信息，或者让被采访者再阐明一下他的主要观点，比如：在你提到的所有目标中，你认为最重要的是哪个？你认为你所面对的三个主要难题是什么？

(17) 应用"媒人"技巧：询问一下是否还有其他人也被卷入事件当中，或者请被采访者事后将其他方便联系的采访对象推荐给你。

(18) 问自选问题：询问被采访者事后还有没有要补充说明的。

(19) 以肯定语结束采访：采访结束时要向采访对象表示感谢。问他如果有问题是否还可以打电话找他。这时你还可以询问被采访者家里的电话号码或者其他联系方式，比如电子邮件地址。①

二、拟定采访提纲

采访前的准备情况，有时需要用书面形式提纲挈领式地写出来，这便是采访提纲。采访提纲是记者逻辑思维和思考问题层次的体现，一个好的采访提纲，会使得记者采访思路更清晰，掌握采访的主动权，使采访得到完满的结果。采访提纲有利于采访有的放矢，特别是对于一些采访经验不足的年轻记者，拟定采访提纲，能够帮助记者坚定信心，临阵不乱、提高采访的效率。但对于有经验的记者，采访提纲也未必用书面的形式，只要记在心里就可以了。

当然，随着对记者工作程序的熟悉，越来越多的被采访者，特别是知名企业、名人都会要求记者在采访之前提交采访提纲。所以，很多时候采访提纲会成为争取采访机会的敲门砖。

采访提纲一般应该包括：

采访目的：采访的主题是什么？为什么采访？要达到的目的是什么？可能产生的传播效果会怎样？等等。

采访对象：要采访的中心人物是谁？还要采访哪些周边人物？采访顺序怎样安排？等等。

采访内容：就是准备的问题。这是采访提纲的核心内容。问题要尽可能多些，有具体的，也有概括的。这也是被采访者最关注的，所以问题的设计要独特、准确、连贯、有创意、引人入胜。这样才有可能赢得采访机会，也有可能获得更深刻、更独特的新闻素材。

当然，采访提纲拟定后，采访时也可以从实际出发，实事求是，按照新情况加以调整、补充、修改。

美国俄勒冈大学新传播学院的肯·梅次勒教授在其著作《创造性的采访》一书中记录了《新闻论坛报》一个名叫贝蒂的女记者是怎样从采访资料中推衍出自己的采访提纲的。

那天，编辑指派贝蒂去写一篇反映一位退休教师演讲的报道，这位名叫科拉丽莎·麦吉的退休教师要在第二天晚上的演讲中讲述美国灯塔的历史。

在采访进行之前，贝蒂在报纸图书馆查阅了先前发表的有关科拉丽莎·麦吉的以姓名和主题为索引的报道。结果查到了两年内14篇关于她的报道，通过这些报道，她了解

---

① 卡罗尔·里奇著：《新闻写作与报道训练教程》(第3版)，钟新主译，127～129页(有删改)，北京，人民大学出版社。

到科拉丽莎·麦吉曾经是高中的历史老师，现已退休，获得无数的教学奖，曾经去灯塔旅行过，还写过一本名叫《海上君主》(*Lore of the Sea*)的书；是一位颇受欢迎的演说家，经常在全国各地面对不同的人群做巡回演讲。去年3月，在堪萨斯，她在演讲中提到了“出没在全世界海岸的鬼魂”，受到听众的欢迎。她的演讲和出现在电视谈话节目中的形象还经常地被制作成幻灯片和录影带，从而收到了更多的关注。

除此之外，贝蒂还在计算机中以“灯塔”为关键词进行了搜索，结果找到了3篇值得关注的文章，从中得知，在美国，曾经有1400多座为航海者导航的灯塔，现在这个数字已经缩减为750座，其中仍在工作的不足400座。

在获得这些采访的背景资料之后，剩下的就是从这些资料中去探寻出采访的提纲的问题了，贝蒂是这样做的：

已知：灯塔的数量正在削减。

未知：灯塔会不会最终消失？怎样来挽救它们，正在采取什么措施吗？即将取代它们的是什么——电子技术的新发明？

已知：麦吉谈到了出没在海上的鬼魂。

未知：鬼魂也经常光顾灯塔吗？

已知：她曾经去过灯塔。

未知：哪些灯塔受到她的青睐？在她去过的灯塔中，哪个最好？哪个最糟糕？哪个最荒凉？哪个目前的处境最危险？(设想回答：“雷点是我去过的最危险的灯塔”，于是新的未知出现：它在哪？您为什么选择去那样一个地方？)

已知：她花了那么多时间和精力去研究海洋。

未知：为什么？

……

在做这些工作的同时，贝蒂一直把寻找引人注目的、令人着迷的事实作为采访的目标，同时将她认为可能会问到的问题用一个词记录下来，提醒自己按照计划提问。例如“减少”这个词汇提醒她就灯塔数量的缩减提问，“保护”这个词提醒她就对灯塔所做的努力提问；“鬼魂”这个词提醒她就鬼魂出没过的灯塔提问；“寂寞—发疯”这两个词引导她问一些有关灯塔看守人的问题。于是，贝蒂在她的笔记本上记下了8个要点：

细节(谁、做了什么、在哪儿，等等)

减少？

保护？

替代？

鬼魂？

最荒凉的/最危险的？

寂寞——发疯?

麦吉的开始?为什么?

当然,贝蒂也清楚地知道,在具体的采访中,可能无法将预先准备的问题都谈透,有些可能根本就谈不到,还有一些始料不及的话题会突然出现,但她喜欢这样的谈话,并会留意进行中出现的一些新的问题——与主题无关的某个话题。

贝蒂的例子对我们无疑是有借鉴意义的。在具体的采访过程中,我们可以通过这样的方法列出或具体、或详细的采访提纲,同时我们也要对采访中不可预知的因素抱有心理准备,在必要的时候,记者甚至需要同时准备两三套采访方案以应对突发情况,同时在具体的采访中,敢于迎接意想不到的情况并随机应变地进行提问和应对。因为,优秀的记者能够迅速适应新的信息,他们不介意现场的即兴提问,甚至敢冒险提一些听起来比较愚蠢的问题。

总之,进行采访前的准备就是为了增强与采访对象的认识和了解,在采访时缩短相互间认识上的距离,以最短的时间获得丰富、翔实、有价值的材料,使采访获得成功。

练习

一、在教室里找几位和你专业不同的同学,和他们聊聊,看看在何种情况下你们的谈话能够深入,什么情况下不能,并进行总结。

二、为什么在采访重大会议、活动和典型报道、采访社会重大问题、赴国外或陌生地采访、采访重要人物、知名人士或外宾和采访预知性事件这些情况时,更需做好采访前的准备?

三、阅读下列材料,回答问题。

我这样与大师对话

——采访霍金、丘成桐等科学家的问题设计

万润龙

今年8月9日至16日,世界著名科学家史蒂芬·霍金来到杭州,参加国际数学家大会弦理论国际会议。参加弦理论会议的还有著名华裔科学家、费尔兹奖获得者丘成桐,费尔兹奖获得者、美国国家科学院院士威腾等一大批著名科学家。在这短短的一周时间里,我按照报社领导“尽可能多地向总部发回独家报道”的指令,共向总部发回了16篇专稿,近2万字,另有十几张新闻照片,基本上全部被总部采用,并做了突出处理。文章见报后,受到了报社内外的广泛好评。在这次战役结束后,不少同行问我:怎么能写出那么多稿件?又是如何与这些著名科学家对话的?我的答案是:提前准备,认真

思考，熟悉对方，提读者想知道的问题。

新闻已经发生

我的准备在霍金到杭州的一个月前就已经开始。7月10日前后，浙江大学新闻办给我发来一份传真，说浙江大学将承办国际数学家大会弦理论国际会议，上面列出了一大批参加会议的人员名单及会议的大体日程。我发现名单中有霍金、丘成桐、威腾等一大批世界级著名科学家的名字，在日程安排中有霍金举行公众演讲的内容，并有一次答记者问的机会。当时，我的第一感觉是新闻已经发生，即使预告霍金来华，也会成为读者关注的新闻。于是，我立即寻找有关霍金的资料，写了一篇内容充实、富有可读性的新闻稿《等待霍金》（《文汇报》见报时将标题改为《霍金要来了》）。

这在全国性大报中是首家披露霍金来华的消息。国内多家媒体转载了《文汇报》的报道。

霍金乐意回答我的提问

随后，浙江大学新闻办给我打来电话说，考虑到霍金的特殊情况，希望媒体记者将8月11日霍金会见时记者向他提的问题提早交给浙大新闻办，由浙大汇总后交给霍金，并由霍金选定回答哪些问题。我已经获悉，霍金会见记者的时间是1小时左右，粗粗合计一下，从记者提问到翻译成英文，霍金回答后再翻译成中文，每个问题至少5分钟，1小时内可以回答的问题也就是10个左右。霍金的到来已经引起了媒体的关注，到场采访的记者一定很多。因此，要想争取到向霍金提问，就一定要把问题设计好。我设计了好几个问题，霍金是如何对理论物理产生兴趣的；他的“黑洞辐射”的灵感是何时产生的；与爱因斯坦和牛顿相比，霍金理论的优势在哪里；他又是如何想到写《时间简史》的，等等。但都被我否定了。因为这些问题我在写《等待霍金》一稿时已经搞清楚，在网上有详尽的资料，属于明知故问。我能够看到的资料，其他人也一定看得到。我于是换了一个角度思考问题。霍金的疾患是常人难以想象的，他除了3个手指能动，有特强的思考能力，有面部表情外，全身几近瘫痪，连转一下头的能力都没有。而他的科学成就也是超乎常人的，他提出的“黑洞辐射”理论已经被科学界认同，他写的《时间简史》已经连续13年列入美国畅销书排行榜，他撰写的《果壳中的宇宙》刚出版就获得安万特科学图书奖，他的演讲受到大学生的欢迎。这样一位杰出的科学家，应该有自己的快乐，除了科学上的成功，还有什么能使霍金产生快乐？这个问题是读者关心的，如果霍金回答，可以让读者了解他的情感生活以及他的内心世界。我于是通过浙大新闻办向霍金提出了这样的问题：霍金先生，您所经历的磨难是常人难以承受的，而您对人类做出的贡献也是超越常人的，除了享受科学研究成功的快乐之外，您最大的快乐是什么?

8月9日霍金抵达杭州后，我最关心的就是霍金是否乐意回答我的问题。霍金对问题的选择十分慎重。中国的记者向他提出了80多个问题，而他只能回答其中的10个。一直到8月11日下午2时，他才基本选定愿意回答的10个问题。两个小时后，当他面对记者准备答问时，又临时决定对其中的两个问题不予回答。而我的问题他则乐意回答。几乎所有媒体的报道都选用了霍金回答我的问题的答案。霍金回答我说：我热爱生活，享受生活，我从音乐和我的家庭得到巨大的快乐。

另外7个问题（略）

网上搜索

稿件见报后，总部很快给我做了反馈：读者希望了解霍金喜欢哪些音乐，他又是如何与人交流的?

其实，第一个问题我在霍金答记者问时就已经提出。在自由提问时，我向霍金夫人提出了这个问题，但主持会议的丘成桐先生表示，霍金太太事先已经与他约定不回答记者的提问。事后，丘成桐先生与我们几位记者一起在西湖边喝茶时告诉我两个细节：霍金不但喜欢音乐，而且还在家中和着音乐的节奏坐着轮椅跳舞；霍金观看了浙江大学安排的文艺晚会，在演奏《黄河协奏曲》时，他流了泪。丘先生的话使我心头一热，双眼一片模糊。我于是再在网上搜索。那段时间，我除了通读《时间简史》和《果壳中的宇宙》外，还至少在网上浏览了有关霍金的20万以上的文字。功夫不负有心人，我终于在一个网页中看到了一位英国女记者与霍金的访谈。在这次访谈中，霍金介绍了自己最喜欢的9部音乐曲目。

后来，我在《走近霍金》的文章中写下了这样一段文字：这位把霍金请到中国来的费尔兹奖获得者（丘成桐先生）后来在美丽的西子湖畔对我的问题做了一些补充：霍金很喜欢音乐，甚至在音乐声中摇着自己的轮椅与家人跳舞。他对音乐的熟悉程度绝不比常人低，帕伦克的《格罗里亚》、勃朗姆斯的小提琴协奏曲、贝多芬的弦乐四重奏、披头士的《请你让我快乐》以及反映中国古代公主悲剧的《图兰朵》，是霍金常听不厌的曲目。

看似简单的一句话，大致花去了我三四个小时的网上搜索时间。

在霍金答记者问时，在与丘成桐先生和吴忠超先生（《时间简史》和《果壳中的宇宙》的译作者、霍金的中国弟子）聊天时，我已经了解到霍金与人交流的过程。我在《走近霍金》一文中也回答了这个问题：

记者悄悄绕到了主席台的边侧，这里可以清晰地看到霍金的“操作”。面对记者的提问，霍金总会默默地沉思一会儿，然后，开始启动他的遥控器。

遥控器拿在霍金的右手中，他按动其中的一键，固定在轮椅上的电脑屏幕中便出现了一些英语单词，此刻，霍金的眼睛特别有神，他的大拇指不断地按动着，词变成了词组，词组又变成了句子，大拇指又一按，声音便从扬声器中发出，我们听到的是典型的美式英语，声音清晰，抑扬顿挫。

我想，有了这样的描述，读者可以如见其人。

曲院风荷话科学

与霍金的对话因为有较大的“提前量”，可以有足够的时间思考和选择，更难的是对话时的即兴提问。浙江大学这次为接待霍金、丘成桐等科学家做了大量的准备工作，特别是该校新闻办的同志想我们记者所想，考虑得非常周到，特意安排主流媒体的记者与科学家见了两次面，一次是在湖畔居茶楼与丘成桐先生一起喝茶，一次是在曲院风荷公园内的卓颖舫上与丘成桐等5位著名科学家座谈。前一次喝茶比较宽松，基本上是听丘先生谈。我当天向总部发回了一篇丘成桐先生的专访:《报效祖国是我的最大愿望》，《文汇报》在次日一版倒头条位置刊出，并配发了照片。在卓颖舫上却是让我们提问，请科学家回答。那天参加座谈的除了丘成桐先生外，另4位科学家是:费尔兹奖获得者、美国国家科学院院士、英国皇家学院外籍院士威腾；美国国家科学院院士、普林斯顿大学教授葛乐思；俄罗斯国家科学院院士法捷耶夫；美国哈佛大学物理系教授施维德。

威腾、葛乐思和施维德都不是第一次来华。威腾曾于1998年到天津南开大学参加过庆典活动，并到过北京和上海；葛乐思于1989年来过中国；施维德则已是第四次来到中国，1975年，他曾与另外19位美国青年一起，受周恩来总理的邀请，到中国参观工厂和农村，到过大寨，并在上海电机厂“体验生活”一个月；法捷耶夫虽然没有到过中国，但在20世纪50年代与来自中国的10多个同学同班共读，数十年来一直关注着中国的变化。

座谈自然从霍金的话题开始。几位在场的记者提了诸如“如何与霍金对话”、“与霍金交流是否发生过争论”、“如何用最简单的语言来解释霍金的黑洞理论”，等等。我发现，对记者的有关霍金的提问，并非5位科学家都感兴趣，因为，除了丘成桐和施维德（他们是霍金的好朋友）很认真地作答外，其他3位已经“环顾左右而言他”了。终于，法捷耶夫说话了:我们都是数学家，能否提一点与数学有关的问题。

这个要求应该不过分，而且，对媒体来说，也应该关注“数学”这个话题，毕竟霍金也是来参加国际数学家大会的。我很快进入“绞尽脑汁”之中。数秒钟后，我打破了冷场，向科学家们提出了我当天提的第一个问题:中国历史上曾经有过卓有成就的数学家，并发明了“勾股定理”等数学公式，这些数学家的发明在世界数学的历史上所起的作用如何?中国的数学目前在国际数学界所处的地位如何?

丘成桐、葛乐思、威腾和施维德分别就我提出的问题做了回答。他们表示,中国的数学虽然在历史上曾经取得过一些成就,但由于中国的数学家过于重视应用而忽略了对基础理论的研究,因此,很难对国际数学界产生影响,所起的作用自然也不会太大,不像阿基米德定律那样能持久地得以普及。从总体上说,目前中国的数学研究还比较落后,其主要原因是太讲求应用数学。科学研究不仅要注重应用科学,更应该重视基础科学。一个国家如果失去了基础科学,就好像一个人只有身子,没有脑袋。

我很快又提出了第二个问题:我在采访浙江大学校长潘云鹤先生时,他打过一个比方:浙江大学已经形成了学科的高原群,现在的任务是要在高原上造峰。数学作为一门基础科学,它是孤立的山峰,还是一片高原?它如何与不同的科学相结合?是否会组成新的交叉的学科?

几位科学家对我提出的问题大感兴趣,竞相回答。葛乐思说,数学是科学的王后,是科学的共同语言,与其他学科不同的是,它与不同学科结合后不会产生新的学科,只会融入各学科中。法捷耶夫说,基础科学发展到一定阶段,会预感到其他科学的方向,这种预感带有前瞻性。丘成桐也说,数学与许多学科结合在一起,如物理学、工程学及现代工业有关学科,吸收各学科的想法。数学不是孤单的一个山头,它融合在群山之中,如果是孤单的山头,数学就不会成功。

在兄弟媒体的记者问及地球爆炸的问题之后,我接着问了第三个问题:当媒体披露"小行星撞击地球"、"地球有可能爆炸"等消息时,身为科学家所持的又是怎样的心态?

科学家们都笑了,他们显然也乐意回答我这个问题。葛乐思说,小行星撞击地球等问题是天文学的范畴,用牛顿力学就可以计算。但据他个人的看法,这种撞击大有可能,这是星球互相追超使然。威腾则表示,并不是所有问题都能够回答,有许多问题他小时候就产生了,到今天依然无法解答。但这并不影响研究,相反,正是这种好奇心在支撑着他们的研究工作。

科学家们在回答问题时流露出一种对未来中国基础科学的企盼,我于是提出第四个问题:据你们看,哪个年龄段介入基础科学研究为最佳?你们对中国的青年科学家寄予希望,你们是否愿意接收中国的研究生?

4位科学家回答了我的提问。施维德说,中国的青年会不会成功,还得看他们研究的方向。如果方向对头,他们会成为一流的科学家,如果方向不对头,一味地讲"应用",就会进步得很缓慢。丘成桐表示,在浙江大学设

立数学研究中心的目的就是想培养本土化人才。威腾认为，介入基础科学研究年龄越小越好，中国的年轻学生素质不错，他非常乐意与中国学生接触，也乐意接收中国的研究生。希望有更多的中国学生到美国学习，跟着名师学，学成后回到中国，以提高中国科学水平。法捷耶夫也表示，他曾在20世纪50年代与10多位中国同学同班学习，他非常希望中国的学生到俄罗斯去学习，他愿意和中国新一代学者共同研究。

当天晚上，我将自己与5位科学家的对话做了详尽整理，并向总部发回了2000余字的专稿。总部几乎一字不删，配照片全文刊出。报社领导就此文给了我第二次嘉奖。

回顾本次对话，我的体会是，你要让对方回答你的问题，就必须让对方对你的问题感兴趣；当对方对所谈的话题稍有不太热情时，必须另选问题。而作为媒体记者，所设计的问题除了是问答双方感兴趣的之外，还应着重考虑两大前提：本报特色和读者口味。当然，这也得益于自己平时的积累。

（《文汇报》驻浙江记者站，载《新闻爱好者》2002年第12期）

（1）为什么万润龙的问题得到了霍金的肯定，他是怎样做到这一点的？

（2）在采访丘成桐等科学家时，万润龙的经历给了我们什么样的启示？

四、试着采访几位你喜欢的新闻工作者，实际操练一下资料搜集、制作采访方案和预约采访的全过程。

当我们历经新闻线索发现、接近采访对象、赢得采访机会后，采访就由准备阶段进入到实施阶段。在实施阶段中，最为主要的一个任务是向采访对象提问。提问是记者采访运用的主要手段，是记者采访获取新闻事实的主要途径。杰克·海敦说："新闻事业是一个跟人打交道的行业。大约有99%的新闻是部分或全部以访问——也就是向人提问——为基础写成的。"①

提问，看似简单，实则不然。正如周孝庵在《访问》一文中说："访问不难，发问实难。""发问之如何，足以卜访问之成败。"也就是说记者提问技巧的高低，直接关系到采访方案、报道意图能否顺利实现。

第七章　采访提问是记者的天职

提问是记者采访中最主要的获取信息的方式。提问的目的是得到采访对象的回答。记者的提问，决定其能否得到真实准确的新闻事实，能否将新闻事实挖深、挖透，能否架起记者与采访对象之间的桥梁，能否打开采访对象的心扉。

采访前记者会根据采访目的准备问题，在采访过程中这些问题怎样表达出来呢？这就是一个提问方式的问题。

第一节　提问方式

记者面对的采访对象的职业、年龄、性格等各不相同。因此，要想让采访对象畅所欲言，回答记者的问题，记者就不能用同一种提问方式应对万千变化的采访对象和采访情景，所以，采访提问应有不同的方式。记者经常使用的提问方式主要有三种：陈述引题、直接提问、追问。

① [美]杰克·海敦：《怎样做好新闻记者》，23页，北京，新华出版社，1980。

一、陈述引题

2013年3月17日上午，十二届全国人大一次会议闭幕。大会闭幕后，新任国务院总理李克强会见中外记者并回答记者提问。中央电视台记者提问："总理，您好。您多次提到说改革是中国最大的红利，我最近也注意到在一些主要的网站上，包括中央电视台联合多家网站推出的'我有问题问总理'的网页上，好多网友都在讨论这句话，也有足够的期待。但是我们知道，现在中国改革已经进入了深水区，社会普遍上说深水区的改革相当困难，可能会触及一些利益群体，甚至这些利益群体可能会形成对改革的阻力。在这种情况下怎么通过改革来释放红利？对下一步推进改革您有什么样的考虑？或者着力点主要在哪些方面？谢谢。"

记者想要问的问题显然是：政府怎么通过改革来释放红利？对下一步推进改革您有什么样的考虑？或者着力点主要在哪些方面？那么，记者之前为什么要进行一大段的表述呢？即："您多次提到说改革是中国最大的红利，我最近也注意到在一些主要的网站上，包括中央电视台联合多家网站推出的我有问题问总理的网页上，好多网友都在讨论这句话，也有足够的期待。但是我们知道，现在中国改革已经进入了深水区，社会普遍上说深水区的改革相当困难，可能会触及一些利益群体，甚至这些利益群体可能会形成对改革的阻力。"这段表达其实就是问题的引导文字。

陈述引题是指记者先将已经掌握的材料进行表述，并以此为铺垫引导出要提的问题的提问方式。

陈述引题具体方式表现为：

1. 用以陈述的内容可以是记者提问的原因，其目的是为了让对方更清楚记者提问的理由。

2. 用以陈述的内容可以是新闻人物或事件的背景材料，其目的是使采访对象有一个思考线索，限定对方回答问题的范围和角度。

3. 用以陈述的内容可以是采访对象曾经说过的话，对某个问题的看法等，其目的是提示对方回忆记忆模糊的事情；或者只是让对方证实记者掌握的材料的可信度。

2008年3月18日上午，十一届全国人大一次会议闭幕后，国务院总理温家宝应大会新闻发言人的邀请，在人民大会堂与采访大会的中外记者见面并回答记者提出的问题。

我们看看部分记者的提问——

美国有线新闻网记者：我知道，您的任务是世界上最艰巨，也是最庞杂的。我想提出两个问题，这两个问题都涉及英文字母"T"打头的问题。一个就是西藏问题，我们知道最近在西藏发生了骚乱和暴力的事件，有人追究镇压了和平的示威游行，而且达赖也指责中国在进行所谓的"文化灭绝"，甚至有些人呼吁要抵制北京的奥运会，您对这样一些说法和指责有何评论？第二个问题是台湾问题。您也多次说过，中国绝不容忍“台湾独立”，很快台湾地区将举行选举和公决，如果公决当中的议案被通过，也就是说选民通过选票认为台湾应该以台湾的名义申请加入联合国的话，中方是否会认为这等同于事实上的“台独”宣言？中方是否会采取行动来制止这一做法？另外，现在陈水扁即将下台，您认为是否您和未来台湾新的所谓“总统”进行对话会出现更为光明的前景？

美国有线新闻网(CNN)记者以陈述引题的方式提出两个问题，即：西藏问题、台湾问题。记者用以陈述的内容是提问的原因，即：“最近在西藏发生了骚乱和暴力的事件，有人追究镇压了和平的示威游行，而且达赖也指责中国在进行所谓的‘文化灭绝’，甚至有些人呼吁要抵制北京的奥运会”和“您也多次说过，中国绝不容忍‘台湾独立’，很快台湾地区将举行选举和公决”引导出的问题是：“您对这样一些说法和指责有何评论?”和“如果公决当中的议案被通过，也就是说选民通过选票认为台湾应该以台湾的名义申请加入联合国的话，中方是否会认为这等同于事实上的‘台独’宣言?”CNN 记者之所以用大段的引导式表述，是为了表明自己提这两个敏感问题的原因。

温家宝的回答非常明确。

温家宝：你提的这两个问题都是涉及中国的统一、主权和领土完整的问题。首先，我回答一下关于西藏的问题。最近在西藏，主要是在拉萨发生了打、砸、抢、烧事件。详细情况，昨天西藏自治区的政府领导人已经向记者做了通报。在这起事件中，极少数人打伤以至致死无辜群众，手段十分残忍。他们砸毁车辆和公用设施，烧毁了民房、商店及学校。这起事件严重破坏了拉萨正常的社会秩序，给拉萨市人民群众的生命财产带来极大的损失。我们有足够事实证明，这起事件是由达赖集团有组织、有蓄谋、精心策划和煽动起来的。这就更加暴露了达赖集团一贯标榜的“不追求独立、和平对话”是一派谎言。伪善的谎言掩盖不了铁的事实。当地政府和有关部门依照《宪法》和法律，采取十分克制的态度，迅速地平息了这起事件，维护了拉萨以至西藏各族人民的利益。我想在这里回答你，从西藏和平解放，实行民主改革到现在，西藏是在进步了、发展了，那种所谓“中国政府灭绝西藏文化”，完全是一派谎言。我们不仅有能力维护西藏的稳定和正常的社会秩序，而且要继续支持西藏的经济发展和社会进步，提高西藏各族人民的生活，保护西藏的文化和生态环境。这个立场是不会动摇的。其次，关于台湾问题。现在确实是个敏感时期，我所关心的就是要维护台海的和平与稳定，促进两岸的共同发展，这应该成为两岸关系的主题和主旋律。我们之所以反对“入联公投”，就是因为如果这样一些主张得逞的话，它将改变台湾和大陆同属于一个中国的现状，势必冲击两岸关系，势必危害两岸人民的根本利益，势必造成台海局势的紧张，破坏台海和平以至亚太地区的和平。我在这里想再一次重申，凡属涉及中国主权和领土完整的事，必须由包括台湾同胞在内的全体中国人民决定，任何人想把台湾从祖国分裂出去都是不会得逞的，也是注定会失败的。

我还想强调，我们希望在一个中国的前提下，尽早地恢复两岸和平谈判，什么问题都

可以谈，包括结束两岸敌对状态这样重大的问题。

印度时报记者：近年来，我们看到印、中关系出现了极大的改善和发展。请问总理，您对印方在达赖和西藏问题上有何期待？近期在达兰萨拉出现了一些事件，并且有挺进西藏的活动，您对印度政府在处理这些事件的时候所发挥的作用和采取的行动有何评价？同时请总理谈一谈您对解决印、中边界问题的看法。

印度时报记者提问的核心问题是"中印关系"问题，记者用以陈述的内容是自己掌握的相关背景材料，即："印、中关系出现了极大的改善和发展"，"近期在达兰萨拉出现了一些事件，并且有挺进西藏的活动"，其目的是使总理有一个思考线索，限定对方回答问题的范围和角度，在这个前提下谈解决印、中边界问题自然有的放矢。如果记者不做陈述直接提问，总理就"中印关系"问题的回答会比较宽泛。

温家宝回答也的确是围绕着"西藏问题"这个中印关系的一个敏感问题回答了记者提问。

温家宝：正如这位记者所说的，中、印关系这些年有了显著的改善和发展。我们对于印度政府在对待达赖策划的所谓"独立"活动所采取的立场和措施表示赞赏。西藏问题，在这个问题上，我同瓦杰帕伊总理和辛格总理都有广泛的共识，我希望印度政府能够依照中、印两国达成的共识，正确地对待和处理西藏问题。

两国边界问题已经确立了解决的政治指导原则，并且开展了多轮谈判。这个历史遗留的十分复杂的问题，不是一朝一夕能够解决的。但是只要中、印双方都抱有诚意，本着平等相待、互谅互让的原则，我想解决边界问题的谈判会有新的进展。

中央电视台记者：刚才总理说领导者的眼睛要盯向前方。总理在政府工作报告中谈到2008年这一年的工作，这是比较近的前方，而本届政府所面对的5年是更远的前方。未来5年，中国经济社会发展的目标是什么？在目前宏观调控难度加大的情况下，怎样保证经济增长的速度不出现大的波动？

中央电视台记者的陈述内容，就是一个提示对方回忆的陈述："刚才总理说领导者的眼睛要盯向前方。总理在政府工作报告中谈到2008年这一年的工作，这是比较近的前方，而本届政府所面对的5年是更远的前方。"这个陈述可以帮助总理回忆过去的许多事情。之后，记者提出的问题是：未来5年，中国经济社会发展的目标是什么？在目前宏观调控难度加大的情况下，怎样保证经济增长的速度不出现大的波动？

陈述引题的方式在新闻发布会的采访中被记者广泛采用，在人物访谈中也经常采用。

古装大型情景喜剧《武林外传》火爆荧屏后，新浪网邀请《武林外传》的导演尚敬与姚晨(郭芙蓉扮演者)和肖剑(燕小六扮演者)做客新浪嘉宾聊天室。

访谈开始，主持人向尚敬提的问题是：就像你说的，《武林外传》毕竟开创了以前情景喜剧没有具有的形式、表现手法，有一个访谈中，看到你把它归结为海派的，是吗？

主持人运用陈述引题的方式,用以陈述的内容是采访对象曾经说过的话和观点,其目的只是让对方证实记者掌握的材料的可信度。

尚敬:你说海派可能是有一个误会,不是《武林外传》,是指的《都市男女》,但是也有关系,恰恰是2002年在上海拍《都市男女》的时候,结识了编剧宁财神,他来自上海,当然他在北京生活过,特别有才情,那会刚拍完《炊事班的故事》,有几个演员都演了这个剧,后来就拍了这个,我们也想做一个新的喜剧,大家非常的投缘,后来经历了很多事情之后,就有了现在的《武林外传》。

二、直接提问

直接提问在记者的采访中用得最多。直接提问就是记者直截了当地从正面提出问题请采访对象作答的一种提问方式。直接提问是最省时、最简单的提问方式。记者与采访对象彼此已经相互适应和了解以后,记者再提问就没有必要都引导,可以根据采访主题直截了当地提问。

1986年9月2日晚,新华社播发了一条只有100多字的短消息:"中共中央顾问委员会主任邓小平今天上午在中南海接受了美国哥伦比亚广播公司(CBS)《60分钟》节目记者迈克·华莱士的电视采访。邓小平回答了华莱士提出的有关中国经济改革、中国的统一、中美关系、中苏关系等方面的问题。"消息一出,引得全世界一片震惊,各国政治家竖起了耳朵,世界各大媒体记者千方百计地打探此次交谈的内容。

1986年的中国和中国领导人,对西方来讲还是很神秘的,而邓小平是这个占全球人口1/5的国家的领导人。多年来,想要采访邓小平的外国新闻记者早已排成了长队,而此前只有意大利女记者法拉奇采访过邓小平。CBS是第一家采访到邓小平的电视媒体。据说,这也是邓小平唯一的一次一对一地接受电视记者的专访。华莱士此次独家采访邓小平,让CBS在全世界名声大噪。

《人民日报》于9月8日和15日分两次刊登了邓小平与华莱士谈话的详细内容。1993年9月,《答美国记者迈克·华莱士问》收入了《邓小平文选》第三卷。

18年后,华莱士向中国记者披露了这次采访的细节。

我们看看邓小平接受美国哥伦比亚广播公司《60分钟》节目的记者迈克·华莱士电视采访时的谈话摘要——

> 迈克·华莱士:邓主任,您对戈尔巴乔夫最近在海参崴的讲话有何看法?
>
> 邓小平:戈尔巴乔夫在海参崴的讲话有点新东西,所以我们对他的新的带积极性的东西表示了谨慎的欢迎。但戈尔巴乔夫讲话也表明,他的步子迈得并不大。在戈尔巴乔夫发表讲话后不久,苏联外交部官员也讲了一篇话,调子同戈尔巴乔夫的不一样。这就说明,苏联对中国政策究竟怎么样,我们还要观察。

迈克·华莱士：您以前有没有见过戈尔巴乔夫？

邓小平：没有。

迈克·华莱士：您是否想见见他？因为他说过，他愿意同你们在任何时候、任何级别上谈任何问题。您愿意同他进行最高级会晤吗？

邓小平：如果戈尔巴乔夫在消除中苏间三大障碍，特别是在促使越南停止侵略柬埔寨和从柬埔寨撤军问题上走出扎扎实实的一步，我本人愿意跟他见面。

迈克·华莱士：越南人今天发表讲话，表示愿意和中国谈判，以便结束中越之间的困难局面。

邓小平：越南这种表示至少有100次了。我们也明确告诉他们，前提是越南从柬埔寨撤出全部军队。柬埔寨问题由柬埔寨四方商量解决。

……

迈克·华莱士：看来，中国同资本主义的美国的关系比同苏联共产党人的关系更好一些，这是为什么？

邓小平：中国观察国家关系问题不是看社会制度。中美关系是看中国和美国关系的具体情况来决定。中苏关系是看中国和苏联关系的具体情况来决定。

迈克·华莱士：邓主任，刚才我的节目制作人要我再问一下邓主任是否愿意会见戈尔巴乔夫。

邓小平：我刚才说了，如果苏联能够帮助越南从柬埔寨撤军，这就消除了中苏关系的主要障碍。我再说一次，越南入侵柬埔寨问题是中苏关系的主要障碍。越南在柬埔寨驻军也是中苏关系实际上处于热点的问题。只要这个问题消除了，我愿意跟戈尔巴乔夫见面。我可以告诉你，我现在年龄不小了，过了82了，我早已经完成了出国访问的历史任务。我是决心不出国的了。但如果消除了这个障碍，我愿意破例到苏联任何地方同戈尔巴乔夫见面。我相信这样的见面对改善中苏关系，实现中苏国家关系正常化很有意义。

迈克·华莱士：具体地说，哪一件事应该放在第一位做呢？

邓小平：三大障碍主要是越南侵柬，因为中苏实际上处于热点和对峙，不过方式是通过越南军队同中国对峙。

迈克·华莱士：是指越南在柬埔寨的军队吗？

邓小平：是的。

迈克·华莱士：里根总统和夫人对我的节目很有兴趣，差不多每个星期天都看这个节目，在我的采访节目播出时，他们一定会观看。不知你有什么话对里根总统说？

邓小平：在里根总统和夫人访问中国时，我们认识了。我们相互间的谈话是融洽的和坦率的。我愿意通过你们的电视台,转达我对里根总统和夫人的良好祝愿。我希望在里根总统执政期间,中美关系能有进一步的发展。

迈克·华莱士:目前中美双方是否存在大的分歧问题?

邓小平:有。如果说中苏关系有三大障碍,中美关系也有个障碍,就是台湾问题,就是中国的海峡两岸统一的问题。美国有一种议论说,对中国的统一问题,即台湾问题,美国采取"不介入"的态度。这个话不真实。因为美国历来是介入的。在50年代,麦克阿瑟、杜勒斯就把台湾看作是美国在亚洲和太平洋的"永不沉没的航空母舰",所以台湾问题一直是中美建交谈判中最重要的问题。

迈克·华莱士:美国在处理美台关系时是否未能按照它承担的义务去做?

邓小平:我认为美国应该在这个问题上采取更明智的态度。

迈克·华莱士:什么态度?

邓小平:很遗憾地说,在卡特执政的后期,美国国会通过了《与台湾关系法》,这就变成了中美关系的一个很大的障碍。刚才我说,希望里根总统执政期间,能够使中美关系得到进一步发展,其中就包括美国在中国统一问题上能有所作为。我相信,美国特别是里根总统,在这个问题上是能有所作为的。

迈克·华莱士:他们在这个问题上能有哪些作为呢?

邓小平:可以鼓励、劝说台湾首先跟我们搞"三通":通商、通航、通邮。通过这种接触,能增进海峡两岸的相互了解,为双方进一步商谈统一问题创造条件。

迈克·华莱士:台湾有什么必要同大陆统一?

邓小平:这首先是个民族问题,民族的感情问题。凡是中华民族子孙,都希望中国能统一,分裂状况是违背民族意志的。其次,只要台湾不同大陆统一,台湾作为中国领土的地位是没有保障的,不知道哪一天又被别人拿去了。第三点理由是,我们采取"一国两制"的方式解决统一问题。大陆搞社会主义,台湾搞它的资本主义。这对台湾的社会制度和生活方式不会改变,台湾人民没有损失。至于比较台湾和大陆的发展程度,这个问题要客观地看。差距是暂时的。拿大陆来说,我们建国37年来,有些失误,耽误了,但根据大陆的现行政策,发展速度不会慢,距离正在缩小。我相信大陆在若干年内至少不会低于台湾的发展速度。道理很简单,台湾资源很缺乏,大陆有丰富的资源。如果说台湾已发挥了自己的潜力,大陆的潜力还没有发挥,肯定会很快发挥出来的。而且就整体力量来说,现在大陆比台湾强得多。所以单就台湾民众平均收入比大陆现在高一些这一点来比较,是不全面的。

……

迈克·华莱士:邓主任刚才谈到"文化大革命",在那时候您和您的家人遭

遇如何？

邓小平：那件事，看起来是坏事，但归根到底也是好事，促使人们思考，促使人们认识我们的弊端在哪里。毛主席经常讲坏事转化为好事。善于总结“文化大革命”的经验，提出一些改革措施，从政治上、经济上改变我们的面貌，这样坏事就变成了好事。为什么我们能在70年代末和80年代提出了现行的一系列政策，就是总结了“文化大革命”的经验和教训。

迈克·华莱士：到现在为止，还没有看到在中国的任何公众场合挂您的照片，这是为什么？

邓小平：我们不提倡这个。个人是集体的一分子。任何事情都不是一个人做得出来的。所以就我个人来说，我从来不赞成给我写传。我这个人，多年来做了不少好事，但也做了一些错事。“文化大革命”前，我们也有一些过失，比如“大跃进”这个事情，当然我不是主要的提倡者，但我没有反对过，说明我在这个错误中有份。如果要写传，应该写自己办的好事，也应该写自己办的不好的事，甚至是错事。

……

迈克·华莱士：毛泽东逝世已经10年，他对现在的一些事会怎么看？现在的领导人主张致富光荣，主张个人幸福，允许私人办企业，准备搞政治改革，人民有了言论自由，这一切同毛泽东的主张都不一样，毛泽东会怎么看？

邓小平：有些不一样，但有些原则还是一样的。现在毛泽东思想还是我们的指导思想。我们有一个《关于建国以来党的若干历史问题的决议》，解答了这些问题。

迈克·华莱士：但我还是不清楚。邓小平领导下的中国和毛泽东领导下的中国是不一样的。看来中国现在在进行一场新的革命，至少是试图进行一场新的革命。

邓小平：这个话是对的，我们也讲现在我们搞的实质上是一场革命。从另一个意义来说，我们现在做的事都是一个试验。对我们来说，都是新事物，所以要摸索前进。既然是新事物，难免要犯错误。我们的办法是不断总结经验，有错误就赶快改，小错误不要变成大错误。

迈克·华莱士：最后一个问题。您是中国的第一号领导人物，您准备在主要领导人和主要顾问的位子上再留多长时间？

邓小平：我提倡废除终身制，而且提倡建立退休制度。你也知道，我同意大利记者法拉奇谈话时说，我干到1985年就行了，现在超过1年了。我正在考虑什么时候退休。就我个人来说，我是希望早退休。但这个问题比较困难，在党内和人民当中很难说服。我相信，在我有生之年退休，对现行政策能继续下去比较有利,也符合我个人向来的信念。但这件事还要做更多的说服工作。最终我是一个共产党员,要服从党的决定。我是一个中华人民共和国的公民,要服从人民的意愿。我还是希望能够说服人民。

迈克·华莱士:您当时告诉法拉奇准备1985年退休,您准备对华莱士作什么表示呢?

邓小平:坦率地告诉你,我正在说服人们,我明年在党的"十三大"时就退下来。但到今天为止,遇到的是一片反对声。

(摘自《邓小平文选》第三卷)

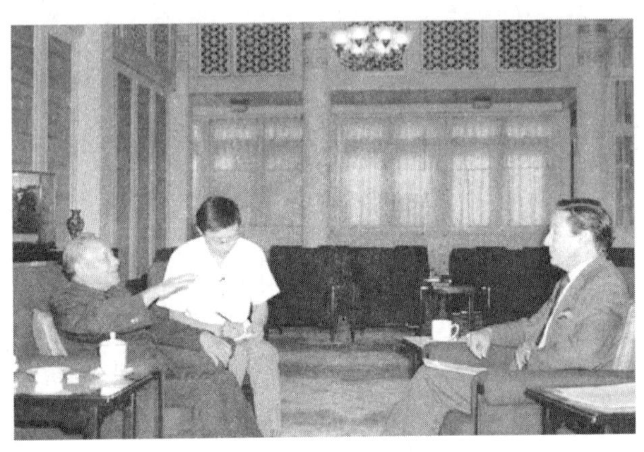

图7-1 邓小平1986年9月2日在北京中南海接受了美国哥伦比亚广播公司《60分钟》节目记者迈克·华莱士的采访 新华社发(资料照片)

在这段对话中,我们看到华莱士用了一些引导提问的方式,但更多的是直接提问。例如"目前中美双方是否存在大的分歧问题?"、"美国在处理美台关系时是否未能按照它承担的义务去做?"、"台湾有什么必要同大陆统一?"、"到现在为止,还没有看到在中国的任何公众场合挂您的照片,这是为什么?"这几个直接问题,不仅提问尖锐,步步紧逼,而且潜台词意蕴深远,发人深省。直接提问的方式,最大限度地避免了官腔套话式的空洞回答,从采访对象的回答中传达出真相,同时也充分展示出了被采访者的个性。

这次访谈中,邓小平的回答充满智慧也充满魅力。当精神矍铄的邓小平出现在美国千家万户的电视屏幕上时,人们从这张熟悉而平静的面孔上,领略了一个东方政治家的才干和智慧。华莱士在全球掀起了一股"邓小平热",在将近一周的时间里,世界所有重要媒体的舆论都集中到邓小平身上。

直接提问在法拉奇的采访中更是频繁出现,1969年9月在利比亚发生了由卡扎菲一手操纵的"革命",其实质是一次政变。法拉奇在对他的采访中,就有这样一连串直逼要害、一针见血的提问:你是怎样理解革命的?利比亚的事情如果是革命,怎样理解到处可

以看见你的照片？你禁止很多事情，为什么禁止不了个人崇拜？人民爱戴你，你为什么住在军营？……

这些问题连串起来简直就是一篇讨伐卡扎菲的檄文，而卡扎菲或支吾或躲闪或辩解的回答，又无一不是对这篇檄文的生动注脚。

直接提问方式一般适用于领导干部、社会名流以及其他性格开朗又比较健谈者，或者是与记者熟悉的人；同时也适用于限定时间的访问，如某个特定场合的现场访问，广播电视的演播室访问，等等。

直接提问最大的好处就是问题明确，提问方式比较简单。这种提问方式因开诚布公、不拐弯抹角而使访问显得干脆利落，进展得迅速而顺利。只要双方关系和具体情况允许，直接提问可以说是一种最简单、直接、有效的提问方式了。①

链接

1986年年初，华莱士由好友辛迪·瑞汀博格引荐来到中国。辛迪原是美国海军陆战队的一名士兵，后来成为毛泽东、周恩来的好朋友。华莱士一行在南方领略了中国改革开放的新气象。当时，海外媒体和舆论讨论最多的是：邓小平的改革开放是不是一项真正的基本国策？

从南方一路畅游到北京，华莱士突发奇想，为什么不直接采访这场改革的发起人，从他的嘴里找到答案？于是，《60分钟》栏目组向中国政府提交了一份申请。华莱士并没有抱太大希望。出乎意料的是，一个月后，北京方面正式答复说邓小平愿意接受采访。

后来，华莱士谈到对邓小平的印象时，说邓小平是一位伟人。他采访过很多其他国家的领导人，但邓小平和他们都不同。他的智慧、他面对挫折表现出来的豁达态度、他的务实精神、他说话直截了当的风格，以及他人生中的几次大起大落，都令西方人着迷。

2000年，华莱士在北戴河见到了中国第三代领导人江泽民。在采访中，针对中国的民主状况、中美关系、“李文和间谍案”等诸多敏感问题，华莱士把他想问的，都毫无避讳地问到了。两人时而针锋相对，时而用幽默缓和气氛。在采访中，江泽民呼吁中美之间建立“建设性战略伙伴关系”，并使用了气象学上的一个比喻来描述中美关系的起起落落，“当然，这里面也有风风雨雨，有时多云，有时甚至乌云密布，有时也会多云转晴”。

还是那个华莱士，还是典型的华莱士的强硬风格。江泽民对于这次采访和华莱士本人都给予了高度评价。

（资料来源：《迈克·华莱士在此》，《南方人物周刊》2006年第23期）

---

① 戚鸣：《实用新闻采访》，172～173页，北京，新华出版社，2004。

三、追问

在采访中,会遇到各种各样的状况,有时候采访对象对某些重要事实谈得比较笼统;有时候采访对象又表述出新内容;有时候采访对象对某些关键问题有所顾忌不肯回答,甚至转移话题……这时候,记者就要追问。追问是在提问的基础上循着访问对象的思路去求根问底的一种提问方式。目的是最大限度地挖掘出新闻报道所需要了解的事实材料。

对于访问中主要的事实、关键的思想、典型的事例和细节,记者都要追问。

获得八枚金牌的美国运动员菲尔普斯无疑是北京奥运会上最受瞩目的焦点,东方卫视《杨澜访谈录》节目独家专访了菲尔普斯,了解这位泳坛天才的成长过程。但菲尔普斯在回答问题时都比较简洁,没有太多的故事和细节。在这次访谈中,杨澜运用了大量追问方式,以使对方讲出故事来。

我们看看《杨澜访谈录——一个真实的菲尔普斯》片段——

杨澜:你训练刻苦是人所皆知的,刻苦到一年365天不间断,甚至在"圣诞节"也是如此,这对一个十几岁的少年来说,有多辛苦?

菲尔普斯:成长是要付出代价的。

杨澜:为什么要剥夺自己的自由时间?

菲尔普斯:有时候我会这么想,但有时我也会觉得自己很幸运能有这样的机会,能有机会参加奥运会,能打破世界纪录,没有多少人都能获得这样的机会。在过去我的确放弃了很多,做出了很多的牺牲,对我来说这不算什么,我牺牲的东西我也可以找回来。等5年后我的游泳生涯结束后,我想做什么就可以去做。我现在只想追求我的游泳事业。

杨澜:你如何从紧张的训练中找到乐趣呢?

菲尔普斯:我对乐趣的观点是除了游泳外,我可以随心所欲去做我喜欢做的事……

杨澜:玩游戏?

菲尔普斯:玩游戏,还是躺在沙发上,还是看电视或者任何事情,反正就完全是自己的时间,想做什么都可以,去哪里都可以,我都可以很开心。

……

杨澜:在激烈的比赛中,成败往往就在一瞬间。描述一下在这种激烈的比赛中你的个人感受吧。你会左右环顾吗,会感觉现场气氛一触即发吗?

菲尔普斯:当我站在出发台后时,我谁也不看,不会左右环顾,我只会看着前方的泳道,我的精力都集中在那里,其他的我什么都不考虑。我一直是这样

的，当我站在出发台后，我已经准备好比赛了，期待去完成我的目标，就这样。

杨澜：你也不说话？

菲尔普斯：是的。我不会说话，我让我的成绩来说话。

杨澜：听说你学中文了？

菲尔普斯：我在尝试着学，但是很难学，真的非常难学。我正在学习一个课程，不过还在学习入门阶段的课程。

杨澜：现在能说什么了？

菲尔普斯："女人"、"男人"……还有"水"、"Coffee"（咖啡）、"Tea"（茶），都是些很基础的东西，非常非常基础的。我正在努力学习，希望在北京时能说一点吧。

杨澜：以防在奥运村迷路了？

菲尔普斯：希望能用来问问路。

杨澜：你是否有着很好的心态，所以你想睡时就一定能睡着，就算是在奥运会期间也如此？

菲尔普斯：睡觉是我的最爱之一，我总能睡着这一点不成问题。

杨澜：由于转播问题，所以比赛被定在了上午，有很多运动员对此颇有怨言，你也会有类似的抱怨吗？

菲尔普斯：我对此毫无怨言，毕竟这是奥运会。我什么时候都可以游泳，如果要我早上10点起来参加奥运金牌的角逐，我也没有问题，我会准时起床。很自豪地穿上带有国旗图案的服装，尽自己的全力去比赛，为国争光……我做了大量的练习来为在早上举行的决赛做准备的。

杨澜：我听说你学习游泳的初衷之一是因为你患有多动症，所以你妈妈想通过游泳来释放你过剩的精力。

菲尔普斯：的确是这样。当我在体育场上或游泳池里，我会觉得非常放松，无拘无束。通过释放自己的力量去获得快乐，最终我摆脱了多动症，我现在没事了。我觉得要不是小时候学游泳，我可能不会变得更强壮。

杨澜：是什么让你意识到，你就是为游泳而生的，或者为自己设立了作为职业游泳选手的目标，这是什么时候的事？

菲尔普斯：我小时候一直在想这件事，可能是在2001年，当我创造了我的第一个世界纪录时吧。

杨澜：有那么晚吗？

菲尔普斯：在那一刻我觉得，可能会发生一些很特别的事情。之前我已经参加过奥运会了，但是，在那以后我才觉得有些不同了。

杨澜：当你选择参加哪项奥运比赛，放弃哪项时，比如在雅典奥运会时，你可以避开和索普在自由泳上的交锋,而选择其他你更有把握的项目,你为什么没有这么做呢?有什么比拿金牌更重要呢?在雅典,如果你不坚持要跟索普在自由泳上一决高下的话,你可能还能多获一块奖牌。

菲尔普斯:我最喜欢做的事情之一是跟世界上最优秀的人一起比赛。在200米自由泳项目上,几乎最好的选手,游得最快的选手都参加了,我想跟他们竞赛,我从来没有和他们在自由泳里比赛过,我很希望能有这个机会。

杨澜:这就是超越金牌的东西吗?

菲尔普斯:我只是想和最好的选手进行比赛。

杨澜:你有多么喜欢比赛?

菲尔普斯:这是我最喜欢的事情。我热衷于比赛,这可能是我最好的品质之一。我做什么事都特别要强,无论是做什么。

杨澜:随着索普的退役,谁是你最大的对手?

菲尔普斯:不能说是某个特定的人。全世界有这么多人跟我从事同样的游泳项目,我在泳池里和这么多人竞争。我在和全世界最优秀的选手比赛,这是我最喜欢的。它让我更为强壮,游得更快,游出世界上最好的成绩。

杨澜:你的床头和储物柜里还有他们的画报吗?

菲尔普斯:没有了。

杨澜:没有了吗?你不需要看它们来鼓舞你的斗志吗?

菲尔普斯:我的确需要有人给我指引奋斗方向,我会特别标注出来,放在一个我能天天看见的地方。几年前索普觉得不可能在一次比赛上拿到7枚金牌,菲尔普斯做不到……那些话都被我特别标注出来,然后贴在我的储物柜里。无论什么时候打开我的储物柜,我都可以看见那些话。

《杨澜访谈录》节目是一档人物访谈节目,如果采访对象讲不出故事就失去了访谈节目的看点。在这次访谈中,在主持人的一再追问下,还是让采访对象说出了故事,也让观众看到了过去的菲尔普斯,一个从顽童到神童又到神话的传奇历程,看到了他的天赋和努力。如果不追问,就缺少故事。没有故事,访谈就很难成功。

带着质疑不断地追问,揭开隐藏着的事实真相。这是中央电视台访谈节目《面对面》主持人王志的采访提问的突出特点。在节目中王志的追问一环扣一环,有时一追就是十几个问题。

2003年,74岁的老军医姜素椿在抢救北京首例“非典”病人时不幸染上“非典”。为了探索治疗的有效方法,他在自己身上进行生死试验——用“非典”康复者血清治疗“非典”,获得成功。中共中央总书记胡锦涛深为感动,向他表示感谢和问候。

我们看看,《面对面——姜素椿:生死试验》,王志对姜素椿的访谈片段:

王志：你把自己当作实验品吗？

姜素椿：做做实验。

王志：有风险吗？

姜素椿：有一定风险。

王志：成功的几率有多少？

姜素椿：百分之七八十。

王志：凭什么这么说？

姜素椿：一个，它是一个单一血清，不是混合血清。第二个，经过检查，这一点我很感动，因为把这个血清拿过来，5个医院都做检查，一致说这个血没有问题，才拿来实验。所以我不怎么害怕。

王志：但是再检查，也可能有漏检。

姜素椿：那是，甚至还有新病毒不知道。可是我不试一试，你还等人家去试吗？

王志：你害不害怕？

姜素椿：不害怕，做好了准备。这个风险应该冒，我不冒谁冒，我是传染科医生，万一出了事比病人好一点。

王志：如果成了就是一个很宝贵的经验？

姜素椿：当然是。

王志：如果不成怎么办？

姜素椿：不成，如果在我身上发现问题，我觉得也是值得的。也可以得到教训，为了这个传染病的事医生应该做点贡献。

王志：你当时是什么时候注射？

姜素椿：15号。据我了解，中国香港和新加坡也做了一例，都在我后面。

王志：注射后你的反应呢？

姜素椿：很好，到目前为止没有发现什么问题。

王志：什么时候有好的作用呢？

姜素椿：马上就有好的作用，因为这个东西是特异性的，是带号的。

王志：你自己的症状呢？

姜素椿：我本来症状就不多，现在感觉更轻快了。

王志：有别的辅助治疗吗？

姜素椿：照样，一切不变。

王志：用什么方法治呢？

姜素椿：激素，维生素，都是会产生抵抗别的疾病入侵的药物。

王志：这个治疗手段能推广吗？

姜素椿：在少数的情况下可以用。

王志想了解的是什么力量让一位年过半百的老人，能如此勇敢地面对这场生死实验。在这段对话中，王志紧紧地抓住“生死试验”这个事件进行深入的采访。善于抓住对方语言中的矛盾点，紧追不舍。正是这样执着的追问，才很好地调动了采访者的情绪，让对方越说越多，观众也从中获取了更真实的信息。

追问是调查性报道的典型问话方式。追问时所用句子一般较短，甚至不完整。但追问是让采访对象围绕一个问题展开回答，所以采访对象和受众也不会因为记者追问时句子不完整而错会意思或造成试听障碍。

中央电视台《新闻调查》栏目的记者对山西某矿难的采访，当时矿主殷三在接受记者采访时不愿承认某一矿井事故与自己有关。记者就根据自己掌握的材料对殷三进行步步紧逼的追问：

记者：比如说出事的这个矿，王全全探矿，这个矿跟你是什么关系？

殷三：他们自己的矿。

记者：跟你有关系吗？

殷三：没有。

记者：他们不需要向你交什么承包费吗？

殷三：就是承包费，就是有这 110 万元承包费。

记者在调查采访中，不仅要会追问，更要会倾听。要让对方感到追问得合情合理，而且要调动起对方谈话的欲望。因此，记者从追问的态度到语气都要根据采访对象和采访话题的特点有所把握，追问的态度和语气不可过于生硬。

第二节 提问类型

记者的提问类型很繁杂，但按问题的性质划分，美国新闻学家麦尔文·曼彻尔把所有的采访提问简单地分为两大类型：开放式提问和封闭式提问。

一、开放式提问

所谓开放式提问，就是问题提得比较概括、抽象、范围较大，对回答的内容限制不严格，给对方以自由发挥余地的提问类型。

比如说一位歌星来青岛参加演出，你去采访他，你问：“请您谈谈对青岛的印象如何？”这就是开放式提问。关于青岛印象，对方可以简单地回答“好”，或是“还可以”之类，

也可能大谈青岛的美景，青岛的海鲜，等等。完全没什么限制，对方可以很随意地回答。

提这样的问题也很容易，一般都是大而化之的问题，记者提问比较省力，可以不假思索，问题几乎可以应对任何采访对象。今天某歌星来你可以这样问，明天某学者来你还可以这样问。

《经济日报》原总编辑艾丰在《新闻采访方法论》一书中，将开放式提问的特点归纳为：

（1）给对方以更多的“自由”，容易谈出一些宏观性的看法，也可能引出有价值的话题。但问题焦点不集中，双方联系比较松散，对方不容易说出心里的话，采访也不容易深入。

（2）问题问得比较自然缓和，有利于创造融洽的谈话气氛。但问题一般化，对方容易泛泛而谈，难以挖得很深，或者对方感到问题太大，不知从哪儿答起。

（3）提这种方式问题较为省力，但是采访对象想要认真负责进行回答的话就比较困难（对于不认真的人，越是抽象的问题越是好回答，而对于认真的人则刚好相反）。

这几个特点，实际上是三组矛盾的对立统一。提开放式问题固然省事，气氛也可能轻松，但对方的回答有时与你所欲了解的内容完全是两回事，双方联结不到一起。例如，你问采访对象：“请您谈谈对青岛的印象如何?”本来希望对方谈谈对青岛城市建设的印象，而对方却大谈青岛的小吃可口。在这种情况下，你的采访就比较困难了。

二、封闭式提问

所谓封闭式提问，指问题提得比较具体、单纯，被采访者的回答范围狭小、指向性强的提问类型。

是给被采访者回答问题的范围也限制得比较严格的提问类型。这类提问给对方的自由发挥的余地很小，对方一般要作较为明确的回答，无法回避，而且容易从对方的回答中得到实质性材料。闭合式提问可以说是你问什么对方就得答什么，所以战斗力比较强。

例如，还是你去采访某歌星，你的提问是：“您喜欢青岛这个城市和青岛的海鲜吗?”或“您是否有再次访问青岛的愿望?”这就是闭合式提问。对方的回答必须是明确的。

关于闭合式提问的特点，艾丰归纳为：

（1）留给对方的自由余地较小，但是双方联结得比较紧密、具体；对方容易说出心里的话，也容易谈得深入。

（2）问题具体、范围严格，可能因记者选择不当而丢掉更好的提问点，但若选择得当，极利于深入情况和获得对每个问题的明确回答。

（3）记者提闭合式问题是要花费较多精力的（问题要提得具体而又不是鸡毛蒜皮，即所谓要“小中见大”，记者不花大力气熟悉情况，反复思考，精心选择，是办不到的），但是采访对象在回答这些问题时较为方便(这里提"方便",而未说"容易",是因为有些闭合式问题相当尖锐,回答好并不容易。但问题具体、集中,总比抽象、分散回答起来方便得多)。采访对象说出了自己想说的话,受众得到了信息和有价值的东西。

这几点,同样也是由三对矛盾组合。

对于记者而言闭合式提问比较费力,因为你必须事先掌握大量材料,进行综合分析,才能把问题提炼出来。相对而言,开放式提问比较随意,比较省事,但这种提问方式往往既不利于把握采访的方向,也不利于深入挖掘材料,更不利于采访能力的提高。

三、开放和封闭相对而言

开放式提问和封闭式提问不是绝对的,是相对而言的,"闭"是相对于"开"而言,"开"是相对于"闭"而言。因此,划分提问类型只能就一系列提问进行比较,相对地区分为"闭合"与"开放"。

比如,一位运动员获得世界冠军,记者常问:"请你谈谈此时此刻的感受"。这就是一个开放式提问,而且开放度已经很大。尽管开放度很大,问题还是有范围的,限定在运动员得冠军那一刻的感受。再比较下面的两个提问:

"此时此刻你最想说什么?"

"此时此刻你最想对爸爸妈妈说什么?"

如果记者将"请你谈谈此时此刻的感受"。换成上面两个提问,开放度就会变小,对方的回答也会更具体。[①]

尽管上面三个提问都是开放式提问,但相对而言,"此时此刻你最想对爸爸妈妈说什么?"就比"此时此刻你最想说什么?"封闭,而"此时此刻你最想说什么?"又比"请你谈谈此时此刻的感受"封闭。

四、两类提问的运用

1. 两类问题交替运用

麦尔文·曼切尔认为,记者在采访当中,通常总是以开放式问题作为采访中的第一个问题。这样,被采访对象才能张口说话,在回答问题时不受拘束,可以轻松自如地漫谈。然后再由开放式问题逐步过渡到闭合式问题,以取得具体、明确的采访素材。

如果一开始就提闭合式问题,采访对象对记者和采访环境还不适应,所以很容易引发对方紧张、警觉、慌乱,以致拒绝回答记者。但这也因人而异,如果采访对象有丰富的

---

① 戚鸣:《实用新闻采访》,182页,北京,新华出版社,2004。

媒体应对经验和准确的领悟能力，记者也可以从封闭问题单刀直入，直奔主题。

在新闻采访中，这两种形式的提问记者都会采用。一般而言，开放式问题适于转入话题、搜索情况、调节谈话气氛、缓解记者压力等情况。闭合式问题适于层层追问、深入挖掘材料、证实事实、追问细节。开放式提问能使采访对象展开话题，闭合式提问能使采访对象回答集中。

2. 尽可能将问题化小

在一般情况下，采访中两种提问可以交替使用，从而使采访问题有浅有深，采访气氛有张有弛。但就整个采访过程来看，记者应以提闭合式问题为主。正如麦尔文·曼切尔所说："那些仅仅只能问一些开放性问题的记者应该懂得这样做的后果。对于某些提供情况的人士来说，开放性问题意味着记者的准备不充分或无能。"①

所以，即使是大问题，提问时也要尽量拆开，拆成诸多小问题，用一个个简单的小提问，同样能让采访对象回答大问题。

比如，《焦点访谈》曾经做过《"形式"逼人》这样一期节目，主题是批评形式主义。河南省荥阳市政府向农村推行改建厕所，目的是要创建全国文明卫生城市。本来是件好事，落实时，市、镇、乡的做法却叫人啼笑皆非：一个基层领导大张旗鼓地要求村民建统一规格的厕所，限期完不成任务的干部还要就地免职。结果，村干部强制村民放下农活修厕所。这件事是记者通过采访一位小朋友，让观众了解情况的。

下面是记者的现场提问：

> 记者：小朋友，为什么没上学。
> 小朋友：放假。
> 记者：放什么假？
> 小朋友：挖茅子。
> 记者：放几天？
> 小朋友：3天。
> 记者：3天挖不成怎么办？
> 小朋友：不叫上学。
> 记者：你家挖成了没有？
> 小朋友：挖成了。
> 记者：挖成了怎么还不叫上学？
> 小朋友：没条子。
> 记者：没有什么条？

① 林如鹏：《新闻采访学》，346页，广州，暨南大学出版社，1998。

小朋友：茅子条。[①]

在这个案例中，采访对象是一个小朋友，小孩子理解和领悟能力有限，如果记者提很大的开放性问题，比如："你对形式主义怎么看?"，小孩子就无法回答。记者面对孩子只能提简单具体的问题，让孩子就事论事地回答。在本案中，记者全都用的是封闭式提问，采访对象回答得也极其简单，有些提问看似与主题无关，但这正是记者的高明之处，这些提问往往是为下一步的问话做准备。记者将这样的问题一个个追问下去，观众把采访对象的回答连接起来，还是从中了解了事实真相。因此，好的封闭式提问看似随意，实际上是包含着记者的智慧和采访技巧。

任何不受范围限制的开放式提问都不是好问题，都必须避免。记者要使提问越具体越好，这样采访对象更清楚你的问题，也更容易回答。

比如，霍金2002年到杭州出席学术会议时，有记者提问："你认为人类历史的下一个世纪最伟大的发明将是什么"，霍金回答："如果我知道，我就已经把它做出来了。"像这样的提问，既不能让霍金快乐，更无法完成采访。

又如：中央电视台主持人敬一丹在石家庄签名售书时，当地一记者采访她时曾提问："你如何看待中国目前的新闻舆论监督作用，你怎样处理生活和事业的关系?"当时敬一丹听后回应说："你的问题太大了，恐怕我回答不了。"

所以，敬一丹说："自从干了电视记者这一行，我就给自己定了一个戒律，不许问：'请问您有什么感想?'。是这句话本身有错吗? 不是，它没错，用起来很顺手，很保险，很通用，甚至能以一对十，以一对百，应付记者眼前发生的千种心情，万种事端。为什么不用呢? 因为这句话太没有个性了，太容易养成记者的惰性了，太容易局限记者的想象空间了。为了在采访中体现出个性特色，就为了逼自己勤快一点儿，就为了拓展自己的想象空间，我在几年的记者生涯中从未问过采访对象'请问您有什么感想?'有了一个戒律的约束，记者的状态就变得积极了，思路也容易打开，语言也随之灵动了。堵住了水的一个出口，水就向四周漫散；不许问一句话，也许就逼出十句更精彩、更有针对性、更有个性色彩的问话。长时间在这样的戒律之下，慢慢地，记者就养成了一种职业习惯，勤于思索，善于提问，采访变成一种愉快的交流。给自己一个戒律，是逼自己学当一个好记者。实现真正的对话，是一个好记者应该达到的境界。"[②]

开放式的提问最具代表性的就是："感想如何?"西方新闻界痛斥这种万能问话，提出了"不要感想"的口号。说到底，这种大网捕鱼似的提问是最偷懒的做法，其结果往往是让被访者无所适从，只能泛泛而谈、言不由衷或者无从谈起。

所以，职业记者要切忌用大而空的提问。

---

① 戚鸣：《实用新闻采访》，178页，北京，新华出版社，2004。

② 孙克文主编：《焦点外的时空》，198页，北京，生活·读书·新知三联书店，1997。

采访是记者提问、采访对象回答的过程，是一个动态过程，由于采访的环境、对象的情绪等多种因素影响，使得采访具有很大的随机性、灵活性，所以记者需要根据不同情况，随时调整提问策略、把握提问时机，才能收到好的谈话效果，保证采访取得成功。记者的提问是一种技巧，也是一门艺术。

记者采访中更多使用哪种方式的提问更好，要视情况而定。比如，写解释性新闻，记者就可多用封闭式提问，让采访对象回答简洁清楚。广播电视记者做电视消息，为了保证画面完整，方便后期编辑，也较多运用封闭式提问。如果是人物访谈、专题节目，为让采访对象充分表达，陈述故事，记者更适合用开放式提问。

第三节　提问技巧

提问技巧是衡量记者采访水平高低的主要依据。提问目的不同，提问对象不同，提问的方式技巧也千差万别。记者提问技巧包括的内容很多，在这里主要了解几个常用的提问技巧。

一、开启提问，因人而异

俗话说，好的开头是成功的一半，采访的"第一个问题"至关重要，它关系到采访能否顺利进行下去。怎样用"第一个问题"有效地开启谈话呢？这没有固定的模式。因为采访对象千差万别，所以第一个问题怎么提，也要因人而异。记者需要根据采访对象的特点寻找恰当的切入点，调动被采访者的情绪。

1. 开门见山，单刀直入

记者直截了当地提出第一个问题，这种开门见山式的问法单刀直入，迫使对方做出防御性反应。在提问艺术上，意大利著名记者奥琳埃塔·法拉奇堪称典范。在采访中她以提问尖锐泼辣、深刻精到著称于新闻界。例如：法拉奇在采访伊朗宗教领袖霍梅尼时，第一句话便说："我要告诉你，先生，你是伊朗的新沙皇。"这句话开门见山陈述了事实，使得霍梅尼立刻开口为自己辩解，而法拉奇在对方的辩解与表白中得到了有价值的材料。法拉奇在谈到这次采访的经验时说："我的秘诀是开门见山，把气氛打开。例如我去访问霍梅尼前早就知道他是个独裁者，于是我一见面就说：我要告诉你，先生，你是伊朗的新沙皇……"[①]

一般来说，这种提问开诚布公，干脆利落，无须拐弯抹角，所以进入话题快，采访效率

---

① 周克冰：《外经典采访个案解读》，24页，北京，京广播电视学院出版社，2003。

高。这种提问方式适合于四类采访对象：一是记者较为熟悉的采访对象，有话直说不客套更能显示彼此交往的随和；二是有丰富被访经验的人，比如高层官员、企业家、娱乐和各类明星、文化名人等；三是工作忙、时间有限的人；四是对采访目的十分明确，且有充分准备的人。采访对象一般也会畅所欲言。这样，记者的访问就会进行得迅速而顺利。

虽然开门见山提问的难度一般不大，但也要注意一些容易发生的问题：

(1) 提问是否切题、到位。直接提问的负效果往往表现在采访缺乏生动性和深刻性，这就需要记者事先准备采访提纲时要周密、具体，另外谈话时还要有意识地按步骤引导和深入挖掘。

(2) 防止提问过于直白。过于直白的提问，往往显得十分生硬，容易造成采访对象的心理排拒，难以获得有价值的信息和材料，而且还会给人一种记者笨嘴拙舌的感觉。

北京远郊区有个山村的群众吃水很困难。后来，在当地政府的关怀下，村民都用上了自来水。记者采访一位老大娘时问道："大娘，您吃上自来水了，高兴吧？"大娘回答说："高兴！高兴！"记者这样的提问，大娘虽然连着说了两个"高兴"，但心里有话却因记者的直白而没能说出来。如果记者问："大娘，原先您想到过吃自来水吗？"或者"大娘，听说你们过去吃水好困难？"大娘可能会说出更多的心里话。

(3) 善于处理谈话跑题。开门见山，单刀直入的提问往往也会得到直接的答案，但如果对方回答跑了题，谈的又是一般性的内容，记者仍要耐心倾听。不可随意打断对方的话，或表现出烦躁情绪，以免伤害对方的自尊心和感情，引起对方的不满。此时，记者可以采取多种方式，自然而又有礼貌地把谈话引到正题上来。如果采访对象一再跑题，而且表现出对另一个话题更有兴趣，记者就要考虑自己的采访主题是否妥当。

2. 旁敲侧击，启发引导

在采访对象不愿接受采访或采访问题敏感的情况下，记者单刀直入的提问不仅难以奏效，而且很容易让采访一开始就陷入僵局。这时，就应该采用启发引导的方法，旁敲侧击，循循善诱，从侧面迂回，逐渐引入正题，促使对方回答。

19 世纪末的中国正经历着"千年未有的变局"，传统的帝制和士大夫政治正走向终结，军事、经济、文化和社会生活经历了蜕变。1896 年 8 月 28 日下午 2 时，大清帝国直隶总督兼北洋大臣李鸿章一行"圣·路易斯号"邮轮抵达美国纽约港，"市民涌动如潮，港湾内百舰齐鸣"。《纽约时报》报道称李鸿章"既是著名军事将领，又是政治家、金融家和外交家"。李鸿章到纽约不久就向记者们发出邀请，定于 9 月 3 日上午在华尔道夫饭店接受《纽约时报》采访。事后记者报道说："采访中，他神采飞扬，微笑着回答记者们的提问。回答问题时，他态度非常坦诚、谦虚，好像他只是世界上一个很普通的公民，而不是大清政府权势显赫的人物。"

以下是《纽约时报》记者采访李鸿章的片段——

记者：尊敬的阁下，您已经谈了我们很多事情，您能否告诉我们，什么是您

认为我们做得不好的事呢?

李鸿章:我不想批评美国,我对美国政府给予我的接待毫无怨言,这些都是我所期望的。只是一件事让我吃惊或失望。那就是你们国家有形形色色的政党存在,而我只对其中一部分有所了解。其他政党会不会使国家出现混乱呢?你们的报纸能不能靠国家利益将各个政党联合起来呢?

记者:阁下,您在这个国家的所见所闻中什么使您最感兴趣呢?

李鸿章:我对我在美国见到的一切都很喜欢,所有事情都让我高兴。最使我感到惊讶的是20层或更高一些的摩天大楼,我在清国和欧洲都从没见过这种高楼。这些楼看起来建得很牢固,能抗任何狂风吧?但清国不能建这么高的楼房,因为台风会很快会把它们吹倒,而且高层建筑如果没有你们这样好的电梯配套也很不方便。

记者:阁下,您赞成贵国的普通老百姓都接受教育吗?

李鸿章:我们的习惯是送所有男孩上学。(翻译插话:"在清国,男孩,才是真正的孩子")我们有很好的学校,但只有付得起学费的富家子弟才能入学,穷人家的孩子没有机会上学。但是,我们现在还没有你们这么多的学校和学堂,我们计划将来在国内建立更多的学校。

记者:阁下,您赞成妇女受教育吗?

李鸿章(停顿了一会儿):在我们清国,女孩在家中请女教师提供教育,所有有经济能力的家庭都会雇请家庭教师。我们现在还没有供女子就读的公立学校,也没有更高一级的教育机构。这是由于我们的风俗习惯与你们(包括欧洲和美国)的不同。也许我们应该学习你们的教育制度并将适合我们国情的那种引入国内,这确是我们所需要的。

记者:总督阁下,您期待对现存的排华法案进行任何修改吗?

李鸿章:我知道,你们又将举行选举了,新政府必然会在施政上有些变化。因此,我不敢在修改法案前发表任何要求废除《格力法》的言论,我只期望美国新闻界能助清国移民一臂之力。我知道报纸在这个国家有很大的影响力,希望整个报界都能帮助清国侨民,呼吁废除排华法案,或至少对《格力法》进行较大的修改。

……

我相信美国报界能助华人一臂之力,以取消排华法案。

……①

① 郑曦原:《帝国的回忆——〈纽约时报〉晚清观察记》,300～342页,北京,生活·读书·新知三联书店,2001。

记者向李鸿章提的第一个问题：尊敬的阁下，您已经谈了我们很多事情，您能否告诉我们，什么是您认为我们做得不好的事呢？

记者又问：那么阁下，您在这个国家的所见所闻中什么使您最感兴趣？

接着，记者问了李鸿章是否赞成普通百姓和妇女受教育的问题。之后，才进入记者最关心的话题，也是最应该问一个出访外交官的问题："您期待对现存的排华法案进行任何修改吗？"

李鸿章期望美国新闻界能助中国移民一臂之力，呼吁废除排辈华法案，或至少对《格利法》进行较大修改，使移民享受应有的权利。

《纽约时报》记者为什么要绕这么大的圈子才到达正题呢？因为在那个年代，中国对于西方国家来说还很神秘，美国记者对中国也不很了解，对李鸿章更是知之甚少，从对美国印象开始提问，不仅给记者喘息之机，知道对方感兴趣的是什么，同时，也从李鸿章的回答过程中了解他的个性。

一般来说，这种提问方式进入话题较慢，但能够融洽采访气氛，有利于采访获得成功。这种方式适用于记者不熟悉的采访对象、不愿意接受采访的采访对象、一时还不能集中注意力的采访对象、性格内向不善言谈的人以及对话题敏感者。

1983年邓小平到北京十三陵水库参加植树造林活动。有记者采访邓小平，开口就问：对植树活动有何感想。邓小平回答说："我是来劳动的，不发表感想"。显然，在这种情况下，采访很难有所收获，但中央人民广播电台记者刘振敏却成功地让邓小平接受了采访，表达了感想。

我们看看刘振敏采访邓小平的片段——

> 刘振敏：小平同志，1958年您不是来过吗？
>
> 邓小平：是呀，那是修十三陵水库。
>
> 刘振敏：现在有什么变化？
>
> 邓小平：现在满山都是树哇！
>
> 刘振敏：您说过植树要坚持20年。
>
> 邓小平：是呀，植树要坚持20年，100年，1000年。年年都要搞哇，世世代代搞下去。

在采访对象不接受采访的情况下，用开门见山的提问，很难奏效，刘振敏从侧面提问，启发引导，使得采访终获成功。

这种提问方法也称"漂近法"，即先提出若干过渡性问题，然后逐渐漂近敏感问题。因为有了这种过渡，访问对象会逐渐熟悉记者、解除原有的戒备心理，而记者又有意把敏感问题放到最后提，使对方不知不觉地回答出记者欲知的问题。

英国小说家罗伯特·史蒂文森说："你提出一个问题，就像投出一块石子。你静静地

坐在山头听着回音，石子滚远了，再接着投下去。”对于记者来说，第一个问题就如同探路的石子，如何投出这个石子，要因人而异。

二、正面激问，逼迫回答

对于不肯回答问题的采访对象，记者有时可以用激将法，提出刺激性问题引起采访对象重视，并且让对方无法回避，迫使对方回答。法拉奇就具有这种强悍的采访提问能力，对于不肯回答问题的采访对象她总是毫不留情，顽强而巧妙地发起一次又一次的进攻，如同拳击手将对手逼到拳台一角，让对方毫无退路，然后一阵猛烈的击打，把对手干净利落地击倒在地，让对方来不及思考，情愿说出不情愿的话。《纽约客》的一篇人物剪影中写道："法拉奇的采访风格是存心要人烦躁不安：她每一次采访都具有有计划的攻击性，经常提到欧洲存在主义，表现出一种不安分的、狡诈的智慧。"

1972年美国国务卿亨利·基辛格在政坛上的影响如日中天，但法拉奇在采访时却故意贬低他，称他完全被尼克松总统的影响盖住了。结果老练的基辛格自尊心膨胀，称自己在美国像"牛仔"一样被人崇拜，并且经常做出单骑救主的举动。法拉奇问及关于"越战"的问题，基辛格因为担心泄密而左闪右躲，拒绝回答，但法拉奇旁敲侧击，紧追不舍，基辛格发出了警告："够了，我不想再谈越南了！"而法拉奇却再次用激将法提问："很多人认为您和尼克松接受那个协议实际上是对越南的投降，对此您也不愿意谈吗？""基辛格博士，那么关于越南战争您有什么要对我说的？我觉得您从来没有反对过越南战争。"逼得基辛格不能不表态，基辛格最终脱口而出"美国打'越战'毫无意义"。文章见报后，举国哗然。这段言论严重影响了他与尼克松的关系，基辛格在回忆录中写道"接受法拉奇的采访是我与新闻媒体最具灾难性的对话"。他这一生所做的最蠢的事，就是接受法拉奇的采访。①

一般来说，这种提问方式适合于不肯回答问题采访对象、狡猾难以对付的采访对象、还有过于谦虚不想谈、顾虑重重害怕谈或傲慢自大不屑谈的采访对象。这种提问方式要求记者有丰富的社会知识和生活阅历以及较强的应变能力，同时运用激将法提问一定要注意问题的选择和时机的选择。

三、智慧提问，心理较量

记者在采访中并非总是能够遇到坦诚的人，当记者面对的是一个不好应对的人时，必须要充分调动聪明才智应对，揣摩对方心理，巧妙运用各种提问技巧达到采访目的。

---

① 奥里亚娜·法拉奇：《风云人物采访记》，阿珊译，全译本，北京，新华出版社，1983。

所以，有时候提问过程也是记者与采访对象之间心理较量的过程。

法拉奇在采访越南总理阮文绍时，她想获得阮文绍对外界评论他是“南越最腐败的人”的意见。当直接问阮文绍时，阮文绍矢口否认了这个说法，接着法拉奇将这个问题分解为两个有内在联系的小问题。她先问：“您出身十分贫穷，对吗？”阮文绍听后，动情地描述了小时候他家庭的艰难处境。得到了上述问题的肯定答案后，法奇接着问：“今天，您富裕至极，在瑞士、伦敦、巴黎和澳大利亚有银行存款和住房，对吗？”阮文绍虽然否认了，但为了澄清这些“传言”，他不得不详细地道出他的“少许家产”。[①] 这样，阮文绍是否真的如传言中的那么腐败便昭然若揭，记者的目的也就达到了。

在 2001 年 8 月 17 日中央电视台新闻调查栏目播出的《厦门特大走私案》节目中，记者长江在关于“厦门远华案”的报道中，采访厦门市原副市长蓝甫，面对这样一个贪官，记者想问他，为什么身为党的高级干部，竟会张嘴向走私犯要钱。记者考虑到这个问题如果直接问，蓝甫不可能回答，因此就把“提问”设计成欲擒故纵，一步两折：

记者：你觉得赖昌星想从你这儿得到什么？

蓝甫：保护。

记者：那么你从他那儿想得到什么？

蓝甫：钱。[②]

记者先从赖昌星问起，对方在心理上相对轻松，对紧接着接下来的问题自然会放松警觉，回答问题时就会不由自主地脱口而出。如果这两个问题的次序颠倒一下，效果自然不会好。

采访提问的技巧，是记者的一种应变技巧。采访中有很多变数，提问方法也有很多，提问技巧都要视实际情况灵活掌握。

四、故意错问，以误求正

即指记者故意提出错误的问题，以考察、试探、激发采访对象，以便了解真实的材料，探求事实真相。台湾学者称之为“以误求正法”。

记者采访要达到预期效果，前提是采访对象必须乐于作答。但事实上因为各种原因，会出现采访对象不合作的态度，甚至明确表示“无可奉告”。如果遇上生性固执的采访对象，更是弄得做记者的束手无策。在这种情况下，如果向采访对象抛出你的错问来，往往能收到意想不到的效果。错问就是有意误解对方的意思，以激发其情绪，使其感觉不

---

① 奥里亚娜·法拉奇：《风云人物采访记》，阿珊译，全译本，北京，新华出版社，1983。

② 陈龙、陈霖：《新闻作品评析概论》，44 页，长沙，中南大学出版社，2005。

吐不快，或认识到不说出来反而会对自己不利。

1936年斯诺到延安采访毛泽东时，他要毛泽东谈谈自己的历史。毛泽东开始想回避这个问题，斯诺就心平气和地向毛泽东提供了许多外国对他的种种谣传，并问："这难道是真的吗?"毛泽东听了很感意外，并稍稍有些惊愕，于是同意纠正这些谣言，谈出了个人的经历。斯诺正是凭借高超的提问技巧，达到了自己的采访目的。

需要注意的是，运用错问法，可能会造成采访对象的某些误解。因此，在采访结束时，记者应当说明原委，消除误解，以免留下不良影响。

五、及时插问，抓住核心

插问指在谈话过程中，记者及时地抓住对方谈话的某个疑问提问。有些采访对象在交谈时并不知道哪些材料有价值，哪些材料的价值不大，很可能在谈到有价值的地方会一带而过。这时候，记者只有及时地插问，才能把这种有价值的材料抓到。

另外，记者在访问中要善于做必要而适当的插话。特别是话筒前、镜头前的采访，这种插话很有必要。比如重复、强调采访对象说的某个重要问题或某句关键性的话；纠正对方的口误；对方没有讲全，需要及时补充的内容；对方没有谈到，需要及时提醒的内容；尚未听清、听懂的话，等等。

六、巧妙借问，增强力度

即指记者借他人之口提出自己想提的问题。这种提问，不但可以借助第三者提出一些不宜于面对面提出的问题，而且可以显示出问题的客观性，增强提问的力度。采访对象为了澄清事实，以正视听，也往往会表明自己的态度或提供相关的事实。

有一次，邓小平同志接见日本外宾。接见完毕，送客人出门时，一位日本记者利用这个极短暂的空隙，跑上去问邓小平："听说你要辞去副总理职务，是真的吗?"此一问题简单明了，惟有邓小平本人方可作答。邓小平很快作了回答："有这个打算，但是要有正式手续，经中央批准。"这位记者据此抓到了一条独家新闻。

提问技巧还有很多。比如"偏问"，指记者出其不意地从一个较偏的角度去发问，以引起采访对象对采访的重视和对问题的关注，或者促使对方心理上高度集中，从而认真地回答问题。西方记者将这种方法称作"严格提问法"。再如"质问"，指记者对持有敌意或持对立观点的以及固守错误的采访对象提出质问的方法。这种提问，无论对方是什么态度，也不管对方怎么回答，甚至对方拒绝回答均能构成新闻材料。当然，记者在质问时，即使问题提得尖锐，态度仍然要冷静，要出言严谨无懈可击。还有"绝问"，指记者从气势上和问题的强度上将采访对象置于绝境，迫使对方别无选择，只能如实地对所提的问题做出回答。

总之,提问的技巧多种多样,记者都可以根据采访中的具体情况,灵活地加以运用。同时,这些技巧既相对独立,又互相联系。它们可以单独使用,也可以交替或交叉使用。记者掌握了每种方法的要领,就可以在访问的过程中运用自如,获取最佳提问效果。

第四节　提问禁忌

记者以提问为职业,所以提问方式和内容集中体现了记者的职业素养,同时提问更是达到采访目的的手段,也是进行人际交往的方式。所以,提问时要有所禁忌。

一、忌提主观诱导性的问题

新闻是对客观事实的报道,记者在提问时也要用事实说话,避免主观色彩。有的记者出于个人喜好或对事物的主观认识,提问时往往带有明显的个人倾向性,更有甚者,诱导采访对象按照自己的思路回答问题,这是有违新闻职业道德的。

比如:

"你是不是认为……"

"你当时是不是想到了……"

"我以为你们这样做是为了……"

这些带有记者主观色彩的提问方式,势必对采访对象会产生诱导。

在 2008 年北京奥运期间,有一些电视记者的提问主观诱导性明显,引起了观众的质疑,甚至有网友将一些不恰当的问题结集成语录,进行批评。

例如:

有记者问田径运动员史东鹏:"你觉得和刘翔在同一个时代是不是很悲哀?"

有记者问谭钟亮:"你奋斗了二十多年,参加了四届奥运会,而只获得了一枚铜牌,你觉得你有愧祖国吗?"

诱导和提示性问题,很容易让受访者言不由衷,从而掩盖事实的真相。这是不符合新闻规律的。

二、忌提审问式的问题

记者在采访活动中,居高临下,提问中随便建议对方,干预别人的决定,提问如同提审。

朱启南在北京奥运会男子 10 米气步枪决赛中夺得银牌。

有记者问："为什么只得了一个银牌，为什么没发挥好，你是怎么想的？"

朱启南哭了……

陈艳青在北京奥运会女子举重58公斤级的比赛中，在已经夺金牌的情况下还挑战了136公斤，最后成功打破了奥运会纪录。

记者问她："你为什么不破世界纪录？"

陈艳青：……

这种提问是不平等的，凌驾于被访者之上。这样的提问势必会破坏采访氛围，有可能造成记者与采访对象的对立情绪，让采访陷入僵局。

三、忌提伤害对方的问题

记者提问要顾及对方感受，千万不能用提问刺伤对方 。

在"5·12"大地震中女民警蒋敏失去了父母和女儿。记者想要问正在抢险救灾的蒋敏在地震中是否失去了亲人？怎么能在痛失亲人的情况下，还在拼命工作？最后竟然问："你在救助这些灾民的时候，看到老人和小孩，会不会想到自己的父母和女儿？"女民警悲伤地讲不出话。

有记者问两个小姐妹："如果你爸爸妈妈已经不在了你怎么想？"

有一个被埋了37个小时的孩子获救后被送到医院，记者蜂拥而至，询问孩子被埋期间的生活，结果孩子只要一看到摄像机就会大喊："让他们离开！"

这样的提问无异于往别人伤口上撒盐，这样的提问不仅缺乏记者的基本素养，而且缺乏作为人起码的同情心。如果你是被采访者，面对这样的记者，你会有怎样的感受？我们的记者能否换位思考一下呢？能否在提问中多一些人文关怀呢？

四、忌提无法回答的问题

奥运会羽毛球比赛，张宁夺冠后，绕过了女单主教练唐学华，先跟总教练李永波拥抱，看到这个画面后，主持人在后方直播厅立刻问张宁父母："看着女儿和李永波拥抱是什么感觉？"

这样的问题，你让对方怎么回答？

美国某电台的一位新记者在一次"氢弹之父"爱德华·泰勒举行的记者招待会上，就曾毫无常识地问对方："泰勒先生，可否请您解释一下相对论与现代空间时代的关系？"氢弹专家气得瞪大了眼睛反问道："我怎么能解释呢？爱因斯坦用了13年时间才确立了这个公式！"①

---

① 威廉·梅茨：《怎样写新闻》，75页，北京，新华出版社，1983。

五、忌提信口开河的问题

例如：

拿到奥运冠军后，教练和队员沉浸在胜利的喜悦中。有记者采访教练——

记者：拿了冠军，队员们高兴吗？
教练：都挺高兴的。
记者：那您高兴吗？
教练：……

一个记者采访获得奥运举重冠军的运动员——

记者：拿了金牌，你激动吗？
运动员：激动。
记者：为什么激动？
运动员：……

刘春红在奥运会女子举重69公斤级比赛中拿了金牌后，有记者采访她——

记者：我看你上场前，披了一件黄色的战袍，是谁给你做的？
刘春红：哦，那是耐克赞助的……

如果记者稍稍动动脑子，都不会提出这样的问题，这样的问题是毫无意义且无效的问题，这样的问题在让被采访者无言以对的同时也极大地损害了记者自己和所在媒体的形象。

 **链接**

中国心理学界发布地震救灾媒体报道倡议

人民网北京(2008年)5月21日电 2008年5月12日下午14时28分，四川省汶川县发生8.0级地震，这场突如其来的自然灾害，给灾区群众造成了巨大的经济损失和身心创伤。5月16日，胡锦涛总书记在视察北川灾区时做出重要指示，要为受灾民众做好心理辅导。

为对灾区人民及时进行心理危机干预，中国心理学会特成立中国心理学界危机及灾难心理救援项目组，开展各项心理援助工作。

今天，中国心理学界危机及灾难心理救援项目组联合人民网向采访和报道汶川大地震的各地媒体发出倡议。

中国心理学界危机及灾难心理救援项目组给媒体的建议

对儿童的采访：

1. 不建议采访此次受灾的儿童、青少年，特别是伤残的儿童、青少年；

2. 如果要采访儿童，需监护人及本人同意；

3. 如果必要的话建议文字采访，即使同意电视采访，应用马赛克遮住面部；

4. 采访前应说明采访材料会用于什么地方，怎样用；

5. 对同一个儿童采访不宜太多，一次即可，不能重复采访(如果已经有媒体采访过了，其他媒体就不能再采访)；

6. 保护儿童的心灵，否则容易因重复创伤经历而没有得到心理干预，而再次创伤；

对专家与幸存者的采访：

1. 与专家建立热诚友善的关系，事先一起讨论要访问的目的和目标；

2. 要让专家成为新闻的来源；

3. 请专家给报道者一些数据，让他们可以阅读或者引用；

4. 每次访问的焦点集中在一或两个主要的点上，反复重复；

5. 进行访问时要依据确实的数据或证据；

6. 对受害者的信息要保密；

7. 和组织的代表与联络人联系，统一安排信息发布；

8. 找灾后创伤救援和治疗的专家访问；

9. 保护幸存者，采访过程要让他自己能够控制采访内容和时间；

10. 避免重复多次采访某个人，避免因重复创伤经历而造成被访问者对创伤的记忆更加清晰，这可能使被访问者更易出现心理问题；

宣传的主题：正面、积极、希望

1. 在创伤情境下人类行为的传奇与事实；

2. 经历灾难之后，成人、青少年与儿童的反应：正常化和必要时进一步求助的途径；

3. 个人或家庭之心理治疗转介机制；

4. 重建社会支持系统；

5. 反映特殊团体的需求，例如老年人，孩子与残障者；

6. 在危机时期，身为救援者、协助者或照护者，对自身反应的了解与处理；

在对被访问者提问时注意：

1. 提出正向问题：例如你是怎么在废墟下坚持下来的？

2. 不提被访问者可能不愿意回答的问题；

3. 不要追问令被访问者痛苦的细节，例如失去孩子的父母在地震瞬间逃生的具体情况；

提倡：有序、理性、科学报道

中国心理学界危机及灾难心理救援项目组(中国心理学会、北京大学心理学系、北京心理卫生协会)(来源：人民网)

第五节 非言语因素采访

人类的表达，人与人的交往，在很多时候是在不借助言语的情况下，通过触摸、目光、发音的细微差别或面部表情来表达的。人们在彼此了解时，不但注意对方言语词句，也注意话语的停顿和语调、服饰和仪表、目光的流盼和面部表情。人们通过对身体姿势、语调和表情等非言语线索的评价，判断出对方的态度。

社会心理学认为非言语因素包括：身体运动和姿势、面部表情与视觉行为、人际空间与领域行为、接触行为、服饰、环境、嗅觉、味觉及时间等。研究表明："几乎一切非言语的声音和动作，都可以用作沟通的手段。"①

非言语信息采访有两层含义：一是指新闻记者通过言语之外的传播方式影响采访对象以获得新闻信息；二是指新闻记者通过对采访对象非言语行为及其环境的观察、分析而获得新闻信息。②

一、通过视觉的非言语采访

记者要善于运用视觉对采访对象进行观察，捕捉人物特点、典型场面，并给予形象的刻画和描绘。

比如，法拉奇在人物专访《英迪拉·甘地》中对甘地外表特征是这样描写的："她通过她那深情的、抑扬的、悦耳的声音把自己和盘托出。她的相貌也是动人的。她有一双淡褐略带忧伤的美丽的眼睛，脸上挂着一丝奇妙的、高深莫测的、能引起人们好奇的微笑。她那卷曲的黑发左侧夹着一绺奇特的灰发，犹如一缕银色的光束闪闪发亮。就是这一点，她也不与任何人相像。她身材苗条又矮小。她只穿印度妇女穿的莎丽服，外面套西式小毛衣。她身上有许多西方的东西，虽然有时也遵循古训，但骤然间表现出来的却是现代思想。"③这段文字细腻地描写了英迪拉·甘地富有个性的容貌、身材、仪态、嗓音、装

---

① 申荷永主编：《社会心理学：原理与应用》，73页，广州，暨南大学出版社，1999。

② 宋昭勋：《非言语信息采访》，载《当代传播》，1999(3)。

③ 王蕾：《外国优秀新闻作品评析》，107～108页，北京，中国广播电视出版社，2000。

束等外貌特征，生动地勾勒出了英迪拉·甘地颇清晰的形象。正是由于记者在采访中敏锐的观察力，才会描写的如此细腻而又深刻，使受众未闻其声，却如见其人。

1938年，《大公报》记者彭子冈在报道日本侵略者轰炸武昌后街头惨状时写道："沿街电线上挂着炸飞了的布片衣襟，没人去取下来，也许那上面还粘着血肉。小孩在拾碎玻璃，穷人冒着飞扬的灰尘在寻找瓦砾下的衣物箱笼，有时嗅到一阵血腥，挖出来一只腿、一只胳膊，或是辨不出眼睛鼻子的焦黑头颅……死者家属跑过来，刹那时竟认不出是自己的父母子女。"[①]这段描写，给读者呈现出一个个惨烈的场景，使新闻具有了清晰的可视性，让读者读后更深刻地了解了日本军国主义的残暴。

二、通过物体的非言语采访

记者通常是和素不相识的人打交道的。要更好地完成采访任务，就必须善于迅速缩短与被采访者之间的心理距离。采访时，记者可以利用一些相关的物体作为媒介去触动采访对象，为双方正式交谈营造亲切的气氛。

1937年4月，斯诺的前妻尼姆·韦尔斯到延安想采访毛泽东。当毛泽东和朱德来看她时，尼姆·韦尔斯笑着对毛泽东说："我知道你的故事。因为我丈夫写了你的故事，是我给打字的。"毛泽东听了她的话会心地笑了。接着韦尔斯又从一个笔记本里拿出一张照片，对毛泽东说："我早就从这张照片上认识你了，这是斯诺给你照的。我从西安跳窗子的时候，只带了两样东西：一样是你的照片，一样是一盒口红。你知道，一盒口红对美国年轻妇女多么重要，几乎什么都可以贡献出去，而口红是不能丢的，所以你也就不会诧异了。"毛泽东接过照片，看了许久说："真是不一样了。"话题由此开始，整个访问持续了4个小时。

这张照片把韦尔斯和毛泽东联系了起来，也使得采访得以顺利进行。

三、通过体态的非言语采访

人们高兴时手舞足蹈，悲痛时捶胸顿足，着急时抓耳挠腮，反抗时拳打脚踢，生气时指手画脚，得意时摇头晃脑，激动时欢呼雀跃，紧张时手足无措，拘束时正襟危坐……这些都有力地说明了体态对于表情达意的重要性。采访中的体态语言是指被访者的面部表情或身体动作所传递出来的信息，也指记者的表情、动作给采访对象传递的信息。

美国名记者朱尔斯·洛在谈到采访经验时说："告诉读者主教踢倒了废纸篓，呼的一声关上了门就够了，不必再费力地描述他的精神状态；把失去妻子的农夫用脏手给他的

① 闫倩：《让读者"看"到新闻事实》，载《新闻传播》，2006(1)。

女儿编头发以及这个孩子夜间哭泣的情况告诉读者就行了,不必再对孩子母亲死后带来的痛苦和悲哀进行吃力的抽象描写了。"

如果被访者拒绝采访,那么,对其非言语行为的具体陈述也是极为重要的采写内容。比如:"他不耐烦地推开记者,拒绝谈话"、"他阴沉着脸,钻进汽车,冲上了高速公路"、"有人看见他进了屋,记者按了门铃,却没人来开门"。这些具体的非言语行为的描述也许比被访人的言语语言更能说明问题。[①] 从采访对象非言语行为中,记者只要细心观察、认真分析,是不难采集到有价值的新闻线索的。

另外,在采访过程中,记者的每一个面部表情比如好奇、冷漠、反感或同情,都会对采访对象的情绪产生影响和引导。比如,不时点点头以示赞同,这样对方会觉得你与他有同感,便热心提供情况;当对方讲得不清楚时,不妨皱一皱眉头,面露疑惑之色,对方便会给你加以解释和说明。[②]

四、通过副言语的非言语采访

非言语并不是非声音,非言语沟通中包含了有声的现象如辅助语言和类语言。有声的辅助语言和类语言(包括音调、音量、呻吟、叹息等)就是副言语。我们在判断一个人说话的情绪和意图时,固然要听他"说些什么",但更应该注意他"怎么说",即从他的声调高低、音量大小、抑扬顿挫及转折、停顿领会其"言外之意",而这些就叫做辅助语言。同时,还有所谓的"类语言",类语言是指那些无固定意义的发声,如呻吟、叹息、叫喊、哭泣、咳嗽等。

俗话说,听话要听音。在人际关系中,说话声调本身具有的沟通作用。一个人的态度是友好还是敌意,是冷静还是激动,是诚恳还是虚假……都可以从他的声调、节奏、停顿等中表现出来。因此,采访中,特别是电话采访中,记者的语音语调应愉快自然、热忱亲切、富有活力,哼哼唧唧和装腔作势的声调都是忌讳的。

副言语中不含褒贬的功能性发声,如"嗯""嗬""嘿"之类在采访中起着两个重要作用:一是表明自己在认真听对方谈话;二是鼓励对方继续谈下去。有研究者发现:以"嗯嗯"应对的记者得到的回答,是不"嗯嗯"应对的记者所得到答复的两倍。所以,约翰·布雷迪在《采访技巧》一书中说:在采访对象谈话时不要打断他,"嗯嗯"就是了。[③]

总之,提问的技巧多种多样,记者都可以根据采访中的具体情况,灵活地加以运用。同时,这些技巧既相对独立,又互相联系。它们可以单独使用,可以交替或交叉使用。记

---

① 洪静仪:《新闻采访中非语言要素的运用》,载《传媒观察》,2006(2)。

② 洪静仪:《新闻采访中非语言要素的运用》,载《传媒观察》,2006(2)。

③ 宋昭勋:《非言语信息采访》,载《当代传播》,1999(3)。

者掌握了每种方法的要领，就可以在访问的过程中运用自如，获取最佳提问效果。

练习

一、以最近的时事热点为主题，举办一次模拟记者招待会，新闻发言人、世界各大媒体记者及主持人均由学生模拟。记者招待会结束后，老师对每一个提问做分析点评。

二、每个同学针对校内的人物，设计一次采访提问并实际采访，从中总结经验与不足，写一篇体会。

三、2012年，国庆长假期间，中央电视台每天黄金时段都会播放一组在街头随机采访寻常百姓的镜头，共同的问题都是"你幸福吗?"，人们的回答展现了五花八门的幸福观，由此也引发了网上热议。你从专业角度分析这个提问的优点和缺点。

四、下文是2003年7月31日23时30分CCTV—12播出的《新闻夜话》主持人陈大会采访华西村原党委书记吴仁宝的专访文本，请从提问方法、提问类型、提问技巧等方面对其进行分析。

华西村富甲天下，被誉为"天下第一村"。华西村的资料显示，2001、2002两年间，村民分配资金1.95亿人民币，村民个人资本累计3.04亿元，村民资产多的人在500万元以上，最少的家里也有50万元，华西村目前拥有8大公司，每年销售目标100亿元。76岁的吴仁宝20多年前带领全村人以钢铁起家，靠旧有的集体经济管理模式发展起来。逐渐成为今天海内外闻名的"天下第一村"。经济高速发展，管理机制却极端专断，在参观过华西村后，许多人感到震惊，都想搞清吴仁宝的管理模式，吴仁宝的集体主义到底是什么性质的集体主义?

访谈:

陈大会:华西村的村民可以参加集体经济，也可以搞个体经济，但是你们明确规定，不允许一家两制。要么全家搞集体，要么全家搞个体，而且这种办法已经执行了几十年了，那为什么呢?难道我们家不可以，比如说我爸爸搞集体，我来搞个体，我没有这个自由的权利吗?

吴仁宝:这个不叫权利。什么叫权利?这是搞经济，你自由，你就去搞个体，你不要搞集体，那么反而害你，你一只手抓集体，一只手抓个体，把集体资产转为个人所有，最后你还要违法，不是对你们不关心吗?

陈大会:您这是假定违法啊!并不是肯定违法的。

吴仁宝:凡是要搞一家两制的，都是不成功的，我们国家干部也是这样子，一边是国家，一边是去挂钩一个企业，出问题了。而且国家的干部觉悟比我们农民还高，他都出问题了，你看国家经济部门要同一些企业脱钩。什么道理呀?

陈大会:你有没有觉得自己的这个规定太粗暴了,干涉了大家的自由?

吴仁宝:我这个规定实事求是说,不叫粗暴。我这个规定就是关心了整个老百姓,也关心了干部,他能够依法经营,能够勤劳去致富,能够去选择一条自己富的路,给他的路都有,不是说你不准搞。

陈大会:您都限制了一个家里面的人不允许搞这个,不允许搞那个,那怎么是市场经济呢?

吴仁宝:我没有规定不准搞呀,可以搞集体,可以搞个体,无非是集体和个体,但是你要并起来搞,不好搞,听得懂吗?

陈大会:听得懂,你看你们的处罚,如果出现了这种情况,你要劝村民全家施行劝退,退到哪儿去呢?

吴仁宝:你要听我说,就是他是违法了,还是没有违法?

陈大会:就是家里面有搞集体的,有搞个体的,然后你们把他们劝退了,他们退到哪儿去呢?

吴仁宝:他退到搞个体呀,一边家里来搞个体,他一边家里搞集体,他就退到搞个体呀。

陈大会:就是您劝人家离开搞集体?

吴仁宝:离开华西是有本事的,因为他人在外面了,他能到外面去办厂了,去发大财了。

陈大会:是被你们赶走的?

吴仁宝:他偷偷摸摸走的,我们没有,我们只有迎接他回来,他出去,我们这里第一次出去的,是敲锣打鼓送的。

陈大会:在你们的这个档案里面,保存着很多家的这种处理决定,比如说劝退以后,让他们离开华西村,然后让他们退回过去10年,在过去10年当中,你们发放给这一家全部的福利。你们档案里有这样的记录?你们是把人轰走的?

吴仁宝:这个退呀,退一部分,这个钱他不应该拿了。

陈大会:您都是按照这个规定的这么处理吗?

吴仁宝:都这样处理,不管哪个,我很严格的,我的老三,经理都被我撤掉了。

陈大会:华西村员工的工资,平时每个月是只发50%,剩下的年终一次补齐。奖金中80%是必须作为资本金来参股,厂在股金在,人在股金在,如果不在就没有了,如果违反了党纪、国法、厂纪、厂规,或者是村规民约,股金就要没收,如果离开华西村,股金也就没有了。那么公民的个人财产是受到

法律保护的，你们为什么能够想扣就扣，想没收就没收呢?

吴仁宝：因为这个不在法律范围内，叫预奖，听懂吗？ 预奖给你的，叫制约机制。

陈大会：我是村民，我一个人应该挣300块钱，但是你每个月只给我150块，那150元最后年终一块儿给我，那不是被你扣掉的吗？ 那是我的财产。

吴仁宝：这个叫预奖。

陈大会：你为什么要扣我的工资呢？ 那是我的钱。

吴仁宝：工资不扣的，工资每年都结算的，不扣工资的，你懂吧！ 我这个不叫工资。 叫预奖。

陈大会：你扣掉了的50%是什么?

吴仁宝：我这个制度叫中国特色的管理模式，其他的地方没有的，他想不到这样管理，他也没有这个条件去管，为什么呢？ 你听我说，我华西的经济哪儿来的，有3笔收入，第一个叫共产主义按需分配；第二个是多劳多得，社会主义多劳多得；第三个是社会主义初级阶段按资分红，那么多劳多得是绝对保证的，那么共产主义按需分配，可以按需分，可以不分，可以收回来，初级阶段资本分红就分给你，这个不扣的，资本拿来，就是（预奖）概念的资本。 经济学家也搞不懂我这个管理模式，我夸大地讲，就是那是群众拥护的，能够健康发展的制度。

陈大会：华西村的员工工资每个月只发50%，年终另外的50%再补齐，那么奖金当中80%是必须作为资本来参股的?

吴仁宝：对。

陈大会：而且是强制性的，厂在股金在，人在股金在，如果违反了党纪、国法、厂纪、厂规，或者是村规民约，那么这个股金都要没收，而且离开华西村这个股金也都不给了?

吴仁宝：对。

陈大会：我的问题是公民的个人财产是受到法律保护的。 为什么在你们这个地方，你们想扣就扣，然后还要强行入股呢?

吴仁宝：那么我问你，他私人的财产，我们华西哪个地方侵犯了?

陈大会：我正当的工资你们扣了50%。

吴仁宝：工资不扣的。

陈大会：那你们扣掉的50%是什么?

吴仁宝：到年终是一次分配的。

陈大会：那50%是什么，你年终分配给我的?

吴仁宝：就是该给你的，这个哪怕是违法也不拿出来的。

陈大会:这是什么呢?

吴仁宝:这个50%,我要问你了,为什么发一半,这样是可以呢? 他这个钱一次性拿得多,现在社会上好多人是这样,平时不发工资,只付你一个菜金,到年底你的工资都赖掉了,这个你不去问,反而来问我,我这个很好,大家拥护,我从来没有少人家的工资。

陈大会:就是先把我的钱扣下来,年终一块儿给我,为了使我节约,不乱花钱,是这个意思吗?

吴仁宝:是一个意思,第二个意思,要制约你。

陈大会:什么?

吴仁宝:制约。

陈大会:制约我?

吴仁宝:嗯,你做了三个月就走了,那么我再去招工,我要为企业而考虑啊,为什么为职工讲话,不为企业讲话呢? 有了企业才有职工,如果这个企业搞不好,职工就都要下岗了,那么一定要稳定,听得懂吧,扣你一半工资,那么你中途跑掉了,那么还有50%,你就拿不走了,到年底你才拿得到。

陈大会:防止中途跑掉了,保护你的企业。

吴仁宝:这叫制约,保护企业,那么你干了一年就跑好了。

陈大会:但是你扣掉的钱是我的钱呀,你没有这个权利,那是我的私人财产呀。

吴仁宝:那么你订合同,你怎么签字呀?

陈大会:它是一个不平等的劳动合同?

吴仁宝:你说不平等,我说是平等的,两方愿意叫平等,如果两方都不愿意就不签合约了。

陈大会:我听得懂,我知道很多劳动合同在签完了之后,还是属于违法的。 尽管我签了这个,但是它就是不平等的劳动合同。

吴仁宝:那么我的看法呢? 我们中国很多人在就业难的情况下,工资这么低的情况下,你还是把国家大法顾好,把国家大的法律顾好,至于我们的职工一半付,一半不付给你这个事,我看大家提高了再说,这个适用于社会主义初级阶段。

陈大会:我如果没理解错的话,像《劳动法》没有必要规定得这么细?

吴仁宝:因为这个《劳动法》呀,它这个规定,我们不能说是不好的,是好的,但是要具体操作上来说。

陈大会:要根据实际情况?

吴仁宝:要根据实际情况。 企业里还有规章制度呀,比如说你第一年怎

么样？那么你是学徒怎么样？那么特别是农村，你晓得！

陈大会：我能不能说，吴仁宝老先生在华西村把《劳动法》给修改了？

吴仁宝：我是违反《劳动法》的，我还要加班加点的。

陈大会：你没有违反，你不是给他们加班费嘛！我看到了，但是这个问题你怎么回答？

吴仁宝：工人不怕加班，就怕没班，你没有班上，失业最可怕。告诉你听，如果扣他，但是一般的扣不到，他们只要做满，他不是做满了，一年以后，两年、三年、几十年都干了，还有的在这里打工，也是一半扣，一半不扣的，他们慢慢地，慢慢地适应了，现在当干部了，发财了。

陈大会：其实我很怕您，我问了5个人也都这么说，我发现您确实可怕，原因是什么呢？您规定村民要定期开会，听最新指示，再就是各个单位，每天早晨起来上班之前要组织学习新闻时事，还有就是听您的最新的讲话精神。

吴仁宝：这个可能下面反映的有点儿夸大了。

陈大会：您让华西的人定期地去学习和听您的最新指示？

吴仁宝：这个不好说是最新指示，最新指示来说，有的我看有点儿不像改革开放的话了，有点距离了。我的话，我是个桥梁，我的话不是凭空想出来的，是看中央的电视，听广播。

陈大会：那么让他们学习，听您的什么呢？

吴仁宝：听中央的精神，听老百姓的意见，我是桥梁，告诉他们，这是干部最起码的。那么在我嘴里确实叫最新指示，那么还有，像中央领导讲的话，他讲的叫最新指示，而且要新，他讲的老话不算新，要讲特色的话，讲老百姓要听的话，你叫新，我的看法，为什么他们要听我的话，主要是我把群众要做的事，他的要求都讲出来了，他们愿意听。

陈大会：他们都要学习听你的话，因为你规定了，必须得听，不敢不听？

吴仁宝：这就好了，你不规定，他不听就不好了，这是我的看法。

陈大会：这是纪律？

吴仁宝：嗯，这是纪律，这个纪律还要讲，我看现在距离差了一点，反而不好，这是我的看法。

陈大会：我在你们华西之路的走廊两侧，这个图片展览上，我看到了全村380户，1520人的工作、生活存款和收据的情况，据说这个村务公开是为了防止村民乱花钱，没有人起诉您？侵犯他们隐私权吗？

吴仁宝：没有，为什么没有呀，这个公布的是资产，实实在在银行的存款呢？是保密的，他现钞，家里的东西呀。

陈大会：这个资产也是隐私呀？

吴仁宝: 这个他们愿意的，他们愿意的，那么我们向中央学的，中央、国家机关干部不是公布嘛，他们的家产也公布嘛!

陈大会: 问题是他们不是国家公务员。

吴仁宝: 不是国家公务员，标准高，我们华西是“天下第一村”，学国家干部也可以嘛! 干部做的事都是好事，我们为什么不好学呢? 我们这事不违法吧!

陈大会: 那在您的这种非常特殊的，非常军事化的，非常强硬的管理之下，华西村的人很幸福吗?

吴仁宝: 我看华西人啊，确实幸福，幸福在哪儿? 一、他发言有权，发得好的意见能有人采纳，你去问好了，这是第一。第二，华西依法办事，法制观念比较强。第三，华西的人民有钱，这个钱是勤劳来的钱，而且是守法来的钱，这个钱能使你健康长寿，所以这个钱来得就是幸福，而这个钱来路不明，就不幸福，经常要提心吊胆的，而华西的人不用提心吊胆。

陈大会: 您说他们是幸福的。

吴仁宝: 他们是幸福的。

陈大会: 而您在工作报告当中坦白说，说这个华西村的企业有两条不足，一个是企业多，产量大，但是名牌的、知名的产品不多；第二个就是资本没有做大。那么我给您补充一点，就是您的抓经济的4个儿子不懂经济，基本上都是高中毕业，您赞成吗?

吴仁宝: 我不接受，不能以文凭来衡量搞经济，要以搞经济的能力来衡量，应该这样。

陈大会: 您是说一个高中毕业的人，调动几十亿的资产，这很正常?

吴仁宝: 这很正常。以我的看法，现在我是华西文凭最高的。

陈大会: 4个高中生调动，也很正常?

吴仁宝: 我不讲这个，我是要看他搞经济能不能赚钱，再一个就是你是不是依法赚钱，如果你能够依法赚钱了，能够赚到钱了，赚到钱不是自己要，而是为老百姓服务，这个文凭是最高的文凭，我看最起码是研究生了。

陈大会: 您向媒体宣布，今年100个亿，明年200个亿，要翻一番，根据什么呢?

吴仁宝: 根据什么来说的，我今年投入20多个亿，实际明年的200亿，今年已经好了，你明年来看，200亿要超的，今年100亿能够完成的，你说钢铁我要搞到450万吨，马上500万吨了，我明天要去唐山，唐山150万吨钢投产了，办在唐山，它们省里省长都要去的。

陈大会: 您的接班人，您的四儿子吴协恩说，我们4个儿子加在一块儿都

不如爸爸，您要指望这几个儿子在明年翻一番？

吴仁宝：他能够超过我的，就这句话就能超过我了，最怕他说，我每年都要超过爸爸，他就超不过的，他很谦虚，很谨慎嘛。

陈大会：您对媒体说，家族企业没有什么不好，但是我有一个问题不太明白，就是明明是集体企业，为什么变成你们的家族企业呢？

吴仁宝：他说我是家族，我就承认这个是家族，实际不是家族。那么反过来，我们这个家族在干什么？像我这个家，这个家族，中国就是少了点儿，如果大家都像我一样，不就富起来了嘛！

陈大会：华西村有自己特殊的艺术团，大部分的节目都是由您亲自来排演，我知道有一出戏叫《华西人》，其中有歌唱的就是宝刀不老的引路人，高尚立寰宇，人间此人少，圣贤有几人。这是您给自己写的词？

吴仁宝：这个是他们写的，那么我呢？为什么不删掉？

陈大会：为什么呢？

吴仁宝：因为我是团长。

陈大会：你为什么要默许这种赞美自己的词语？

吴仁宝：赞美自己的，不是我要赞，我戏拍出来不是经常演的。我是坎坎坷坷，经历得太多了，所以我拿出来这个戏，让大家来看一看。

陈大会：我知道您经常看这出戏，为什么要默许对自己的赞美？

吴仁宝：这不是赞美，是对我的鞭策。如果不找出差距，如果是赞美了，为了赞自己了，那我就不能到今天了。

陈大会：那我最后一个问题，就是我们今天的标题，华西村如果没有了吴仁宝，将会怎么样？

吴仁宝：华西村如果没有了吴仁宝将会怎样？

陈大会：将会怎么样？

吴仁宝：将会怎样？如果我还活在华西，那可能寿（命）要变短了，如果说华西，我如果走了，那不关我什么事了，那么反过来，华西能健康长寿的，不要说是100年，我看这10年、20年是没问题的，我从来没有讲，不立于不败之地，我要是争取健康长寿，还要败怎么办？我华西可能是今后的人不行、败了，可能是天灾，地震震掉了，打仗打掉了，败要败的，到底什么时候败呢？我不考虑那么远，我也不考虑得很复杂，我只考虑眼前。

陈大会：就是我们这个节目的标题，华西村如果没有了吴仁宝，你认为会怎么样？

吴仁宝：一句话，如果没有吴仁宝，华西不叫“天下第一村”。不叫“天下第一村”，跟人家一样了。

第三部分　新 闻 写 作

当我们通过艰辛的采访，得到了所需要的新闻素材，接下来我们所要做的就是将新闻素材加工成新闻稿件，这个过程就是新闻写作的过程，而新闻写作不是一个简单的过程，想要完成写作，除了需要记者具有良好的语言运用能力以外，还需要记者首先对新闻写作的基本原理和要求有所洞悉。

第八章　新闻原则和要求是写作的基础

第一节　新闻写作的基本原则

新闻是新近发生的事实的报道，事实不一定就是新闻，但新闻必定是事实，所以，“用事实说话”是新闻写作最基本的原则，“新闻应该按新闻的规律办事，让事实说话”。[①] 事实是新闻写作的基础，是激发记者灵感的现实，记者写新闻就是选择事实、叙述事实，通过对事实的选择、归纳、鉴别、组合，让事实呈现出本来的面目。

一、什么是“用事实说话”

新闻写作的本源是客观的新闻事实，新闻写作是新闻事实的写作。事实是第一性的，新闻是第二性的，先有新闻事实，然后才会有新闻写作。曾任记者的美国作家威廉·巴勒斯说：一般而言，如果他没有看见、听见、摸到或闻到什么，他就写不出什么东西。

那么，什么是事实呢？事物与事实处于两个不同的层次上，事物是在时空环境中有确定位置的客观存在，而事实是指事物以概念形式被人把握之后的东西，事实的内容指向客观存在的事物，但表现形式却是主体性的，属于精神领域。

① 吴冷西：《吴冷西谈广播电视新闻》，载《新闻战线》，1982(12)。

所谓"用事实说话"，就是通过报道事实，让受众在接受新闻信息的过程中自然而然地接受新闻暗含的观点和态度，最终使新闻传播致效。也就是说，在新闻报道中，传播者的立场和观点是通过新闻事实的选择与表述巧妙地表现，把新闻的倾向性寓于新闻事实当中，而非直接表达出来。对此，胡乔木在《人人要学会写新闻》中说：最有力量的意见乃是一种无形的意见——从文字上看去，说话的人只是客观地、朴素地叙述他所见所闻的事实(而每个叙述总是根据着一定的观点的)，这样，人们就觉得只是从他那里接受事实，而不是从他那儿接受意见了。新闻就是这种无形的观点。愈是好的新闻，就愈善于在内容上贯彻自己的观点，也愈善于在形式上隐藏自己的观点。

西方新闻界提倡所谓的"客观报道"，还在新闻分类上提出纯新闻、硬新闻等概念，以强调用事实说话的原则。1900年美联社主张新闻报道事实，不报道意见。此后西方新闻界将这一主张提升为新闻报道的客观主义原则。要求新闻尤其是消息，只须把事实客观地告诉受众即可，不需要表现出记者的倾向。

小贴士

美联社是美国历史最悠久，规模最大的通讯社。它有着与新华社迥然不同的历史背景，它的前身是1849年成立的港口新闻联合社。这是由6家纽约日报为对付日益激烈的新闻竞争而建立的一个合作性质的通讯社，也是世界上最早出现的团体所有制通讯社，经营上自负盈亏，从不接受政府资助或入股。

因此，就主体而言，美联社作为一种相对独立的经济实体，成为一种为商品经济发展服务的企业型信息媒介。传递情报、交流信息成为其重要的功能和任务。从根本上说，它是维护资本主义制度，维护资产阶级生活方式与价值观念的工具。但由于其追逐利润的本能，为吸引更多受众，它必须不断改革报道方式与传播手段，适应受众不断变化的口味与兴趣。这使美联社赢得了极高的权威。

(资料来源：《美国新闻史》，[美]埃默里父子著)

我们看看一篇新闻稿件的开头部分——

佳世客停车收费激化东部停车难　网友支招

青岛新闻网2月11日讯　随着佳世客停车场即将收费，东部大型购物中心免费停车的只剩下海信广场。家乐福、麦凯乐、书城、佳世客，这几家大型企业的停车位，在青岛东部的黄金路段起着举足轻重的作用。尽管大多明知"蹭车位"不光彩，尽管时常被购物的人抱怨，但对于在东部上班的开车族来说，这些免费车位实在太重要了。虽然有它们的时候没感觉多方便，但当真失去的时候，上班族的停车难就到了雪上加霜的地步。记者近来对东部写楼周边停车问

题进行了调查，对有车族的抱怨倍感认同，同时希望这样的局面有朝一日能够有所改善，哪怕是一点点。

……

（资料来源：青岛新闻网，2009-02-11）

请注意文中画线部分的文字表述。显然，这位记者是不太会"说话"的，既没有做到"善于在形式上隐藏自己的观点"，更没有做到客观报道。

对于"用事实说话"，一直是一个众说纷纭的话题。我们如何理解"用事实说话"？

1. 新闻报道中的倾向性是一种必然的存在

真正纯客观的新闻报道是不存在的。记者报道任何事实，都不可能没有自己的观点。即使在文字上新闻似乎只是客观地叙述事实，没有明显的倾向性，但实际上在事实的选取，叙述事实的角度，甚至用词遣句之间必定有倾向性。所谓纯客观报道，要求实录事实，若有倾向，则流露得隐蔽、自然，不直接对受众施加影响。这其实是一种不露声色地影响受众的表达技巧。

为什么"倾向性"是一种必然呢？

首先，没有为报道而报道的媒介，媒体总是担负着传播所代表阶级或利益集团的思想意识的任务。其新闻报道总是有一定的目的性。有目的，就必然有倾向。

例如：1976 年美国国会法案关于电台应遵守三项原则：

(1) 美国之音要成为一个始终可靠的权威的新闻来源，它的新闻一定要准确、客观和全面。

(2) 美国之音代表的是美国，……因此它要公正和全面地反映意义重大的美国思想和结构。

(3) 美国之音要明确而有效地宣传美国的政策……

这三项原则，十分明显地规定着美国最大的新闻广播中心的政治倾向：它必须适应美国政府的意志，为美国的上层建筑、意识形态服务。

以下是 2003 年《南方周末》记者就直播"伊拉克战争"对中央电视台记者白岩松进行采访的片段——

《南方周末》：央视这次的直播报道，是否要强调自己的反战立场和人道关怀？

白岩松：一个主流媒体跟它所属国家的立场是不会有太大偏差的。研究美国媒体的立场，会发现在"科索沃战争"的时候所有的美国媒体呈现同一种态度，而这种态度跟它的国家立场是一致的。中央电视台大的背景，肯定是建立在国家立场之上。在这个大框架下媒体又有媒体本身的立场，比如中国的声明里强调了"人道主义的灾难"，你会发现中央电视台直播的片头，是个哭泣的小男孩。从这个片头你就能看出中央电视台的某种立场：对平民的关注，对人道主义灾难的关注，对这场战争的忧虑。[①]

事实上，新闻报道中的倾向性是一种必然的存在，没有纯客观的新闻媒体，也就不可能有纯客观的新闻作者。

其次，与任何文章表达一样，新闻记者的思想观点难免会流诸于报道中。

(1) 在某些情况下，记者有意识地表现某种主观倾向

例如：1945 年 2 月，在第二次世界大战的太平洋战场上，“硫磺岛战役”是最惨烈的一场战斗，美军和日军刚刚进行了殊死搏斗，美军伤亡超过 2.8 万多人。这是美军历史上最惨烈的一场登陆战，也是太平洋战场上唯一一次美军伤亡总数超过日军的登陆战役。1945 年 2 月 23 日上午 12 点 15 分，一面美国国旗插上硫磺岛的斯利伯奇峰，此时美联社随军摄影记者乔·罗森塔尔从镜头后面，看到这些年轻人对国家的奉献和牺牲精神。他立刻按下快门，拍摄下了 6 名美国士兵把美国国旗插上硫磺岛最高点的照片，这张照片成为这场战役的最直观记录。这张照片不仅让罗森塔尔获得了 1946 年的普利策奖，而且为罗森塔尔赢得了一生的荣耀。罗森塔尔的这张照片面世后，迅速被印成海报、邮票等，成为美国人“二战”记忆中最深刻的一幕。时任美国总统的杜鲁门在看到这张照片后，下令查出照片上 6 名士兵的姓名，进行表彰。1954 年，以照片为样板的巨大青铜雕像在与美国首都华盛顿隔江相望的弗吉尼亚州阿灵顿国家公墓建成，这座青铜像成为美国海军陆战队的战争纪念碑，以纪念在“二战”太平洋战场上为国捐躯的陆战队员。

在这张照片面世之后，曾有人发出质疑，认为这张照片有“摆拍”之嫌，对此罗森塔尔解释道：“如果我真的摆拍，我不会找这么多人，而且我会拍下他们的面孔。当然如果我那样做的话，这张照片就不会取得这么大成功了。”

56 年后的 2001 年 9 月 11 日，惊人相似的一幕出现在美联社摄影记者托马斯·富兰克的镜头里。就在纽约世贸中心大厦轰然倒塌、人们惊惶失措之际，3 名消防员就已在世贸废墟上扬起了一面美国国旗，激励了无数美国人民的斗志。托马斯·富兰克林抓拍下了这个镜头。“9·11”后，富兰克林拍摄的这张照片迅速传遍世界，并成为 2002 年普利策奖的最后入围作品。富兰克林回忆说，是罗森塔尔给了他灵感，在世贸现场看到消防员竖起国旗的场景后，他立刻想到了罗森塔尔的“硫磺岛战役”照片，他认为两者的构图和意义都非常类似。

这两张新闻照片虽然时隔 56 年，但美联社的两代记者在记录事实时，都明确知道，他们要通过镜头展现美国的年轻人对国家的热爱，为祖国奉献和牺牲生命的精神。(见图 8-1，图 8-2)

---

① 白岩松：《我们在直播一场悲剧》，载《南方周末》，2003-03-27。

图 8-1　硫磺岛上升起的美国国旗

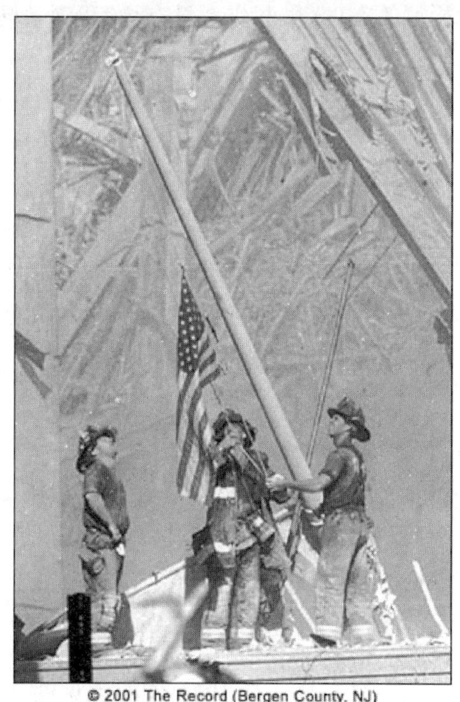

© 2001 The Record (Bergen County, NJ)
Photo by Thomas E. Franklin, Staff Photographer

Photo taken September 11, 2001 at the World Trade Center and published in The Record on September 12, 2001.

图 8-2　“9·11”废墟上升起的美国国旗

（2）记者主观上并未有主观倾向，但其语言表达却流露了某种倾向

语言除了具有指涉事件的信息功能，还具有表达情感的作用。新闻报道要求客观地叙述事件，但是这并不代表它完全排斥传播者主体的情感活动，只是它的前提是，事实必须清楚和准确，而情感则需要渗透在字里行间。做到这一点，需要传播者具有驾驭语言的能力，善于在对事件的叙述中创设情境，让受众在接受事实信息的同时也能感受到其间的氛围和情绪。

例如：日本记者本多胜一的《死在故乡》的开头 ：“久蒙关照。”78 岁的 T 子，留下这样一张简短的字条，离开东京巢鸭的寓所，出走了。那是 6 月末的一天。再过不久，就是她 79 岁生日。她没有庆祝自己的长寿，而是静悄悄地在宇都宫的深山里自杀了。9 月 14 日，遗族们将她的遗体在宇都宫火化。[①]

这段导语在交代整个报道的关键事实的同时，也让我们感受到其间的悲凉和作者深

① 黎信、蓝鸿问主编：《外国新闻通讯评选》，北京，长征出版社，1984。

含同情的态度,尽管作者没有说"我深致同情"或者"这多么令人感到悲凉"之类的话。我们试着把这段文字改为:"6月末的一天,78岁的T子离开东京巢鸭的寓所出走,留下一个'久蒙关照'的字条,后来在宇都宫的深山里自杀。9月14日,遗族们将她的遗体在宇都宫火化。"对照一下可以发现,事件的信息依然像原文一样清楚,但是,那种情感氛围顿时消失。仔细分析这里的语句,我们便会发现这样几点:一是原文用含"了"的句子,舒缓了语气;二是"那是……一天"则传递追怀的意味;三是"她没有庆祝自己的长寿,而是静悄悄地在宇都宫的深山里自杀了",这种包含对比的表述,蕴含着情感的因素,内敛而不外露,在叙述事件的过程中挥发出来。①

2. "用事实说话"是寓观点于事实之中

"用事实说话"不等于无"观点",而是寓观点于事实之中。即既要有"事实",又要"说话"。"事实"是客观存在,"说话"是主观意图;事实是无法更改的,而说话的方式却可以不同,如果你善于说话,就可以让受众在接受事实的同时接受观点。

1976年1月周恩来逝世,当时驻北京的法新社记者比昂尼克采写了一条300字的消息——

周恩来总理逝世　北京沉浸在悲痛之中

法新社北京1976年1月9日(记者　比昂尼克)　北京电台于今日清晨当地时间5点宣布周恩来总理逝世的消息,但是,大部分中国人还不知道他们的总理已经逝世。

当新华社的电传打印机于当地时间4时过一点发出这条消息时,北京几乎所有的街道上都还没有行人。

在法新社所在的那座大楼里,当记者把消息告诉开电梯的姑娘时,她顿时放声痛哭。

在对中国一位口译人员表示慰问时,他眼中含泪,嘴唇颤抖地说:"我们没有料到。他是一位杰出的革命家。"

中国人民对周恩来极其热爱,这样说并不夸张,他们感到与周恩来非常接近。

预计中国将表现出巨大的悲痛,就像今天清晨听到这个悲伤消息时的那位中国姑娘所表现出的那样。

这条消息通过描写听到周恩来总理逝世的消息后,一位开电梯的姑娘的"放声痛哭"和一位翻译"眼中含泪,嘴唇颤抖"的事实,表达了中国人民对周恩来总理的深厚感情。记者将自己的观点巧妙地渗透在事实当中。

---

① 陈龙、陈霖:《新闻作品评析概论》,90页,长沙,中南大学出版社,2005。

二、为什么要用事实说话

1. 事实是新闻的本源

新闻的本源是客观事实，事实是第一性的，新闻是第二性的，没有事实的支持，就没有新闻报道。事实是新闻的实体，也是新闻的存在形式。正如我国新闻学家徐宝磺先生说："新闻者，确实者也，凡不确实者，均非真正新闻。"①即倾向性在任何时候都必须以真实性为前提，而不可逾越真实性这一界线，否则，新闻就不成其为新闻。

2. 事实胜于雄辩

人们认识某种事物，总是从具体事实开始的，从具体到抽象，从感性上升到理性，形成概念，然后形成观点。所以新闻坚持用事实说话，就是坚持按照人类的认识规律说话。

1925年毛泽东在撰写的《政治周报》发刊词中说：我们反攻敌人的方法，并不多用辩论，只是忠实地报告我们革命工作的事实。敌人说：广东共产，我们说：请看事实；敌人说：广东内讧，我们说：请看事实；敌人说：广州政府勾结俄国丧权辱国，我们说：请看事实；敌人说：广州政府统治下水深火热、民不聊生，我们说：请看事实。政治周报的体裁，十分之九是实际事实之叙述，只有十分之一是对于反革命派宣传的辩论。②

可见，事实本身比雄辩更具有强大的说服力。

3. 事实符合受众接受心理

从受众的心理分析，在阅读选择的时候，大多数人愿意接受新闻提供的事实，而不愿轻易接受别人的观点。随着时代的进步，受众自身素质的不断提高，这种心理趋势会越来越强烈。因此，要把评价事实的权力交给受众。

传播学的理论研究也告诉我们，最好的传播效果是劝服，而不是压服。

总之，让事实本身来说话，既符合新闻传播规律，又符合受众认知规律。正如艾丰在他的《新闻表达方法论》一书中所总结的：新闻表达最基本的内容是事实；新闻表达最基本的素材是事实；新闻表达成败最具决定性的因素是事实。没有过硬的事实，再有过硬的笔头也是白搭。新闻表达最基本的手段就是如何运用事实。可以说，新闻表达的一切方法和技巧，都是运用事实的方法和技巧，起码都是建立在运用事实上的方法和技巧。

三、如何用事实说话

1. 纯客观式"说话"

"客观报道"在新闻表达领域中有着不可动摇的地位，但纯客观式"说话"却不太容易

---

① 黄旦：《新闻传播学》，248页，杭州，杭州大学出版社，1997。

② 毛泽东：《毛泽东文集》，第1卷，23页，北京，人民出版社，1993。

做到,可是在事实不必解释和评论或不便和还不能解释或评论的情况下,新闻表达尽量要做到纯客观式“说话”,客观地记录新闻,多做报道,少下判断。如果判断又是必不可少、不可避免的,就要善于将判断变为报道。

例如:在新闻报道中写:“他工作很称职”,这就是一种判断式的“说话”,如果改写为:“他毕业于北京大学,有10年工作经验。”这就变成了纯客观式“说话”,用事实说明“他工作很称职”,将判断变为报道。又如:“他勇敢地蹚到河里救起了那个孩子。”更合适的表达是:“他半走半游蹚进齐胸的河水中,用胳膊挽住那个孩子,将他推上了岸。”

2. 选择式“说话”

“选择”也是新闻报道常用的“说话”手段,通过选择表达角度、事实、时机来用事实说话。

(1) 选择角度:角度,即看事情的出发点。由于事实本身具有多面性,对同一事物,站在不同的方位去观察和反映,就会得出不同的结论。角度不同,新闻价值可能不同,因此表达的思想意义也就不同。

例如:

时任中国国家主席胡锦涛于2008年5月6日至10日对日本进行5天的国事访问,5月8日胡锦涛在早稻田大学与中日两国青年亲切交流。他与日本著名乒乓球运动员福原爱挥拍,进行了一场有趣的友谊赛。对于这一新闻,日本和韩国的媒体报道角度有明显不同,关注点和表达的思想意义也就有了显著差异。

日本NHK:

胡锦涛与福原爱等切磋球艺

中国国家主席胡锦涛在访问早稻田大学之际,与北京奥运日本乒乓球队队员福原爱等选手交锋,使全场气氛一片沸腾。日本首相福田康夫在称赞胡锦涛的球艺时说:“胡主席的球打得很有战略性。”

福田首相和胡锦涛主席今天访问了早稻田大学,在热烈的掌声中受到了日中两国大学生等人士的欢迎,两位领导人与学生们进行了交谈,加深了交流。

接着,北京奥运会日本乒乓球队队员福原爱和雅典奥运金牌得主、中国选手王楠在两国首脑面前展示了精湛的球艺。途中,胡锦涛脱掉上衣,摘下眼镜,与这两位乒坛高手切磋了球艺。

真不愧是爱好乒乓球运动的胡主席,不但接球十分准确,而且强劲的扣球也频频成功,使全场气氛一片沸腾。

福田首相在观看了胡锦涛主席的球艺之后表示:“幸亏我没有与胡主席打乒乓球。他的球打得很有战略性,万万不可麻痹大意。”

(资料来源:http://www.nhk.or.jp/nhkworld/chinese/top/news2.html)

韩国《朝鲜日报》：

胡锦涛与福原爱等切磋球艺

> 8日，中国国家主席胡锦涛在东京早稻田大学和日本年轻的乒乓球明星福原爱打乒乓球。谢绝和胡锦涛打乒乓球的福田首相表示："没有(和胡锦涛主席)一起打球是最好选择了。他打的是很有战略性的乒乓球。我认为不能掉以轻心。"此番言论间接表明了日本对胡锦涛的期待和警戒心。
>
> 胡锦涛下午在早稻田大学发表演讲后，在日本首相福田康夫的观看下，同日本乒乓球选手福原爱打起了乒乓球。由于福田推辞说"打得都很好"，因此，当初备受期待的中日首脑之间的乒乓球对决没能实现。
>
> （资料来源：http://chn.chosun.com/site/data/…20080509000010.html)

由此可见，对同一个事实的报道可以有多种角度的选择，或者说可以从不同的侧面入手来展现它。不同的角度就有不同的针对性，体现了媒体对事实的不同关照。

(2) 选择事实：通过对事实的选择体现记者或媒体的立场、见解、意图。不同的事实所产生的报道效果即说话的效果会产生差异。

1949年2月7日，美联社记者穆萨发了一条关于北平解放的报道。他对北平市民欢庆解放的场面弃而不录，却选了几个青年学生在街上挡住一位穿狐皮大衣的妇女，要她在地上学狐狸爬的场面。学生还警告说："现在我们有新中国，不准任何人穿狐皮。"穆萨为何要选此事实呢？因为这个事实有利于穆萨表达自己的立场与观点。但是，穆萨仅仅选取了这一场面的报道是肆意歪曲、丑化新中国，是不符合客观实际的。因为穆萨按照自己的需要选取的对自己有利的事实是个别的、偶然的、片面的，这是反映不了事物的全貌的。[①]

(3) 选择时机：就是选择什么时机"说话"更有效果。某些新闻要想取得良好的传播效果，必须选择在适宜的时间点上传播。即通常所说的新闻该抢则抢，该慢则慢，该压则压。

1969年7月20日，全球几亿观众围坐在电视机前，观看美国宇航员登月实况转播：登月船降落在月球特兰克里蒂死海上。几小时后，登月队长威尔逊走下舷梯，独自走向月球大地。当威尔逊的脚踏上月球表面时，美国广播电视网在转播实况时却出现了持续4分半钟的空白。事后，美国官方解释说，这是由于通讯卫星出现了"技术故障"。事隔20年后，威尔逊出现在公众面前，他披露了这个沉积了20年之久的转播之谜。原来，实况转播中断的"故障"就在于威尔逊踏上月球后所讲的几句话。在登月船升空的两周前，威尔逊接到登月后向全世界转播的讲话稿，它属于绝密材料。它是这样写的："我，哈

① 戴雪莉：《新闻的真实性与倾向性》，中国新闻研究中心，2002-09-15。

泼·威尔逊，郑重宣布美利坚合众国拥有对月球的领土主权。美国人迈出的每一步都是美国领土的扩展。”但是，威尔逊违背了美国当局的旨意，当他双脚踏上月球时，他说：“我，哈泼·威尔逊，以全人类的名义宣布，月球不属于哪一个国家，而是全人类的共同财富。我们是为全人类的和平而来。”于是，宇航基地指挥部就掐断了实况转播，开始与威尔逊对话，要求他收回刚才的讲话，但遭到威尔逊的拒绝。于是，指挥部立即撤销了威尔逊的队长职务，并任命其副手内尔为队长。

无论在什么体制下，传播都是在一定的政治、经济、文化环境中开展的，传播不仅要讲求经济效益，更要讲求社会效益。美国电视新闻传媒在对待新闻采访报道的求快上是一点也不含糊的，但当新闻传播可能导致国家利益受损时，新闻传播时机的选择也会服从大局。

3. 引述式“说话”

在报道中，记者不应该以明显的方式表现自己的立场，不得感情用事。但感情的流露常常是不自然的和无意识的。这时，引述式也是一种可取的“说话”手法。即记者把自己想说的话，借别人的嘴说出来。引用他人的话来表明、证明自己的观点、意图和评价。记录他人对事实的评论，是客观报道。引述式“说话”需要注意的是，所引的他人语言，必须真实、准确，不得歪曲原话，不得断章取义。

比如：“证人撒了谎。”这种表达是一种判断，引述式说法改为：“原告律师说证人撒了谎。”“听证会上这个决定是不公正的。”这句话表达的是记者的观点，更合适的表达是：“听证会上有几个学生说他们认为这个决定是不公正的。”这样一改，显得更为客观，并借“听证会上的学生”之口表达了记者自己的判断和评价。

第二节　新闻写作的要求

一、真实是新闻的首要特性和必备品格

真实是新闻的首要特性和必备品格。新闻即是对事实所进行的报道，事实对于新闻来说，无疑是第一性的，新闻一定要真实，对于新闻工作者来说，这是不必论说的常识。虚假编造的所谓新闻，不仅毫无价值可言，而且会对社会造成危害，并且会损害媒体自身的声誉，“人民信任是报刊赖以生存的条件，没有这个条件，报刊就会萎靡不振”。[①]

那么，我们怎么理解新闻的真实呢？真实区分为生活真实（现象真实）和本质真实两种类型。简单地说，在生活中真正发生了的事实，属于生活真实；未必是在生活中真正发

① 沈爱国：《消息表达学》，26页，杭州，浙江大学出版社，1996。

生过的事件，却能反映出生活的本质和规律的，称为本质真实。[①]

不同的文体，对于真实性的要求不尽相同，如法庭证词，只要求具备生活真实，证人只要准确地写出在什么时候、什么地方见到了什么或听到了什么就行了，并不需要对事物的本质和意义进行探讨和认识。而文学作品，就多数情况而言，只要求本质真实，而人物、事件、环境、细节，都可以是作者通过想象虚构出来的。但新闻作品，则要求生活真实和本质真实同时都具备。也就是说新闻表达不仅要求时间、地点、人物、事件、原因、结果等表达要素必须真实，而且要求透过现象洞察事物深层本质和内在规律，努力在更深的层次上把握新闻事实。

真实是新闻的生命，是新闻写作的底线，但在新闻业界假新闻却是层出不穷。对于屡禁不绝的假新闻，《新闻记者》杂志 2009 年 1 月号一条编者按不无感慨地写道："抗战八年，虽然漫长，终获胜利。然而，本刊评选年度假新闻，也已经整整八年，却尚未见到胜利的曙光。可见新闻打假之难！这是八年前我们不曾想到的。原以为只要树起新闻打假的大旗，呼啦啦立马就会聚集起浩浩荡荡的讨伐大军，不消半个时辰，假新闻便'谈笑间樯橹灰飞烟灭'。如今反思，我们过于善良，高估了媒体人的自律力；我们过于天真，低估了假新闻的生命力。现在方知，因为毒草的孳生，离不开合适的土壤，光拔草而不除根基，必定如春韭，割了一茬又一茬。看来，这场持久战恐怕远无停战之日。……"

在新闻表达的实践中，失实的事件常常会以不同的面貌和不同的形式出现。

1. 无中生有制造新闻

2013 年 11 月 17 日，浙江日报报业集团所属《今日早报》在头版刊登了一张女兵学习"十八大"会议精神的照片，图片说明为："11 月 16 日，温岭市石塘镇雷公山民兵哨所的女哨员们，正在学习党的'十八大'会议精神。"（见图 8-3）

图 8-3　女兵学习"十八大"会议精神

① 孙春旻编著：《新闻表达现用现查》，37 页，北京，中国盲文出版社，2002。

细心的网友将照片上7个女兵拿的报纸一一核查，发现手持14日《人民日报》的女兵在看第四版，而第四版的内容是珠海航展；拿着《台州日报》的女兵是在看第十二版，该版是整版的苹果手机广告。11月17日，浙江日报报业集团图片新闻中心在其主办的视野网上发表致歉声明，并对值班编辑和照片作者做了处分。

《人民日报》微博对此事件发表评论："摆拍事件以公开道歉、处理当事人收场，可追问仍在继续，明显摆拍的照片，何以堂而皇之登上头版？现实中，此类摆拍因何时有发生？记者的职业操守固然有问题，好大喜功、歌功颂德的心态更需要反思。真相是传播力的前提，真诚是感染力的基础，根治摆拍，须从革除过时观念入手。"

这类无中生有的假新闻多是因为"主题先行"造成的，当记者在客观现实中找不到事实以证明事先确定的"新闻主题"时，就只有造假。其实，记者只要具有基本的职业道德，坚持新闻用事实说话的原则，这类假新闻是很容易防止的。

2. 捕风捉影杜撰新闻

2013年2月19日，央视《中国新闻》与央视网均报道：据卫生部消息，今年中国将全面推行先看病后付费制度，原来看病自己先垫付，现在是医院垫付，病人看完病只交自己的那部分，其余由医保支付给医院。目前全国已有20多个省份正在进行先行试点。专家认为，医保制度的完善是推行先看病后付费的基础。就算有个别患者逃费，有医保费用托底，医院也能基本保证不亏损。

正当人们都在为这个医疗新举措叫好时，卫生部医政司医疗管理处处长焦雅辉接受新华社记者专访时称，"开展先诊疗后付费模式试点"，只是2013年再次被写入卫生部年度工作要点。至于何时才能全面实现，她表示："无法给出时间表，今年肯定是不可能的。"

20世纪80年代成人吸毒的案例报道很多，但没有未成年人吸毒的报道，于是《华盛顿邮报》女记者库克认为，如果发现"未成年人吸毒"的新闻一定轰动美国，于是，为了制造轰动性的新闻，她便开始寻找相关线索。可是，却未能找到她所期待的材料。于是，库克就编造了一篇题为《吉米的世界》的关于"未成年人吸毒"新闻，发表于1980年9月28日的《华盛顿邮报》。报道记述了一个住在华盛顿南区的8岁男孩鲜为人知的吸毒故事。报道在当时引起社会极大的反响，并被授予美国新闻界最高奖——"普利策新闻奖"。但是，库克的谎言很快被揭穿了，通过大量周密调查，发现这个"吉米的世界"根本就不存在。在舆论的压力下，库克不得不承认：她是凭着自己的报道设想编造的新闻。

上述事例都是道听途说、捕风捉影，即虚构臆造。而且，有些记者为了使假新闻表现得更加真实，往往会将假材料编造得绘声绘色，但没有了真实性，不仅使新闻的生命丧失殆尽，而且还会极大地损害了记者和媒体的声誉。

3. 张冠李戴错写新闻

把甲做的事情转移到乙的身上，或者把两件没有多大意义的事情像树木嫁接一样组

合成一件事，采取小说创作中那种“杂取种种，合成一个”的方法，也许真可以“化腐朽为神奇”，制造出一个很有价值的新闻来。只是，这样写出来的纯属假新闻无疑。

2007 年 4 月 16 日中新网有新闻报道：今天发生在弗吉尼亚理工大学的特大枪击案凶嫌身份初步认定：该行凶男子是一名持学生签证来美国就读的中国留学生，现年 24 岁。但警方称他不是弗吉尼亚理工大学的学生。消息源《芝加哥太阳报》透露，他于去年 8 月 7 日乘坐美国联合航空公司的航班飞机从上海出发，在加州旧金山登陆美国，持学生签证入境。

事实上，在北京时间 4 月 17 日晚 9 时 40 分左右，美国 CNN 直播了案情新闻发布会，在会上，警方宣布，经过有关部门的细致调查，凶手的身份已经水落石出——23 岁的韩国学生赵承熙，弗吉尼亚理工大学英语专业本科四年级学生。

这条有损国人形象并令国人义愤填膺的假新闻产生的主要原因是信源没有仔细核实，并且也没有说明信源出处。

4. 添枝加叶夸大新闻

在新闻报道中，如果能有生动精彩的材料，当然难能可贵，但是，如果没有这些材料，就不能编造，也不能添枝加叶。另外，新闻报道中，说一些夸大不实的话和大而无当的话，这也是应该严格防止的。

2012 年 10 月 30 日，《南方日报》刊登报道《论证国际数学猜想的 90 后男孩王骁威：想做敢追梦的“中国高斯”》。报道称，10 月 15 日广东韶关学院大四学生王骁威的一篇关于数论的学术论文在国际知名数论期刊上发表，论证了国际数论学界一个尚未破解的数论猜想，并引起国外学者的关注。数学大师丘成桐就此与其进行了邮件交流，并对王骁威表示了肯定。11 月 6 日，《广州日报》刊发报道《60 年未解的世界数学难题“90 后”的他破解了》，详细记述了王骁威与数学结缘的成长历程。11 月 16 日，《广州日报》刊发报道《破解世界级数论猜想大学生：中国缺少静心做学问的人》，继续渲染王骁威的成就。

11 月 23 日，《中国青年报》刊发深度报道《媒体制造的“数学天才”神话》，指出《南方日报》《广州日报》等媒体报道中存在诸多失实之处。第一，王骁威解决的“仅用 1 表示数问题中的素数猜想”算不上什么世界数学难题，只是《数论中未解决的问题》中的一个小问题，比较初等。第二，“王骁威成功论证了猜想”这个说法也有误，他并没有证明，只是用计算机找到了反例。事实上，类似反例前人已找到 1000 个，王骁威的结果和他们比可以忽略不计。第三，丘成桐与王骁威进行邮件交流也不是事实，王骁威承认自己把丘成桐和其弟弟丘成栋搞错了。第四，有学者认为刊登其论文的《数论杂志》只是一本很普通的数学期刊。

媒体添枝加叶夸大新闻是为了让新闻有更大的价值，但其结果往往造成新闻失实。

5. 疏于审慎细节失实

细节失实的可能性最大，防止出错的难度也最大。

“二战”结束之后，菲律宾在美国的帮助下打退了日本的侵略，重新回到了被日本占领的国土。记者写道：麦克阿瑟将军和罗慕洛(菲律宾抵抗运动领袖)跳下冲锋舟，蹚着齐腰深的海水重新踏上了解放了的菲律宾国土。记者很得意，认为写出了麦克阿瑟和罗慕洛的英勇，那么迫切地要踏上祖国的土地。美国人也很高兴。但菲律宾人笑了。因为麦克阿瑟将军身高1米90，罗慕洛身高1米50，如果海水到麦克阿瑟的腰就把罗慕洛呛死了，如果海水到罗慕洛的腰那才到麦克阿瑟的膝盖。这一句“齐腰深的海水”到底是谁的腰？也是细节没写好。所以细节要真实，否则读者会产生疑问，进而对你的整篇报道产生怀疑。

准确是建立在每一个细节准确的基础之上的。是“夫人”还是“小姐”，是“教授”还是“副教授”，是“林肯大道”还是“林肯街”，总要力求准确无比。……如果连细节都不准确，报道的客观从何而来呢?①

防止这种失实的唯一的办法是采访和表达时精益求精，对细节反复推敲核对。

6. 现象存在本质失实

有时报道的具体事件是真实的，时间、地点等各种要素也没有偏差，但由于认识和评价与实际不符，仍然是失实的。也就是说，现象是真实的，本质是失实的。

例如：四川男子吴加芳因为在“5·12”地震后背亡妻回家的举动，被众多媒体包括境外媒体报道后，被广大网友称为“最有情意的丈夫”，半年后吴与成都姑娘刘如蓉结婚，再度引起舆论议论。在后来的媒体采访中，吴家乡的村民却指吴是薄情之人，背亡妻是被逼的，之前一直在和前妻闹离婚，而且他不赡养父亲。

图8-4　吴加芳背亡妻回家

① 萧三郎：《“客观性原理”与普利策奖新闻作品特色》，http://victorwoo.com/admedia/show.asp? id=1944。

从现象看，吴加芳背亡妻回家的举动确有其事，但从本质上看，报道对吴加芳品质的判断还是出现了偏差。

本质判断的失误也不容易防止。现象是否真实可以用种种客观的手段进行核查。本质是否真实本来就没有有效检验的手段，只有靠记者的主观判断，当然更具难度。但如果记者能够反复核查事实，多方征求意见，多层次的深入思考，还是能够比较准确地把握事实的本质。

链接

▲联合国《国际报业道德规约》

第一条：不得歪曲或隐瞒事实。

第二条：不得自私、攻讦、诽谤、抄袭；不得认谣言不认事实；凡记载不确而损失名誉者，必须立即更正。

▲《美国报纸主编协会新闻准则》

准则之一：为建立信义，报纸的报道文章必须真实，在它支配的范围内，如果报道不充分，不准确，或者不彻底，那是不可原谅的。

▲《美国职业新闻工作者协会章程》

第一条：真实是我们的最终目标。

▲《中国新闻工作者职业道德准则》

第四条：维护新闻的真实性。采写和发表新闻要客观公正。工作要认真负责，避免报道失实。如有失实，应主动承担责任，及时更正。

▲《中国青年报》2003(2004)1 月 30 日《新闻为什么不能实话实说》

建立诚信社会，从说真话开始；说真话，从真实的新闻开始。只有新闻充满真实的力量，才能完善社会的监督机制，保障公民的民主权利，更好地推动社会进步。

二、准确是新闻写作至高无上的法则

准确与真实息息相关，新闻要真实，必须保证记者写作选择的词语是准确的。准确是新闻写作最重要也是最基本的要求，曾经创作过《金银岛》《绑架》《化身博士》等多部可读性极强的小说的作家罗伯特·路易斯·斯蒂文森说："……要变得更聪明只有一个方法，那就是确切。生动是第二位的品质，它应当以第一位的品质为先决条件；为了生动而出现表达错误只会使失败变得显眼……"①

---

① 梅尔文·门彻：《新闻报道与写作》，展江主译，212 页，北京，华夏出版社，2003。

缺少准确的语言，记者就无法使报道与事件相符，正如马克·吐温所说，“正确的词语和接近正确的词语之间真的有天壤之别，正如闪电和萤火虫间的区别”，“适当的词语是强有力的中介。无论何时，当我们看到一个用得极其恰当的词语时，其影响既是物质上的，也是精神上的，这是一种像电般有力的刺激”。

准确是新闻写作至高无上的法则，记者所犯的任何一个错误都会损害读者对报纸的信任。美联社记者艾伦·布瑞德说：“达不到准确，你就是没有得到任何新闻，相反地还会起到一定的损害作用。”

美联社是最知名、最有影响力的通讯社之一，其对新闻写作准确性和真实性的要求非常苛刻。但这并非表明美联社所发送的报道总是准确无误。每天都会有出错的事情发生，有些已经作为故事一直流传下来。其中最为引人注意的，是美联社记者在“林德伯格绑架案”的裁决问题上弄巧成拙，那极具损伤性的时刻已成为笼罩在美联社头上几十年不散的阴云。

查尔斯·林德伯格是第一个驾机横越大西洋的人，他是那个时代最伟大的英雄。他19个月的儿子遭劫持，是本世纪的大事件之一。美联社记者弗兰克·杰米森因11周跟踪报道寻找孩子的全过程而荣获普利策奖。最后孩子的尸体在离利德伯格新泽西的家约5英里处被发现。

布朗克斯区的木匠布鲁诺·霍特曼因罪受到指控。审判于1935年1月在新泽西州的弗莱明顿开始。公众对这件官司的热情持续不减，因此美联社新泽西分社社长下定决心要第一个将裁决的结果发布出去。他的安排是：由一名记者偷偷地将一个微型发报机藏在大衣里带入审判室，裁决公布后，他就给另一名躲在顶楼上的记者传信，再由后者直接将消息传发出去。

陪审团2月13日上午11时15分开始审议。据说11个小时后将进行最后的裁决。身带发报机的那名记者当时就在审判室，另外还有一名美联社记者将通过传统方式做报道。

接下来发生的事至今也没有一个圆满的解释。躲在顶楼上的记者向全国发送了一条简短的电讯：“弗莱明顿裁决已定，罪犯被判处终身监禁。”事后他说他清楚地接听到发给他的这条电码(共有四个信号)，而携带发报机的记者却坚决否认曾发过这条消息，而且事实上当时裁决结果还没有出来。

美联社的这条错误消息在线路上停留了11分钟，当时很多人都在关注着这一世纪审判的结果。最终却是霍特曼被判处死刑。

“这次失误对于美联社的所有成员来说几乎是一场悲剧。”奥利弗·格拉姆林在他的《美联社：新闻的故事》中写到。当然在此之前美联社也有过大的失误(1884年总统大选时，美联社报道说詹姆斯·G.布莱恩在纽约得票最多，这将使他最终赢得大选。结果是他并没有在纽约获胜，最终与总统宝座无缘)。但是作为一个以报道的准确性(并非速

度)而倍感自豪的新闻机构来说,那一刻是威严扫地的。美联社报道出错这件事就成了新闻。

65年后,在2000年的总统大选当夜,美联社却发布了与其他媒体截然不同的报道。一个多世纪以来选票最为接近的一次选举将在势均力敌的较量中结束。选举人的节目,电视新闻网的一个合作伙伴,通过计票及数票推断乔治·布什已经赢得佛罗里达州的多数票,并最终将在大选中获胜。各家电视台紧跟着发布了这条消息。

只有美联社在静观事态的发展。报社的十多位编辑将电话打到美联社在迈阿密、华盛顿及纽约的分社。有人憋不住火儿了,因为最后揭晓的时间已经逼近,美联社何时才能预测到大选的结果?

但是美联社有自己的投票记数,其显示的结果与上面的推断是不同的。华盛顿分社社长桑迪·乔森与分析家们交换了意见,并达成一致。夜间3点11分,美联社发出了一条忠告:虽然联播公司已经预测布什取胜,但是未决的选票有可能改变这一结果。正如美联社所料,这种情况持续了5个星期的时间,直到戈尔决定退出竞选。而此时距离媒体过早地宣布他的失败已有35天。

"美联社历史上曾有过众多'辉煌时刻'",俄亥俄州出版《弗里蒙特信使》的詹姆斯·道贝尔写道,但在这次总统大选中它的表现"是最出色的"。

如果没有精确性,就不能称之为新闻,只能算是虚构。①

新闻写作的准确,不仅仅是选择恰如其分的词语,更是记者对事件、人物的深入采访,对事实的仔细核实,甚至请消息源审看稿件。

具体来说,新闻写作的准确性体现在以下几个方面:

(1) 新闻的六要素必须准确。这些要素是构成新闻写作的基本材料,这些材料是真实准确的,新闻就确有其事,否则的话就会出现假新闻。

(2) 新闻写作所再现的环境、条件、过程必须准确。写作中的每一个具体新闻事实必须真实,完全符合客观实际,包括新闻写作中的新闻人物的话语、动作和一些细节描写都必须真实。新闻写作要写得生动常常表现在对细节的处理上。新闻记者为了让细节生动起来,就会使用各种技巧,一不留神,就造成新闻写作失实。

(3) 新闻写作所引用的资料必须准确。这些资料主要有数据、史料、背景、题材等,在新闻写作中,引用的资料如果出现差错,同样会极大地影响新闻的真实性。

(4) 新闻写作的准确必须是全面的。新闻写作准确不仅仅体现在单个新闻事实上,而且体现在对新闻事件全面的把握上,要防止片面性、绝对化。

---

① 杰里·施瓦茨:《如何成为顶级记者——美联社新闻报道手册》,曹俊、王蕊译,19~20页,北京,中央编译出版社,2003。

三、精炼是新闻的特性所决定

新闻要求篇幅简短是由新闻的特性所决定的。

从新闻传播特点看，新闻的传播一般都是一次性的完全传达，这就决定新闻篇幅不宜太长。而且新闻本身有时效性要求，必须在短时间内完成信息传递，而不能像文学表达那样不受时间限制，可以花上十天半月甚至更长的时间写一篇文章、一首诗，甚至花几年十几年的工夫写一部长篇大作。新闻表达只有篇幅简短，才能在最短的时间内以最快的速度报道最新发生的事件。

从新闻媒体本身看，要在有限的版面和时间里尽可能地容纳较大的信息量，客观上就要求新闻要精练，篇幅简短，以使版面和时间段容纳足够的信息数量，以便受众对社会现实有全方位的了解。

从新闻受众角度看，受众读报看新闻与读书看文学作品的阅读心理有差别。人们阅读文学作品，可以在长长的一段时间里慢慢品读，一本书、一篇美文可以读上一年半载甚至数年。但受众阅读新闻，主要是为了获取最新信息。篇幅简短、信息量大，正好能满足受众的这种阅读心理。

当然，新闻表达要求简练，并不是意味着只要短就好。短只是形式上的要求，在内容上，还要求丰富精深，所谓妙微精深。

怎样才能把新闻写得“妙微精深”呢？我们结合一篇获得中国新闻奖的消息来分析。

本想告别“游击战”开张连连“吃罚单”

郑州：罚单“赶”走首家擦鞋店

本报讯（记者肖树臣，通讯员肖明来、姜东辉） 店门开张半个月，“大盖帽”们接踵而来搞检查，上交罚金近千元，最终“退店上路”继续摆摊打“游击”。这就是郑州市首家擦鞋店绿城保洁擦鞋公司的遭遇。

“绿城保洁公司”老板孙红涛说，郑州市区的固定人口和流动人口数百万，擦鞋业有大市场，况且，街头违规的擦鞋摊很多。于是他参照北京、上海等地的成功先例，着手创办这家“擦鞋公司”。今年3月份，他以每月800元的租价在东风路租下一间30多平方米的门面房，办理了有关证件，从社会上招聘50多名初中以上文化程度的下岗青年，经过培训后上岗。7月初，河南省省会有了第一家擦鞋店。

然而，门店新开张，生意还没有做红火，各个管理部门的“大盖帽”们便接踵而来。工商部门认为，擦鞋店是新的特殊行业，得办理特殊岗位就业证，但新行业没有标准，就业证自然办不成，如此只好接受罚款；卫生部门要擦鞋店跟饭店

服务人员一样，持有健康证，没有办也得罚；城管部门来检查，称擦鞋店门口放着顾客使用的拖鞋属占道行为，被“清理”走了；街道居委会找上门来要收卫生费……

擦鞋店每天至少要接待两拨检查和罚款人员，半月的时间，擦鞋店上交罚金近千元。而擦鞋店每天只能收入30元左右。擦鞋店的店员更是心灰意冷，他们说，在郑州，下岗职工要找份工作干，可真难。

据了解，不少市民对本市第一家擦鞋店的消失普遍表示惋惜。他们认为，不占道的擦鞋店是现代化城市擦鞋业发展的新趋势。若能规范发展，无疑是件好事。有关部门应该为其提供一个宽松的发展环境，也是为再就业工程作出一份贡献。(原载《工人日报》2001年8月2日)

消息《郑州：罚单“赶”走首家擦鞋店》一文，在第12届中国新闻奖评选中，评为消息三等奖。这条短消息，从写作上来说，有一些成功经验值得我们借鉴和汲取。

1. 主题专一

多数新闻，尤其是消息，都采用一事一报的写法。集中报道一件具体的事实，主题专一，笔无旁涉，自然容易把新闻写得短小精悍。大量的新闻实践证明，一篇文章或一篇报道，若能抓住一点写深写透，把一件事、一个意思写清楚、写透彻，这篇文稿便是好稿。这条消息围绕罚款这一个问题，集中写了首家擦鞋店被罚的经过和所带来的影响，全文660个字，没有废话、空话，言简意赅，短小精悍。

2. 选材典型

选择那些既有共性、特征，又有个性特点，有着广泛代表性和强大说服力的典型事件和典型材料进行报道，可以起到以一当十的作用，以少胜多的效果。这条消息中选用的“首家擦鞋店”被罚单“赶”走就具有代表性、典型性；文中所选用的材料——去罚款的部门：工商、卫生、城管、街道居委会等，都很精当、典型，具有很强的说服力和感染力。

3. 以小见大

就是从小处落笔，向大主题开拓，引导受众从个别到一般，从感性到理性地了解新闻事实。以小见大衡量的标准是看能否见微知著，切忌短而不当，细小琐碎。这条消息通过反映首家擦鞋店被罚单“赶”走，向人们提示了再就业难的深层次原因。下岗职工再就业问题，党和各级政府十分重视，但到了一些职能部门，却是各唱各的调。本文抓住这一现实中普遍存在的问题予以解剖，使人们认识到，罚单赶走的不止是“擦鞋店”，只有全社会都来关注再就业工程，再就业事业才能发展。可见，这篇消息反映的主题是重大的，具有强烈的针对性和现实意义。[①]

4. 巧取一隅

对于复杂的事件,还可以只表现它的一个小小的局部。这样写虽有不够完整之嫌,但写好了也不乏新鲜感。把一个局部强调出来,本身就有些出人意料,立意不俗,就容易吸引读者。下面这篇新闻就是巧取一隅、落笔不俗之作——

对中美建交最感意外的是卡特总统派驻(中国)台湾的大使

合众国际社台北1979年12月19日电 对于美国总统吉米·卡特突然决定承认北京一事,最感意外的莫过于他派驻台湾的大使。

上星期五,正当昂格尔大使兴致勃勃地参加美国商会举办的“圣诞”舞会时,一个助手要他去接电话。

这位个子矮小、皮肤黝黑的外交官员离开舞厅的时间是夜间11时(华盛顿时间上午9时),他紧皱眉头。

他在45分钟后回来时,原先情绪轻松的昂格尔像是变成了另外一个人。

那天晚上举办舞会的商会会长罗伯特·帕克回忆说:“他显得十分严肃,心事重重。”

这位大使对帕克说:“今天安排得这么好,谢谢你了;不过,我得走了。”

陪同昂格尔到美国军官俱乐部(举行舞会的地方)门口的另一个企业家回忆说,大使“神经紧张,而且有些颤抖”。

当昂格尔和他的妻子钻进他们的黑色官方轿车时,他说:“但愿我听到的消息是错的。”

500名客人中的一些人就大使的这番话进行了猜测,但是谁也没有料想到这是华盛顿与北京建交。

昂格尔访问了总统府,并安排了在星期六凌晨2时同蒋经国进行一次意义重大的会晤。

68岁的蒋经国从床上被叫起来,他穿着绿色灯芯绒上衣和便裤会见了他的仍穿着礼服的客人 。

蒋经国和他召来的一位部长默默地读着卡特的来信。

外交部次长钱复后来说,蒋立即提出抗议。

昂格尔说,他“记下了”总统的话,鞠了一躬,离开了总统的住处。

那时的时间是凌晨3时50分。

从美国驻台湾大使的反映这一小小局部去表现中美建交这一震惊世界的事件,为历

① 刘保全:《中国新闻奖精品欣赏》,32页,北京,新华出版社,2006。

史的转折留下了一段难得的细节。由此可见，不含大求全，有时反而能写出令人叫绝的妙文来。[①]

5. 跳笔行文

这是一种在文体结构上采用多段体，在行文叙述上采用跳跃式的新闻写作笔法，也称为“新闻跳笔”，西方新闻理论又叫“断裂行文法”。“跳笔”行文一般把新闻报道中段落间的过渡、衔接、起承转合的联结词、联结句去掉，可使新闻报道信息量更集中，节奏更明快，效果更强烈。同时，也可以大大缩短消息的篇幅。一般叙述事件要求注意上下衔接、前后连贯、讲究起承转合，凡有转折处要用过渡段、过渡句或关联词语，以实现文脉的贯通，而跳笔行文却主张“跳”，在句子与句子之间，段落与段落之间可以有甚至必须有较大的跳跃，取消过渡语句，直接把不同角度、不同阶段的事实一条条摆出来，段与段之间有着明显的断裂。

例如：

肯尼迪遇刺丧命
约翰逊继任美国总统

（路透社达拉斯1963年11月22日电）急电：肯尼迪总统今天在这里遭到刺客枪击身死。

总统与夫人同乘一辆车中，刺客发三弹，命中总统头部。

总统被紧急送入医院，并经输血，但不久身死。

官方消息说，总统下午1时逝世。

副总统约翰逊将继任总统。

这条消息除第一段导语外，其他四段，分别叙述了刺杀的情况、抢救情况、官方证实的死亡时间、继任情况。这四个不同角度的情况，形成四个层次，各自只有一句话，中间并无任何过渡，完全是自然排列。从表面形式看，全文是“散”的，段落间呈断裂状，但新闻事实依据其重要性联系着，零散的材料服从中心主题，像散文一样，形散而神不散。

四、生动是引人入胜的保证

新闻也要追求新颖的形式、新鲜的语言，也要不拘一格、生动活泼、引人入胜。要做到“活”，除了事实要新鲜、角度要新颖以外，行文时还要注意做到形象生动，让读者如闻其声、如观其行、如睹其物、如临其境。

我们结合第八届中国新闻奖消息一等奖作品——《别了，“不列颠尼亚”》来分析怎样

---

① 孙春旻编著：《新闻表达现用现查》，46页，北京，中国盲文出版社，2002。

才能将新闻表达得鲜活生动。

别了,“不列颠尼亚”

新华社香港1997年7月1日电(记者周婷、杨兴) 在香港飘扬了150多年的英国米字旗最后一次在这里降落后,接载查尔斯王子和离任总督彭定康回国的英国皇家游轮“不列颠尼亚”号驶离维多利亚港湾——这是英国撤离香港的最后时刻。

英国的告别仪式是30日下午在港岛半山上的港督府拉开序幕的。在蒙蒙细雨中,末任港督告别了这个曾居住25任港督的庭院。

4时30分,面色凝重的彭定康注视着港督旗帜在“日落余音”的号角声中降下旗杆。根据传统,每一位港督离任时,都举行降旗仪式。但这一次不同:永远都不会有另一面港督旗帜从这里升起。4时40分,代表英国女皇统治了香港5年的彭定康登上带有皇家标记的黑色“劳斯莱斯”,最后一次离开了港督府。

掩映在绿树丛中的港督府于1885年建成,在以后的近一个半世纪中,包括彭定康在内的许多港督曾对其进行大规模改建、扩建和装修。随着末代港督的离去,这座古典风格的白色建筑成为历史陈迹。

晚6时15分,象征英国管制结束的告别仪式在距离驻港英军总部不远的添马舰东面举行。停泊在港湾中的皇家游轮“不列颠尼亚”号和邻近大厦上悬挂的巨幅紫荆花图案,恰好构成这个“日落仪式”的背景。

此时,雨越下越大。查尔斯王子在雨中宣读英国女王赠言说:“英国国旗就要降下,中国国旗将飘扬在香港上空。150多年的英国管制即将结束。”

7时45分,广场上灯光渐暗,开始了当天港岛上的第二次降旗仪式。156年前,是一个叫爱德华·贝尔彻的英国舰长带领士兵占领了港岛,在这里升起了英国国旗;今天,另一名英国海军士兵在“威尔士亲王”军营旁的这个地方降下了米字旗。

当然,最为世人瞩目的是子夜时分,中、英、香港交接仪式上的易帜。在1997年6月30日的最后一分钟,米字旗在香港最后一次降下,英国对香港长达一个半世纪的殖民统治宣告终结。

在新的一天来临的第一分钟,五星红旗伴着《义勇军进行曲》冉冉升起,中国从此恢复对香港行使主权。与此同时,五星红旗在英军添马舰营区升起。两分钟前,“威尔士亲王”军营移交给中国人民解放军,解放军开始接管香港防务。

0点40分,刚刚参加了交接仪式的查尔斯王子和第28任港督彭定康登上“不列颠尼亚”号的甲板。在英国军舰“漆咸号”及悬挂中国国旗和香港特别行政区区旗的香港水警汽艇护卫下,将于1997年年底退役的“不列颠尼亚”号很

快消失在南海的夜幕中。

从1841年1月26日英国远征军第一次将米字旗插上港岛，至1997年7月1日五星红旗在香港升起，一共过去了156年5个月零4天，大英帝国从海上来，又从海上去。

（新华社香港1997年7月1日播发）

1. 写好细节

细节是把新闻写活的根本。它不仅能增强新闻的可读性，而且能增强新闻的可信性，更好地表现主题。细节运用得好，能见微知著，使新闻人物、新闻事件更鲜活生动，使新闻报道更具有表现力和感染力。

在这篇新闻作品中细节的描写很成功。如"末任港督告别了这个曾居住过25任港督的庭院"、"代表女王统治了香港5年的彭定康登上带有皇家标志的黑色'劳斯莱斯'，最后一次离开了港督府"、"将于1997年底退役的'不列颠尼亚'号"、"在英国军舰'漆咸'号及悬挂中国国旗和香港特别行政区区旗的香港水警汽艇护卫下"…… 这些细节的描述将新闻事件的因果、始末交代得具体、清楚；把英国对香港的管治已到了"日落余音"的气氛渲染得淋漓尽致。使整个新闻报道生动形象，意蕴悠长。

2. 场景再现

如果在新闻报道中善于捕捉精彩的镜头、典型的场面，并给予形象的再现，无疑会使整个新闻活跃起来。

在这篇新闻作品中，记者作为历史的见证人，描写了英国撤离香港那一天的几个具有典型性的场景，把生动的现场气氛传达给受众。

第一个场景：下午4点30分，末任港督告别港督府，降下港督旗帜；

第二个场景：晚上6点15分，在添马舰军营东面广场举行象征英国管治结束的告别仪式；

第三个场景：子夜时分，举行中、英、香港政权交接仪式，米字旗在香港最后一次降下，五星红旗冉冉升起；

第四个场景：7月1日0点40分，查尔斯王子和彭定康登上"不列颠尼亚"号离开香港。

记者写道："在蒙蒙细雨中，末任港督告别了这个曾居住过25任港督的庭院"，"面色凝重的彭定康注视着港督旗帜在'日落余音'的号角声中降下旗杆"，"停泊在港湾中的皇家游轮'不列颠尼亚'号和邻近大厦上悬挂的巨幅紫荆花图案，恰好构成这个'日落仪式'的背景"，"五星红旗在英军添马舰营区升起"，"查尔斯王子和第28任港督彭定康登上'不列颠尼亚'号的甲板。在英国军舰'漆咸'号及悬挂中国国旗和香港特别行政区区旗的香港水警汽艇护卫下，将于1997年年底退役的'不列颠尼亚'号很快消失在南海的夜幕中"……

这一个个场景，如同镜头般具有画面感、可视性，让受众如临其境、如闻其声，读来回味无穷，并加深了对香港回归这一重大历史性事件意义的理解。

3. 气氛烘托

再现特定的场景、特定的形象，离不开生动形象的语言，富有个性化的语言，有助于增强新闻的感染力。

在这篇新闻作品中，“蒙蒙细雨中”、“雨越下越大”是天气状况的实写，但两处用笔对仪式的气氛起了烘托的作用；“面色凝重”，是对港督彭定康表情的实写，但在这里做交代，对“告别”仪式的氛围起了点染的作用；“英国米字旗最后一次在这里降落”、“不列颠尼亚号驶离维多利亚港湾”、“彭定康注视着港督旗帜在‘日落余音’的号角声中降下旗杆”、“雨越下越大。查尔斯王子在雨中宣读英国女王赠言说”、“另一名英国海军士兵在‘威尔士亲王’军营旁的这个地方降下了米字旗”、“五星红旗伴着《义勇军进行曲》冉冉升起”等这些描述，让受众仿若置身新闻现场，听到了降旗声、下雨声、讲话声和升旗的乐曲声……

一条主题重大的消息，能够表达得如此鲜活生动、情景交融，的确需要记者具有相当深厚的新闻采访和写作的功力。

范文：

17 分钟：一次成功的营救①

在一个池塘里，一辆车正在缓慢下沉，车里困着 4 岁的莱恩。在冰冷的水中，一名男子游到了车后窗，用力地想要砸碎玻璃……

和莱恩一样，那些想要救他的人自己也遇到了麻烦：一名女子脸朝下浮在水面上；另一名男子已经沉到了水里，毫无知觉；一名警察正在努力地划水，想要浮出水面……

莱恩紧紧地抓住了坐椅的靠背。他的手指早就被冻得毫无血色。

这时，水已经快淹到他的脖子了。

☆☆☆

如果你是在电视上看到这一幕，那么它一定是用慢镜头播放的，而且会配上激扬的交响乐，感觉就像在看一场芭蕾舞剧。

但是，当这一幕发生在现实生活中时，一切就会变得混乱不堪。对于莱恩·艾什勒曼来说，那有可能成为他生命中最危险的十几分钟。当时在场的一共有 17 个人，每个人心里都是一团乱麻。

---

① 杰里·施瓦茨：《如何成为顶级记者——美联社新闻报道手册》，曹俊、王蕊译，19～20 页，北京，中央编译出版社，2003。

关键时刻,6名男子和1名女子置个人的安危于不顾,竭尽全力去营救这个孩子。

可以说他们是英雄。但在那个危急时刻,他们根本没有想这么多。人总是能在不知不觉中发挥出极大的勇气。生活就是这样奇妙。

故事发生在佐治亚州南部一个人口大约1.6万人的小城——蒂夫顿。那是2月11日,星期二的中午,天气晴朗,气温在华氏40度左右。

莱恩的外婆,佩姬·卡多娜,是"完美外表"发廊的美发师。那天早晨,因为快要迟到了,所以她急急忙忙地把车开进了蒂夫顿购物中心后面的停车场。

在停车场的后面,有一个大约40英尺长的斜坡,面对着一个长约150米,有足球场那么宽的蓄水池。

卡多娜的车是一辆1990款的尼桑车。这辆车的自动变速箱出了一点问题,每次当档位放在停车挡上时,齿轮就会卡死。所以,卡多娜习惯于在停车的时候不挂停车挡,而是直接拉上手刹。然而,偏偏就在这一次,她忘记了拉手刹。

就在卡多娜想打开后车门把莱恩抱出来时,车突然向前滑动,冲下了斜坡,一头扎进了蓄水池。

"外婆!外婆!外婆!"莱恩在车里害怕得大叫,他伸长了脖子想要再看一眼他的外婆,但他已经看不到了。

☆☆☆

德文·巴登,23岁,一名身材瘦长的黑发青年,当时就坐在发廊的椅子上,等卡多娜来给他理发。从14岁起,他就一直到这里来理发。

在发廊的隔壁,是一家指甲吧,30岁的大卫·范正在给顾客上指甲油。

他们几乎同时听到了呼救声:"来人哪!来人哪!车掉进水里了,我的孙子在里头呢!"

大卫·范是一名越南移民,几乎不会说英语,但凄惨的呼救声还是让他明白发生了危急的事情。他和巴登赶紧从屋里跑了出来,正好遇到了刚来上班的范登的妹妹,28岁的查琳。

他们三人跑到了蓄水池边,毫不犹豫地跳了下去。

紧随他们而来的是23岁的克林特·范登和22岁的丹尼尔·塔克。他们都是附近温迪克西超市的售货员。当时,他们正在超市外休息。克林特拿出一支烟正要点上,突然听到了呼救声,他扔下烟,和塔克立即跑了过来。

范登没有顾上脱掉外套和笨重的靴子,就一下子跳进了水里。水太冷了,他觉得就好像有一把大钳子紧紧夹住了胸部,让他无法呼吸。在他浮出水面的时候,他的头甚至感到剧烈的疼痛。

塔克在水池边停了一会儿。他对卡多娜说:“我不大会游泳。但总得有人救孩子。”

于是,他慢慢地走进了水池,然后开始向车子游去。在这个时候,范登和巴登已经冻得撑不住了,他们开始掉头往岸上游。

“喂!把车门打开!听见了没有?快把车门打开!”范登朝莱恩大喊。这时,莱恩正在用力拉着幼儿保险锁,而水已经淹到了他的腹部。

范登急得用拳头使劲砸车窗。

☆☆☆

迪克·麦克兰,32岁,贝尔克百货商店的经理,听到呼救声后,也立即向池塘跑去。在水池边,他看见一个穿着白衣服的女子拿着一把锤子正要往车子扔去。在水里的范登急得大叫:“不!不要扔!喂!你(麦克兰)!你把锤子拿给我。”

麦克兰此时已经脱掉了运动外套,但他来不及脱掉他的皮鞋、领带、衬衫和裤子。

他一头扎进了水里,冰冷的水让他感到全身麻痹。

游到一半的时候,麦克兰想:“天哪!也许来不及了。”

范登朝着他大喊:“快点儿!快点儿!”

那辆尼桑的车头此时已经完全没进了水里。水已经淹到了小莱恩的胸部,并且还在不断地上升。

眼看就要到了,麦克兰用尽全力把锤子向范登递出去,范登一个侧身,把锤子一把抓了过来。

范登把锤子高高举起,用尽全部的力气重重地砸在了车窗上。玻璃碎了。

☆☆☆

佐治亚州巡警温德尔·曼宁在收到了911报警后,以最快速度赶到了现场。他从车里冲了出来,一边跑,一边把自己的武装带解下扔在了地上。

在水池边,他看见范登已经打碎了玻璃,同时也看见范登的同伴——塔克正在一旁挣扎。

他赶紧跳进水里。冰冷的水让他感到呼吸极为困难。由于他忘了解下脚踝部绑着的那支手枪,他在水里几乎寸步难行。

由于不大会游泳,极度恐慌中的塔克拽住了曼宁,弄得两个人都开始下沉。不得已,曼宁只好先把塔克推开。

就在这个时候，正好经过这里的查理·莫克看见了“这混乱的一幕”。他看见查琳·范脸朝下浮在水面上，于是立即跳进水里，向她游去。

他把查琳翻过身来，用一只手搂着她的脖子，向岸边游去。离岸边大约还有15英尺的时候，他的脚碰到了一个软绵绵的东西。他用另一只手向下抓去，结果抓住了一把头发，将塔克从水里拉了上来。

就在这时，曼宁也已经缓过劲来。他抓住了塔克，和查理一起向岸边游去。快要到的时候，岸上的人七手八脚地把他们拽了上来。

☆☆☆

打碎玻璃后，范登和麦克兰——一个超市售货员和一个百货商店经理迅速地把莱恩从后座上拽了出来，并让他骑在了范登的背上。

范登做了三次深呼吸，然后开始向岸边游去。麦克兰游在他的身边。就在他们游开了不到2英尺，那辆车就整个地沉了下去。

“嘿！哥们儿！你来背他吧！我已经没劲了。”范登对麦克兰说。

☆☆☆

此时，他们身上的每一块肌肉都感到剧烈的刺痛。在这样冰冷的水里，每一个动作对他们来说都是一种折磨。快要到岸的时候，岸上的人及时把他们拉了上去。

急救人员及时给丹尼尔·塔克做了人工呼吸。大约1分钟后，塔克吐出了几口水，缓缓地醒了过来。他跳进蓄水池后，很快就失去了知觉。后来，他在医院接受了6天的治疗才完全康复。

查琳·范也被送上了救护车，除了救小莱恩外，她什么都不记得了。在她身边躺着的是她的哥哥。

现场到处是急救人员、救火员和围在那里驻足观看的人，范登和麦克兰穿过了人群，他们在贝尔克百货商店里换上了干净衣服，握了握手，然后就各自返回了工作岗位。

曼宁开车回到了警察局，换了身衣服。还没有剃头的巴登则回到家里。

“外婆！外婆！”莱恩哭着向卡多娜跑去，紧紧地抱住了她。

“我的漫画书。呜！”

万幸的是，那个池塘吞没的只是那辆车和他的漫画书。

两天后，大部分参与了营救小莱恩的人聚到了一起。这次是拍照。他们彼此握手，回味着当时的一幕幕情景，不时爆发出阵阵大笑。原来平凡的生活里也能出现英雄。“根本没有时间去想，当时需要的是行动。”范登是这么想的。

因为这篇报道,美联社记者切尔西·J.卡特曾经获得美联社"年度最佳年轻记者"的称号,在人才济济的美联社,要想获得任何一项荣誉,都实属不易。

阅读这则新闻的时候,我们感受到的是一次动人心魄的大营救,为小莱恩和营救小莱恩的人的命运揪心。这段文字动感强烈,读者眼前仿佛面对着一幅幅的电视画面。

新闻要有画面感,新闻写作要视觉化,记者应该把自己想象为电视纪录片的制作人。文字应该像电视镜头一样,呈现出事件和人物的细节,有很强的现场感。这要求记者必须掌握仔细观察的技巧。

《走进特写报道》的作者威廉·鲁曼尔认为,记者在进行观察的时候必须高度集中精力,然后仔细分析所观察到的东西。他举了一个例子:"苍蝇是倒退着起飞的,所以为了击中一只苍蝇,你必须朝它稍微靠后一点的地方拍下去。这是一个有趣的细节,当然也是一个记者有能力发现的细节,别的人只看到苍蝇,而记者看到了它们怎样运动。"①

在采访的过程中,记者并不是总能知道什么样的细节可以在写作的时候用得上,所以记者应该尽其可能地去搜集全部的细节。记录下被访人正在想什么、说什么、听什么、问什么、穿什么和感觉到了什么,力求做到一切精确。

写作的时候,根据需要,选取细节,让文字视觉化,让文字动起来。

练习

一、采访一位同学,让他谈谈某次经历,最好是创伤性的或其他情感经历。按照新闻写作的要求,写一篇人物专访。

二、搜集本年度《新闻记者》所载的假新闻,用本章所学的理论知识分析假新闻的症结所在,并在课堂上集体讨论。

---

① 卡罗尔·里奇:《新闻写作与报道训练教程》,钟新主译,228页,北京,中国人民大学出版社,2004。

新闻要以事实说话，是指新闻表达的内容是“事实”，那么，新闻事实以什么手段或载体去表达呢？当然是“语言”。传播具有新闻价值的信息时所使用的文字语言就是新闻语言。艾丰说：“好的新闻语言是一种独立的语言。创造和推广实用的、优美的新闻语言，是我们的历史责任。”

第九章　新闻语言是新闻的载体

“事实从其来源上讲是对客观事物的概念性占有。”但此时的事实尚不能用于传播，因为人在观察外界时的概念把握，在没有得到语言外显时是不会被别人知道的，只有用语言符号陈述事实，传播才会发生。事实只有用语言加以陈述才可能被延展于空间，进入传播领域，用语言陈述事实是新闻写作的最基本形态。

第一节　新闻语言的内涵

一、什么是新闻语言

新闻在本质上是一种语言陈述，新闻都是经过语言传播的结果，语言是新闻的载体。新闻写作首先要求记者从认真观察事物的特点、状态、关系等出发，真切把握事物的有关信息，然后力求用准确的语言加以表达，而这里所谓的准确的语言实际上就是新闻语言。

什么是新闻语言？“新闻语言就是从新闻的角度对全社会进行‘选择’和反映时所用的工具。它的本质是信息传播的语言、报道事实的语言、解释问题的语言、快速交流的语言”[①]。

文学是语言的艺术。那么，新闻是不是语言的艺术？新闻当然也是语言的艺术。“新闻语言可以通过不断地改造完善，成为与其他文学作品相比毫不逊色

① 艾丰：《新闻写作方法论》，234页，北京，人民日报出版社，1996。

的语言——当然是就各有特色而言”[①]。

新闻语言，服务于事实的报道，肩负着向受众表述新闻事实、传递新闻信息的使命。新闻语言是一种独立的语言。

二、新闻语言是综合功能语言

语言是在人类长期的生产实践和历史发展中产生、被人用来思维和传递信息的符号系统，虽然同一个民族的语言在形式上是相同的，但不同行业的语言却有明显差异，例如学术论文中用科学语言说话；生活中人们沟通用日常语言说话；文学作品用文学语言说话……这说明语言有着不同的功能。商业用语、宗教用语、军事用语、科学用语、外交用语，也包括新闻用语，都是因语言功能不同而产生的语言体式，即语体。所谓语体，就是人们在各种社会活动领域，针对不同对象、不同环境，使用语言进行交际时所形成的习惯用语、常用句式、结构体式等一系列运用语言的特点。

新闻语言在长期实践中形成了自身的语体，有着独具的特点和规律，也有自身的语言技巧。

从语言的外在表现划分，语体可分为书面语体和口语体两大类。新闻要保证其真实性、指导性等价值要素，就应具有书面语体的特点；但新闻又是面向受众的，新闻要想亲近受众，为受众所接受，又必须带有一些口语体的特征。所以，总的来看，新闻语言是在书面语体的基础上吸取了一些口语体的特点，是兼具口语体特点的书面语体。

从语言的内在功能划分，语体分为日常语言、科学语言、文学语言等。日常语言的主要功能是交际，科学语言主要发挥的是语言的表意功能，文学语言发挥的主要是语言的表象和表情功能。那么，新闻语言发挥的是语言的哪一种功能呢？新闻报道的触角伸向现实生活的各个方面，因此新闻语言具有很强的包容性，所以新闻语言是一种综合功能语言。

新闻语言有时表现为平易近人的生活化语言，有时又表现为准确严谨的科学语言，有时又表现为生动形象的文学语言。

新闻语言就是这样一种独立的综合功能语言，它服务于事实的报道，以其质朴、实用的语言形态，富有表现力的语言风格来实现广泛的社会传播。

---

① 艾丰：《新闻写作方法论》，233页，北京，人民日报出版社，1996。

第二节　新闻语言的特点

新闻是一种特殊的文字符号作品，其运用的语言亦呈现出独特的特点。“新闻语言是规范化的民族语言在新闻文体中的运用，它的基本特征是信息量大、真实准确、简洁凝练、通俗易传、形象生动”[①]。

新闻的客观性要求报道必须真实直接，不能随意夸大、缩小或含糊其词，因此，准确性是新闻语言的第一特点。

一、准确性高于一切

新闻文体承担着报道事实的责任，对准确性有着更高的要求。杰克·海敦在《怎样当好新闻记者》一书中提出“准确性高于一切”。“准确，准确，再准确”也是普利策的格言，他还强调：“你仅仅不发表失实报道是不够的，采取一般措施避免歪曲事实也是不够的……一定要坚信准确性对报纸来说犹如贞操对女人一样重要。”

新闻事件所涉及的时间、地点、人、事、过程、关系等具有一种明晰性，都是确切呈现出来的表象，都是可以找到确切的汉语言符号的，因为新闻不描述复杂的、难以表达的心理及情感变化，而只关注人物或事件的具体的、确定的性质。

新闻语言的准确性包括：

1. 在时间、空间、数量、程度等方面，语言的所指与客观事实之间要高度吻合

新闻表达，尽量不用“不久前”“长期以来”“经过几小时努力”“短短几天内”等语句代替可以明确表达的具体时间；尽量少用“一些”“不少”“无数”“许多”等代替可以具体表明的程度。如果能说清几月几日就不要用“最近”“日前”等语言来表达。

2. 概念明确、判断准确，防止“陌生化”和夸张

新闻语言在力求明晰之外，还要注意防止“陌生化”和夸张性词语。文学语言常常通过系统违反语言规则追求一种新奇的效果，从而达到审美需求。比如有诗人用“做了一次内部的沐浴”来表达“喝水”，就是典型的陌生化手法。文学语言承担着营造独特美感韵味、激发读者想象的任务，常常要依赖语言的模糊和多义性。而这样的“陌生化”表达如果用于新闻报道中是不可思议的，因为首先新闻报道用事实说话的原则，在语言的表达上要求明确、直接，而陌生化语言无法直接明确地表达事物，所以新闻语言要反陌生化。另外，新闻面向的是大众而非小众，所以在语言表达上要兼顾大众的总体水平，不能

---

① 王中义编著：《新闻写作技法》，78页，合肥，合肥工业大学出版社，2006。

追求用词的陌生化。

新闻语言也不可有任何夸张性表达。“两耳垂肩，双臂过膝”这是《三国演义》中对刘备形象的夸张性描写，这样的描写在文学作品中会让人物栩栩如生，但这样的夸张用于新闻，受众就会质疑。因为，受众对新闻和文学的阅读诉求是不一样的。他们对新闻的第一需求永远是明明白白传递信息。所以，新闻语言的第一要求永远是清晰明确，否则就会造成新闻传播中的失实。

3. 慎用可能产生歧义的词语

新闻表达用词要十分谨慎，要求慎用可能产生歧义的词语，否则表意就不会准确，很容易让受众误会。

一是，在事实尚未清晰时，如果使用决定性词语，就容易引起歧义。

比如：一名银行职员琼斯从他五楼的宿舍跳下来自杀身死，但记者赶到现场时，警察和法医都不敢做出肯定性的判断。这时如果记者写成“琼斯从五楼跳下去摔死”，一个“跳”字就意味着琼斯是自杀的。但是万一最后警方确认是他杀，报道岂不是失实了吗？如果说成“被推下来摔死”，就又肯定了他杀，排除了自杀的可能性。这时用中性词“坠楼”最为准确。①

二是，由于一词多义，造成歧义。

比如：“我叫他去。”在这个句子中，“叫”可理解为让、使、派，也可以理解为喊、唤、招等意思。理解不同，句子表达的意思自然不同。所以在新闻表达时，也要谨慎地使用一词多义的词。

三是，句子结构的不同停顿组合，造成歧义。

例如：“消灭了敌人的士兵”，对这个句子的理解，如果在“的”后面停顿，此句的意思就是：“士兵消灭了敌人”，如果在“了”后面停顿，此句的意思就是“士兵被消灭了”。关键在于“敌人的”这个词语是随下与“士兵”组成偏正短语，还是随上与“消灭了”组成动宾短语。对于这种不同的停顿造成的不同结构组织而形成的歧义句，新闻表达时要恰当安排句子结构，以避免产生歧义。

总之，虽然任何文体的写作都要求语言表达要准确，但因为新闻担负着向受众表述新闻事实、传递新闻信息的使命，因此，对语言准确性的要求更加严格。但在新闻实践中，我们却常常看到新闻表达不准确，表意不清的现象。

二、白描性是至高的语言境界

新闻表达不仅要求准确，当然还要求形象生动，这就使得在新闻的写作中免不了要

---

① 孙春旻编著：《新闻表达现用现查》，63页，北京，中国盲文出版社，2002。

使用描写手法。描写似乎更多的是一种主观性较强、修饰性较强的表达方式，这与新闻的客观性原则有一定的矛盾。但描写也可以是客观化的。按照描写的风格和详略的不同，描写可分为细描和白描两种类型。细描也叫工笔，是一种精雕细刻、浓墨重彩的描写方法。它的色彩感和装饰性都很强，描写偏重于某一事物所引起的主观感受，不太注意事物的原始形态。从遣词造句方面看，它较多使用形容词、副词，大量使用比喻、夸张、象征、对偶、借代等修辞手法。新闻中用的描写是白描。白描是绘画的一个术语，指只用线条勾勒，不用色彩，也不讲究明暗层次，寥寥几笔画出事物形体姿态的绘画方法。在写作中，也可以借鉴这种绘画的方法，只不过构成形象的质料不同罢了——绘画用颜料，写作用文字。①

白描，它没有浓墨重彩的铺陈，没有任何形容和烘托，更没有夸张，却准确而又传神地写出了人或事物的形象。这种方法从表面上看没多少技巧，实际上却蕴含着更高难度的技巧，是高水平语言表达的能力。

穆青对白描是这样论述的：这种表现手法，有时也借语言的音响和色彩来加强效果，但主要依靠事实、形象、思想来打动读者。它的特点是豪华毕落见真谛，从平凡中见到深刻，在沉静中见到热烈；尽量做到自然流畅，不事雕琢。

请看一篇运用白描手法十分成功的经典之作——

光荣属于美国飞行员

中国南部某地电　在天空中，一场大战正在进行，地上的人们都停止了手中的活计，翘首仰望。最后，天上只剩下一架美国飞机，它那巨大的红底白五角星军徽分外耀眼。它单枪匹马，同两架日本鬼子飞机格斗。双方对射了一阵，两架日本鬼子的飞机先后栽了下来，轰然一声，从地面上升起了两条烟柱。

就在这个时候，人们也注意到，那架小巧玲珑的美国飞机也受了重伤。它吼叫着，声音很像用松节油作燃料的卡车在大路上行驶，而这辆卡车早已超载……最后，美国飞机也栽了下来，摔得很厉害，机身碎成了几大块，机翼也卷曲了。人们在飞机的残骸中找到了驾驶飞机打日本鬼子的飞行员。他个儿高，块儿大，就像其他美国人一样。他的外衣的左右肩上缝着两条窄窄的丝带，背上缝着一面中国国旗，旗上印着几行字，大意是说这个人不远万里，来到中国，帮助中国人民赶走日本鬼子。尽管人们知道他活不多久了，大家还是把他小心地抱了起来，送到一所房子里，为他精心治疗。他的腿和手臂摔断了，身上也有

① 孙春旻编著：《新闻表达现用现查》，63页，北京，中国盲文出版社，2002。

几处枪伤,肚子被打穿了,从外面,可以看到内脏。人们尽量让他舒服一些。他自己也明白,他活不了许久了。

就在人们尽量照料他的时候,他同他们又说又笑,用蹩脚的中国话开他们的心。可惜,他们不懂他的话,因为这个村的人们讲另一种方言。然而,大家都能理解为什么这个垂死的人强作欢颜,他们都看到了他的伟大,他的善良,他的力量和尊严。

他终于死了。人们用白布把他包起来,因为白色代表着人们对死者的悼念。他们用村里最好的棺木把他装殓起来,再把棺材抬到停泊在河中的船上,打算把他交给能把他转交给陈纳德等美国将军的那些人。

在棺木的旁边,他们放了一口箱子。箱子里盛着他的军服,那是在他痛苦不堪的时候,人们给他脱下来的。同衣服放在一起的,是人们在他的衣袋里找到的东西——有装着钱的小皮夹,有他本人和妻子、两个儿女的又厚又大的照片,有美国香烟,有银制的打火机,有折刀,有小小的棕色的美国硬币,上面铸着一个头像,是个长胡子的老头。

当这一切安排停当之后,村里的四个青年人带着长竹竿走到船上,他们将撑着船沿河而上,把美国飞行员交还给他的同胞。

死难的英雄就要回到他的同胞那里去了——这个消息在沿江地区迅速传开了。居住在两岸和在舢板上的人们都蜂拥而至,等待着这条船的到来。沿途,人们燃起了长串鞭炮,向一个为中国而战的美国飞行员致敬,向一个像英雄那样去笑、去死的人致敬。

(作者:美国陆军军士长玛里昂·哈格罗夫,原载《美国佬杂志优秀作品选》,1945年纽约版)

这篇发表于"二战"期间的新闻特写,淡淡着笔、慢慢道来,语言没有铺排,没有渲染,没有华丽,但我们却被深深打动了。

"他的腿和手臂摔断了,身上也有几处枪伤,肚子被打穿了,从外面,可以看到内脏。人们尽量让他舒服一些。他自己也明白,他活不了许久了。"无须形容他伤得有多重,只是将事实告诉读者,就已经让我们心痛不已。

"同衣服放在一起的,是人们在他的衣袋里找到的东西——有装着钱的小皮夹,有他本人和妻子、两个儿女的又厚又大的照片,有美国香烟,有银制的打火机,有折刀,有小小的棕色的美国硬币,上面铸着一个头像,是个长胡子的老头。"无须说明他是怎样的一个美国人,我们只从他的遗物中就明白他是一个多么留恋生活,多么热爱亲人,多么追求生活品质的人……

可见，白描是一种至高的写作境界，它要求作者具有更高的写作智慧、语言驾驭能力和非凡的表达功力。

三、简洁性是新闻语言的美学品质

新闻语言简洁凝练、通俗易懂。美国各报业协会在做了大量的研究之后，得出结论，新闻要有可读性，关键之一是写短句。表 9-1 说明的是可读性与句子长度的关系(英文报道)[①]。

表 9-1　可读性与句子长度关系列表

句子平均长度	可读性	句子平均长度	可读性
少于 8 个单词	很容易读	21 个单词	比较难读
11 个单词	容易读	25 个单词	难读
14 个单词	比较容易读	29 个单词或以上	非常难读
17 个单词	一般		

简洁是新闻语言应该拥有的高贵品质。契诃夫说，简洁是才能的姊妹。简洁是所有优秀文章的美学品格之一，更是新闻报道特别要求的写作规范，因为新闻的简洁，意味着快速、直接和有效的信息传递。

新闻语言简洁，要做到：

1. 删除多余的字

比如："这个俱乐部的成员出席了这次会议"简洁表达为"俱乐部成员出席了会议"；"两辆汽车都完全报销了"简洁表达为"两辆汽车都报销了"；"一座 18 层高的楼"简洁表达为"一座 18 层的楼"；"他离开火车走下来"简洁表达为"他走下火车"；"他说的是他要走"简洁表达为"他说他要走"；"过去的经验使他成熟"简洁表达为"经验使他成熟"。

2. 少用间接动词形式

例如："这些人物举行一次会议"简洁表达为"这些人将开会"；"法官做出了一个决定"简洁表达为"法官决定。"

3. 主动语态通常比被动语态更有力

例如："那人被学生看见了"比较好的表达是"学生看见了那个人"；"这次事件为许多人所目击"比较好的表达是"许多人目睹了这次事件"。更好的表达是"20 个人目睹了这次事件"。

---

① [美]梅尔文·门彻：《新闻报道与写作》，展江主译，187 页，北京，华夏出版社，2003。

4. 多用短语

例如:“事故发生在维纳街和麦伯尔街的街角交界处”更好的表达是“事故发生在维纳街和麦帕尔街交汇处”;“讨论持续了两小时之久”更好的表达是“讨论持续了两小时”。

简洁是一种美,更是一种力量。伏尔泰说:要想令人生厌,就什么也不要删除。在不长的篇幅内将新闻表达得言简意赅,是记者的基本功。

四、大众性是获得良好传播效果的必然途径

新闻是一种运用最广泛的语体形式,新闻报道必须与受众有较强的接近性。因此,新闻语言必须通俗易懂,明确朴实,使用规范的现代汉语词语。“有专家统计了19篇新闻作品的6500个总词量并加以分析,通用词语占绝大多数,口语词次之,专业术语、行业习惯语、方言、俚语、歇后语、谚语、格言、古语词、外来词用得极少。有些专业术语非用不可时也用得十分谨慎,对极少数一般读者不熟悉的专业术语还作必要的解释”。[①] 可见,新闻语言的通俗易懂是大众传媒获得良好传播效果的一个必然途径。

高尔基在《新闻工作者的伟大历史使命》中指出:新闻语言“当然是越朴实越好”,“真正的智慧,通常总是用很朴实的方式反映出来的”,“语言越朴实,越生动,就越容易理解”。[②]

新华社曾经发文要求:“我们一切发表的文字必须以最大多数的读者能够明了为原则。”新闻语言要做到通俗易懂,用语要简洁通俗,用词贴切、得体、有力,并达到语言雅俗共赏的较高境界。

1. 避免使用术语和行话。有能力的记者不使用术语同样能准确地报道和描述事实。例如:有一条关于气象站天气预报的报道——“本报讯　辽宁省东沟县气象站不仅能够作出短期、中期和长期的预报,而且还能作出超长期预报。”

法新社在转发这条消息时修改为:

> **法新社电**　绝大多数气象台可以告诉你今天、明天甚至两个星期内是否下雨,然而中国一个县的气象站不仅能做到这一切,还能对今后十年的气象变化作出预报。

2. 尽量不用行话。使用受众容易理解的普通词汇、常用词汇,而不是政府官员、新闻发言人、法官、律师使用的语言。如:这些军人被指控犯有众多的侵犯人权的罪行。更有力的写法应该是具体的而不是抽象的:这些军人被指控犯有强奸和谋杀罪。

---

① 李元授,白丁:《新闻语言学》,81页,北京,新华出版社,2001。

② 高尔基:《高尔基论新闻和科学》,北京,新华出版社,1981。

3. 不要使用外来语，除非汉语中找不到替代词。在新闻表达中，越是笔法老练的记者，越是追求用字的平常，做到语言平白如话，通俗易懂。

同时记者还要善于吸收大众语言中的精华，多用大众口语。例如："**据新华社巴颜浩特(2002年)3月19日电**　在沙尘源头采访，记者时常遇到倒毙在戈壁滩和沙漠中的驼羊的尸骨，而觅食的驼羊也形容憔悴。记者不禁叹息：在这里做个畜生好辛苦。/在阿拉善右旗努日盖苏木一个叫梭梭井的地方，牧民白桂珍告诉记者：'这几年的沙尘暴越来越猛，一场大风过后，就能在草场中找到死羊。'/走进额济纳旗苏泊淖尔苏木牧民达布罕家，我们惊奇地发现，每只山羊都戴着一只口罩。达布罕老人解释说：'哪是口罩呀，这是给山羊补喂饲料。'"[①]"在这里做个畜生好辛苦"、"一场大风过后，就能在草场中找到死羊"、"哪是口罩呀，这是给山羊补喂饲料"等，都是口语化表达。穆青提出："如何把群众的语言巧妙地用到我们的新闻写作里，这是很有意义的事情。语言要经常搜集，经常学，经常记。写东西要概括，最好用群众的语言来概括，不要用咱们的腔调来概括。"[②]在新闻中最好的文字，就是与大众至亲的文字。

但需要说明的是，我们只是强调要学习大众语言的精华，并不是要求用口语写作。新闻语言必须以规范化了的现代汉语语言作为基础，使用规范化的语言，新闻写作永远不能忽视对语言的提炼。

杰克·卡朋在《美联社新闻写作指南》中指出新闻写作仅有信息是不够的，记者在交稿之前，应该向自己提三个问题：第一，我是不是已经把我想要表达的意思表达出来了？第二，我是不是已经尽可能简洁地把意思表达出来了？第三，我是不是已经尽可能用简单的文字把意思表达出来了？

第三节　新闻语言的禁忌

一、忌含糊笼统

新闻作品以传递信息为第一要务，因此新闻语言要做到消除受众的"不确定性"，从而获得生活和周围世界的信息，并做出适应性的反应。如果新闻表达含糊笼统，就会让受众不得要领。因此，新闻语言忌含糊笼统。

下面结合一个案例来说明。

---

① 刘明华、张征选编：《新闻作品选读》，23页，北京，中国人民大学出版社，2003。

② 穆青：《新闻散论》，233页，北京，新华出版社，1996。

案例①

轻信他人代办房产证 不料跌落骗子陷阱

老太折房两套无家可归

本报讯 德福巷63岁的程老太太,因为轻信他人,把自家的两套房子委托他人办房产证,结果房产证没办来,委托人偷偷卖掉房子,还先后骗了她现金十几万,现在她没家可归,老伴和孩子也因此失踪了。

在德福巷21号院的车棚里,记者见到了老太太,半身不遂的程老太太现住在车棚小屋里。她告诉记者,她家原来有老伴和一个弱智的儿子,现在老伴和孩子都因为房子和钱财被骗而受刺激失踪。

程老太太告诉记者被骗的经过:2005年3月,在楼下车棚旁晒太阳的程老太太,认识了家住正大制药厂家属院的中年女人张某。当得知程老太太在德福巷小区有两套拆迁房,只有临时房产证,张某告诉程老太太,自己可以帮其找人办理正式房产证。在张某介绍下,程老太太又认识了一位女子杨爱琴,签了委托书,委托其办证,还给了其1万元现金。结果老人发现自己闲置的那套房,被杨爱琴卖掉,而房款也迟迟不给程老太太。今年年初,杨爱琴告诉程老太太,自己在索罗巷有套空房,可以让程老太太一家住,而程老太太住的房子可以租出去挣钱。于是程老太太一家在杨的“帮助”下,搬到了索罗巷。3月老太太又发现这套房子也被杨爱琴卖掉,杨再也不见了。程老太太的家人找到介绍人张某,张某说给她些钱,她可以帮老太太赎回这套房。程老太太又相信了她,先后给了她11万元现金。不久,张某也不见了。

今年7月的一天,突然有房产中介公司的人来索罗巷程老太太住的房子,告诉她这套房子是杨爱琴租来的,只租了半年,租期满了中介要收房。程老太太一家先后损失了房子、现金共35万元。此后,程老太太一家无家可归,老伴和孩子也先后失踪。程老太太只好在车棚暂住,在亲戚的照料下生活。上月,程老太太已在公安碑林分局经侦大队报案。程老太太想通过媒体呼吁公安部门尽快缉拿骗子归案,同时提醒老年人不要轻易相信他人。

(资料来源:《西安晚报》2006年11月13日)

这条消息,存在的问题是多方面的,单就语言表达存在不明确。

第一,时间交代不清:

新闻中说到了程老太太受骗的全过程,但很多地方的时间概念没有交代,整个事件

① 案例和分析来源:http://www.xici.net/b1067005/d45529619.htm。

给人的感觉不够连贯。诸如：

2005年3月：程老太太认识张某；

——？月：张某介绍认识杨爱琴，(？时间)签了委托书，委托其办证；

——？月：闲置的那套房被杨爱琴卖掉；

——？月：房款还没给程老太太；

2006年年初：杨爱琴告诉程老太太，自己在索罗巷有套空房，可以让程老太太一家住；

——？月：程老太太一家搬到了索罗巷；

2006年3月：老太太又发现这套房子也被杨爱琴卖掉，杨再也不见了；

——？月：程老太太的家人找到介绍人张某；

——？月—？月：程老太太先后给张某11万元现金；

——？月：张某也不见了；

2006年7月：房产中介公司的人来索罗巷要收房；

——？月—？月：程老太太老伴和孩子也先后失踪；

——？月：程老太太只好到车棚暂住；

2006年10月：程老太太已在公安碑林分局经济大队报案。

上面的这些问号不填上，事件进展的脉络就很难搞清楚。

第二，人物交代不清：

1. 程老太太半身不遂，是什么时间开始的？如果以前就是，那她是怎样到车棚前晒太阳的？如果是以后才得的，那么是什么时间得上的？如果是被骗以后得的，那么她的老伴和儿子都走了，她是如何到公安碑林分局经济大队报案的？

2. 程老太太的老伴是一个什么样的人？她们家办这么大的事就没有商量吗？如果是商量后决定的，老伴为什么要撇下程老太太走了？老伴就没有责任吗？

3. 张某住在正大药厂家属院，是租住还是自有住房？如果是自有住房，应该不会抛下房子就不见了，何况她还应该有家人；如果是租住房，那么房主应该知道张某是何处人，找到她也并不难；还有，张某能在程老太太的小区看车棚，应该也有身份登记才对，也不可能找不到张某的家。

4. 杨爱玲代老太太卖房子，她是什么身份？是不是房产经纪人？有没有从事房产中介的资质？

第三，事件发展表达不清：

1. 杨爱琴既然已经卖掉了程老太太的第一套房，而且不给钱，程老太太怎么还会把第二套房也交给杨？

2. 程老太太给了张某11万，给的是什么钱？为什么在已经被骗去了两套房以后还会给张某钱？

3. 程老太太搬到了车棚住,是谁让她搬进来的?她住进来了,看车棚的住哪儿?如果是小区居委会照顾老太太,那么居委会的人应该对情况有所了解,为什么没采访居委会?

4. 程老太太的老伴为什么离开?其中有什么样的隐情?

读了这篇新闻,感觉记者对所报道的事实所知有限。如果没有充分的调查和采访,就很难向受众传递全面清晰的信息,其传播效果就会受到影响。

链接

下面是一篇与以上案例同源新闻,这篇报道,比较清晰地报道了事实。

两处房屋被骗　老伴、儿子出走

六旬老太寄人篱下孤苦度日

本报讯(记者拓玲)　只因为太相信两位女子的花言巧语,63岁的程桂玲老人竟在不到一年的时间里先后丢掉了两套两居室的住房。手拿与骗子签订的委托书,老人如今欲哭无泪。然而屋漏偏逢连阴雨,家中的不幸却并未因此结束,受不了打击的老伴与儿子去年突然失踪后至今杳无音信。没了家的老人如今只能在社区看车棚的小屋里孤苦度日。

一年内两套房屋被骗卖

患有脑溢血后遗症的程桂玲老人和老伴李长振原住在德福巷东小区,2005年3月的一天,两人在小区车棚与一女子张春红聊得很是投缘。听说因房屋拆迁,老人在德福巷东、西小区各分有一套住房,且都是临时产权证。张春红便称自己认识人多,可以找人帮老人换成正式产权证。随后又叫来另一女子杨爱琴拟了份委托书。"当时说的是她们帮我办两套房的继承过户手续,没想到她们在委托书上又加上了帮我办理两套房产的租、售等一切事宜的意思。"视力不好的程老当时稀里糊涂就签了字,并随之去公证处做了公证。

骗得了老人信任,又有了法律上生效的委托书,很快,老人在德福巷西社区14号楼3单元一套61.82平方米的住房就被张、杨两人以11万元的价格卖给了一位高女士。"我光在三张收款条上签了字,可11万元现金一分也没收着。"2005年8月,杨爱琴再次找到程桂玲老人,称其在索罗巷有套住房,因长期无人住,想请老人和老伴过去住,然后帮老人把德福巷东社区的房子租出去,一年最少挣1万多元租金。还没等程桂玲老人考虑几天,杨爱琴就找搬家公司帮老人搬到了索罗巷。直到今年3月,老人才恍然大悟。"三月份有一天,人家房屋中介公司找上门来,说我们住的房子是杨爱琴租的,只交了半年的房钱,现在房子已到期,叫我们尽快搬走。"

再回到德福巷东社区16号楼1单元的房子，才发现房屋早换了主人。程桂玲老人在今年3月已将房子以15.5万元卖给了另一对老人。而此时之前的张春红又出现了，称只有找她才能帮老人赎回房子，无奈的程桂玲老人向亲朋借11万元给了张春红，没想到换来的竟是漫长的等待。

老伴、儿子出走　寄人篱下度日

因为房子被骗的事，程桂玲老人经常与老伴发生口角，今年8月的一天下午，李长振老人与老伴吵架后，与先天智障的儿子李乐一气之下离家出走了，至今没有任何音信。提起日夜思念的老伴，程桂玲几次哽咽。没了住所，老人现在暂时住在社区看车棚的8平方米小屋，只靠每月400元的退休金艰难地度日、看病。程桂玲老人说："现在一打杨爱琴的电话就是'已关机'，再也找不到她们了，我晚上做梦都是被骗的经过。到底啥时候能赎回我的房子？"孤苦伶仃的老人显得特别无助。

碑林公安分局介入调查

事发后，程桂玲的亲属张先生曾到南大街派出所报案，但派出所工作人员称案情重大，他们无法处理。10月17日，张先生又来到碑林区法院报案大厅，工作人员表示，该事件属于经济诈骗案，可向碑林公安分局报案。10月19日，看到张先生的报案材料，碑林公安分局经侦科民警受理了此案。记者昨日在经侦科三中队尹队长处了解到，目前此事正处于案件调查阶段。

（资料来源：《西安日报》2006年11月12日）

又如《中国青年报》2002年3月16日发表的社论《坚定信心 奋发有为——祝贺九届全国人大五次会议、全国政协九届五次会议圆满成功》。

盛世春来早，在春雷惊蛰、春风化雨的时节，九届全国人大五次会议、全国政协九届五次会议胜利闭幕了。今年"两会"是新的历史时期全面推进经济建设和社会各项事业的盛会，"两会"取得的丰硕成果，做出的重大决策，必将更加坚定全国人民和广大青年的信心，激励我们奋发有为去夺取新的胜利。

今年是我们党和国家历史上非常重要的一年，做好今年的各项工作意义重大。党的"十六大"将于今年召开，这是党在21世纪召开的第一次党的全国代表大会，是在我国进入全面建设小康社会、加快推进社会主义现代化的新的发展阶段召开的一次极为重要的会议，对于党和国家在21世纪的发展具有重大而深远的意义。我国加入世界贸易组织，总体上有利于改革开放和经济发展，但在近期，某些竞争力不强的行业、企业会受到较大冲击，我们面临着新的机遇和挑战。当前国际形势复杂多变，世界经济和贸易增长仍然缓慢，国际市场竞争更加激烈，在这种情况下继续保持我国经济持续快速健康发展，需要更加努力。我们要抵御和克服前进道路上的各种风险和困难,处理好经济和社会发展中的各种关系和各种矛盾,全面实现改革、发展、稳定的目标,就必须坚定信心,保持奋发有为的精神状态。

……

这则新闻作品的语言,信息量少,空发议论,不是让事实说话,而是想通过形容词拔高事实。叙述概念化、笼统化、模糊化和综合化,言说不生动、不优美,没有故事,看不到有血有肉的活生生的人。这种语言是口号式的、缺乏逻辑与感情的语言,与新闻语言相差很远。

二、忌数字堆砌

一些新闻报道不厌其烦地罗列细节和数字,这也是语言的堆砌。

看一条消息——

西洽会首日告捷　安徽代表团33个项目共签约39亿

中安网4月6日西安讯　西洽会首日告捷。今天下午,安徽省代表团经济技术合作项目签约仪式在西安皇城宾馆举行。今天共签订项目33个,总金额达39亿多元。

来自签约仪式现场的消息,我省代表团今天下午集中签约的项目包括,外资项目1个,协议总投资1000万美元,吸引外资额360万美元;国内横向联合项目17个,总投资19.0940亿元人民币,吸引外地资金14.9444亿元,其中项目合同5个,总投资4.36亿元,外地投资额2.2188亿元,项目协议12个,总投资14.734亿元,外地投资额12.7256亿元;科技项目4个,合同总投资7265万元,外地投资额2000万元;产权交易项目2个,总投资12亿元,外地投资额1.2亿元;其中项目合同1个,总投资2亿元,外地投资额2亿元;项目协议1个,总投资10亿元,外地投资额10亿元。内贸合同9个,合同交易额6.395亿元。

陕西省委常委、政法委书记赵正永、安徽省人民政府副省长黄海嵩、安徽省人民政府副秘书长张秋保、安徽省经济贸易委员会主任杨振超等出席了今天的签约仪式。

(资料来源:中安网)

这条新闻简直是数字的堆砌,显然记者对新闻材料缺乏整理,对语言更是缺少概括和提炼。这样的数字虽然很精确,但却使得新闻事实很模糊。

三、忌用生僻字词

新闻是一种大众文体，它的受众群广泛，这就要求新闻用词要大众化，让绝大多数受众认识、懂得。如果新闻表达中用一些生僻字词，无疑会成为受众阅读的障碍。受众就会对新闻望而生畏，避而远之。

如，某地市报上刊登了一条题为《夤夜查险》的报道。赫然出现在标题中的“夤”字不知要拦住多少读者。据《现代汉语词典》(修订本)，“夤”的读音为 yín，意思为“敬畏”或“深”。可见，这条标题中的“夤”的意思应为“深”。那么，这条报道的作者或编辑，为何不用“深”，而偏偏要用“夤”。用“夤”字的时候不知有没有想过，作为一张面向基层的地市报，用这样的生僻字合不合适呢？又如，有张面向农村、农民的大报，在一篇歌颂一位老农民关心公益事业的报道中没有明确指出老人多大年纪，而是用“耄耋”一词代替。农民读者恐怕很少有人知道这一词的意思。(据《现代汉语词典》(修订本)，“耄耋”的读音为：mào dié；意思泛指老人，其中“耄”指八九十岁的年纪，“耋”指七八十岁的年纪。)退一步说，就是理解“耄耋”一词意思的读者，也会被弄糊涂，报道中的老人究竟是多大年纪呢？是七八十岁，还是八九十岁？

报道是写给读者看的，没有人看的报道就失去了价值。读者少的报道，其价值就不大。从以上例子可以看出，不少报道失去价值或价值不大的原因在于作者或编者有意或无意用了生僻的字或生僻的词后造成的。因此，我们写报道时，对于某些生僻的字词，要设问一下：“大多数读者看得懂吗？”①

四、忌公文语言

公文是公务文书的简称，有时也称文件，如命令、决定、通知、通报、报告，等等。新闻语言与公文语言在某些方面确有近似之处，如都要简洁准确，但两者在传播中有根本不同。在新闻传播活动中，传者和受者处于平等的地位，除了信息本身的价值，没有任何因素可以对受众作出限制和约束，而在公文传递中，传者和受者是有等级差别的，语言富有指令性。因此，新闻语言如果带上了公文语言的权力色彩，受众就会反感，就会拒绝接受。

新闻媒体中用得较多的公文语言模式的表达有：用“该”，用“第一……第二……第三……”，用“一是……二是……三是……”。这些字或句式用在公文中是很合适的，但这类字、句式出现在新闻报道中就使报道显得不伦不类了，既不像公文，又不像新闻。为何

---

① 胡德桂：《新闻语言通俗化的方法、来源》，中国新闻研究中心，2003-02-19。

新闻报道中经常出现这种不伦不类的表达呢？原因就在于，不少新闻记者热衷于跑会议、跑机关，把别人现成的公文如通报、通知拿到手里稍微一改便当新闻发表。这样的新闻报道，难免公文味。虽然收集包括公文在内的材料，是采访的方法之一，但根据收集到的公文写新闻报道时，不能抄公文，而是要把公文中有新闻价值的东西用新闻语言表达出来，切不可留下公文的痕迹。比如说，通报中称某人或某单位时，一般用"该同志"或"该单位"。在新闻报道时，就不能照搬通报中的这种模式，应该把"该同志"用"他"或"她"代替，把"该单位"用"这个单位"代替。又如，新闻报道中经常出现的"一是……二是……三是……"或"第一……第二……第三……"的语句模式，完全可以用分号(;)来表示并列关系，或者用"和""及""或""或者"来表示并列关系。[①]

总之，新闻语言的表达只有符合新闻的本质要求，符合新闻的传播规律，它才会有效，才会充满活力。

练习

一、体会和分析下列新闻作品的语言特点

东德儿童心目中的新世界

【美联社东柏林 1990 年 9 月 29 日电 记者马克·弗里茨】 英格堡·尼希翻阅着一大堆作文本，不停地摇着头。对这么多孩子笔下的作文充满着担心和不安。

这些都是东德的儿童对他们的国家、对一个新国家的诞生写下的字句，这是下一代的呼声。

"我感到震惊……震惊，"东德教师尼希太太说，"我对我们的未来要比这些孩子们乐观多了。"

这些作文反映的是家庭动乱、国家变革和社会即将发生的巨大变化。

东德的儿童与新生德国的命运利害攸关，这是任何人都无法比拟的。历史的风潮大大改变了他们的未来。

美联社记者访问了第 18 语法学校，请尼希太太给她的一部分学生布置一篇作文，以"星期三的德国统一"为题。

她选择了八年级和六年级各一个班，告诉学生写 100～200 字的短文。

但学生们写的特别多，表达了他们对遥远的将来的希望以及即将到来的现实的惊奇和不安。

---

① 胡德桂：《新闻语言通俗化的方法、来源》，中国新闻研究中心，2003-02-19。

“我告诉他们要‘短些、短些、短些’，但他们说：‘不，我必须写。’”尼希太太说：“500字、600字，有一名学生写了800字。在45分钟内。”

她说，这些内容使她大吃一惊。“他们担心自己的家是否能保住，父母的工作是否能保住，担心房租上涨。”她说。

她说，许多作文都反映了焦虑不安的父母的担心，反映了新闻评论员所描绘的严酷的画面。

“一切东西都越来越贵……房租、电话费等，许多人失去了工作，”12岁的戴安娜·舒尔茨写道，“我父母也已经失业。”

“房租涨价，我父母失去了工作，”12岁的洛因·利本写道，“10月3日唯一的好处就是学校放假。”

有的作文支持德国统一，但又自相矛盾地对“德意志民主共和国”的消亡表示遗憾。

12岁的安卡·希拉姆写道：“德意志民主共和国是我的祖国，现在它再也不会存在了，这简直不可思议。”

从第18语法学校的操场，你可以将足球踢到柏林墙跟前。原来盟军的边防检查站查利哨所离这里只有半个街段。

这一个居民区是东德肮脏的莱普齐格大街的一部分，大部分居民区现已成为社会残渣和罪犯的温床。星期二，来自西柏林的约200名“左翼”极端分子戴着黑色面具、手持钢管，捣毁了附近一家杂货店的大门。

尼希太太说，许多孩子从公寓的窗户里看到了这一场面。

许多作文对犯罪行为感到担心。

“现在柏林墙虽然倒了，但我却没有感到真正的安全。”13岁的朱丽亚·埃克斯曼写道。

二、分析下列新闻作品语言的白描性特点

最爱舟舟的那个人走了

许多人都知道舟舟，他是中国著名智障指挥。然而，人们不知道的是，舟舟的妈妈身患癌症12年。支撑她活下去的唯一理由是，她必须用舟舟能够理解的方式告诉他“爱永远不会离开”，她必须尽可能安排好舟舟将来的人生——

1994年3月，43岁的武汉市机床厂厂医张惠琴被确诊患了乳腺癌。这一年，舟舟16岁。舟舟患有21对染色体综合征，永远都只能有三四岁孩子的智力。

为了舟舟，张惠琴决定好好活下去。在经过手术和半年的治疗后，她出院回到家里。

此后，她每天替舟舟换洗干净衣服，教他爱干净、讲卫生。这样是希望别人不至于太厌恶舟舟，会尽可能地接纳他。家里，她、丈夫和女儿都用头天的剩饭当早餐。但张惠琴每天给舟舟一块钱，让他出去吃早点，目的就是希望他能学着多接触社会，使用钞票。

正在这时，张惠琴丈夫胡厚培所在的武汉市交响乐团的一位同事，偶然中发现舟舟对于音乐的天才感受力。

张惠琴兴奋极了，她终于找到了适合舟舟的生活方式和生存方式。夫妇俩决定送他上智育培训学习班，还请一些指挥家来指导舟舟……

1999年元旦前夕，中国残联特地邀请舟舟参加残联举办的春节晚会。在那次晚会上，舟舟将自己的音乐天才发挥得淋漓尽致。残联主席邓朴方拥抱着舟舟，深情地说："一切生命都是伟大的！"

中国残疾人艺术团赴美前，在北京21世纪剧院会演，党和国家领导人观看了演出，舟舟的指挥获得了全场雷鸣般的掌声。此后，舟舟又在美国巡演，指挥了包括美国国家交响乐团在内的几个世界顶尖交响乐团。

然而这时，在国内的张惠琴却被查出由于化疗不彻底，癌细胞已经转移并扩散。医生告诉过张惠琴，她必须坚持定期去化疗和复查。但一次化疗就得几千元，她舍不得，只要身体还能支撑住，一般能拖就拖。她要为舟舟尽可能多攒一分钱。

一个多月后，舟舟从美国回来了，这时张惠琴的头发因化疗已经全部掉光。舟舟摸了摸妈妈光光的脑袋，突然流着泪说："妈妈，你得了病吗？"这是舟舟第一次知道妈妈有病。他的话像一股暖流涌入了张惠琴的心里，她感到莫大的慰藉！她曾经以为舟舟永远不会懂得什么叫生病，什么叫问候。

张惠琴加紧了培养舟舟良好生活习惯的训练：她像训练婴孩一样每天无数次地叮嘱舟舟，早晚要刷牙，饭前便后要洗手，每天要洗脚，每周要洗澡……令她欣喜的是，舟舟也有了更多自我表达的意识。

这年，张惠琴陪着舟舟随中残联艺术团循环演出。到新安时，她感觉到胸腔似乎要爆炸一般的疼痛，完全站不稳了。她想，也许自己不行了。但她不愿意影响舟舟演出，更不愿让舟舟看见自己痛苦的模样，因此面对舟舟时，她居然从来没有皱眉，没有喊过一声痛。

张惠琴在等到丈夫赶来陪舟舟后，才连夜回到武汉。在同济医院，医生惊呼：她已经满胸腔积液，不知她是怎么忍受巨大痛苦呼吸的，而且她还四处颠簸奔波。张惠琴不得不赶快住院抽取积液，并进行化疗。

一天，张惠琴看一个电影故事。故事名叫《小孤星》，讲一个4岁小女

孩在母亲车祸去世后的故事。女孩在母亲的墓地前拼命刨土，要把妈妈找出来。

张惠琴看着，震惊了，她一直只想着要怎样安排舟舟将来的生活，却从来没想过舟舟会怎样看待她的死亡。

张惠琴告诉自己，她一定要教会舟舟学会面对妈妈的离开。她无法想象因为自己的死亡，令舟舟感觉到被遗弃，感觉到孤独与绝望。

张惠琴从舟舟最喜欢的游戏——打手机入手，一次又一次反复告诉他，如果有一天妈妈不在了，你要学会给妈妈打电话。她拿着手机放在舟舟的耳边，对他说："你看，就像这样子，你看着天空对妈妈说话，那时妈妈就在天上注视着你。"

张惠琴指着院子里的小树对舟舟说，如果以后要找妈妈的话，就去看那一棵树。那是棵春天里开花的树，你可以把要送给妈妈的小礼物。比如一块蛋糕，比如一颗糖埋在树底泥土下，妈妈就会吃到。

张惠琴一遍又一遍地对舟舟说，你只是看不见妈妈的身影，但妈妈永远在你身边，在照片里，在录影带里，在你凝视的每一颗星星里，在拂过你身体的每一阵风里，在你清晨起床迎接的第一缕阳光里。只要爱在，爱你的人就在。

舟舟听着，他有时听不懂，但他有时分明是听懂了。

2006年5月27日下午，张惠琴在武汉市161医院肿瘤科骤然辞世。

去世前，张惠琴已经与武汉市红十字会眼库签订了眼角膜捐献志愿书。她的志愿书是这样写的：舟舟是在社会的关爱中成长的，我也要回报社会，帮助那些失明的人。

（资料来源：《现代家庭》2006年9月上　作者：千北）

三、分析下列新闻报道的语言缺陷

乳酸菌也能抑制青春痘

酸奶里的乳酸菌，还能当"大夫"？请别小看它。它不仅对预防大肠癌有功效，还能抑制青春痘，防止龋齿；摄入某些菌种，还可以减少3～5岁儿童上呼吸道感染的发病率。由上海市食品学会主办的第四届亚洲乳酸菌研讨会暨第三届乳酸菌与健康国际研讨会日前在上海举行，与会专家最新的研究报告表明，乳酸菌在人们的日常生活中扮演着越来越重要的保健角色。

芬兰科学家Sampo Johannes Lahtinen博士带来了全新的实验报告：每日摄入含嗜酸乳杆菌NCFM和乳酸双歧杆菌的复合菌株及单独含嗜酸乳杆菌NCFM的益生菌，可以减少3～5岁儿童上呼吸道感染的发病率，并且能缩短病状持续时间。他的实验数据表明，服用益生菌合剂的儿童组群，出现发烧症状的几率比普通人群降低 63%，咳嗽、流涕的发病率分别降低 54% 和 44%。同时，日本专家石川秀树通过长期的实验证明了服用乳酸菌制剂对预防大肠癌有作用；双歧杆菌发酵乳的摄入，对溃疡性大肠炎的恶化有抑制作用。

对于年轻人经常使用外用药等刺激性药物来抑制青春痘的再生，台湾乳酸菌协会理事长蔡英杰博士有着不同看法："痘痘不断，关键是因为体内肠道功能的紊乱，经常性的排毒不畅才会造成毒素的堆积，反映在身体的表征上就是长痘痘。"他发现，不少年轻人的肠道已经上了"年纪"，功能紊乱，动辄腹泻或者便秘。他建议"痘痘族"常摄入乳酸菌，可以有效地提高肠道的蠕动性、疏通性，排出毒素。

论坛上，中外乳酸菌研究者提供了大量的临床实验数据和图表，展示了乳酸菌的各种新能耐。除了对基础消化道的保护和改善，乳酸菌对调节血脂、保护肝脏、抗疲劳、预防口腔龋齿等也有积极作用。

新闻体裁就是新闻作品的具体样式，它是新闻形式的因素之一。犹如人们做衣服，必定要量体裁衣，要选择一定的样式，新闻写作也要选择表现样式，一切新闻作品的思想内容都要通过这样或那样的体裁来表现，没有体裁的新闻作品是不存在的。所以，要写作新闻，记者就必须要理解和掌握新闻的体裁。

第十章　新闻体裁是新闻的表现样式

新闻的体裁简单地说是用来表达新闻的文体样式，在新闻发展的历史上，出现了多种多样的新闻体裁，例如消息、通讯、新闻特写、新闻言论、新闻专访、报告文学、深度报道等。这些名目繁多的新闻体裁的产生和演变，都有一定的社会根据和它本身的发展规律。

新闻体裁作为新闻内容的表达方式，也是新闻内容最常用的分类方式，它往往依据新闻内容的基本性质对新闻进行分类。新闻体裁的分类历来不统一，尤其是电子传播手段广泛运用于新闻报道以及新闻业的发展等原因，使得新闻体裁的分类更加多种多样。一般而言，新闻体裁可以分为：消息、通讯、新闻特写、新闻言论、新闻专访等。

第一节　消　　息

一、什么是消息

1. 消息的定义

"消息"一词最早见于《易经》，其意是指事物的发生、发展和结局。事物的兴衰、动静、得失、枯荣、聚散等，可以称之为"消息"。伴随着社会发展，对新闻事实进行迅速及时、简明扼要的报道，被称为消息。因其在新闻诸文体中使用频率最高,使用数量最多,是新闻报道中最常用、最活跃的基本体裁,所以我们常说的"新闻"就是消息。狭义的新闻专指消息;广义的新闻,除消息外还包括通讯、特写、专访、言论、调查报告以及各种新兴的新闻体裁。

消息篇幅短小,讲求时效。消息又有报刊文字消息、广播消息(口播和录音新闻)、电视消息(口播和声像新闻)。

比起别的新闻体裁,消息写作在"新""快""短"的特点上更加明显。"新"的具体表现就是材料要新,要把新人物、新事迹、新经验、新创举等新鲜事物报道给受众以扩大受众的视野。消息写作所反映的思想,所说明的问题,要富有新意。"快"就是要迅速及时,讲究消息写作的时效性,应迅速完稿,新闻事实发生同公开报道之间的时间间隔越小越好;"短"就是消息写作的语言应该简明扼要,切忌冗长啰唆,消息的篇幅宜短,受众生活节奏快、时间观念强,多数希望在较短的阅读时间里获取尽量多的信息。

消息是新闻报道的核心性报道方式,就新闻传播活动的整体而言,消息在新闻报道方式中的核心性地位已延续了一个半世纪以上。因此,学会写作消息是对新闻记者的起码要求。

2. 消息的五要素

何事(What)、何人(Who)、何时(When)、何地(Where)、何因(Why)是消息的五要素。因为在英文当中这每个要素开头的字母都是"W",所以简称五个 W。五个 W 是检验消息是否写得完整的一把尺子,从理论上讲,每条消息都应该回答五个 W。

例如:

> 24 岁的警察朗尼恩在星期六凌晨约 3 点 5 分被一把 0.22 口径手枪击中右脸颊之后现在在"郊区医疗中心",伤情已经稳定。他在停车想喝一杯咖啡时,偶然地打断了一次抢劫企图。29 岁的劫犯斯科基人格瑞姆和 21 岁的诺威尔在一家位于欧文公园和埃斯特大街通宵方便商店里击中了朗尼恩。

这条消息的导语回答了所有问题——

何人:警察约翰·朗尼思

何事:右额被击中

何时:星期六凌晨 3 点 5 分

何地:欧文公园和埃斯特大街上的通宵商店

何因:他打断了一次抢劫企图

当一条消息写成后,我们可以用五个 W 衡量一下,一般来说,如果五要素齐全,那么报道就是完整的,否则,消息对事实的交代就不够完整,受众就会对新闻提出质疑。

二、消息的分类

消息从不同的角度分类,就有不同的类型。

按媒体分:有文字消息(报纸)、广播消息、电视消息、网络消息等。

按新闻所报道事件的性质分:有事件性新闻和非事件性新闻。

按报道内容分:有政治新闻、经济新闻、科技新闻、军事新闻、体育新闻、教育新闻、文艺新闻、社会新闻等。

现在国内比较通行的是按写作特点来分类,把消息分为动态消息(包括会议消息)、综合消息、人物消息、经验性消息(典型性报道)等。

1. 动态消息:动态消息是同经验性消息(典型报道)等相对而言的,类似西方新闻界的硬新闻,是最常见的消息类型。它迅速及时地报道国内外正在发生或新近发生的新闻事实,是反映新事物、新情况、新动向的消息。动态消息最基本的写作要求是以一地一事、一人一事为对象,在简短的文字中叙述新闻事实,以事物的最新变动为主要着眼点,给受众以动感和现场感。我们常见的会议消息也属于动态消息。

案例

中华浩浩五千载　谁见铁龙渡大海

今天火车登陆海南

吴邦国出席粤海铁路通道轮渡建成庆典

本报海口1月7日电(记者 朱海燕)　我国第一艘跨海火车渡船——粤海铁1号,像漂移的陆地,载着火车驶向海南。

今天上午9点15分,渡船从琼州海峡北港出发,10点1分抵达海口南港。

6级海风掀起滔天白浪,汪洋大海上不见一片帆影。渡船在波峰浪谷间行进,十分平稳,杯水不摇。

吴邦国站在布满鲜花、飘扬彩旗的南岸栈桥上,临风而立,迎接渡船上岛。他满脸喜悦,似乎在对大海说:执政为民的共产党人彻底改写了海南与大陆不通火车的历史。

自古以来,天涯路短,思念情长。苏东坡被贬海南时,这里的路只有1195里;洪武元年,官道仅2230里。苏东坡、海瑞一批千古功臣,均无力将孤悬海外的海南与祖国拉近。

张之洞曾提出“筑铁路至海南腹地”的设想;孙中山勾画了火车轮渡琼州海峡的蓝图。然而这些宏愿终被大海吞没。

1942年,日本侵略者为掠夺财富,在八所一带用4万中国人的生命筑了

200公里的铁路。解放后,虽经改建,但作为“孤立的存在”几乎被人遗忘。

交通不畅,物流不旺,经济难上。

1993年启动的洋浦开发区,计划15年建成一座40万人口、600亿元产值的现代化城市,目前生产总值仅3.3亿元,人口不足4万。1995年,海南引进外资14.6亿美元,2001年降到5.7亿美元。去年瓜果菜出岛340万吨,卖了53亿元,而汽车运费付掉18亿元,还有40%的瓜果菜因登不上汽车烂在地里。海南有年2000万人的旅游接待能力,因交通不畅,只能接待1200万人。

党中央、国务院深情关注着海南。江泽民指出,通道是海南经济发展的生命。于是,一条致富线作为实践“三个代表”思想的杰作写进南国热土。

1998年8月开工的粤海通道,投资45亿元、全长345公里,由湛海线、火车轮渡和西环线组成。其中高科技的渡船,减摇能力达50%,在8级风浪中可平稳行进。

通道连接全国7万公里铁路网,将全面整合海南的经济结构和物流资源:90%的港口吞吐量、80%的商贸业、70%的仓储业因铁路正呈现出蓬勃生机。

铁路使海南的交通能力提升一倍。运价降低2/3。仅瓜果菜出岛,一年将多收入50亿元。

10点48分,吴邦国为火车轮渡开通剪彩后,上千海南人涌向码头看热闹。一位老大爷挤进去又被挤出来,帽子都挤掉了,他嘴里喊着:“让我再看一眼。”

这时,一首《春天的故事》骤然响起,人们感受到“铁龙渡大海,琼崖尽是春”。

据悉:由于琼州海峡火车轮渡成功,大连到烟台间火车轮渡即将上马。

(原载《中国铁道建筑报》2003年1月11日)

《今天火车登陆海南》是第14届“中国新闻奖”消息类二等奖作品,是一条动态消息精品。消息反映的是我国铁路渡海的新闻大事件,反映新事物、新情况、新动向。记者对消息中的人物、场面细致入微地加以描写和刻画,给受众以动感和现场感。

2. 综合消息:综合消息是把发生在不同地点、不同单位、各具特色、性质相同的事实综合在一起,并体现同一个主题的报道。它的特点是涉及的面较广,声势较大,在综合、概括事实的基础上,进行分析,提出见解,揭示规律。

案例

一种行之有效的思想宣传方式在我区推行

山歌唱响主旋律

本报南宁讯(记者甘毅) “深奥道理不易懂,山歌一唱心里明。”宣传干部以往喟叹,做群众思想宣传工作好像秀才遇到兵。近年来,我区河池、百色、柳

州、桂林等地市的干部们却从群众中找到了一把宣传金钥匙——山歌。巧借各族群众喜闻乐见的山歌宣传党的大政方针，繁荣了文化，唱响了共产党好、社会主义好、改革开放好的主旋律，效果奇佳。

请看一组农民编著的山歌：

“三个代表三根弦，三根琴弦紧相连；三根琴弦齐奏响，美妙音符洒人间。”

“贫富悬殊几千年，穷人有谁来可怜；惟有中国共产党，敢拿扶贫来攻坚。”

“三中全会新精神，广西贯彻最认真；中共政策广西化，1234610。”

“改革开放20年，城乡处处变新颜；楼房建到茅草岭，麻雀难找旧屋檐。”

“独生龙来独生凤，独生子女好威风；不信你去桂林看，哪个不夸独秀峰。”

听了山歌，思想开窍，“三个代表”、“扶贫攻坚”、“自治区党委‘1234610’工作思路”、“改革开放”、“计划生育”等大道理很快家喻户晓。

自治区党委宣传部对山歌宣传方式大加倡导，自治区党委常委、宣传部部长潘琦甚至带头登场唱山歌。政府行为与民间行为相结合的歌王擂台赛和主题山歌会深受群众欢迎。歌手们针尖对麦芒地进行“华山论剑”般的斗歌，令在场观众听了“笑得眼泪都标(流)”，山歌化的政策条文无形中入脑入心。被封为“广西歌王”之一的刘应林对记者说：“歌王是群众的代言人，替群众说心里话，句句都是肺腑之言，可信、可亲、可以接受，所以群众爱听、爱唱、爱看、爱读。”

同时，群众自发形成的歌圩热火朝天。走近金城江边、宜州市火车站、百色烈士陵园、柳州鱼峰山公园，树底下、石凳上，山歌声彼伏此起。有的乡镇圩日，文化站用广播播放农事山歌，赶圩的农民驻足细听。

在河池地区，宣传部门用山歌宣传形成了一整套经验。一是领导干部形成共识，党政部门用山歌做宣传，旅游、工商、税务、计生、农林水等部门也在用山歌搞宣传中尝到甜头；二是形成了老中青少年具备的“歌手梯队”；三是山歌活动开展得如火如荼，如河池铜鼓山歌艺术节、“三月三”歌节等，其火爆程度，可以用“万人空巷”、“人山人海”来形容。今年4月，在刘三姐的故乡宜州市河流乡举办的以宣传“三个代表”为主题的“刘三姐杯”山歌大赛，惊动邻近数县，参赛队伍40个，观众达4万余众。

山歌活动密切了干群关系，促进了农村两个文明建设。巴马龙凤村村民集资建庙堂，观看了“崇尚科学文明、反对封建迷信”山歌大赛后，立即将庙堂改为“科学文化室”。宜州市孟山屯老百姓通过听山歌弄懂了自治区党委“1234610”工作思路，及时调整农业结构，家家户户种桑养蚕，仅此项人均年收入达4300元，有一户农民编了一首山歌刻在自家木柜上。

好歌越唱大路越宽阔。时下，庆祝党的80岁生日的山歌会又在全区展开。

（原载《广西日报》2001年6月22日）

这是一条成功的综合消息，其成功之处在于作者具有较高的政治和新闻敏感性，在综合、概括事实的基础上，进行分析，提出见解，揭示规律。报道具有较高的指导性和参考价值。

3. 经验消息：经验消息是报道典型经验，用以推动全局、指导工作的一种消息体裁。是反映事物发展变化的阶段性、概况性、经验性或典型性的报道。经验消息报道的事实一般不是突发性的，事情的发生、发展有比较长的过程。它所选择的事实有典型意义，能在不同程度上反映某一个时期、某一项工作的全貌。经验消息报道不是简单的现象罗列，而是通过纵和横的对比、分析、阐述，总结经验，揭示事物的本质。这类消息贵在题材重大、典型，提供的经验具有普遍的意义。

案例

3亿专款雪中送炭　千所小学改换新颜

广东着力解决农村困难家庭子女读书难

本报广州5月6日电(记者温红彦 刘霄 王可)　我们常常轻松而随意地使用“座无虚席”来形容观者的众多来烘托场面的精彩。新中国的义务教育为追求“座无虚席”，筚路蓝缕奋斗了半个多世纪。如今，“座无虚席”在广东省的每一所农村中小学的课堂上成为现实。去年秋季以来，广东已基本做到没有一个孩子因贫困失学、辍学。对于广东省委、省政府来说，这4个字并不轻松，因为它承载着全省88.8万贫困中小学生书杂费全免的义务教育；这4个字沉甸甸，因为它意味着从今以后全省每年须支出3亿多元的财政专款。

在广东省16个贫困县之一的清新县高田镇看到，镇里的西坑小学各间教室真的“座无虚席”。校长张浩中告知，全校260个学生，有50个学生书杂费全免，而往年，开学三四周了，他们的座位还空着。清新县今年春季开学时，第三天全县小学生回校率就超过99%，这在往年是从未有过的。农民们感激地说，党和政府出钱解决孩子的书杂费，我们还有什么理由不送孩子读书！

农民的感动缘自政府的行动。去年6月国务院做出关于基础教育改革与发展的决定后，广东省委、省政府做出积极部署：通过省财政专项补助，对人均收入1500元以下的农村困难家庭子女义务教育阶段免收杂费、书本费，全省88.8万中小学生可以免费读书，免收金额3.32亿元。广东省农村义务教育阶段的中小学生有800多万人，这意味着每10个学生中，就有1人享受全免的待遇。

政府的行动来自党政领导班子认识的提高。广东省委、省政府是从实践“三个代表”重要思想的政治高度来做这项工作的。代表最广大人民的根本利益，就要让农村困难家庭感受到党和政府的关怀，而使农村困难家庭的子女都

能上学，是最根本的关怀。省委书记李长春说：要保证一个不漏。省长卢瑞华说：需要多少钱就拨多少钱。

这一体现“三个代表”重要思想的具体行动深得民心。省教育厅负责同志说，省委、省政府真正把教育摆在优先的地位，我们教育系统的干部体会最深，常常是我们要一块钱，省里给一块五甚至两块钱。为解决原来拖欠教师工资问题，省财政在前年增加转移支付资金 5 亿元基础上，去年又新增 3 亿元。在资金投入上有效地解决了学生和教师两方面的负担，有力地巩固了“普九”成果，使我们干劲倍增。

继去年采取重大举措之后，广东省今年又推出一个重大举措：在年内加快改造革命老区和山区 1000 所农村小学，省财政为每所小学补助 30 万元，共计 3 亿元，要求将有危房的学校改造成规范化学校，乡镇中心小学要建成有规模、上水平的学校。副省长李鸿忠在接受采访时说，这是为了落实政府义务教育的责任，着眼于经济社会的长远发展，也是为了进一步体现教育公平，力争让所有经济欠发达地区的孩子和城市的孩子站在同一个起点上。

（原载《人民日报》2002 年 5 月 7 日）

这条经验消息获得第 13 届中国新闻奖消息类二等奖。这条消息以“三个代表”重要思想为主题，颂扬改革开放的新成就，主题重大而鲜明。通过介绍广东在义务教育上的工作经验，揭示事实的本质，提供的经验具有普遍的意义。

4. 人物消息：人物消息是以人物为报道主题的消息。人物消息要抓住人物的本质特征，选取新鲜、典型的事实材料来表现人物的思想和精神面貌。它的特点是：篇幅短小，叙事单一，内容、主题集中；时效性强，要求快速采写、报道。

人物消息和人物通讯的区别在于人物消息截取人物生活的横断面来写，只写人物的一时一事，而人物通讯则在较为广阔的时间和空间范围内表现人物，内容比人物消息丰富；人物消息采用概括叙述和简笔勾勒的写法，人物通讯则可以浓墨重彩、精雕细刻；人物消息的篇幅短小，结构简单，人物通讯的篇幅可以简短，也可以长达万字以上。

案例

伟人的俭朴震撼万名观众

小平夹克衫　感动三代人

童曙泉

自《世纪伟人邓小平——纪念邓小平同志诞辰 100 周年展览》10 日在国家博物馆公开展出以来，已经有近万名首都各界群众前往参观、缅怀邓小平同志。人们从一件件展品中，再次感受到小平同志的伟大。

王老先生是在女儿和外孙的陪同下，来到国家博物馆的。参观中，王老先生的外孙惊奇地发现,小平同志生前穿的一件夹克衫好像有毛病:夹克衫纽扣间距都是15厘米左右,但最下面一颗纽扣离衣服下摆只有四五厘米,显得非常不协调。找讲解员一问,王老先生和他女儿、外孙三代人不禁齐声感叹:邓小平如此朴素随和,真是可钦可佩!

原来,当年邓小平视察南方之前,女儿给他买了这件夹克衫。回家试穿发现下摆长了一截。邓小平舍不得把这件新衣服搁置浪费,就让裁缝剪掉一截下摆。在整个视察南方期间,这件灰蓝色夹克是邓小平的两件主要外套之一。他就是穿着这件纽扣不协调的夹克衫,站在罗湖口岸,深情地眺望香港的。

听到这个故事,几位围过来的观众不约而同地鼓起了掌。负责布展设计的国博工作人员龚青女士眼眶都湿润了,她说,虽然这件衣服纽扣间距不协调,但和邓小平这位老共产党员朴实无华的作风是和谐一致的。

在展厅后部,分别按0.7∶1和0.5∶1比例复制的房间格外引起观众注意。这是邓小平在景山后街家中的办公室和会议室。30来平方米的房间完全按真实情况布置,暖壶、沙发等物品都是由邓小平家人提供、邓小平当年用过的。

右侧房间内,只有9张老式的套布沙发,8个小茶几,一条两米多的条案和一个小书柜,再也没有其他装饰,这就是邓小平设在家中、用了二十多年的会议室。这里曾召开过许多重要会议。邓小平的办公室也很普通,办公桌上是一把十几元的暖壶、放大镜、毛笔和孙辈送的一个小毛绒玩具。唯一的电器是一台彩电,产于上个世纪80年代,一直陪伴到邓小平去世。

许多观众感慨道:“小平同志真是太俭朴了。”

(《北京日报》2004年8月12日)

这条人物消息获得第15届中国新闻奖消息类二等奖。消息篇幅短小,叙事单一,内容、主题集中,以一件不为人知的夹克衫小角度、人性化切入主题,借三代普通观众的眼睛,以鲜活的事实,准确、形象、生动地展示了一位老共产党人的人格魅力。

第二节 通 讯

一、什么是通讯

1. 通讯的定义

通讯是综合运用多种表达方式,详细深入而又生动形象地报道新近发生的事实的一种新闻体裁。它和消息均是主要的新闻报道形式。通讯也分报刊文字通讯、广播新闻专

题、电视新闻专题等。

据考证，“通讯”一词是由“通信”演变过来的。最早的新闻，传递手段主要靠电报和信函两种方式。用电报传递的稿件叫“电讯”，由于电报费十分昂贵，一般都写得极其简略，就是我们现在所说的消息。而采用信函的方式传递的稿件，就写得比较详尽了，里面有较多的议论和描写，比电讯要充实、生动得多，被称为“通信”。后来，随着新闻事业和电讯业的发展，本来运用信函传递的稿件，也改用电报传递了，于是人们又把“通信”改称“通讯”。这就是“通讯”名称的由来。①

“我国报纸之有通讯，实以黄远生为始”，“辛亥革命”时期，上海的《申报》《时报》为了从北京获得新闻，聘请身居北京的名记者黄远生为特约撰稿人，《申报》还专门开辟了《北京通讯》专栏，刊登黄远生从北京发来的稿件，黄远生开创了通讯这种新闻文体，其“远生通讯”被视为民初中国新闻界的一大招牌。随后，通讯这种新闻体裁在我国不断得以发展。

通讯是我国特有的新闻体裁，西方传媒没有“通讯”体裁，它们的新闻特稿类似于我国的通讯。

小贴士

黄远庸(1884—1915 年)　新闻记者。江西九江人，名为基，笔名远生。21 岁时中光绪甲辰进士，成为清末最后一批进士中最年轻的一位。但他无意仕进，以新进士之资格赴日本留学，1909 年毕业于日本中央大学法科。回国后先在清政府邮传部任职，“辛亥革命”后脱离官场，从业新闻，黄远生先后任《申报》《时报》《东方日报》《少年中国》《庸言》《东方杂志》《论衡》《国民公报》等报刊特派记者、主编和撰述，成为蜚声于世的著名新闻记者和政论家，是中国第一个以新闻采访和写作著名于世的人，时人誉之为“报界之奇才”。曾参加进步党。后在美国旧金山被刺死。著作编有《远生遗著》。黄远庸的死是一个谜。他的一生，则是一段被湮没的传奇。

图 10-1　黄远生

新闻报道有了消息，为什么还要有通讯呢？是因为消息和通讯有不同的功能，各自满足着受众的不同阅读需求，是相互不能替代的。

① 孙春旻编著：《新闻写作现用现查》，150 页，北京，中国盲文出版社，2002。

2. 通讯的作用

一是为受众提供更多的新闻细节。消息叙述简明扼要，一般不展开情节，而通讯材料比消息丰富、全面，其容量比消息厚实、充足，通讯能够相对完整、具体地报道人物或事件的过程，详尽、具体地报告事件的经过，演绎人物的命运，充分展开情节，描写细节和场面。

二是使新闻具有感染心灵的艺术品格。同一个新闻事实，采用消息和通讯两种不同的体裁表达，会给受众不一样的感受。消息在表达上主要是平面的叙述，语言追求简洁、明快、准确。通讯则较多借用文学手段，可以描写、抒情、对话，可以用比喻、象征、拟人等修辞。因此通讯在报道真实的人和事的过程中，善于再现情景，给人以立体感、现场感。

二、通讯的分类

通讯的种类按内容分，包括事件通讯、人物通讯、工作通讯、风貌通讯；按形式分，包括记事通讯、访问记(专访、人物专访)、小故事、集纳、巡礼、纪实、见闻、特写、速写、侧记、散记、采访札记。

1. 事件通讯

事件通讯是指报道新闻事件发展过程的通讯，是以写事为主的通讯。通过较为详尽地展示事件的完整过程，挖掘其意义，揭示其本质，进而反映社会风尚，弘扬时代精神。并不是所有事件都能成为事件通讯的题材，事件通讯所描述的应当是新闻事件。事件通讯是"消息"的补充和发展。事件通讯"事因人生，人以事显"，事件和人物是血肉相连的，所以，事件通讯不能孤立地写事，而要刻画好与事件有关的人物形象，使事件和人物相辅相成。

2. 人物通讯

人物通讯就是以人物为中心报道对象，以人物的思想、言行、事迹为报道内容的通讯。人物通讯中的人物当然要具有新闻性，各行各业的英雄模范人物、人们普遍关心的社会名流、在平凡的生活和工作中体现了某种人生价值或者为人民作出贡献的普通人，甚至某些对社会有警示作用的反面人物都可以成为人物通讯选择的对象。报道对象的选择取决于其蕴含的新闻价值，一般来说报道选择的人物必须具有先进性或典型性，能体现时代精神，反映社会面貌；有能构成新闻的较充分的事迹；生命形态和生活轨迹有一定的独特之处；人物有鲜明的个性。

3. 工作通讯

工作通讯是介绍某单位先进事迹，传播其典型经验和做法，总结实际工作中的经验和教训，或者探讨有争议的、亟待解决的问题的通讯。工作通讯以介绍工作经验和分析问题作为主旨，凭借事实，深入分析，要求写出背景、做法、成就、经验、教训。工作通讯生

动活泼，讲究文采，比典型的报道更详尽，比工作总结要具体生动。工作通讯形式多样，包括随笔、散记、侧记、札记、记事等。

4. 风貌通讯

风貌通讯又称“概貌通讯”，是记述某地区、部门、行业、工程的新面貌、新气象的通讯。它是以反映社会生活、风土人情、自然风光和日新月异的建设成就为主的报道。风貌通讯与事件通讯不同，它不是围绕一个人物或一个中心事件来写，也不要求写一件事发生、发展的完整过程，而是围绕主题集中各方面的风貌和特色进行报道。在表达方式上，一般采用“巡礼”“纪行”“散记”“侧记”等形式。

此外，还有以写一个片段、一个场景、一场冲突为对象的“新闻故事”“小通讯”之类，也是通讯家族中充满活力的成员。

三、通讯和消息的区别

通讯与消息同属新闻体裁，但有明显的区别。通讯和消息的本质区别在于，消息是对新闻事实概括的实用性的反映，而通讯是对新闻事实在详细的实用反映基础上还有些审美化的反映。

虽然就这两种体裁而言无所谓孰优孰劣，它们都有着各自的长处，适应着不同的需要。但是，就某些题材而言比如报道新闻人物，用具有艺术品格的通讯体裁要比用消息体裁更感人。

我们将同一题材的消息和通讯进行比较，便很容易辨析消息和通讯的区别。

2008 年“5・12”特大地震中，由浙江省对口帮扶援建广元市的 51 所希望学校没有一所倒塌，没有一名学生在大地震中伤亡。

有媒体在 2008 年 5 月 30 日以消息体裁报道这一事实：

浙江援建四川广元的希望学校在地震中无学生伤亡

中国园林网 5 月 30 日消息：据浙江省政府经济技术协作办公室及广元市、青川县对口帮扶办提供信息，由浙江省过去“对口帮扶”援建广元市的希望学校，没有一名学生在“5・12”特大地震中伤亡。

为实现区域协调发展，1996 年以来，党中央、国务院号召率先发展起来的东部沿海省市对口支援西部贫困地区，而浙江省被确定对口帮扶四川省广元市等地。12 年来，浙江省通过帮建学校、卫生院、敬老院等公益事业项目，开展扶贫新农村、产业合作、人才培训交流、结对助学等工程，有力地促进了对口地区的脱贫致富和经济社会的发展。

“5・12”特大地震发生后，在广元市，由浙江对口帮扶援建的 51 所希望小学、4座中学教学楼中,除青川县5所希望小学有不同程度损坏外,大部分楼房保持完好,且没有一名学生在震灾中伤亡。

浙江省政府协作办表示,过去援建广元希望小学、卫生院、敬老院的工作中,浙江省与广元市有关部门坚持把工程质量放在第一位,科学规划与论证,严格实行招投标和全程工程监理制度,确保对口帮扶项目工程优良。

……

(资料来源:新华网浙江频道,2008-05-30)

这条消息670字(为了节约篇幅,引用时删节了最后一段文字),整条消息概括简短。

同样报道这一事实的通讯又是怎样的呢?2008年7月30日,《钱江晚报》以长篇通讯的形式进行了报道。

这里只节选这篇通讯的开头部分:

大地震中,浙江援建广元的51所希望学校倔强挺立,在校师生无一死亡;灾后两个月来,本报记者跨越浙川追寻奇迹——

一片不塌的蓝天

6月1日傍晚,一场8级大风和冰雹袭击了青川县城。县政府大院里,青川政协的向明月挽着裤腿,站在雨水中忙着加固他的办公室——一顶蓝色的救灾帐篷。"整个青川现在找不出10所好房子,你看,县政府大楼都塌了。"看着泡在水里的帐篷,向明月神色黯然地说。地震后,青川这座川北千年重镇伤痕累累,有98%的房子受损,4695人遇难,全县25万人无家可归,被国家确定为10个"极重灾区"之一。而最让这个青川教育局前任局长心痛的,是那些倒塌粉碎的校舍和学校废墟下掩埋的幼小生灵。青川有40%的学校在地震中被夷为平地,倒塌校舍11.2万平方米,364个来不及逃生的孩子被废墟吞噬。而浙江援建广元的51所学校中,就有5所位于青川。这5所学校,都是向明月在任时建的。

地震后,知道这5所学校都没有倒,在校师生平安,向明月特地找到教育局负责基建的唐建勋,郑重地向他连声说"谢谢"。"如果所有的房子都像这5所学校,青川有多少人可以活下来啊。"说这些话的时候,向明月说不清是伤感还是宽慰。是的,房屋,本是人类保护自己、抗风御雨的处所。然而,劫难中,人类却首先直接死于倒塌的建筑物,房屋,成了助纣为虐的帮凶,成了人类的坟墓!这,是怎样的伤痛和不堪?

2008年5月12日,四川汶川8.0级大地震,6.9万人遇难。

……

地球一声叹息,山崩地裂,灰飞烟灭。

古希腊的普罗泰格拉曾放言,"人是万物的尺度"。可是,令人类汗颜的是,在每一次劫难面前,生命却总是那么的轻若纤埃,犹如一粒微尘,在茫茫宇宙中飘荡,风过无痕。留给我们的,是心痛的思考和无尽的惋叹。

所以,可以想象,当我们在6月1日,汶川大地震后20天,踏上这片破碎的土地时,心中的悲欣交集。广元之行,是为了寻找一个奇迹背后的秘密。这个奇迹使数万幼小的生命逃脱了死神魔掌——浙江援建广元的51所希望小学在大地震中依然挺立,师生平安。

所以,可以想象,当我们听到51所希望小学震中不倒的消息时,心中的那种温暖与慰藉。51所学校,是数万孩子头顶的蓝天,是他们忘却贫苦憧憬未来的灿烂星空,是他们遭遇灭顶之灾时的生命方舟。假如,灾难并非那些倒塌学校的唯一原因,那么,这51所希望小学的每一片砖瓦后一定藏着动人的责任与爱心故事?

……

(原载《钱江晚报》2008-07-13 第8版)

这篇通讯长达1万字,尽管这里摘录的只是一个开头,但我们也还是能感觉到通讯和消息的区别。

1. 内容上,消息简略单纯,通讯详细丰富

消息往往是将事件的几个新闻要素报道出去:何事、何时、何人、何地、状况、原因等,让受众尽快了解到最重要的概括性信息,而通讯是一种对事实详细、深入的报道体裁。通讯往往在消息之后,将事件的来龙去脉、前因后果等受众渴望知道的详细信息完整地报道出去。它满足了受众在知晓新闻事件大致情况后,探求事实深层原因和获知详细过程的兴趣,使受众较完整、较深入地了解新闻事件或新闻人物。

因此,详细、深入、完整是通讯文体的突出特色。

"5·12"特大地震中,青川有40%的学校在地震中被夷为平地,倒塌校舍11.2万平方米,364个来不及逃生的孩子被废墟吞噬,而浙江援建广元的51所学校却没有倒下。这是不可多得的新闻素材。记者获知后迅速用消息做了报道,使这件新鲜事迅速传播。

一个引人注目的事件在社会上引起反响之后,顿成舆论热点。人们对新闻事件的前因后果,具体过程便会产生浓厚的衍生性兴趣。

浙江援建青川的希望学校的经过怎样?大地震中希望小学师生逃生情况如何?什么原因使得浙江援建青川的希望学校没有在大地震中倒塌?

当所有这些想要知情的愿望聚集起来的时候,在地震后两个月之后的7月13日,《钱江晚报》发表了以《一片不塌的蓝天》为题的长篇通讯,以"广东建筑师眼中灾区最好的房子和它的选址故事"、"一个包工头的亏损和328个孩子逃生的故事"、"一位绍兴老市长的挑剔和青川基建股长的庆幸"、"两条珍藏的短信和广元教育局局长的肺腑之言"

四部分详细的信息，环环相扣的情节材料，报道了这一事实背后的故事以及前因后果。

2. 形式上，消息程式性强，通讯创造性强

从结构上看，消息是一种程式化的文体，它的外部结构由标题、消息头、导语、主体、结尾组成，标题、导语又都有一些常用的模式。消息的写作，在很大程度上是按着固定的模式进行操作，创造性只体现在一些局部性的地方。而通讯的写作没有固定格式，每一篇都有自己独特的结构形式。

另外，消息的表达方式和语言也都有一定的程式。在表达方面，消息主要用叙述，其他表达方式用得很少。在语言上，消息运用词语的直接含义，简洁朴素，循规蹈矩；而通讯表达方式丰富多样，语言常有新颖独特的创造性运用。

3. 风格上，消息朴实，通讯富有文采

消息一般没有文学性，朴素实用；通讯则有较强的文学性，生动活泼而富于文采。

例如通讯《一片不塌的蓝天》中有这样的片段：

> ……当这些原本陌生的名字和那一幢幢挺立的教学楼出现在我眼前，20 天来压在我心头的那块石头也一点点轻轻地碎了，我的心变得温暖异常——那一刻，我只想感谢这些天来所见到的一切——感谢那些在几十秒钟内就把孩子疏散到安全地带的老师；感谢那些勇敢逃生的孩子；感谢那些没有为了几个钱而偷工减料的包工头；感谢那些为了几根钢筋而较真急眼的建设者；感谢那些张开了裂缝却依然在废墟中傲立的教学楼——天崩地裂的那一刻，51 幢不倒的楼，是 51 座坚实的脊梁，是 51 片不塌的蓝天，它们撑起的，是数万名孩子幸福的天堂。……

记者借用文学表现手法，使新闻具有了艺术的品性。

4. 时效上，通讯不如消息迅速及时

一般而言，通讯的时效性不及消息。消息内容简略，篇幅短小，采访快，写稿也快；通讯需要大量的细节，篇幅一般比消息长，采访要更深入，写稿用时自然也比消息更长一些。当然，通讯是新闻体裁，写作和发表也要求越快越好。

第三节　新闻特写

新闻特写，是从消息和通讯之间衍生出来的一种报道形式。当 20 世纪广播、电视等电子媒体相继出现以后，其视觉化、形象化的特点，使得纸质媒体压力巨大，为了与电子媒体竞争，纸媒便越来越多地借鉴了摄影中“镜头感”的传播效果，用各种文字表现手法来写作新闻，于是“新闻特写”这种新闻体裁脱颖而出。

一、什么是新闻特写

新闻特写是截取新闻事件和新闻人物在特定场合中的"片段""剖面"或者细节，做形象化的再现与放大的一种新闻体裁。新闻特写通过一个片段、一个场面、一个镜头、对事件或人物、景物做出形象化的报道。新闻特写讲究形象性和趣味性，并以局部强调为鲜明特色，用类似电影"特写镜头"的手法来反映事实。

二、新闻特写的特点

1. 特定场合和局部强调：特写所写的内容，在时间上成点，在空间上也成点。就是说，特写表现的一般是一个特定的时空交汇点上的形象画面。时间和空间的局部性使这种文体有一种特有的"局部强调"性质。

特写与消息的共同点是，简要和迅速地报道新闻事实。它与消息的区别在于，消息往往择要地报道新闻事件的全过程，而特写主要抓住新闻事件中富有特征的片段，浓笔展开。

例如报道一场精彩的 NBA 球赛，消息需要报道比赛的全过程，而特写则可以只写比赛中最精彩的一球之争或只写某一个球员（比如姚明）的表现。

新闻特写与通讯的共同点是，都更多地借用文学手法，生动形象地报道新闻事实。它和通讯的差异在于，特写比通讯更强调时效性、新闻性，同时在报道同一件新闻事实时，通讯一般向读者展示其纵断面，来龙去脉比较完整；而特写则集中笔力，着重展示新闻事实的某一个横断面，不一定需要完整的情节。

例如：2008 年 8 月 8 日国家体育场内，阵阵激昂的鼓声拉开了北京第 29 届奥运会开幕式的大幕，烟花灿然，群星闪耀，圆梦奥运的光荣与骄傲在每个人的心中激荡。一些媒体用通讯的形式记述了这个难忘的不眠之夜。而有一家媒体记者以新闻特写的形式对一些在三里屯的酒吧通过电视屏幕观看开幕式的外国朋友进行了报道，记者通过对一些外国朋友的采访报道，描述来自五湖四海的宾朋在北京感受着中国文化的博大精深，感受着北京这座古老而年轻的奥运之城的热情。由此可见，特写比一般通讯写作更集中、细腻、突出，而且写作更迅速、精炼。

2. 描写手法：特写有着消息的快捷和通讯的生动，快捷是得力于选材集中，生动则要依靠描写手法。例如：

> 1981 年 3 月 30 日，里根总统在华盛顿希尔顿饭店召开的一次劳工集会上发表演讲，演讲结束后，当里根走向他的轿车时，从大约 10 英尺远的地方，一连蹿射过来五六发子弹，总统中弹时，刚刚举起左臂向人群挥手致意。总统的脸上露出一种迷惑和不肯相信的表情，他被一位秘密警察硬推进轿车。总统在后

排座位上坐好之后，轿车迅速驶向医院。在出事现场，里根的新闻秘书詹姆斯·布雷迪负了重伤倒在人行道上，鲜血从他脑部的一个伤口滴到钢铁格栅上。在他身旁，一个便衣警察倒在淌着雨水的人行道上，身体痛苦地蜷缩成一团。

（资料来源：http://www.wst.net.cn/history/3.30/1.htm）

如果上述这个特写用消息体裁表达，那么，上述描写就要被形象性、细节性较弱的叙述来代替，很可能写成这样：1981 年 3 月 30 日，美国总统里根在华盛顿希尔顿饭店召开的一次劳工集会上发表演讲后遭到枪击，胸部受伤，同行的白宫新闻秘书詹姆斯·布雷迪和一名华盛顿当地警察以及一名联邦特工也在枪击中受伤。

3. 灵活性、趣味性和幽默感

特写也不像消息那样严肃和凝重，如果所写的题材允许的话，它会有较多的趣味性和幽默感。例如：

3 岁娃娃将被征入伍

合众国际社纽约电（原电日期不明）　谁也搞不清楚这是怎么一回事儿——本星期五，居住在纽约市约克城高地的 3 岁小女孩皮丽·夏普洛收到了应征入伍通知书。

昨天，她像平时那样吃早餐，她边吃边看一张华盛顿征兵处寄来的通知单。根据这张通知单，她得在“从 18 岁生日那天起 30 日内报到入伍”。

尽管小皮丽仍有许多年时间考虑这件事，但她已明确表示：“我不去！”

这是一篇活泼幽默的新闻特写。3 岁小女孩要被应征入伍，真是一个奇闻，受众的阅读兴趣迅速被激发。报道语言非常幽默，3 岁小女孩居然一边吃早餐，一边像模像样地看应征入伍通知单，然后斩钉截铁地以 3 个字表明了她坚决的态度：“我不去！”，令人哑然失笑。

第四节　华尔街日报体

关于一个城市失业率，我们的媒体会怎样报道呢？对失业率的报道，有一份报纸它会这样写——开头是：约翰先生家里乱透了，桌子上放着银行催收房款的账单，他家已有两个月没交房钱了，如果再不交，房子就要被质押了；孩子在一旁暗自流泪，因没交学费，他不能再去上学了，也不能再和学校的小伙伴们玩了；妻子在另一个房间里暧昧地打电话，估计是变心了……然后，话锋一转，它会说：像约翰先生这样的家庭在过去的一周里又增加了多少，这是联邦政府最新公布的失业率数据。最后，还要再回到

约翰先生：约翰先生喃喃自语：今晚在哪里睡觉还不知道呢。这张报纸就是1889年由查尔斯·道和爱德华·琼斯创办的《华尔街日报》，而这种报道形式是典型的《华尔街日报》式写法。

小贴士

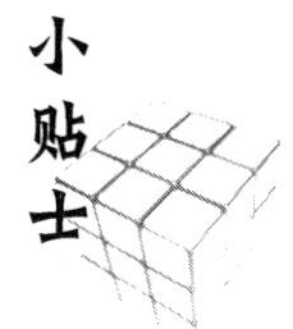

《华尔街日报》(*Wall Street Journal*)于1889年由查尔斯·道、爱德华·琼斯创办，之后，经过一个多世纪的岁月洗礼和激烈竞争，该报已经成为道琼斯公司财经新闻社的喉舌，发行量在200万份以上，成为美国乃至全球的第一大商业日报。迄今，这家报纸已经走过了一百多年的历程。

一、什么是华尔街日报体

近年来，随着特稿写作的兴起与发展，我国媒体引进了一种写作体裁——华尔街日报体。

《华尔街日报》是一家以财经报道为特色的综合性报纸，侧重金融、商业领域的报道。怎样才能把复杂的商业活动写得通俗易懂，把枯燥的经济新闻写得生动活泼、可读性强呢？这个问题在20世纪30年代后一直困扰着《华尔街日报》人，后来发生了一件事给了他们启发和机会。1979年，美国《巴尔的摩太阳晚报》的记者乔恩·富兰克林发表了一篇读起来像短篇小说的医学报道《凯利太太的妖怪》(*Mrs. Kelly's Monster*)，讲的是一群年轻的神经科医生大胆创新用一种全新的手术方式为凯利太太治疗脑血管瘤的事情，这篇报道结构新颖、语言优美，充满悬念。《巴尔的摩太阳晚报》的编辑面对这样一篇从未见过的新颖稿件，犹豫不决，最终他们在新闻版的下方尝试性地刊登了此稿的一部分，登报当天，无数读者电话打到编辑部，询问凯利太太的病情，也就是询问稿件的结果。编辑部意识到了这篇报道的分量和重要，立刻在新闻版的显要位置刊登了稿件的后半部分内容。

这篇稿件在美国新闻界引起了轰动和争论。当年，《凯利太太的妖怪》意外地得到普利策奖评委会的赏识。以它为首届获奖文章，普利策奖评委会从当年开始增设“特稿写作”奖项(Pulitzer Prize Feature Stories)，一种新型的新闻写作方式由此得到了承认。[①]

《华尔街日报》敏锐地发现了这种文体的独特之处，将这样一种写作方式引入深度报道和特稿写作中，在报道的开头通过讲述一个与新闻主题密切相关的人物故事，引出所要报道的新闻，然后逐渐展开，深化新闻主题。渐渐地，《华尔街日报》形成了极富个性的并有一套约定俗成的写作步骤的独特文体——华尔街日报体(简称华体)。

---

① 刘君：《从“华尔街日报体”看特稿写作》，载《中国记者》，2005(8)。

“华尔街日报体”指的是美国《华尔街日报》惯用的一种新闻写作方法。其行文特点是从某一具体的事例(或人物、场景、细节)写起，经过过渡段落，进入新闻主体部分，叙写完毕以后又回到开头的事例(或人物、场景、细节)，有时也用总结、悬念等方式结尾，在一个更新的层次上揭示人物与新闻主题的关系。

写作步骤与结构如图所示：

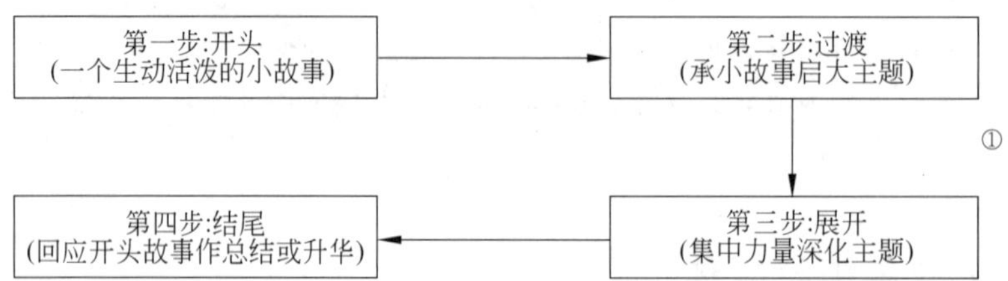

①

下面我们以《华尔街日报》上的一篇报道为例，详细地分析它的四个部分。

(标题)提高猪的生活质量②

> **第一步：(开头)**当乌尔里奇·克鲁特美尔的1500头猪吃完晚餐后，他就爬进猪栏，与他饲养的猪挤在一块儿。
>
> 但很明显，这里的气氛很不友好。只要克鲁特美尔沾满泥浆的靴子挨到地面，他的猪就会紧张地往后退。当几只略显好奇的猪靠近了一点时，他关切地摸了摸一头猪的嘴。那头猪本能地张嘴就咬。
>
> 克鲁特美尔猛的把干瘦的手臂抽了回来，痛得喊出声来。猪群又急忙散开，他咕哝着说：“只有对猪一点都不了解的人才会想出这个馊主意。”

报道以描述人物不同寻常的举动(爬进猪栏与猪挤在一起)开头，而不是从事情或问题谈起，它以具象性的文字吸引读者的注意力，激发读者想象，同时也设下了悬念：克鲁特美尔为什么要与猪在一起？谁出的这个馊主意？

> **第二步：(过渡)**他所说的那些对猪不了解的人是指北莱因-威斯特伐利亚州的政府官员。这个地区是德国人口最集中的州，也是出产猪最多的地方。政府官员们想让那些对肉类持谨慎态度的消费者重拾信心，因为去年爆发的疯牛病和其他食品丑闻已令消费者恐慌不已。官员们说，作为应对措施的一部分，肉类必须经过更严格的检测和卫生防疫；而同样重要的是，农场主在喂养牲畜的过程中要与它们有更多的直接接触。

开篇之后的过渡段承小故事启大主题，使报道很自然地过渡到主题。将克鲁特美尔

---

① 肖隆福：《小故事 大主题：〈华尔街日报〉文体的特色解读》，载《浙江在线》，2004-05-10。

② 赵智敏：《采写〈华尔街日报〉体新闻应具备的五种意识》，载《新闻爱好者(上半月)》，2006(1)。

爬进猪栏的举动与政府对养猪的要求衔接了起来。同时也回答了开头设置的悬念。

过渡段之后，便开始解释或阐明报道的主题。

> **第三步：(展开)**该州农业部惟恐本地农场主有什么不明白的地方，在最近颁布的一项法令中，为北莱因-威斯特伐利亚的600万头猪明确规定了新的、改善了的权利。每头猪应当有1平方米空间的猪圈，有打盹用的稻草或软橡胶垫。当玩耍时间到了时，猪必须有钢链或可咀嚼的玩具……
>
> 但真正使农场主心怀不满的是，该法令宣布农场主或帮工必须每天至少花20秒钟观察一头猪，并用文字记录下他们对猪的关爱，以表明他与猪待在一起的时间足以达到规定的标准……
>
> 迄今为止，该法令尚未让农场主和他们的猪更亲近……
>
> 并不是北莱因-威斯特伐利亚的农场主们不喜欢他们的猪……
>
> 克鲁特美尔和其他当地的农场主为了保住自己的生计，已经根据德国的农业创新计划来饲养他们的猪了……
>
> 但农场主担心的是，新法令可能会把他们逐出这一行业……

记者用了13个自然段阐述了德国北莱因-威斯特伐利亚州政府颁布的一项关于猪的法令内容、农场主对法令的不满及不满的原因等，以集中力量深化主题在主体部分。报道在这部分精心安排引人注目的材料或人物语言，用生动的细节保持读者的兴趣。

> **第四步：(结尾)**“我们可以制定世界上所有的法规。但猪会选择它们自己喜欢的生活方式。”克鲁特美尔说。

结尾又回到开头故事人物，只用了短短的两句话作总结，升华了主题。

二、华尔街日报体的特点

1. 以人物开篇，用故事来组织报道

“华尔街日报体”最突出的特点是以与新闻有关的人物开篇，用故事来组织报道。故事生动有趣，将故事落点于普通人，增添新闻与大众的接近性，以激发受众的兴趣。华尔街日报体往往借用文学写作中的故事描绘手法，把枯燥的硬新闻变得生动活泼、通俗有趣，通过气氛的渲染，使人如临其境，如见其人，如闻其声，使得文字新闻也具有了可视性。

2. 从小处落笔，向大处开拓

“华尔街日报体”的另一个特点是从小处落笔、向大处开拓主题，引导受众从个别到一般，从感性到理性地了解新闻事实。

例如：《华尔街日报》一篇报道——计算机公司与学校。这篇报道叙写的是美国犹他州威卡特公司开办沃特福德学校，进行计算机产品试验的做法和效果。这是一桩“工业和教育联姻”的大主题。而文章的开头以一个年仅6岁的小作家，正在使用计算机写她的短篇故事，这样一个小角度切入。“一个很有志气的小作家，坐在电子计算机终端显示器前，写她最新的短篇故事。她对人们说，虽然初学时有点困难，但现在计算机使她的写作方便多了。‘在幼儿园的时候，我也说不准自己爱不爱用计算机，’她说，‘但是打从进入一年级起，我确实爱上了它。’这位6岁的小作家，梅利莎·利·史密斯，按了下键钮，瞥了周围一眼，取出了一张绿白相间的打印稿，上面印着她的短篇故事——《过多的鹦鹉学舌》。”将小女孩又稚气又认真的神态描写得生动可爱，引发了读者的阅读兴趣。接着便自然向大处开拓，展开了对沃特福德学校和威卡特公司层次清楚而又具体生动的叙写。报道的最后几段，在叙事的基础上提出了“工业和教育联姻”的主题，并且以“这是成功的婚姻吗”的设问，引导读者去比较、思索。[①]

链接

计算机公司与学校

一个很有志气的小作家，坐在电子计算机终端显示器前，写她最新的短篇故事。她对人们说，虽然初学时有点困难，但现在计算机使她的写作方便多了。

“在幼儿园的时候，我也说不准自己爱不爱用计算机，”她说，“但是打从进入一年级起，我确实爱上了它。”这位6岁的小作家，梅利莎·利·史密斯，按了下键钮，瞥了周围一眼，取出了一张绿白相间的打印稿，上面印着她的短篇故事——《过多的鹦鹉学舌》。

史密斯小姐上的是沃特福德学校。这所学校是1980年威卡特计算机设备公司创办的，用来进行计算机产品和微机化教育的试验。大约有250名一年级到九年级的学生，每天要上机学习1小时。即使幼儿园里的孩子，每星期也要上机两次，就在他们学习字母表的同时，也来学习掌握键盘上那打乱了的字母序列。

家长们的关心

在全国，1984年将有大批计算机售给中小学，其价值估计将达4.5亿美元。随着越来越多的家长主张让他们的孩子置身于计算机革命之中，可以预料，计算机市场会日益繁荣。各家计算机公司正在竞相争夺孩子们的市场。

例如，阿普尔计算机公司已经给中小学捐赠了几千台计算机，并且正在掀

① 张允若：《一篇“华尔街日报体”的报道》，http://www.xici.net/b244699/d16549483.htm。

起一场以孩子们为对象的广告宣传。国际商用机器公司开始注重孩子们所用的教学软件的生产，以增加PCJR型计算机的销路，这种机子的销路迄今不能使这个公司感到满意。但是，只有设立在犹他州奥尔良市的威卡特公司采取措施进入一个全日制的私立学校，对它生产的软件和硬件进行试验。

开办这所学校，是一伙教育工作者的主意，他们在1977年建立了威卡特社团。这是一个非营利性的研究团体，旨在研究运用科学技术改进教学的途径。1980年，这些教育工作者决定开始营业，组成了威卡特计算机设备公司来生产计算机和软件。大致在同一时间，这所学校在私人赞助者的支持下，作为一个非营利机构开办起来了。最近两年间，这家公司是亏损的。

沃特福德学校同威卡特公司关系十分密切。学校的女校长南希·休斯顿是威卡特公司主席达斯廷·休斯顿的妻子。公司同学校签订了合同，让学生进行软件运用的试验。而这所学校又是威卡特公司唯一最大的股票持有者，拥有该公司已经售出的2000万份股票的20%左右。

这项实验是在一幢砖瓦结构的平房里进行的，那儿原来是所天主教学校，坐落在一座雪山脚下。门厅里边横七竖八地堆放着垒球运动衣、背包和午餐饭盒。音乐室里传来叮咚作响的琴声，弹奏着《山谷里的农民》的曲子。穿过大厅，在那计算机房里，打印人员正在大声念着程序设计。

一阵铃声响过以后，二年级学生一窝蜂似的拥进计算机房。男孩们都穿着蓝色的运动衫，女孩们一律穿着方格花纹连衫裤。一个个急急忙忙地走进分隔开的白色小间，在按照高矮顺序排列的椅子上坐下。这时终端显示器发问道："你叫什么名字？"学生们写下自己的名字，于是课程就开始了。

当然，这里也不是一切都已电子化。当计算机提出附加题目时，有些孩子用铅笔在草稿纸上运算，也有些扳着指头计数。有个孩子在键盘上打下正确的答案，得到计算机的赞许，他露出了一张笑脸。他的另一个答案错了，结果得到一个"×"；他朝着计算机伸出舌头，做了个怪相。

这些孩子(有很多人的家长就在威卡特公司工作)似乎很为自己的工作感到自豪。"一遍又一遍的测试也许会把你弄得头晕目眩。但是，我们是第一批使用机子的人，所以我们要确保机器没有一点毛病，"一个11岁的孩子克拉克·纽厄尔说道，"我们必须确保这是一种完善的程序，使它能畅销无阻。"

"太粗劣了"

学生们也要对程序的内容进行评价，这些程序是为各种课程(从打字、数学以至公民学)编制的。"有时候内容编得太粗糙了，我们要他们把它从程序中抽掉"，五年级学生莱斯利·普里特这样说。另一个同学抱怨说："在某些程序里，我们被安排来同计算机争论政治问题，真叫人厌烦，我们不愿为政治之类的材料伤脑筋。”

对大多数学生、特别是那些年纪最小的学生来说,学习计算机似乎并不比学习其他东西来得困难。一个扎着小辫的5岁女孩伊莱札·米勒执拗地说:“美术比计算机更难学,你得要画直线、涂颜色,计算机比那玩意容易多了。”一年级孩子上机时感到最难办的只是要把小手指伸长,以便够到那个清洗键。学校负责人说,计算机提高了学生的考试成绩。不过,孩子们在学业上的成功,也可能是班级小(每班25人)以及学校的实验气氛带来的结果,这种气氛会激励学习情绪。但是,实验气氛也不是对任何人都有益的。例如莱思和伊莱恩·史密斯夫妇有两个孩子在沃特福德学校,他们感到这所学校有长处也有短处。他们的大孩子喜欢这所学校,学得很好;可是小的明年打算回公立学校去读书了。“这里确实有许多压力,”史密斯先生说,“孩子们被要求执行某种任务,如果他们跟不上,就会感到沮丧。”

这是成功的婚姻吗?

沃特福德学校的女校长休斯顿夫人说,学校教职人员决不会为实验而使学生受到损害。“我们真正关心的东西是教育,”她说,“但是检验这点的唯一途径是公司是否会获得成功。我们不得不让工业和教育联姻。”

这桩婚事的成败如何还有待观察。到今年3月31日为止,威卡特公司作为股票上市公司已满一年。在这一年里,公司总收入约为2300万美元,亏损1300万美元。公司的股票已从每份18美元跌到3美元。有人还提出诉讼案,指责公司的创办说明书造成了错误的印象(威卡特公司则认为这种论断是没有依据的)。

威卡特公司曾向商行和政府出售整套计算机装置,通常用于培训课程。但是该公司认为它的优势在于软件程序,每套生产成本约为100万美元。这些程序包括各年级基础科目的全部教学内容,当然这也都经过少年教育专家在沃特福德学校测试过的。

不论这项实验的长远前景如何,休斯顿夫人希望孩子们懂得:他们的贡献是值得赞赏的。她说,在威卡特公司签订了一个650万美元的合同去为得克萨斯州的一个学校区装备电子计算机之后,“我们号召整个学校向孩子们表示感谢,并且向他们阐述我们的计算机装置进入公立学校这件事的重大意义。然后,我们一起吃了一餐炸面饼,表示庆祝”。

(译自1984年6月6日《华尔街日报》 作者:卡里·多兰)

要成功学习和写作华尔街日报体,简单模仿它的结构是远远不够的,关键是要掌握它的采访写作技巧。

三、华尔街日报体采写技巧

1. 用整个感官现场采访

"华尔街日报体"一个突出的特点是强调视觉新闻。新闻要有细节,要形象化、立体化,要再现人物、现场和事件的精彩片段。采写这样的视觉新闻,关键在于记者要深入现场进行采访,细致观察。《华尔街日报》要求记者必须到新闻的第一线,搜集所有与新闻有关的故事,全身心投入到故事中,因为真正的故事发生在新闻现场。

新华社记者张严平就是一个善于现场采访的记者。2005年张严平采写的一万多字长篇人物通讯《索马花儿为什么这样红》,文章发表后,被100多家中外媒体转载,互联网上的点击率更是突破了200多万次。

《索马花为什么这样红》的主人公叫王顺友,是一位40多岁的苗族邮递员,这个人一条路、一匹马、一个人,在大山里默默行走了20年,为大山深处的藏族百姓传递邮件。

张严平发现这个人物,被他感动,想要报道他。张严平说:我觉得不用语言,而是要你跟着他,进入他的生活,走他的邮路,进入他的世界。用你的整个感官去采访,用你的脚去采访。之后,张严平和一些记者同行与王顺友相约,在那条绵延500多公里的邮路上,一同行走了20多天。

在邮路上王顺友沉默寡言,不与记者交谈。张严平一直在观察王顺友,希望能找到与他对话的切入点。后来她发现在山高路险的邮路上,大家都骑着马,而王顺友在最难行走的路上都牵着马走。张严平问他为什么不骑马?他说,他和马在一起的时间比他和妻儿在一起的时间都长,所以对马非常有感情,他是舍不得骑。张严平发现王顺友看着马,摸他的马的时候,眼神变得非常生动与柔和。张严平终于找到了与王顺友谈话的切入点——他的马。果然,谈到他的马的时候,这个少言寡语的汉子一下子进入了他的世界,滔滔不绝地谈了很多。张严平就是这样一点点走进了王顺友的世界。

为什么当时很多记者都随王顺友走了邮路,而只有张严平能够找到与王顺友谈话的有效切入点呢?

张严平说:因为我觉得记者采访,不光是要拿笔记,眼睛非常重要,你要观察。让他能体会到,你和他有共同的这种情感,他才会真正跟你谈心里话。

记者只有具备这样的眼睛,才能有"神来之笔"。

2. 用细节打动受众

在"华尔街日报体"中,一个细微的动作,一个截取的画面,一个特征明显的事物,都可以成为锦上添花的细节。

挖掘细节需花费很多精力,记者必须亲临现场,充分调动对细节的捕捉能力。我们一些报道枯燥干巴的原因在于记者没有现场采访或采访不深入,缺少细致的现场观察,没有找到典型的场景和细节。

比昂尼克是法新社驻北京的记者,他从驻中国记者做起一直做到了北京分社社长,在中国做了十几年。他从对中国不理解到很友好再到竭尽全力做好对中国的报道,为中国走向世界、让世界了解中国做了很大的贡献。1988 年任职期满回国时,当时中共中央最高领导亲自会见了他并对他的工作表示感谢。这在中国历史上,一个党的最高领导人会见一个外国驻华记者这还是第一次。

1982 年比昂尼克报道中共"十二大"开幕式。中共"十二大"的主题是邓小平提出的党的领导干部的新老交替。比昂尼克写道:今天中国共产党第十二次代表大会在北京开幕。只要往中共"十二大"开幕式的主席台看上一眼,你就会理解邓小平提出的领导干部的新老交替的原则是多么重要:叶剑英步履蹒跚走上主席台,聂荣臻被轮椅推上主席台,邓颖超在两个护士的搀扶下走上主席台……他用所有的笔墨写出了我们老一代领导人的老态龙钟,写出了新老交替的重要性,这就是比昂尼克的高明之处。[①]

杨刚是《大公报》的记者,据说这个女人不简单,稿子写得好,社会交际能力也非常强。1945 年抗战胜利后,杨刚被派去采访毛泽东到重庆谈判的全过程。采写的第一篇稿件是毛泽东抵达重庆。其中就有几个非常好的细节描写:一个是毛泽东到重庆以后在住的小楼会客室临时会见记者,毛泽东有点紧张,连面前的茶杯都打翻了;第二个细节是八月的重庆天气较热,毛泽东脱掉外衣后,里面是崭新的衬衣,连衬衣叠压的痕迹还在;第三个细节是毛泽东上楼时她居然看到毛泽东穿的皮鞋底是崭新的。从这些细节的描写中可以看出毛泽东的个人素养和对谈判的重视,等等。

《大公报》重视对细节的描写也是一个传统。发展到现在,在 2005 年 4 月 29 日的下午 3 点,胡锦涛和连战在人民大会堂见面。胡锦涛站在红地毯上等着连战过来后同他握手,世界各大媒体都报道了国共两党在时隔 56 年后又一次握手,但是谁能说出握手的时间?《大公报》做到了。《大公报》是这样报道的:56 年后国共两党最高领导人在人民大会堂红地毯上又一次握手,握手时间 26 秒。没有任何一个报纸写出握手的时间。我估计《大公报》这个记者是用 DV 摄像机记录出来的。这个细节再次被《大公报》捉住了。

细节要有典型性,要选择典型环境中的典型人物的典型细节来体现典型性格。

3. 寻找报道的最佳切入点

"华尔街日报体"的写作总要从一个具体的事件或人物作为切入点,以小见大,引出一种社会现象或一项政策法规。这个切入点只是一个引子,报道的重点是由这个人或事引出的主题。

一种社会现象、一件国内外大事往往涉及众多人物,不能随手选择某个人或某件具体事情作为引子切入主题,切入点要有贴近性、典型性,只有那些具备一定的普遍性和代

① 蔡晓滨:《新闻报道中细节的运用和发现》,在中国海洋大学的讲座(未公开发表)。

表性、最好有一定的戏剧性或悬念性的人或事，既能自然过渡到新闻主题，又能引发受众的阅读兴趣。

4. 用直接引语说话

“华尔街日报体”强调报道中尽量引用人物的原话，写明人物的真实姓名。梅尔文·门彻在《新闻报道与写作》教材中写道：“报道新闻应该进行‘展示’而非‘陈述’的定律就是：必须把直接引语写入新闻的重要部分。记者在采访时都会留意闪闪发光的言辞、犀利透彻的评说以及新闻人物对新闻事件的简要概括。直接引语能使新闻事件更具戏剧化色彩，能使读者直接聆听新闻人物‘说话’。此外，它还是帮助读者做到真实报道的手段，能使读者直接感受到新闻事件是否真实。总之，如果新闻中使用了直接引语，读者就可这样推断：既然新闻事件的参与者在直接说话，那么这件事必定真实无疑。”

例如：

图 10-2 温家宝总理看望北京师范大学师生

温家宝总理说：教师是太阳下最光辉的职业

金秋时节，北师大校园里阳光灿烂、鲜花盛开。9日上午9时许，中共中央政治局常委、国务院总理温家宝和国务委员陈至立专程来到北京师范大学，看望刚刚入学的免费师范生，在英东学术会堂，与几百名学生和老师进行座谈。

温总理首先说：“目前，师范生免费教育制度已在全国6所师范大学试点。实施这一制度，就是要在全社会真正形成尊师重教的浓厚氛围，让教育真正成为最受尊重的事业，鼓励更多的优秀青年终身做教育工作者。我在‘教师节’到来之际，来看望老师们，看望将来要成为老师的同学们，并和大家进行讨论、交流。”

总理平易近人的开场白，赢得了一阵阵热烈的掌声。同学们不再拘束，纷纷举手发言。

来自新疆的刘珍一同学告诉总理，自己报考免费师范生，是受了做教师的奶奶和中学老师的影响。“我们那里缺少优秀教师。我学成后,一定会回到家乡,为家乡的教育事业作贡献”。

听到她的话,温总理点了点头说:“你的话很朴实。大家都希望我们的国家早日实现现代化,在世界上受到尊重。这靠什么?靠发达的经济、先进的科技、充分的民主、完善的法制、高尚的道德和高水平的国民素质,其中最根本的是国民素质。师范院校肩负培养和提高国民素质的重大责任。国家兴衰在于教育,教育好坏在于教师。从这一点来说,师范教育可以兴邦。”

总理说:“我以前讲过穷人的经济学,今天讲讲穷人的教育学。我们的国家太大,尽管这些年经济社会发展很快,但发展很不平衡,很多地方特别是农村还很困难。因此,我们必须大力发展教育事业,努力使教育体现出最大的社会公平,让所有的孩子都能圆上学梦。”

总理讲述了他在基层看到的贫困家庭孩子渴望上学的情景,深情地说:“无论是做教师,还是做人,都应该有一颗同情心、一颗爱心。同情和爱心是道德的基础。希望我们的学生懂得农民的甘苦,把他们记在心里;希望教育部门、学校和老师更多地关注贫困家庭和孩子,学校的大门是向人人开的。让所有贫困家庭的子女都能上学,真正享有受教育的平等权利,这就是穷人教育学。”

温家宝动情地对大家说:“教育事业是人类最崇高的事业,教师是太阳下最光辉的职业。教师不仅可以影响一个学校的孩子,还可以影响整个社会。希望你们在这所有光荣传统的学校里,接受文化的熏陶,感受人文情怀的温暖,呼吸自由的空气,真正享有智慧之光、仁爱之美,成为德才兼备的人民教师。”

温总理的话,在会场里激起长时间热烈的掌声,引起了所有人深深的共鸣。参加座谈的全体免费师范生赠送给总理一份特殊的礼物——一本留言册。每个同学用笔在上面写下了自己的心愿。

分手的时间到了。校园的道路上,挤满了前来送行的师生。总理与大家一一握手,依依惜别。

(资料来源:东北教育网(edu.dbw.cn) 2007-09-10-08:30:32 作者:邹声文)

在这篇报道中,用了四段温家宝总理的原话以及其他人物的原话,这些直接引语在引号的作用下,使人物的话语即时地呈现类似电视新闻的“同期声”的音响效果,增强新闻真实性和现场感。

列夫·托尔斯泰在形容其名著《战争与和平》的力量时,他说:“我不讲述,我不解释,我只是展现,让我的角色替我说话。”[①]所以,直接引语还可以借用新闻人物之口说出记者

---

① [美]梅尔文·门彻:《新闻报道与写作》,展江主译,北京,华夏出版社,2003。

和媒体想要表达的立场与观点。“海湾战争”爆发后，美联社做出报道，其中有两句雷·戴维斯上校的直接引语：“这是一段正在谱写中的历史”和“我们已经在这里等了5个月，现在我们终于能做派我们来做的事情了”。[①] 这两句直接引语不仅说出了战争的意义，而且表达了美军官兵的喜悦心情，同时也表达了媒体和记者的立场。

用直接引语也能够展示人物个性色彩。路透社曾有篇报道前南斯拉夫总统斯洛鲍丹·米洛舍维奇在海牙国际法庭受审的新闻，其中有一部分是这样写的：米洛舍维奇说，“就请您按照您接到的指示宣读判词吧，您不必让我把一份用7岁孩子的智力写成的判决从头听到尾”。这位60岁的前南被黜总统还说：“请允许我自我纠正一下，那个7岁孩子是个7岁弱智孩子。”[②]这些直接引语的运用，生动地表现了人物的个性。

如果引用的语言内容多而长，可以对语言进行选择，引用最为关键的话语。但选择不等于断章取义，一定要准确无误地引用人物的原话，不能无中生有，拼凑嫁接。

总之，如何更好地把握“华尔街日报体”，康德的一句话可以给我们一些启发：我不是教哲学的，而是教人们哲学地思考。是的，如果能够用“华尔街日报体”的意识进行思考，也许会比单纯地模仿其采写方法和模式要好得多。

链接

《华尔街日报》记者写作守则

1. 勇敢无畏。你代表的是《华尔街日报》，当代最重要的财经新闻。不像一般报纸的记者，我们的读者是依据你们的报导而做决定的。因此你有责任访问任何人，每一个该提问的人。

2. 无我。当你持笔在手，你就不要管他是亨利、杰姆士或福特。

3. 句法简单。不要用副词、形容词，直截了当评述其事，一律用主动语态。当然，也有例外，不过这些例外是给《纽约日报》用的。

4. 清楚易懂。你写的是不是你要说的？

5. 抓住正确的要点，编辑可以为你改写，但是只有你们才能收集到事实的真相。这些一定要在前三段之中交代清楚。

6. 说一个故事。引用已证实的资料是强有力的旁白工具。当然，要安排在高潮处。

7. 开头重于一切。修改30次，最后第31次地尝试，选出流畅完美的一段来。

---

① 刘志宣：《新闻写作技艺》，上海，复旦大学出版社，2005。

② 刘志宣：《新闻写作技艺》，上海，复旦大学出版社，2005。

练习

一、阅读一期本地党报,判断每一篇稿件的体裁,并分析其特点。
二、阅读一期《南方周末》或《三联生活周刊》,判断其中哪些稿件是以华尔街日报体写作的,并分析其优劣。
三、根据下面新闻资料写一条《华尔街日报》体开头和过渡段。

混入白宫　蹭吃国宴

美国一对夫妇未受邀请但24日通过白宫层层安检关口，混进总统贝拉克·奥巴马为印度总理曼莫汉·辛格举行的欢迎晚宴，与副总统约瑟夫·拜登等各界名流拍照合影。

负责白宫安检工作的美国特工处25日正在对事件展开全面调查，查看安检是否出现疏漏。

美国《华盛顿邮报》率先披露此事，称白宫夜宴首次遭遇不速之客。

这对夫妇名为塔里克·萨拉希和米夏埃尔·萨拉希，为弗吉尼亚州居民。他们在知名社交网站“脸谱”上传与各界名流合照，由此曝出这一事件。

媒体报道，萨拉希夫妇24日混在大约在300多名应邀赴宴的嘉宾中“现身”白宫。两人身着出席正式场合的印度传统服饰，塔里克身着男士无尾晚礼服，米夏埃尔则身穿金红两色相间的短袖外套。

他们游走于众多记者和摄影师之间，不时摆出造型与人合影。参加合照的人包括副总统约瑟夫·拜登、白宫办公厅主任拉姆·伊曼纽尔、华盛顿市长阿德里安·芬蒂等各界名流。

其中一张照片显示，拜登站在夫妇二人中间，左手搂在米夏埃尔腰际，露齿微笑。

萨拉希夫妇混进晚宴时曾与奥巴马夫妇和辛格共处一室，但尚不清楚夫妇俩是否与后者交谈。

美国特工处25日获悉此事，现已着手调查自身安检程序是否存在疏漏。“进入白宫范围的每个人都通过磁力检测装置和其他安检措施（检查）”，特工处发言人埃德·多诺万说，晚宴全体人员人身安全均未受到威胁。

特工处职业责任监察办公室正在重新审视当晚的安检程序。初步调查发现，一个检查点未按正常程序行事，导致未在邀请嘉宾名单之列的萨拉希夫妇混入晚宴。多诺万拒绝说明特工处是否已联系萨拉希夫妇展开调查，也未透露其他细节。

消息，是一种传递迅速、文字简明的事实信息，是新近发生的、有价值的事实报道。消息作为最广泛、最经常采用的新闻体载，是媒体传播信息的主要形式，在写作方面，它有着独特的规律和严格的要求。

如果把新闻语言活动比作奔流的河水，那么，新闻的结构便是堤岸，它确保语言活动在一定的框架内进行，如果失去了结构，语言活动就会散漫无羁。

第十一章　消息结构是写作的框架

中国古代文论家刘勰在其《文心雕龙》“附会”篇中指出，结构是“总文理，统首尾，合涯际，弥纶篇，使杂而不越者也。若筑室之须基构，裁衣之待缝辑矣”。新闻结构是指新闻报道文本内部的组织构造和总体安排。它包含新闻素材之间的内在联系、联系过程中的过渡与照应，以及新闻素材的取舍和详略安排等。结构设置得好，就会增强新闻作品的表达效果；反之，就会削弱作品的表现力。

结构是表现新闻内容、突出主题的重要手段。没有结构，新闻的内容就无法组织起来，也就无法表现出来。

文章都是由主题、材料、结构三个要素组成的。主题是文章的“灵魂”，要明确无误；材料是“血肉”，要丰富，并能集中地反映主题；结构则是文章的“骨架”，是谋篇布局的手段，是运用材料反映主题的方法。

第一节　消息的外在结构

消息一般由标题、消息头、导语、主体和结尾这四个部分组成。导语一般就是开头的一个部分，也就是开头的一个自然段；主体一般就是中间的一个部分，可以只是一个自然段，也可以由几个自然段组成；结尾一般就是最后的一个部分，也就是最后的一个自然段。

一、标题

消息标题又称题目,“题”就是额头,“目”就是眼睛,是消息借以显神的文字,也是消息内容高度而又形象的概括。消息标题应以新闻事实为基础,并反映着新闻记者力求表达的消息主旨。

(一)消息标题的要求

新闻标题与新闻事实是反映与被反映的关系。这种关系要求新闻标题必须揭示和符合新闻事实。

1. 新闻标题要揭示新闻事实

消息的特点决定了消息必然将最重要、最精彩的新闻事实浓缩到标题上。与一般文章题目比较,新闻标题的显著特点在于事实性,在于新闻性,新闻标题要显示自身的优势,要显示存在的价值,必须揭示新闻事实。新闻事实是新闻标题的灵魂,揭示新闻事实,是新闻标题的职责。

请看下面四则新闻标题:

- 张作霖拍卖东三省(1920 年 10 月 2 日上海《民国日报》)
- 南京发生日寇大屠杀惨案(1938 年延安《解放日报》)
- 天安门事件完全是革命行动(1978 年 11 月 16 日《人民日报》)
- 长沙袁隆平等十多位院士成为科技知本家(2000 年 12 月 11 日长沙电视台新闻报道)

这几则新闻标题出自中国不同的历史时期,尽管它们相隔的年代久远,但都有一个共同的特点:标题直接反映出了新闻中最重要的和人们最关心的信息,新闻事实本身成了最抢人眼球的亮点。不看报道,只看标题,也大体知道新闻事实的主要内容,标题对读者有很大的吸引力。从这个意义上说,我们认为,标题就是新闻。①

2. 新闻标题必须符合新闻事实

受众读新闻首先接触的是标题,如果新闻标题与新闻事实不相符合,就会把错误的信息传递给受众,题文不符会让受众心生疑惑或者反感,进而会减弱对新闻乃至媒体的认同。新闻标题的本源是新闻事实,所以新闻标题要反映新闻事实的本来面目。

标题是新闻的眼睛,吸引受众应该成为新闻标题的不懈追求,但新闻标题只有在事实的基础上才会吸引受众,标题离开了准确,即便再生动都没有任何价值。标题追求吸

---

① 何纯、徐新平主编:《百年新闻标题经典》,2 页,长沙,湖南大学出版社,2003。

引力不能以牺牲准确为代价。

例如：2009年2月18日某时报有一条消息——

陈凯歌曝离婚原因：太多女人让前妻妒火中烧

本报讯　前天，洪晃在主持旅游卫视脱口秀节目《亮话》时，与导演英达聊起婚姻史。她表示当年与陈凯歌分手是因为她的嫉妒，太多女人喜欢陈凯歌让她晕菜。

1985年，24岁的洪晃回到中国，成为德国某金属公司的高级职员，月薪7000美元，当时中国一些城市居民的平均月收入约为70元人民币，巨大的落差让洪晃有些飘飘然。恰在此时，她遇到了在中国影坛崭露头角的陈凯歌。"我看了他导演的《黄土地》之后，就觉得太棒了，完全像一首诗。"洪晃当时对艺术充满好奇。1989年，洪晃和陈凯歌在纽约市政厅登记结婚。然而，1993年陈凯歌因《霸王别姬》踏上戛纳领奖台之前，两人分手，各奔东西。"我跟陈凯歌好了以后才知道什么叫嫉妒。真是一种特别不好的感觉，突然发现怎么会有这么多女人喜欢他，我就晕菜了。到最后，我甚至有泼妇的欲望。之所以要结束这段婚姻，就是因为它会把我最恶劣的一面带出来。"

从导语看，主体事实是陈凯歌的前妻洪晃"表示当年与陈凯歌分手是因为她的嫉妒"，事实的发布者是洪晃。而在标题中事实的发布者变成了陈凯歌，新闻也从陈凯歌的角度，调整为"太多女人让前妻妒火中烧"。编辑可能认为让陈凯歌"曝离婚原因"会更加吸引受众，但显然新闻标题是不符合新闻事实的。

把新闻所包含的主要、独特、新鲜之内容提炼出来，通过鲜明、生动的标题对读者产生强大的吸引力，这无疑是编辑所要努力去达到的目标。但是如果为了抓住受众而不以事实为基础，媒体就会在受众的质疑和不信任中最终失去受众。

新闻标题是用以揭示、评价新闻内容的一段最简短的文字。简短是标题的内在品质，但简短同样必须以准确为前提，否则就会造成题不达意或误解。

例如某报有篇新闻的题目为：《深夜偷钓丧命，亡妻愤然上告》，"亡妻"怎么可能会去上告呢？看完正文的新闻内容后，发现是编辑把"亡故者的妻子"压缩简化为"亡妻"所致，让人哑然。又如某报有篇报道题为《只为二百工钱，南籍青年捅死工头》，标题中的"南籍"是人名还是地名，是地名的话，"南籍"是指河南籍、海南籍还是湖南籍，甚至是某国籍呢？读完报道正文后才弄清题中的"南籍"是指"湖南岳阳籍"的青年。像这样的简称就很不妥当了。[①]

总之，如果做不到准确，标题便无法周全地简述新闻的要义、客观地概括新闻的主

① 刘保全：《新闻标题制作中常见的毛病》，载《新闻实践》，2007(6)。

旨,也就丧失了其基本功能。所以,新闻标题不能夸大和曲解新闻事实。无论是对事实的概括,还是对事实的评价,新闻标题都应当无条件地忠于新闻事实,从而让标题完整、清晰、恰当、贴切地反映新闻事实。

(二)消息标题的结构

新闻标题在历史的发展过程中不断完善着自己面貌,逐步形成了完备的结构系统,这个结构系统有多个部分组成,它们既分工,又合作,共同承担标题的义务。

标题的外在结构包括主题、引题、副题。主题又称为主标题,引题和副题又称为辅助题。

新闻标题
- 主题　(主标题)
- 引题　(辅助题)
- 副题　(辅助题)

1. 主题(主标题)

也称主标题、正题、母题,它是消息标题的核心部分,通常揭示新闻中最重要、最吸引受众的信息。

(1) 从表现形式上看,在报纸版面上当与辅助题结合使用时,又是形式上最突出的部分,字号大于辅助题。

(2) 从表达方法来看,主题一般是实题(指叙述新闻事实的标题),有时也可以是虚题(评价新闻事实、揭示其意义或隐含的观点的标题),但在单独使用时,不能做成虚题,应是实题或有叙有议的虚实结合题。

例如:

① 我国科技发展史上的大事(引题)
国家同步辐射实验市工程在合肥奠基(主题)

② **严于律己　三次让房**

第一个标题中,前者为辅题,是对事实的评价;后者为主题,是事实的叙述。这个标题有了前面的评价,受众更能清楚地认识它的意义。但如果去掉后者,只取前者作为主题,受众就会不知所云。因此,没有辅题的消息的主题,一般不宜作虚题。第二个标题的"严于律己"是评价,"三次让房"是叙事。这是虚实结合题,受众能够从中获知新闻事实,因而可以单独使用。

主题比辅题引人注目,往往首先进入受众的视野。因此,制作标题要把主题作为思考的重点,对主题的要求应更高一些。

2. 引题

主题的引导题,位于主题之前,因排列有纵向和横向的不同分别被称为肩题和眉题。

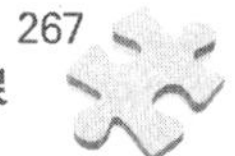

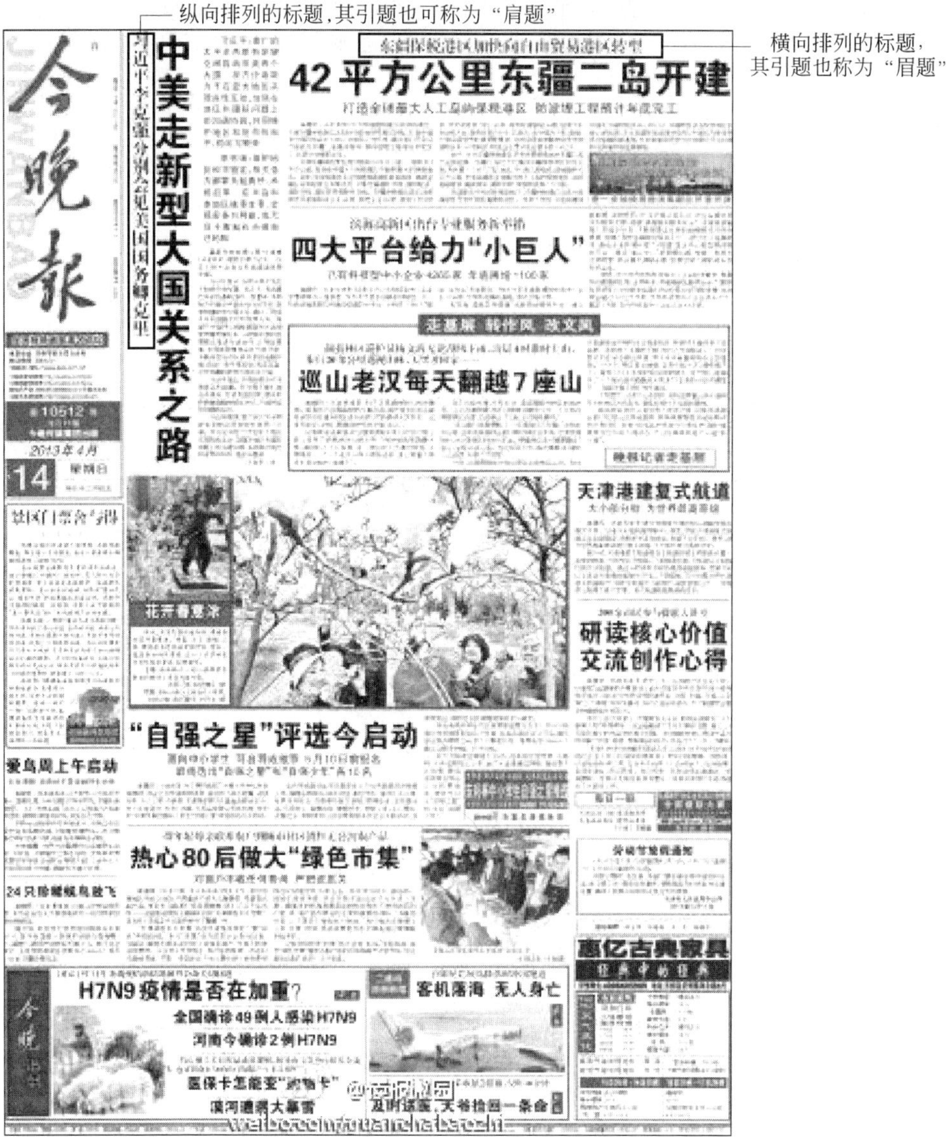
纵向排列的标题，其引题也可称为“肩题”
横向排列的标题，其引题也称为“眉题”
今晚报
2013年4月
14
习近平李克强分别会见美国国务卿克里
中美走新型大国关系之路
东疆保税港区加快向自由贸易港区转型
42平方公里东疆二岛开建
四大平台给力“小巨人”
走基层　转作风　改文风
巡山老汉每天翻越7座山
天津港建复式航道
研读核心价值
交流创作心得
花开春意浓
“自强之星”评选今启动
热心80后做大“绿色市集”
H7N9疫情是否在加重？
全国确诊49例人感染H7N9
河南今确诊2例H7N9
医保卡怎能变“购物卡”
客机落海　无人身亡
惠亿古典家具

图 11-1　《今晚报》

引题通常用于说明，引申和烘托主题。

例如：

①　　　　联合报最新民意调查显示（引题）

台民众支持两岸同意比率增加

② 用料易腐蚀　洗后留隐患(引题)

汰脱排油烟机莫请“游击队”

③ 中国报业的第一高楼　我省报业的标志性工程(引题)

52 层新华大厦暨江苏新闻中心封顶

④ 铁的见证　血的教训(引题)

永安市挖出一颗日军燃烧弹

⑤ 此景只应天上有　人间哪得几会看(引题)

新疆阿勒泰　五“日”又争辉

这些标题的引题或交代新闻的来源、背景和原因，或解释新闻的意义、本质，或点染新闻的环境、气氛。

引题依附于主题而存在，表现方法，句子结构和外在形式都比较自由。引题的字数可比主题少，也可比主题多。当然，从简洁和美观考虑，两者的数量一般以接近为宜。

3. 副题

主题的辅助题，主要用来补充、解释和证明主题。通常位于主题之后，又称子题、副标题。

(1) 如果主体不胜担负，难以概括新闻中重要的信息，就应借助副题予以补充：

东方神鹿王军霞五千米夺金

李丽珊为香港实现奥运金牌“零”的突破(副题)

(2) 如果主题含而不露，不叙述具体事实，受众不易明了，就可借助副题予以解释：

世界屋脊成了“飞禽天堂”

西藏发现 17 座鸟岛(副题)

(3) 如果主题就实论虚，不提供具体事实，受众易觉空乏，就应借助副题予以证明；

清扫穷角落　同头富裕路

无锡县 4000 多困难户向贫困告别(副题)

副题的职责是补充、说明主题，因而一般宜做实题，不作虚题，字数和行数可比引题更多一些。

消息标题的位置固定在消息的前面，最先为受众所看到，因而好的标题容易引起受众对消息的兴趣，反之则可能熄灭受众阅读的欲望。

消息标题的制作是新闻编辑学的重要内容，会在新闻编辑学中更为详尽地介绍和阐释，在此不作详述。

二、消息头

消息头是消息体裁独有的外在标志，消息头包括电头和本报讯（或本站讯等）。

新闻通讯社总是以“××社×地×月×日电”作为消息头，来表明电讯稿发出的单位、地点和时间，它的表现方式是加括号或用显著字体标出，置于稿件开头。新闻通讯社的消息头主要以电报、电传、电话等方式发稿，故称作电头。在我国，电头目前有新华通讯社的电头和中国新闻社的电头。如：新华社北京 10 月 30 日电；中新社北京 10 月 30 日电。

“本报讯”（或本站讯）意指“本报消息”“本网站消息”，标志着稿件是由本报社或本网站自己的记者或通讯员采写的稿件。如果是外埠采访、外地寄稿，需标明发稿的地点、时间，写为“本报×地×月×日专讯（或专电）”。

电头和本报讯的作用在于表明新闻稿的发出单位，以示承担发表新闻作品的责任，接受社会监督；消息头注有发稿的地点、时间，以说明新闻的来源、时效。不过，有无消息头并非消息的绝对标志。有些消息，例如某些描写性消息，也不一定都加消息头。不同国家、不同媒体，做法也不尽相同。

三、导语

导语是新闻的开头部分，紧接在消息头之后，由最新鲜最重要的新闻事实或最具有吸引力的新闻事实构成。导语一般强调要抓住读者，激起读者阅读欲望，扼要揭示核心内容，先声夺人。导语作为新闻的第一段或第一句话，它主要是告诉读者这条新闻的内容是什么，制造适当气氛，使读者乐意读下去。它要求用简洁、生动的语言把最新鲜、最重要的事实放在前面，以便先声夺人。

四、主体

新闻主体，也称为“正文”“新闻展开部分”“新闻躯干”，指导语后的新闻正文部分，具体展开新闻的背景与主干内容。

主体同样要求内容充实、层次清楚、语言简明。主体是新闻的主干，它要承接导语，用实在的、典型的、具体的材料，印证导语中的提示，对导语的内容做进一步的扩展和阐释。

五、结尾

新闻结尾是深化或强化新闻内容，出现在新闻最后的一段或一句话。结尾是整篇新闻的收笔之处，它的作用是阐明事实的意义或指出事件发展的趋向，给受众以完整的感觉，也可给受众留下思索的余味。

例如：

洞庭湖长大五分之一（标题）

本报讯（消息头） 洞庭湖变大了！经过3年规模空前的综合治理，洞庭湖面积扩大1/5。这个自明清以来不断萎缩的湖泊，终于出现了历史性的转折。**（导语）**

湖南省有关部门的统计表明：1998年以来，全省已将220处阻洪堤垸实施平垸行洪、退田还湖，洞庭湖蓄洪能力增加27亿立方米，扩大蓄洪面积554平方公里。水利专家称，整治后的洞庭湖如果再遇到1998年那样的特大洪水，水位可平均降低0.1米。岳阳城陵矶的水文标尺上，凶猛的洪水再也爬不到那令人毛骨悚然的高度。

长大了的洞庭湖别有一番景象。隆冬时节，原来人丁兴旺的华容县集成垸、汉寿县青山湖垸已无人迹，成千上万的白鹭、野鸭、天鹅在栖息、飞翔，成片的杨树在风中摇曳，赶走了冬天的苍凉。

据史料记载，明朝嘉靖年间，洞庭湖方圆八九百里，号称"八百里洞庭"，洪水期湖面达6000平方公里。此后数百年泥沙淤积，盲目开垦致使"堤垸如鳞"。在实施综合治理前，这个长江水系的重要调节湖泊面积减少到2691平方公里。湖面锐减，调蓄能力削弱，灾害频频发生，湖区人民深受水患之苦。仅以1998年为例，洪涝灾害造成的直接经济损失就达197亿元。

1998年特大洪水过后，党中央、国务院对整治洞庭湖极为重视，国家投资70亿元。洞庭湖治理改变了单纯加高加固大堤"堵"的传统办法，湖南省30个县、区及大型农场实施了平垸行洪、退田还湖、移民建镇等以疏导为主的综合治理方略。3年中，湖区8.4万农户、30多万群众告别故地，实施大迁移，成为湖湘史上的一大壮举。澧县的澧南垸、西官垸是治理的重点地区，许多老人虽难舍故土，但更感谢党和政府让他们离开了"水窝子"。两个垸子8万多人有序搬迁，实现了安居乐业。"平垸行洪还洞庭浩浩荡荡，移民建镇让百姓世代安康"，搬迁户新居门上贴的这副对联反映了湖区人民的共同心声。

（以上4段是主体部分）

人与自然在洞庭湖开始和谐相处。随着治理的深入，烟波浩渺的八百里洞庭将再现人间。**（结尾）**

（原载《湖南日报》2001年12月26日　作者万茂华 赵成新 李志林 王利亚）

第二节　消息的内在结构

消息的结构，从外部看，由标题、消息头、导语、主体、结尾组成，这是消息这一新闻体裁共同的结构形式，但每一篇消息内在的构造形态却各有不同。下面我们对消息的内在结构方式进行分析。

一、倒金字塔结构

消息的“倒金字塔结构”，是消息写作中最常用的一种结构方式。以事实的重要性程度或受众关心程度依次递减的次序，先主后次地安排新闻材料的一种消息结构形态，犹如倒置的金字塔或倒置的三角形，因而得名，也称“倒三角”结构。也就是在写作过程中把最重要的材料放在开头，比较重要的随后安排，再次的再向后排，最不重要的放在最后。

究竟采用倒金字塔结构写出来的消息是个什么样子呢？

(1) 如果报道的新闻事实本身就具备清楚的主次秩序，倒金字塔结构就可以根据新闻事实的重要性程度，先主后次地安排新闻材料。

例如：

第81届“奥斯卡金像奖”揭晓

新华网洛杉矶2月22日专电（记者曹卫国）　第81届奥斯卡颁奖典礼22日晚在好莱坞柯达剧院举行，由英国导演丹尼·博伊尔执导的低成本影片《贫民窟的百万富翁》不出所料成为当晚的最大赢家，一举囊括了包括最佳电影、最佳导演在内的8个奖项。

获10项提名的《贫民窟的百万富翁》讲述了在印度孟买贫民窟长大的青年马利克利用从艰辛生活中学到的“智慧”在电视抢答竞赛中获胜并最终找回失去的爱情的故事。该片在上月揭晓的金球奖中就是最大赢家，一举获得最佳导演和最佳影片等4项大奖。

博伊尔在一群印度青少年和儿童演员的簇拥下上台领取了大奖。手持最佳导演奖小金人的博伊尔对剧组在孟买拍摄影片时获得的支持与帮助表示感谢。他感谢所有的孟买人,称他们“让小金人显得微不足道”。

与此同时,获得提名最多的影片《返老还童》此次表现则不如预期,在13项提名中仅获得最佳视觉效果、最佳艺术指导和最佳化妆3个技术类奖项。

因在《泰坦尼克号》中饰演女主角而广为影迷熟知的英国女影星凯特·温斯莱特在获得6次奥斯卡提名后首次折桂,终于获得影后称号。她在影片《生死阅读》中扮演曾担任纳粹集中营看守的德国妇女汉娜。温斯莱特说这是她饰演过的最具挑战性的角色。她对于获奖非常兴奋,称自己在很早以前就梦想过这一天的到来。

美国著名影星西恩·潘凭借在影片《米尔克》中扮演遭暗杀的同性恋权利社会活动家而再次获得奥斯卡影帝称号,令人颇感意外。现年48岁的西恩·潘曾在2004年凭借影片《神秘河》获得奥斯卡最佳男主角奖。此前,因性格放荡不羁而被好莱坞抛弃的美国实力派演员米基·鲁尔克因在影片《摔跤手》中的出色表现而被很多人视为最佳男主角奖的热门人选,但最终与小金人失之交臂。

奥斯卡最佳男配角奖被在《黑暗骑士》中扮演小丑的已故澳大利亚演员希斯·莱杰获得,可谓众望所归。专程从澳大利亚赶来的莱杰家人上台替他领取了奥斯卡小金人。年仅28岁的莱杰去年年初在纽约寓所因过量服用处方药不治身亡。他的意外去世引发了电影界同行和影迷的极大关注,并成为他参与演出的最后一部影片《黑暗骑士》的票房动力。

在影片《午夜巴塞罗那》中扮演女画家的西班牙当红影星佩内洛普·克鲁兹获得最佳女配角奖。她将风情万种的女画家演绎得惟妙惟肖,在本年度已获得各类电影评奖中的大部分最佳女配角奖。

日本导演泷田洋二郎执导的影片《送行者:礼仪师的乐章》获最佳外语片奖,影片通过一名年轻入殓师的眼睛,透视生命与死亡的尊严。广受好评的《机器人总动员》获得最佳动画长片奖。

美国及世界其他国家正在经历的经济衰退给本届奥斯卡奖投下了阴影,通用汽车、欧莱雅等知名企业今年纷纷退出颁奖典礼的赞助商行列。这在某种程度上也表明,作为一年一度的重要娱乐事件,奥斯卡奖对公众的吸引力正在下降。

为挽回日益流失的电视观众,本届奥斯卡奖组织者改变了以往由知名谐星主持颁奖典礼的传统做法,改由擅长歌舞的澳大利亚人气男星休·杰克曼担任主持人,颁奖晚会也设计了更多百老汇式的歌舞环节。

此外,最佳男女主角和最佳男女配角这四个极受影迷关注的奖项揭晓方式也作出了改变,每个奖项都由往届获得过同一奖项的5位知名影星上台共同揭

晓。当晚上台颁奖的嘉宾不乏罗伯特·德尼罗、迈克尔·道格拉斯、妮可·基德曼、索菲亚·罗兰等大牌影星。

（资料来源：新华网 2009 年 2 月 23 日）

在这条消息中，最佳电影奖和最佳导演奖是人们最关心的、分量最重的两个奖项，放在导语中表达。接着是对最佳电影的介绍，它是主体中最重要的内容。其次，交代最佳男女主角奖获奖者和他们的作品，这也是比较重要的奖项。其他奖项则按其重要程度的不同一一在后面列出。

(2) 如果新闻事实本身并无确定的主次秩序，那就要求记者对新闻材料进行分析判断，按照自己的理解分出主次，然后再组织结构。

例如：

东京宣布无条件投降

（美联社 1945 年 8 月 14 日电） 日本投降了！

杜鲁门总统今晚 7 时宣布，日本已无条件投降，造成历史上空前巨大破坏力的战争随之结束。盟国陆海军已停止攻势。

总统说，日本是遵照 7 月 26 日“三强”致日本的最后通牒所规定的条款无条件投降的。这项最后通牒，是“三强”柏林会议期间发出的。

8 天以前，日本遭到有史以来第一枚原子弹——一种威力最大的炸弹——的轰炸，两天以前，俄国宣布对日作战。在这种情况下，日本被迫于本星期五宣布接受最后通牒中包括的全部条款，但要求继续保留天皇制。

次日，美、英、苏、中四国对此作出答复，声称如天皇接受盟军最高司令部的命令，则可以继续在位。

杜鲁门总统今天还宣布，道格拉斯·麦克阿瑟将军已被任命为占领日本盟军武装部队总司令。

杜鲁门总统说：“现在正在作出安排，以便尽早举行接受日本投降的正式签字仪式。”他说，英国、俄国和中华民国也将派出高级将领，代表各自的国家在受降书上签字。

这是一条典型的倒金字塔结构新闻，导语只有一句话“日本投降了”，表达了新闻最重要的事实。之后的材料安排是根据记者对新闻事实重要程度的判断来安排先后次序的。导语之后依次转述了杜鲁门的讲话内容，报道了日本投降的意义和具体信息，提供了相关的背景材料，介绍了日本投降签字仪式等事宜。

这条消息内容的重要性是依次递减的。读者从前往后，不管读到哪一段，都能得到相对完整的新闻信息。如果编辑要删节，也可从后向前删，无论删到哪一段，都不影响消息的完整性。

由此可见,倒金字塔结构的优点很明显,对于读者来说,它便于阅读。倒金字塔结构可以让读者在任何地方停止阅读都能获得对新闻事实的较完整认识。对于编辑来说,它便于编辑。倒金字塔结构的消息,编辑要删节,只需从后面开始删即可,不管删到哪里,余下的都还是一篇完整的消息。对于记者来说,它便于写稿。记者在写作时只需按重要程度将材料组织在一起,无需创造性地构思,使完成稿子更为快捷。

因为具有这些优点,所以倒金字塔结构在消息写作中充满活力,占据着主导地位。美国著名新闻学者杰克·海敦曾说:“倒金字塔既没有过时,也永远不会过时。”

【例文】

台湾封锁黄植诚驾机回归大陆的消息

合众国际社台北1981年8月12日电 台湾政府几乎完全封锁了一名军官驾驶美制F-5F型喷气机回归大陆的消息。

除了转载官方发布的消息之外,这个岛屿的新闻工具没有一家提及黄植诚少校上星期六(8月8日)驾机飞往台湾海峡对面福建省某空军基地一事。

北京政府于8月11日(星期二)公布了黄植诚叛逃的消息,世界各地的报刊、广播电台和电视台立即对此进行了广泛的报道。

台湾发表的声明只说“黄少校和飞机的下落不明”,并且透露飞机上还有一名驾驶员许秋麟中尉,后者跳伞降落在海里,被台湾救回。

声明说,许没有受伤,但当他弹离座舱之后曾一度昏迷。观察家认为,这是政府的解释,旨在说明为什么这位中尉不知道他的教官和那架飞机发生了什么情况。

声明说,许坐在后座,由于飞机导航系统和无线电出了故障,黄命令他跳伞。空军说,由于这个技术原因,飞机不能返回。

空军一位经验丰富的试飞驾驶员(他要求不透露姓名)轻蔑地说,空军关于这架飞机由于导航系统和无线电出故障而不能返回台湾的说法是站不住脚的。

他说,黄少校今年29岁,他起码有7年以上的飞行经验,而且多半时间在台湾海峡上空飞行。他说:“像他那样的飞行员,闭着眼睛也能飞回台湾。”

军界人士对本社记者说,雷达曾发现这架双引擎飞机接近福建沿海,然后发现它折回,飞临国民党控制的东引岛上空,许在那里跳了伞。随后,这架飞机朝中国大陆飞去。

上面提到的经验丰富的空军驾驶员说,军界人士的话证实了他的看法,即这位叛逃者故意给许一个跳伞的机会,让他在那个水域跳伞,从而可以被台湾国民党政府救回。

他说,在台湾空军中,飞行学员对教官一向是既尊重又害怕的。他说:“我

认为，许中尉是知道这位少校的叛逃意图的，但不能也不敢阻止他。”

二、时间顺序结构

时间顺序结构又称编年体结构、纵向结构、沙漏型结构。就是以时间的延续为基本线索，发生在前的表述在前，发生在后的表述在后。这种结构叙事条理清晰，现场感强，适合于故事性强、以情节取胜的新闻，尤其适合写现场目击记。但由于倒金字塔结构更适合于消息的文体特性，时间顺序结构在消息写作中运用得相对要少。时间顺序结构消息有些有导语，但通常不一定有单独的导语。时间顺序结构的缺点是开头平淡，消息的精华也可能淹没在长篇的叙述之中。另外，采用时间顺序写出来的文章，可能篇幅会长一些，不够简洁。

1. 以事件自身发展顺序组织结构

依照事件本身发生、发展、运动的顺序来组织材料、安排结构，是时间顺序结构常见的情况 。

例如：

冻死的孩子重新复活

美国威斯康星州一个名叫麦肯罗的孩子，今年只有 2 岁半。1 月 19 日，在家里人没有注意的情况下，他穿着一身睡衣，只身来到零下 29 摄氏度严寒的室外。家里人发觉后把他抱回屋里时，麦肯罗的一部分血液已经“冻结”，手脚也都僵硬了。当他被送往医院时，体温已下降到 15.5 摄氏度。但是，在经过了包括使用心肺泵等先进设备抢救以后，麦肯罗竟然奇迹般地复活了。像这样处于低温状态下的人能够死而复生，在世界上是没有先例的，参加抢救麦肯罗的医生对此感到惊叹不已。现在，除了他的左手可能会有冻伤后遗症以外，其他恢复都很正常，估计三四周内，即可恢复健康。

这条消息，是按照事件本身的发展顺序来写的：麦肯罗到室外、家人将他抱回屋子、将他送进医院、医院抢救、奇迹般地复活。这是一条没有导语的时间顺序结构的消息。

例如：

赫鲁晓夫辞职

（法新社巴黎 1964 年 10 月 15 日电） 据可靠消息说，赫鲁晓夫已辞去苏共中央总书记、苏联部长会议主席两项最高职务。

虽然今年早已出现某些传闻，可是，直到 16 时 5 分才首次证实此事。当时驻莫斯科的外国共产党记者被告知不要离开收音机，等候“重要消息”。

接着在16时9分,法新社驻莫斯科分社注意到,往常在下午出版的《消息报》没有出版。1分钟后,一条电讯谈到了苏共中央领导机构将发生变动的传闻。这时,法新社记者注意到在莫斯科苏共中央委员会所在地前面停了许多黑色轿车。

大约半小时后,即16时34分,法新社记者注意到赫鲁晓夫没有出席在克里姆林宫为古巴总统多尔蒂科斯举行的午宴。到16时47分,莫斯科宣布,《消息报》到明天早晨才出版。

16时55分起,情况更惊人了:人们看到赫鲁晓夫的名字从《真理报》上消失了。17时45分,从赫尔辛基传来的消息说,赫鲁晓夫"可能辞去了他在苏联领导机构中担任的职务之一"。18时4分,法新社从巴黎发出的电讯证实他已辞去了两项职务。

虽然赫鲁晓夫下台已经肯定了,可是,这时人们还不知道下台的原因。最后,在18时45分。从莫斯科传来了半正式的消息:赫鲁晓夫辞去了他在党和政府的两项职务。4分钟后,即18时49分,据同一来源的同一人士说,继承者已确定:党的首领是勃列日涅夫,政府首脑是柯西金。

从那时起,从莫斯科传来了各种各样的传说。18时53分的消息说,接替赫鲁晓夫的决定是在一次中央委员会会议上通过的。赫鲁晓夫参加了这次会议,他谈到了自己的健康状况,提出了辞职。

稍后不久,即18时55分,法新社驻莫斯科分社宣布,据消息灵通人士说,赫鲁晓夫业已辞职。

(资料来源:颜雄主编《百年新闻经典》)

这篇新闻稿,除了导语表达了核心事实外,主体部分是按照"赫鲁晓夫辞职"这一消息发布的时间顺序来写作的。

2. 以采访调查过程安排结构

按照记者采访或调查的顺序安排结构,即将采访调查的过程按时间顺序表述出来。这是一条有导语的时间顺序结构消息。

例如:

臭鸡蛋味弥漫三区

初步判断怪异气体来自化工厂

晚报今日讯 "我们这里空气里悬浮着一股刺鼻的怪味,既像液化气又像敌敌畏"。今晨6时开始,陆续有市民拨打本报新闻热线82860085,称他们被空气中弥漫的怪味呛醒了,线索来自水清沟、四方实验小区、芝泉路、太平路、山东

路、武昌路等市南、市北、四方3区。

“早上起来我还以为家里的液化气漏了，赶忙到厨房查验，结果没发现什么异常。”家住镇江路的李先生告诉记者，当他打开窗子时，才发现外边空气里的怪味比房内更浓。“不知道这是什么气体，熏得我直头晕、恶心。”家住南京路的市民蒋女士来电称，她是在上班途中闻到这股怪味的，因为对气味过敏，她只好用手套将口鼻捂了一路。

记者接报后立刻向12319热线咨询，得知该气体并非液化气或天然气。随后记者向市环保热线12369咨询，得知怪异气味仅限于市南、市北和四方三区，李沧和崂山并未出现类似情况。据这三区环保分局的工作人员介绍，气体可能来自化工厂或加工厂，他们从早上就开始对辖区内的化工厂排查，目前市北和市南已经排查完毕，未发现可疑情况。市环保局的工作人员认为，今晨北风3～4级，气味可能由北方刮来，综合位于四方区北侧的李沧区未出现怪味这一情况，可以初步判定怪异气味可能来自四方某化工厂，截至今晨8时记者发稿，怪味逐渐变淡，四方环保局的工作人员还在调查。

据青医附院的急诊内科的医护人员介绍，工业气体若非有毒，且不致于造成缺氧，便不会对人体造成伤害。今晨三区天空虽然弥漫着浓重的怪异气体，但市120急救中心尚还没有接到求助电话，截至记者发稿时尚没有出现因中毒或过敏入院的病员。

（原载《青岛晚报》2007年1月4日）

这条消息所依据的不是事件本身的发展过程，而是记者调查事件发生原因的过程。这种写法，呈现的不是事件的原始形态，而是调查采访的原始形态。

【例文】

“我看见历史在爆炸……”

合众国际社华盛顿11月23日电 这是一个十分迷人的、阳光和煦的中午，我们随着肯尼迪总统的车队穿过达拉斯市的繁华市区。车队从商业中心驶出后，就走上了一条漂亮的公路，这条公路蜿蜒地穿过一个像是公园的地方。

我当时就坐在所谓的白宫记者专车上，这辆车属于一家电话公司，车上装着一架活动无线电电话机。我坐在前座上，就在电话公司司机和专门负责总统得克萨斯之行的白宫代理新闻秘书马尔科姆·基尔达夫之间。其他三名记者挤在后座上。

突然，我们听到3声巨响，声音听起来十分凄厉。第一声像是爆竹声。但是，第二声和第三声毫无疑问就是枪声。

大概距我们约150码或200码前面的总统专车立刻摇晃起来。我们看见装有透明防弹罩的总统专车后的特工人员乱成一团。

下一辆是副总统林顿·约翰逊的专车，接下去是保卫副总统的特工人员的专车。我们就在这后面。

我们的专车可能只停了几分钟，但却像过了半个世纪一样。我亲眼看见历史在爆炸，就连那些饱经风霜的观察家，也很难领悟出其中的全部道理。

我朝总统专车上望去，既没有看见总统，也没有看见陪同他的得克萨斯州州长约翰·康诺利。我发现一件粉红色的什么东西晃了一下，那一定是总统夫人杰奎琳。

我们车上所有的人都朝司机吼了起来，要他将车向总统专车开近一些。但就在这时，我看见高大的防弹玻璃车在一辆摩托车的保护下，嚎叫着飞速驶开。

我们对司机大喊："快！快！"我们斜插过副总统和他的保镖车，奔上了公路，死死地盯住总统专车和后面特工人员的保镖车。

前面的车在拐弯处消失了。当我们绕过弯后，就可以看到要去的地方了——帕克兰医院，这座医院就在主要公路左侧，是一座灰色的高大建筑物。我们向左边来了一个急转弯，一下子就冲进了医院。

我跳下汽车，飞快跑到防弹玻璃车前。

总统在后座上，脸朝下，肯尼迪夫人贴着总统的身子，用双手紧紧将他的头抱住，就像在对他窃窃私语。

康诺利州长仰面朝天躺在车里，头和肩都靠在夫人身上。康诺利夫人不停地晃着头抽泣，眼泪都哭干了。血从州长的上胸流了出来。我未能看见总统的伤口，但是我看见后座上一摊摊血斑，以及总统深灰色上衣右边流下来的暗红色血迹。

我已通过记者专车上的电话，向合众国际社报告了有人向肯尼迪总统的车队开了3枪。在医院门前目睹总统专车上血迹斑斑的景象，我意识到必须马上找一个电话。

专门负责总统夫人安全的特工人员克林特·希尔正靠在专车后面。

"他伤势有多重？克林特。"我问道。

"他快死了，"他简单地回答说。

我已记不起当时的详细情景。我只记得一连串急促的吆喝声——"担架到什么鬼地方去了……快将医生叫到这儿来……他来了……快，轻一点。"在不远的地方，还有可怕的抽泣声。

我抄一条小路径直冲到了医院的走廊上。我首先看到的是一间小办公室，这儿根本不像办公室，倒像一个电话间。办公室里站着一个戴眼镜的男人，他正在摆弄一大堆乱七八糟的表格。在一个像银行出纳台那样的小窗口，我发现木架上有一部电话机。

"怎样接外线?"我气喘吁吁地问道。"总统受伤了,这是紧急电话。"

"拨911,"他边说边将电话推到我身旁。

我连拨了两次,终于接通了合众国际社达拉斯分社。我用最快的速度发了一个快讯:总统在穿过达拉斯的大道上遭到枪击,总统伤势严重,可能是致命的重伤。

……

(选自《普利策新闻获奖作品选》,有删节)

三、并列式结构

这种结构方式常常会用于综合消息和经验消息的写作中。特别是在综合消息中,报道的具体事实不止一个,需要在新闻中并列地叙述若干个新闻事实,这样就形成了并列式结构。

并列式结构的层次清楚,层次与层次之间的关系不是因果关系,也不是递进关系,而是彼此平行的,从意义上说并无主次之分。每个层次都是相对独立的,各层次之间相互补充,共同说明同一个新闻主题。

例如:

爱尔兰否决《里斯本条约》　欧盟各国反应强烈

新华网北京6月14日电　综合新华社驻外记者报道:据英国天空电视台13日报道,爱尔兰在12日进行的全民公决中否决了旨在取代《欧盟宪法条约》的《里斯本条约》。欧盟委员会以及德国、法国等欧盟国家随后表示遗憾,一些国家表示将继续全力推进条约批准进程。

爱尔兰选民以86.24万票对75.25万票的投票结果,否决了《里斯本条约》,从而使欧洲一体化进程再次陷入困境。爱尔兰是欧盟27个成员国中唯一就《里斯本条约》举行全民公决的国家。

爱尔兰总理考恩对公决结果大为失望,但表示应尊重爱尔兰人民的意愿。

全力支持否决《里斯本条约》的新芬党领袖亚当斯则认为,13日对欧洲和爱尔兰而言是一个"好日子"。他说:"我们拒绝接受条约是因为我们有顾虑,因为多数人希望看到一个不同的欧盟。"

欧盟委员会主席巴罗佐13日在布鲁塞尔召开的记者招待会上强调,这一结果并不是爱尔兰对欧盟的否定,更不意味着该条约已经"死亡"。巴罗佐说,欧盟委员会相信"其他欧盟国家仍会继续相关的批约程序"。巴罗佐表示,将于

19日在布鲁塞尔开幕的欧盟峰会将听取爱尔兰总理考恩的汇报，并对爱尔兰民众所关心的大事作深入研讨。

法国和德国13日发表联合声明，对爱尔兰全民公决否决《里斯本条约》表示遗憾。联合声明说，两国尊重爱尔兰公民的民主决定，但对此结果感到遗憾。法、德两国表示，希望其他成员国能继续进行批准程序。

西班牙第一副首相德拉维加13日表示，尽管爱尔兰在全民公决中否决了《里斯本条约》，但西班牙政府仍然主张继续批准该条约的进程。他说，西班牙政府明确支持《里斯本条约》，希望完成其批准进程，因为该条约标志着欧洲建设向前迈出的重要一步。

荷兰首相巴尔克嫩德13日表示，荷兰不会因此而中断批准条约的程序，荷兰将继续全力推进条约审批进程。他说，虽然爱尔兰公决结果令人失望，但目前作出任何断言还为时过早。荷兰议会下院本月5日批准了《里斯本条约》，议会上院将于今年夏天之前进行表决。荷兰舆论普遍认为，议会上院将毫无悬念地通过条约，从而使荷兰顺利完成审批程序。

匈牙利外交部发言人塞莱什泰伊13日说，匈牙利对爱尔兰在全民公决中否决《里斯本条约》表示遗憾，但他同时认为全民公决的结果并非一定意味着这一文件的失败。塞莱什泰伊还表示，匈牙利确信可以找到一个解决办法，这一解决办法既尊重爱尔兰选民的意见，又能保留这一条约的价值。

捷克总理托波拉内克13日发表声明说，爱尔兰全民公决否决《里斯本条约》会使欧盟政治复杂化。托波拉内克说，因为欧盟有牢固的法律基础，爱尔兰全民公决否决《里斯本条约》不会威胁到欧盟27国的正常工作。

捷克总统克劳斯当天则发表声明说，爱尔兰全民公决否决《里斯本条约》是"自由和理智战胜人为精英工程和欧洲官僚主义的胜利"。

《里斯本条约》是欧盟各国领导人去年12月13日在葡萄牙首都里斯本签署的新的欧盟改革条约，旨在取代被法国和荷兰全民投票否决的《欧盟宪法条约》。根据规定，《里斯本条约》在获得欧盟各成员国批准后，将于2009年1月1日生效。迄今为止，法国、奥地利、匈牙利、保加利亚、罗马尼亚、波兰、斯洛文尼亚、马耳他和葡萄牙等18个欧盟国家已经批准了该条约。

（资料来源：新华网 2008年6月14日）

这条消息的导语是对整体事实的概括叙述，结尾是说明性背景材料，主体分别叙述了欧洲各国对爱尔兰全民公决否决《里斯本条约》的反应，互相之间是并列关系。这样的写法突出了空间的广延性，在较大范围内对新闻事实的整体面貌进行了描述。

【例文】

洛杉矶种族歧视事件在各国反应强烈

美国法院偏袒白人警察作出的不公正裁决而引发的洛杉矶暴力冲突，在世界范围内引起了强烈的反响。许多国家的领导人和新闻媒介都纷纷对此发表评论，分析这场冲突的原因和性质。

伊朗总统拉夫桑贾尼5月2日直截了当地指出，洛杉矶的种族歧视事件表明，美国需要对社会进行改革，美国比其他国家更需要对自己的事务进行改革。他呼吁人权活动家们放弃在其他国家的活动，去美国调查。

马来西亚总理马哈蒂尔发表谈话指出，洛杉矶之所以发生流血冲突，其原因是美国政府没有帮助黑人赶上越来越富的美国白人，也反映出美国黑人对白人越来越严重的抵触情绪。法国总统密特朗在电台指出，美国社会是保守的，但它在经济上走自由主义道路，此次暴力冲突实际上就是由此形成的经济矛盾而引起的。一位不愿透露姓名的日本官员说，洛杉矶事件暴露出美国社会的弊病。

美国在东方的盟友韩国对洛杉矶事件的反应迅速，它立即派外务部代表赴洛杉矶同加州州长和洛市市长会晤，强烈要求对在这次种族歧视事件中蒙受严重损失的朝鲜移民给予赔偿(朝裔美国人有85家商店被焚烧)。同时汉城已关闭了它在洛杉矶的领事馆。

印度公众在美国驻新德里新闻中心外举行反美示威，高喊“该死的种族主义”、“停止对黑人的袭击”等口号。

新加坡报纸一针见血地指出，美国习惯于大谈特谈人权，而实际上是“口惠而实不至”。菲律宾《商报》概括地说：“美国没有人权可言!”埃及的报纸说，洛杉矶事件使人对美国的司法制度的公正性表示怀疑。日本《朝日新闻》指出，“冲突事件表明，黑人的权力在白人占多数的情况下是何等的微弱”。德国《南德意志报》评论说，洛杉矶事件宣告了所谓“各种族结合的大美国神话”的破灭。印度报纸说，洛杉矶事实是对“鼓吹人权”的美国的讽刺。英国评论家认为，洛市冲突是美国少数民族愤怒和绝望的征兆。

甚至美国的《纽约时报》也批评美国政府长期无视种族问题。西方分析家指出，洛杉矶暴力事件的蔓延表明，美国确实存在种族歧视和侵犯人权等不平等现象。

(原载《工人日报》1992年5月5日)

消息的内在结构形式除了倒金字塔结构、时间顺序结构、并列式结构之外，还有许多其他结构形态，如因果式结构、对比式结构、悬念式结构等，这些结构方式并未在消息写作中普遍使用,故不再详述。

练习

一、对比下文中的新闻素材和新闻成稿,分析成稿的结构特点。

素材:

公安部交通管理局最新统计表明，10 年来，我国机动车增长率在 15% 以上，沿海经济发达省份增长率超过 30% ，已有 8 个省份的机动车超过百万辆。

根据驾驶员和车辆数量的快速增长，与之相关的问题也随之产生。比如，如何制定汽车的价格和销售办法、道路的建设和收费问题、还有汽车售后服务、加油站设置数量、停车场布局是否合理等，有关权威部门正按照国务院发布的《汽车工业产业政策》，从宏观上加强汽车、道路、相关产业和设施、有关政策法规的协调发展。

公安部交通管理局最新统计发现，10 年来，我国已有近 3000 万人领取了机动车驾驶执照。在这些怀揣“驾驶本”的 3000 人中非专业司机占很大比例。

随着改革开放的不断向纵深发展，人们的思想观念也发生了很大的变化。在广大农村，很多有经济头脑的农民不再固守田园，靠种地为生，买卡车跑运输已成为农民致富的一个重要领域。在我国城市中，行业与行业之间、行业内部之间的竞争越来越激烈，人们的危机意识也逐渐在加强。为了在激烈的竞争中能够站稳脚跟，立于不败之地，学开车和学电脑、学外语一起成为人们追求掌握的现代技能。

根据公安部交通管理局最新统计，全国驾驶执照发放总数为 2986 万份，这个数字超过在公安部交通管理部门注册的 2585 万辆机动车总辆。按最新统计，在上述部门登记的汽车为 939 万辆，摩托车为 1100 万辆。以上素材是记者最近从公安部交通管理局获取的。

成稿:

3000 万中国人拿到“驾驶本”

新华社北京 7 月 27 日电（记者 李安定报道） 据记者从公安部交通管理局获得的信息，我国已有近 3000 万人领取了机动车驾驶执照。

驾驶执照发放总数为 2986 万份，这个数字超过在公安部交通管

理部门注册的2585万辆机动车总量。按最新统计，在上述部门登记的汽车为939万辆，摩托车1100万辆。

怀揣“驾驶本”的3000万人中非专业司机占很大比例。在我国的城市中，学开车正和学电脑、学外语一起成为人们追求掌握的现代技能。而在广大农村，买卡车跑运输已成为农民致富的一个重要领域。

据统计，10年来，我国机动车增长率在15%以上，沿海经济发达省份增长率超过30%，已有8个省份的机动车超过百万辆。据悉，权威部门正按照国务院发布的《汽车工业产业政策》，从宏观上加强汽车、道路、相关产业和设施、有关政策法规的协调发展。

二、到报摊买一份综合性报纸，或者在网上找一份报纸的PDF版，从中找出5篇以倒金字塔结构写作的新闻报道，并进行具体结构分析。

三、对下文进行分析，指出其结构特色，并尝试用其他结构方式改写。

南京大学教授称大学校长已官员化不再是教育家

本报讯　记者夏杨报道：“大学重在培养和谐的人，而不是培养有用的工具！”昨日，南京大学教授董健在广州“公众论坛”演讲时指出，中国现代教育要重振启蒙精神，招回大学之魂。

董健说，国家财政性教育经费占GDP比重自1996年以来一直达不到发展中国家平均比重的4.1%，这是“使国人蒙羞”的事。只有重振以自由、民主为核心的现代启蒙精神，进行教育深层改革，克服教育政治化、官僚化弊端，大学才能走上正路。

董健曾任南京大学副校长，今年72岁。总结30年改革和大学教育现状，他指出，当今教育存在一些危机。大学官僚化、学术腐败，抄袭、剽窃时有发生，大学精神在衰退。

“30年来教育改革多是表层的，缺少实质性举措。”董健说，恢复高考、高校扩招、大学合并等改革，都未曾触及大学精神的实质内核。“时下出现的大学腐败现象，不是改革的结果，而是改革缺位，原有被掩盖的许多问题，在社会进入市场经济后爆发出来”。

董健说，一些改革本身也存在问题，比如本科、硕士和博士等一再扩招，“有一个博导带了35个博士生，简直是误人子弟”。而论文答辩时，若不让其通过，又感觉对他不公平，“同样水平，在别处可能过了。这是体制问题，靠几个人把不住防线”。

董健说，教育是“软”任务，它出问题，伤害在文化深层，破坏的是民族精神资源，不会马上看到，但影响未来。“今天教育中存在的问题，50年后，我们和子孙后代将尝到苦果。”董健说，教育改革虽是“软任务”，但非常迫切！

大学精神是什么？董健认为，大学之“大”，内涵应该是思想自由、学术自由；培养人、完善人，不断提升人格和道德；独立于政治权力之外，追求学术真理。

“大学要把学生培养成和谐发展的人，而不是有用的机器。”董健引用爱因斯坦的话指出，大学教育有两种模式，一种是工具制造型教育，教给学生技能，让他们成为实用“工具”；一种是人格提升型教育，把学习看成完善人格的高尚事情，培养出来的是“和谐的人”，能分辨真假、善恶和美丑，成为公共知识分子。

董健指出，现在许多大学校长已经官员化，不再是教育家，且存在官商勾结、权钱交易等腐败现象，不少商人都戴上了“教授”头衔，“这是可悲的”。

大学如何进一步改革？董健认为，要实现“大学办学”而不是教育部办学。大学要建立董事会、校友会和教授会，办学最高权力在董事会。实现独立发展。

董健认为，现在不断发生的社会事件，源头往往在人文精神缺失，导致道德行为失范，诚信良知泯灭。中国人文教育缺位，需要重补启蒙主义课。

（2008年10月19日《羊城晚报》报道）

老舍说："开头好比舞台上的演员亮相，应该开得有光彩，吸引人。"然而，在叙事文体中，故事最重要的内容常常会淹没在漫长的叙述中，难以实现"开得有光彩，吸引人"。而在新闻文体中，最突出最有新闻价值的事实往往在第一句就摆到了受众面前，这第一句就是导语。导语是消息中最重要的部分，是新闻事实的触角，是引发新闻阅读的最活跃的因素。

第十二章　消息导语是写作的核心

导语是消息的先导，位于消息的开头，它是新闻的提要或高潮。

那么，什么是导语呢？

第一节　导语的定义及作用

一、什么是导语

"一个记者必须要用导语引起读者和编辑的注意……无论涉及哪种体裁，这一原则是相同的。第一个字、第一个短语、第一个段落至关重要。"作家、自由撰稿人罗伯特·纳特说。

导语是消息开头用来提示新闻要点与精华、发挥导读作用的段落。它用最精粹的文字，简明、扼要、生动地写出消息中最主要、最新鲜、最吸引受众的新闻事实。

这个定义让我们明确了导语的这么几个要点：第一，导语是位于"消息头"之后的第一句话或第一段文字。如果消息只有一个自然段，通常第一句话就是它的导语。如果消息不止一个自然段，一般第一个自然段是它的导语。第二，导语是消息的精华，它表达的是消息中最为新鲜、最为重要的内容。第三，导语短小精悍，用最少的语言传达尽可能丰富的信息。

导语产生于 19 世纪 60 年代，开始于"南北战争"期间的美国，以后逐步推广到欧洲和日本。在 20 世纪初，我国新闻界也开始使用新闻导语。

导语是随着电报在新闻传递中的应用而产生的。“南北战争”期间，为了迅速地向人们报道战争的情况，记者们采用刚刚发明不久的电报技术来传送新闻稿。可是，由于电报技术的不完善，一条新闻常常只传了一半甚至一个开头，就因电报技术原因中断了。于是，为了使在电报中断情况下，也有可能将新闻的核心内容传递出去。记者们就想出来一个应对办法，即将最重要的新闻事实写在新闻开头。这种方法使新闻写作产生了革命性的变化，以后，很多记者如此写作新闻，于是，这种写法便渐渐约定俗成，导语也由此诞生了。

1. 第一代导语

1889 年 3 月 30 日，美联社记者约翰·唐宁在一条消息中写了这样一段导语：

> **萨莫亚·阿庇亚 3 月 30 日电** 南太平洋沿岸有史以来最猛烈、破坏性最大的风暴，于 3 月 16 日 、17 日横扫萨莫亚群岛。结果，有 6 条战舰和 10 条其他船只要么被掀到港口附近的珊瑚礁上摔得粉身碎骨，要么被掀到阿庇亚小城的海滩上搁了浅。与此同时，美国和德国的 143 名海军官兵有的葬身珊瑚礁上，有的则在远离家乡万里之外的无名墓地上，为自己找到了永远安息的场所。

这个导语的特点是“五个 W”具备。这样的导语被称为“第一代导语”，又称 5W 俱全导语。自第一代导语之后近半个世纪，在写作实践中，人们又发现了第一代导语的种种不能令人满意的地方，如“五个 W”束缚了新闻，导语强调整体性和完整性，导致内容太多、主次不分、重点不突出、字数多、段落长。于是人们开始创新，出现了“第二代导语”。

2. 第二代导语

到 20 世纪 50 年代，《纽约时报》编辑主任特纳·卡特利奇提出“第二代新闻导语”一词。他在《我的一生与〈纽约时报〉》中说：“我们认为，再也没有必要，也许永远不会再有必要把传统的新闻‘五要素’都写进一个句子或一段中——何人、何事、何时、何地与何因。新闻导语，就是筛选一个最吸引人的新闻事实，写得既要生动有趣，又要富有强烈的感染力，诱引人读了开头还想往下读。它的位置在消息的开端部分。”“第二代导语”的特点是不再要求“五要素”俱全，只选择最重要、最能激起读者兴趣的两三个要素写进导语，其余要素放到主体中再作表述。

3. 第三代导语

随着新闻实践的发展，产生了“第三代导语”。“第三代导语”也强调精短，趋向自由式，灵活多变，不注意对新闻事实的完整概括。

值得注意的是新一代导语的出现更加丰富了导语的写法，但并不意味着新一代导语出现以后就会淘汰前一代导语。事实上，到现在仍有新闻导语采用第一代导语的写作体例。

二、导语的作用

新闻导语是新闻的生命所在。威廉·梅茨在《怎样写新闻》中说："导语是记者展示其杰作的橱窗"，"如果记者未能在导语中表现出水平，那么，他就没有水平。"

麦尔文·曼切尔在《新闻报道与写作》一书中对导语的作用，进行了简明的概括，他说新闻导语的作用"一是要抓住事情的核心；二是要能吸引读者看下去。"

（一）抓住事实的核心

抓住事实的核心本就是导语的基本品格，导语要做到抓住新闻事实的核心，就要考虑：

1. 导语中是否包含了最有新闻价值的内容

美国亨特学院新闻学教授詹姆斯·阿伦森曾应中国外交部新闻司邀请来华讲学，他举例说明导语应有实质性内容。他说他在中国的报纸上看到了这样一条导语：我们访问了中国科学院遗传研究所植物细胞遗传学研究室主任、副研究员陈英。

阿伦森认为，这样的导语"只会令读者望而生厌，不愿再看下去。其结果是，往往由于导语的缘故，就使读者错过了一些重要人物的有趣的新闻"。所以，他主张改为：植物遗传学家陈英在 1973 年和别人合作，在世界上首次培育成功两个水稻新品种。①

所以，记者在写作导语时，要思考导语中是否包含了最有新闻价值的内容，并对"最有新闻价值的内容"做出准确的判断，将其提炼出来写进导语，而不要让它埋没在新闻的叙述中。这需要记者要具有判断新闻价值的能力，有时需要对导语写作反复推敲，认真修改。

例如：一位新华社记者在采写中国科学院古脊椎动物研究所研究员在恐龙研究的最新成果时，她的稿件导语经过了几个阶段的修改：

中国科学家最近在恐龙研究中有重大发现

↓

中国科学家最近在恐龙蛋研究方面有新发现

↓

科学家最近发现恐龙的智力比人们想象得要高

↓

科学家最近在研究恐龙的生蛋方式时发现，体形庞大、貌似呆笨的恐龙其实

---

① 引自：http://www.zgqsnjz.com/shownews.asp? newsid=3415。

比人们长期想象得要聪明得多：恐龙在保护后代繁殖方面表现了较高的智力[①]

最后呈现的导语虽然文字较多，但使得导语从抽象到具体，且包含了最有新闻价值的内容。

2. 导语中是否将最有价值的新闻事实置于突出的位置

有些导语其中虽包含了最有价值的新闻事实，但并没有将它放在突出的位置。

比较同一新闻的两条消息的导语：

我国政府新近颁布了一项计划生育的新政策，即一对夫妇只准生两个孩子，最好只生一个。

一位外国记者写法不一样，他写道：

生两个好，生一个更好——这就是中国政府和中国共产党制定的生娃娃的新政策。

前一条导语虽然包含了最有价值的新闻事实——“计划生育的新政策”内容，但并未放在最突出的位置，后一条则加以突出。

在导语写作中要做到既包含又突出最有价值的新闻事实，就要学会用比较的办法确定“新闻五要素”中哪些是最重要的，同时也要判断什么要素是受众最为关心和感兴趣的。

（二）吸引受众注意力

导语的一个重要的作用就是能吸引受众往下读。美国新闻学者杰克·海敦说：“导语需要你付出最大的力量。它是促使读者读下去的诱饵。”

那么如何吸引受众，使其阅读欲罢不能呢？

1. 让导语的内容接近读者

把所报道的新闻事实与普通大众联系起来，设法点明你要报道的新闻对大众的影响。

例如：

你的财产税终于减不成了。市议会昨晚决定，保持税收率不变……

——转引自[美]威廉·梅茨《怎样写新闻》

在这条导语中，记者刻意用了第二人称“你”，并且提到与“你”生活息息相关的内容，看上去似乎很遥远的新闻事实一下子就与受众的利益挂上了钩。受众读这条消息时，与其说是关心政府出台的新政策、还不如说是在关心自己的事。[②]

---

① 李希光：《从埋葬新闻到埋葬中国声音》，清华大学国际传播研究中心，2006-02-26。

② 卿志军、刘丽琼：《观众注意心理与民生新闻导语的创新》，载《新闻窗》，2006(06)。

2. 表达要开门见山

如果在新闻导语中充满了空泛的语言、抽象的概念、流行的口号，那么，这些不良元素往往会挤掉重要新鲜的事实，这样的导语就会迅速熄灭受众对整条新闻的阅读兴趣。

例如：关于天津引滦工程的报道，新华社的导语是：

> **（新华社1983年9月11日天津电）** 今天清晨，当天津千家万户拧开水龙头，从200多公里引来的滦河水源源流淌的时候，海河两岸的群众再也控制不住内心的喜悦，奔走欢呼："滦河水真甜啊！"饮水思源，到处响起了《献花歌》的嘹亮歌声："金色的秋天飞彩霞，彩霞化作鲜艳的花，鲜花献给解放军呀，它把我们的敬意来表达……"

同一内容的新闻，路透社的导语是：

> **（路透社9月18日电）** 滦河引清水，人民品香茶，天津230万户人家每户免费供应50克龙井茶……

前一条导语写作中缺乏典型的新闻事实，语言华丽空泛，受众从中一无所获，其结果，这条导语就成了所谓的"盲导语"，受众便会对整篇消息失去兴趣。而后一条导语抓住了千家万户用滦河甜水品龙井香茶这一典型事实说话，有说服力和感染力。

第二节　导语的类型

导语的类型繁多，分类的方法也各不相同。人们曾依照不同的标准，把导语分为许多不同的类型。古典新闻学根据"新闻五要素"，提出了要素分类法，也就是在导语里突出哪一个要素，导语就以那个要素命名。例如：时间导语、人物导语、事件导语等。现代新闻学认为这种分类方法不科学。如美国哥伦比亚大学教授麦尔文·曼切尔对上述分类法持否定态度，他认为这种分类法对于研究工作也许有用，但对记者的实际工作却没什么用处，因为不会有哪个记者在看了自己的采访记录后会想到："哦！这看来像是'何人'型的导语，或者像是'何事'型的导语。"麦尔文·曼切尔在1977年初出版的《新闻报道与写作》一书里，把导语分为两个大类：直接导语和间接导语。

一、直接导语

直接导语是一种直接叙述新闻事实的导语。即在导语中开门见山、简明扼要地突出表现最新鲜、最重要的事实，或最有个性特色、最具有新闻价值的内容。它是消息导语的主要形式。

例如：

德国不宣而战　欧洲大战全面展开

(合众社1940年5月10日电)　德国于今日黎明时分对荷兰、比利时、卢森堡不宣而战。

北约野蛮轰炸我驻南使馆

《人民日报》贝尔格莱德1999年5月8日电　1999年北京时间8日早5时45分，以美国为首的北约至少使用3枚导弹悍然袭击我驻南斯拉夫大使馆。到目前为止，至少造成3人死亡，1人失踪，20多人受伤，馆舍严重毁坏。

这两条导语直叙新闻事实，开门见山、简明扼要，表达充满力量，是很出色的直接导语。

直接导语叙述的事实，一般是非常单纯的，只包含一个明确具体的新闻事件，如上例，但有时由于客观事物相对复杂，导语难以用一个主要事实来表达，因此，直接导语也可以按照新闻事实之间的内在逻辑联系，将两个新闻事实或几个事实有机地组合在一起叙述，这就是多元素导语。需要注意的是这类导语的几个事实必须有紧密的关联。

例如：

本报讯　广州医学院疫苗科研工作取得了两项成果。一种治疗慢性粒细胞白血病的新药和一种预防幼儿肝炎病毒的疫苗相继研制成功，为癌症和肝病患者带来了福音。

本报讯　在人们印象中，联合国是个开会的地方，很少有人知道，联合国也是个蕴藏巨大商机的市场。联合国及其附属机构近日公布了4月份在全球的采购招标计划，面对一系列科技含量并不高的商品，本市众多企业却无动于衷，任商机从身边溜走。

二、延缓性导语

又称间接导语，它不直接叙述新闻事实，而是通过解释、阐述、设置悬念或场面描写、气氛渲染等方法，先作铺垫，再引出新闻事实，目的是增强阅读的趣味性。

例如：

9月初的一天早晨，从钟祥县开往武汉的长途汽车就要启动了。考取了北京大学的农家子弟柯洪云欢欢喜喜地登上了汽车。这时，一位中年妇女急急忙忙地赶来，把一件棉大衣塞到了他手上。乘客们以为，这一定是这个学生的妈妈！可是，人们怎么也没有想到，这位妇女却是柯洪云的老师。

这条导语写作借鉴电影手法，采用特写镜头式的表现，吸引受众。

> 统治世界乒坛数十年的中国男子乒乓球队今天在这里遭受到前所未有的毁灭性失败，这一严重挫折使中国人感到十分沮丧。今天，乒乓球赛新闻层出不穷，倒霉的不仅限于中国人。但是，对中国人来说，这一天将作为黑色的星期四而永远留在记忆中。

这条导语曲折迂回地表达主题，不失为一种好的表现手法。

这两条导语间接地体现了新闻主题，迂回舒展地引出新闻的核心事实或新闻要旨。间接性导语尤其适宜运用于时效要求较弱的非事件性新闻。

值得注意的是，导语中的描写应有明确的目的性，不能为描写而描写。所以，写延缓性导语时所描绘的画面必须与事件有内在联系，有助于揭示主题，不可以让描写的内容游离于主题之外。

1987年11月19日，中国癌症基金会组织建造的“战癌女神铜像”在京落成，不止一家报纸发了消息，消息的导语对铜像都做了一些描写。但是，通过对比可以发现，它们的写法以及由此产生的效果是有很大差异的：

> **新华社北京11月18日电**　一只十脚螃蟹被一位女神牢牢踩着，女神手托一把利剑，双目坚定地望向远方——象征着我国人民同癌症作斗争的战癌女神铜像今天在北京落成。(《表现华夏儿女攻克癌症的决心　战癌女神铜像在京落成》)
>
> **本报讯**　昨天，一尊3.5米高的仿古青铜战癌女神塑像，傲然耸立在中国医科院肿瘤研究所广场上。她身材修长、秀发如瀑，双手高擎智慧之剑，脚踏一只巨型螃蟹(英文中螃蟹与癌症为同一单词)(《战癌女神铜像昨揭幕》)

铜像女神象征的是“战”，以宣扬“战”癌的决心，而不是(至少主要不是)美与丑的对比。因此，新闻的主题也应当是战癌。描写本应扣紧这个主题，准确传达组建单位和雕塑家的意图。由此推论，前一条导语的描述是准确的，它连用“牢牢”“利剑”“坚定”三个修饰词，突出了女神的意志和力量；后一条导语的描述停留于“美”，只将战癌女神写得婀娜多姿，离题较远。延缓性导语要避免出现这种情况。有经验的记者选择的每一个细节，每一个词语，都有助于突出主题。①

三、两类导语对比

为了对比直接导语和延缓性导语，麦尔文·曼切尔举了一些例子——

---

① 引自：http://www.xici.net/b244699/d53535922.html。

直接导语：

华盛顿消息 昨天行政当局有关人士说，引起争议的驻联合国大使丹尼尔·莫伊尼汉已向福特总统递交了辞呈，他可能寻求在纽约担当民主党参议员的候选人。

——合众国际社

华盛顿2月2日讯 丹尼尔·莫伊尼汉今天辞去了美国常驻联合国代表的职务。

——《纽约时报》

延续性导语：

直到最后一刻，丹尼尔·莫伊尼汉还在说，他不知道是否应该辞去美国驻联合国大使的职务。他说："我下了30次决心"，"就像马克·吐温讲的'戒烟容易得很，我已经戒了一千次'"。上周，莫伊尼汉最后下了决心：辞职。

——《时代》杂志

当丹尼尔·莫伊尼汉向联合国道别的时候，他很显然是在走进另一扇敞开的大门——美国参议院。

——《基督教科学箴言报》

空军一号欢快地飞越中西部，午餐在途中进行。总统刚刚在他的座位上坐稳，麻烦事来了。"总统先生，有个不好的消息报告您，"白宫办公室主任理查德·查理报告说，"帕特·莫伊尼汉辞职了。"福特抬起头来吃惊地问："为什么？"

——《新闻周刊》

这些导语虽然表达的是同一个新闻事实，但区别是十分明显的。直接导语开门见山，直奔要害，延缓性导语则要么兜一些圈子，引逗起受众的兴趣来；要么采用比喻、暗示的方法，间接揭示新闻事实。《时代》杂志利用马克·吐温的幽默语言，写得风趣诙谐；《基督教科学箴言报》使用"道别""走进""一扇敞开的大门"等比喻性词语，虽不直说，但意思很明白。《新闻周刊》更是用一个电影镜头式的场景刻画，最后给总统表情一个大特写。这些写法，当然比直接导语的表达更为生动。[①]

但不能因为更为生动而所有的新闻都可以用延缓式导语来表达，从以上的例子可以看出，直接导语和延缓性导语有着不同的适用范围。

(1) 从新闻本身来看，直接导语适用于时效性强的新闻和硬新闻，延缓性导语适用于

① 孙春旻：《新闻写作——现用现查》，91～92页，北京，中国盲文出版社，2002。

时效性较弱的新闻和软新闻。

(2) 从刊播新闻的媒体来看，直接导语适用于广播、日报等快捷的媒体，延缓性导语适用于周刊、杂志等出版周期较长的刊物。

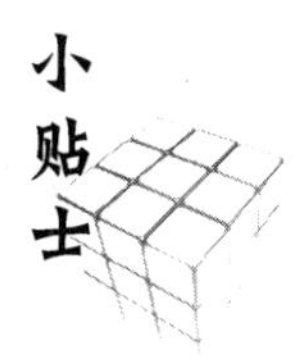
小贴士

记者写作导语时要问自己5个问题：

① 什么事情是已经发生的事件中最重要的？

② 什么人参加进去了？——谁干的或谁讲的？

③ 是用直接性导语，还是用延缓性导语？

④ 有没有什么吸引人的词汇或生动形象的短语要写进导语中？

⑤ 主题是什么？什么样的动词能最有效地吸引读者？

第三节　导语的写作

消息导语的写作手法多种多样，不拘一格。这里介绍几种常用的手法。

一、动词，让导语更确切

动词的选用在写人、状物、叙事中都起着重要作用。要使新闻导语更准确、生动，必须运用确切有力的动词表现事实，而表达新闻事实的动词称为“新闻动词”，包含新闻动词的导语就是“行动性导语”，不包含新闻动词的导语是“非行动性导语”。

行动性导语中的主要动词应该是新闻动词，是新闻中的主要事件。

例如：

中国外交部今天对印尼局势表示关注

这条导语就是非行动导语，因为其中的动词“关注”并不是表达新闻事实的新闻动词。

印尼排华迫使中国决定大批撤离驻印尼的华侨

这条导语是行动性导语，“撤离”是新闻动词。

昨天沈阳一家歌舞厅发生火灾，8人被烧死。

在这条导语中，新闻动词是“被烧死”而不是“发生”。

我们要努力将“非行动性导语”变成“行动性导语”。

例如：

非行动性导语：北京市政府今天就城市规划和外来流动人口召开会议

行动性导语：北京市政府今天决定把外来人口就业数量限制在100万

二、描写，让导语有神采

消息是一种多用叙述、少有描写的新闻体裁，在导语中更不能展开精雕细刻的描写，但有时稍作描写，用较少的文字勾勒画面，既不违背消息简洁朴实的原则，又能达到生动传神的目的。

例如：

> **新华社西北1947年10月29日电** 西北联防军司令员贺龙将军20日赐见清涧战斗中放下武器的蒋军76师中将师长廖昂。会见时，廖垂手鞠躬，局促不安，贺龙将军与之握手。

在贺龙接见时，廖昂“垂手鞠躬，局促不安”八个字，活灵活现地表现了国民党降将廖昂在强大的解放军的威慑下内心惊恐，在被贺龙将军接见时又有些受宠若惊的姿态和神情，可谓有声有色，形神兼备。其实算得上“描写”的只有这八个字，其余文字都是叙述。可见，描写并不一定要运用铺张的文字。①

> **【本报讯】** 一只羽毛雪白、红冠竖立、雄赳赳的大公鸡和四只同样漂亮的白母鸡，11月23日代表它们的家族——“北京白鸡”，“神气十足”地通过了畜禽专家的技术鉴足。

这则新闻的导语运用白描的手法，一开始就将新闻事实——通过鉴定的北京白鸡的特点再现出来。记者抓住现场中有动感的画面，以画面入题，引出新闻事实。

当然，并不是所有的导语都适合使用描写。只有当报道事实本身具有较为明晰的或生动的色彩、声响、细节、动作、语言画面时，描写才更利于表达事物本身的某些特征。否则为描写而描写，反倒会让描写丧失了价值。

三、提问，让导语更具启发性

导语以提问方式开头，主体部分围绕导语提出的问题展开叙述。以提问方式写作的导语，可以对新闻事实起到强调作用，有助于启发受众思维并调动阅读兴趣。同时，也可'促使记者自己抓住要害，明确消息主体的写作方向。

---

①晏：《新闻写作——现用现查》，93页，北京，中国盲文出版社，2002。

例如：

导语：**美联社亚特兰大(1991年)5月23日电**　一位女顾客拿着一条亮闪闪的红皮带问道："这是用鱼皮制的？那些鱼鳞是怎么处理的？"

主体：这条皮带没有一片鱼鳞，没有一丝鱼腥味儿，极为柔软，用14种颜色画着独具一格的图案。这是亚特兰大海洋皮革公司推出的时髦产品。该公司总裁厄埃克森10年前就决定大批生产鱼皮。……厄埃克森说，他研究出一种制皮方法，用这种方法制出的鱼皮像布一样柔软，如牛皮一样耐用。

在导语中提出问题，提问的方式也不尽相同。

1. 先用问题引起受众的兴趣，紧接着叙述新闻事实

例如：

漂亮的达坂城姑娘都哪儿去了？据了解，达坂城近亲结婚十分普遍，婴儿发育缺陷率居高不下，姑娘也不漂亮了。

（《联合早报》2002年9月14日）

2. 先叙述新闻事实，接着有针对性地提出问题，促使读者思考新闻事实的根源和意义

例如：

央行宣布从10月9日起，下调一年期人民币存贷款基准利率各0.27个百分点，同时宣布下调人民币存款准备金率。这是一个月之内连续两次降息，对冷清的房地产市场将有何影响？

写作这类导语的关键是设计好要提出的问题，问题必须扣紧主题，服务于报道主旨，同时，问题还要有助于引发受众的兴趣和思考。另外，文字要力求简洁明快，要注意提问的语气不可太生硬，否则会让受众感觉在被质问。

四、对比，让导语价值突出

写导语时也可以用对比的方法，把有明显差异的事物、行为或评价组织在一个导语之中，这样，彼此之间就形成了鲜明的对照，有助于揭示事物的特点、阐明新闻主题，从而引起读者的兴趣。

因为对比往往是将两个有差别，甚至相反的东西放在一起，使得事物的个性特征在对比中显露出来，因此，对比手法的运用能使新闻事实的价值更加突出。

1. 否定与肯定的对比

本报讯　35岁的回族中医马牧西现在在兰州可算是一个新闻人物。有人说他胆大胡整，给病人所下的药量之大像是治牲口，可是更多病人又是那么信服他——整夜整夜排队挂他的号。

这条导语把人们对新闻主体人物的不同的评价和态度放在一起进行比较衬托,就更起到强调的作用。因为事物差异明显,泾渭分明,使得受众在心理上产生反差感受,从而产生好奇心。

2. 现实与前景的对比

本报讯 鲁山县辛集乡由于盖房材料匮乏,多数农户不得不用土坯和麦秸垛成简陋的草房。然而,在160米的地下,地质学家们发现了大量的新型轻质建筑材料——石膏。

这条导语将辛集乡农户建房简陋的材料与这个乡地下蕴藏的新型轻质建筑材料进行对比,突出表达了现代科学技术将帮助人们从简陋的土坯房搬进新型住房的美好前景。

3. 今与昔的对比

本报讯 几年前还是水草不长,螺蚌不生,水鸟不停,鱼虾绝迹的鸭儿湖,现在又复活了!记者亲眼看到经过治理的湖面碧波粼粼,渔舟点点,成群的野鸭在湖里嬉戏。

这条导语今昔对比鲜明,使得新闻的价值从新闻事实的前后变动中得到了体现。

这些对比都有效地强化了新闻事实的价值和意义,比单纯从一个方面落笔效果好。对比写法,要求记者注意在联系与比较之中观察分析问题,发现事物的特点或者发现问题所在,并选准对比的切入点,用来形成泾渭分明的效果。

五、引语,让导语真实可信

直接或间接引用与事实密切相关的人物的精彩的、有针对性的或富有个性的语言,从一个侧面揭示新闻事实。

1. 引语是对新闻事件的描述和介绍

例如:

本报讯 布鲁塞尔10月10日电 欧盟委员会主席巴罗佐说,欧盟将发展对华关系列为对外政策重点与优先目标,愿加强双边合作,为欧中关系进一步发展注入新动力。

2. 引语是对新闻事件的认识和态度

例如:

波黑驻华大使佩罗·巴伦契奇刚走进抗震救灾主题展览大厅,便表示要为

中国四川地震灾区再捐款50欧元和200元人民币，这让组织者有些措手不及，只好临时为他举行了个简单的捐款仪式。“这些钱不多，但却是我的一片心意。冬天很快就要来了，希望四川灾区的人们能够过得很好。”巴伦契奇说。

3. 引语是与新闻事件密切相关的富有个性的情感流露

例如：

“啊，新娘子，让我亲亲你的脸蛋吧！”正在中国访问的大平首相夫人大平志华子，7日下午访问北京动物园，看望赠送给日本的熊猫“欢欢”。

六、典故，让导语趣味盎然

由一段与新闻事件有关历史人物、典故或民间故事引出新闻，会使得导语趣味盎然，增强受众的阅读兴趣。

例如：

《史记·项羽本纪》对“鸿门宴”有一段精彩的描写，其中那位无畏的勇士樊哙给人留下了不可磨灭的印象。《史记》说樊哙在发迹前“以屠狗为业”，现在，他的77代孙樊宪涛凭借祖上传下的精湛技艺成就了一番大事业，被人称为“中国狗王”。

山西古典蒲剧《蝴蝶杯》中，描写男主角田玉川有传家之宝“蝴蝶杯”，非常神奇，只要斟酒入杯，就有五彩缤纷的蝴蝶在杯中翩翩起舞，杯中酒干，蝴蝶也隐去。这种蝴蝶杯最近由山西侯马市陶瓷厂试制成功，第一批近2000只已销一空。①

这种写作手法主要用于延缓性导语中。要注意的是，所借用典故应与新闻事实有某种内在的联系，有可供借代之处。另外，所借用的内容最好是大众耳熟能详的，否则，会造成受众阅读障碍，反倒让导语失去生命力。

导语写作的手法不局限于这么几种，并且常常是多种表达手法同时运用。同时，随着新闻实践的发展，导语的写作手法也在不断创新，因此，对于新闻导语的写作，我们遵循有法而又不拘泥于法的原则才是正确的态度。

链接

几条导语的优劣对比

报道朱建华破世界纪录的三条导语：

---

① 孙春旻：《新闻写作——现用现查》，95～96页，北京，中国盲文出版社，2002。

1983年9月22日，我国运动员朱建华在第五届全运会上再次打破跳高世界纪录，跃过2米38这个新高度。国内外报刊争相报道：

《人民日报》上海9月22日电 我国优秀跳高运动员朱建华今天在上海虹口体育场举行的第五届全运会田径决赛中，跳过2米38，打破由他本人保持的2米37世界跳高纪录。

《解放日报》讯 赭红色跑道、翠绿色草场相映生辉的虹口体育场沸腾了！4万名观众热烈地向飞越2米38高度，再次打破男子跳高世界纪录的上海选手朱建华欢呼，朱建华手持鲜花，绕场一周，在热情的观众面前，他的眼睛湿润了。

一位外国记者的导语：

"世界飞人"再创跳高世界纪录。中国朱建华跃过世界新高度2米38。

《人民日报》和《解放日报》的导语写得各有特点，但和外国记者的导语相比较，就显得有些平淡和一般化了。《解放日报》的导语从现场情景、气氛着眼，写出了观众的情绪和朱建华的激动心情，有独到之处，但有些形容词用得不贴切，像开头第一句"赭红色跑道、翠绿色草场相映生辉"，似乎是多余的。

"85秒！拳王泰森击败挑战者。85秒！历史上最短的拳王卫冕战。85秒！1300万美元尽入腰包。"

这是1989年7月21日新华社华盛顿电《泰森：85秒卫冕成功》的导语。

重复是诗歌常用的手法，对于新闻导语来说，曾被教科书定为绝对的禁忌。然而真正的上乘之作，却只有在犯禁、破禁中才可以觅得。

上面这条导语，包含了四个信息：①拳王泰森击败了挑战者；②比赛仅用85秒；③这是历史上的拳王战中用时最短的比赛；④此胜为拳王赢得1300万美元巨款。信息量是很大的，而且把这次比赛的主要内容和重要特色全部概述了出来。

这则导语是编者改写的。让我们来对比一下《卫冕》一稿的原导语："世界重量级拳王迈克·泰森今晚以85秒钟的时间，击垮挑战者卡尔·威廉斯，创造了历时最短的一场拳王卫冕战。"

这条原导语循规蹈矩，无可指责，因而也平平常常。从字数上看，它比新导语多9个字，共50字；从信息量上看，它少交代了1300万美元这层意思；从抓特点来说，它抓住了85秒这个创纪录的数字，但是给人的印象不深；从效果上看，它很难使读者产生身临其境的感觉。

原导语中，用了7个字来交代85秒这个事实。而新导语中重复三次85秒，也仅有6个字。当然，原导语还可以减少，但最多也只能减到"以85秒"，只比新的导语少3个字。可两者所产生的效果却有很大差别。更何况，由于用了三个"85秒"作重复，使导语中其他的句子有如诗一般的凝练，比用简单的叙述句

更减少了交代、过渡性字句，整个导语的字数反而减少了。

（资料来源：刘锦：《导语——展示杰作的橱窗》）

练习

一、以组为单位从主流媒体上每人找一条你认为不合格的消息导语，小组成员共同进行分析和改写，并交由老师点评。

二、下列这条消息导语属于“无新闻导语”，请为其重新写一则导语。

昆明决定在主城区实施临时价格干预措施

中国广播网12月5日报道　今年以来，受国际国内形势复杂多变，农产品价格上涨、流动性过剩和人民币升值等因素影响，昆明市居民消费价格一直保持上涨，1月至10月累计涨幅已达4.4%，居全国36个大中城市之首，通胀预期增强。昆明市发改委日前发布公告，决定在主城区范围内实施临时价格干预措施。临时价格干预措施时间为2010年12月3日起至2011年2月28日止。

昆明市决定在主城区范围内实施临时价格干预措施，将对米线、面条、饵丝等大众餐饮食品实行最高限价。对大众餐饮企业出售的米线、面条、饵丝等大众餐饮食品价格实行最高限价，同等数量、质量的食品销售价格维持在2010年11月17日前不变。对粮食、食用油、肉、蛋、牛奶、散装米线等居民生活必需品实行最高限价。粮食、食用油、肉、蛋、牛奶、散装米线销售价格维持在2010年11月17日前不变。集贸市场和商铺业主对摊位租赁者、餐饮企业收取的摊位费和铺面租赁费一律不得提高，标准维持在去年水平。农贸集市、超市等对销售粮食、食用油、肉、菜、蛋、牛奶、散装米线等生活必需品的经营者一律不得收取进场费。集贸市场代收的水、电费严格按照国家和省定的价格标准执行，不得以任何理由加收损耗费或管理费。对主要蔬菜品种实行批零差率控制。实行批零差率控制的主要蔬菜品种以市商务局每日公布的王旗营蔬菜批发市场综合批发价为基准。对达到一定规模的生产企业实行提价申报制度。列入提价申报范围的企业，提高价格时须提前10个工作日向市发展和改革委员会申报，未经批准不得提价。对达到一定规模的销售企业实行调价备案制度。列入调价备案范围的企业，价格调整时须在价格调整前48小时内向市发展和改革委员会报告调价情况及调价理由。

临时价格干预措施的范围为昆明市五华、盘龙、西山、官渡(含三个国家级开发区)四区和呈贡县。其他各县(市)区临时价格干预措施，由各县(市)区人民政府根据当地实际情况，按照国家、省、市要求制定当地临时价格干预措施并组织实施。

据了解，列入临时价格干预措施范围的商品，均为实行市场调节价的商品，实行最高限价、批零差率控制、提价申报，调价备案以及监督检查的方式进行。临时价格干预措施不改变企业自主定价的性质，不影响企业的正常经营活动。对违反临时价格干预措施规定的，一经查实，将依法从重从快处罚。

导语为新闻开了头，但新闻仅仅有了开头是不够的，它还需要以主体、背景、结尾来展开，从而共同完成新闻的表达。

第十三章　主体、背景和结尾是消息的展开

第一节　消息的主体

在消息中，导语以后、结尾以前的文字都属于主体部分。主体紧接导语之后，对导语做进一步的解释、补充与叙述，具体展开事实或进一步突出主题。也有学者认为将“主体”称为“新闻的躯干”更为确切，因为主体即中心部分，而消息的导语，特别是倒金字塔结构中最重要的事实在导语中出现，如果把新闻的躯干部分称为“主体”，则把浓缩消息精华的导语排除在外了，而导语在消息中无论如何应该处于“中心” 地位。

所以，消息的主体与其他文章的主体是有区别的。其他文体的主要内容往往在主体中展开，文章开头可以不真正涉及核心内容，而消息的核心内容则往往出现在新闻的开头，也就是导语中。但这并不意味着消息的主体部分不重要，主体是消息的躯干，所占文字最多，是消息写作中不可忽视的重要部分。所以记者要呕心沥血地锤炼导语，同时也要精益求精地写作主体。

一、主体的作用

主体必须沿着导语设定的方向做文章，《全能记者必备》一书中说：“导语以后的那部分内容一定要流畅地与导语衔接，并且支持导语中提出的内容。”这是主体写作的大原则。在这个原则之下，主体的功能有以下几点：

1. 为导语补足新闻要素

威廉 · 梅茨说：“消息的主体则进一步展开、阐述和解释导语，导语中的任

何陈述均须由下面段落中的事实予以支持，尤其是在导语中写到了引起争论的因素时更应如此。”

第一代导语“五要素”齐全，但导语写作发展到今天，更多的导语只涉及一二个新闻要素。如在导语中主要提示“何事”要素，而其他的新闻要素如“何人”“何时”“何地”就需要在主体部分补充完整。

例如：1945年美联社记者爱德华·肯尼迪写了一条消息：

欧战结束！德国无条件投降！

丘吉尔今将宣布“欧洲胜利日”

美联社法国兰斯1945年5月7日电 德国于今天法国时间上午2时41分(即美国星期日东部战争时间下午8时41分)向西方盟国和苏联无条件投降。

投降仪式在德怀特·D.艾森豪威尔将军总部所在的一幢红色校舍内举行。

代表盟军总部在受降书上签字的是艾森豪威尔将军的参谋长沃尔特·贝德尔·史密斯中将。

伊万·索斯洛帕夫将军代表苏联，弗朗索瓦·塞书茨将军代表法国也在受降书上签了字。

艾森豪威尔将军没有出席签字仪式，但是，这个仪式一结束，这位盟军最高统帅就接见了约德尔将军和另一个德国代表汉斯·格奥尔格·弗里德海军上将。

盟国代表严肃地问德方，他们是否理解德国应遵从的投降条款。他们答复称是。

德国在投降时请求战胜国对德国人民与军队宽大为怀。德国无情地进攻波兰，从而挑起了这场世界大战，继而不断地进行侵略并建立惨绝人寰的集中营。

约德尔将军在无条件投降书上签字后说，他想讲几句话，当即获准。

他用低沉的德语说：“签字之后，德国人民和军队的福祸吉凶，就由胜利者决定了，”他说，“在这场延续五年多的战争中，他们得到的也许比其他任何国家和人民多，但同时遭到了更多的苦难。”

盟国的官方通告将于星期二上午9时颁布，届时杜鲁门总统将在广播电台宣读一项声明，丘吉尔首相将发表“欧洲胜利日”公告，查尔士·戴高乐将军也将同时对法国人民发表讲话。

这条新闻史上著名的短消息，将何时——“今天法国时间上午2时41分”、何事——“德国投降”，在导语中加以突出，其他要素在主体中补充完成，以使主题和事件的来龙去脉更全面、更完善。

2. 为导语展开新闻材料

导语是新闻事实的浓缩，简明扼要，它虽然叙述了主要的新闻事实，但不会提供事件的全过程，更不会提供翔实的数据和丰富的细节。所以，主体另一个功能就是对导语中涉及的内容，进一步提供有关细节和背景材料，使其更清楚、明确、具体。

对于消息而言，材料主要是指具体过程、数据、细节和当事人的语言，等等。

例如：在第九届中国新闻奖评选中获二等奖的消息：

青岛改革环卫管理方式

14名下岗工竞得道路保洁权

本报青岛讯（记者于晓波　毕华德）　3月24日上午，随着青岛市教师之家礼堂中一声声清脆的拍卖槌声，青岛市市南区14条道路保洁权被下岗职工和失业人员在竞标中夺走。这是青岛市首次用拍卖形式对环卫岗位招标。

市南区这次共拍卖15条道路的保洁权，其中14条道路的保洁权经过多轮竞价，分别为6位下岗职工和8名失业人员所得，其价格都大大低于以往政府维护这些道路清洁所需的费用。竞争最激烈的是香港中路，29名竞标者从10850元开始，一直降到8400元，最后家住辛家庄的下岗女工宋珍玲中标。夺标后，她激动地说："我一定好好珍惜这个来之不易的岗位。"

据市南区清洁服务总公司负责人介绍，中标者对所竞标的道路要达到全天巡视检查，一天两次普扫，达到国家要求的"六不六净"标准。从3月26日起，这些中标者将与他们的招用人员共58人参加公司的统一培训，4月1日正式上岗。通过竞标省下的金额将作为浮动奖金，视考核情况返还中标者。

据悉，此次竞标对在职环卫人员震动很大，区政府正在计划让在职环卫人员也参加竞标管理。

（原载《大众日报》1998年3月30日）

这条消息的导语提示了新闻的核心事实——"街道保洁竞标"这一新生事物。主体部分则对导语中涉及的内容，进一步提供有关细节和背景材料及当事人的语言等，表现了城市居民择业观念的新变化及政府部门适时地拓宽再就业门路的新思路、新经验。

3. 满足读者了解新闻详细内容的欲求

如果导语引发了受众的兴趣，那么，他们就不会满足于导语对重要事实的浓缩式表达，所以，对核心事实做出详细说明、介绍来龙去脉，以满足受众的需求也是主体的任务。

例如：在第13届"中国新闻奖"的评选中评为消息类一等奖的作品：

杨先生痛说给孩子诊病遭遇——

看个“咳嗽”要掏1065元

本报讯(记者 李红鹰、实习生 吴芳) 7日,武昌杨先生带着2岁的女儿到市儿童医院看病,没想到看个“咳嗽”花1000多元。因此,他于昨日投诉到本报“新闻110”。

据称,杨先生被导医引到专治哮喘的陈教授诊室,陈问了几句,让他先带女儿去验血,发现孩子对常见的31种物质的过敏反应均呈阳性。

陈教授根据孩子患过湿疹,判定孩子是过敏性体质,便在病历和处方单上分别开了处方。杨先生见药开得很多,病历上字又看不懂,便问孩子得的什么病,陈教授说:“按我开的药吃就行了。”

一划价,药费加治疗费765元,加上验血费300元,共1065元!有医务人员小声提醒杨先生:“你的药开多了。”杨先生返回诊室问陈教授,陈教授称这是一个疗程的药。

杨先生回家后发现,一种叫“贝亚宁”的药上写着:过敏性体质慎用。杨不解:既然孩子是过敏性体质,为什么还要给孩子开这种药呢?细看病历又意外发现:陈教授开给药房的处方里写的是“贝亚宁6盒、臣功华芬愈美颗3盒、力欣奇4盒……”;而病历上没有“贝亚宁”和“臣功华芬愈美颗”这两味药,“力欣奇”也只写有2盒。再深入解读药品说明书:6盒“贝亚宁”可用5个半月!

面对杨先生质疑,陈教授昨日解释:“贝亚宁”是一种免疫调节剂,虽然是“过敏性体质慎用”,但她是在给孩子开了脱敏药的前提下开出这种药的。至于为何病历上处方药品数量比购药处方单上少,陈的原话是:为患者家长的经济承受能力做考虑。

该院负责人就此表示:陈教授的行为肯定是有差错的,院方会根据院内质量管理条例对其进行处理。

最后,应杨先生要求,院方将杨手上的价值210元的“贝亚宁”退掉。

(原载《武汉晚报》2002年8月10日)

这条消息的标题和导语,都对杨先生带女儿看了个“咳嗽”就要花1000多元这一新闻事实做了概要报道。看了这个导语后,引发了读者想要了解详情的欲望,他们急于知道:为什么看个“咳嗽”病就要花1000多元?看病过程是怎样的?这里存在什么问题?等等,要求新闻给以解答。于是在主体中,记者较为详尽地报道了事情的整个过程,满足了读者了解新闻详细内容的欲求。

二、主体的写作要求

1. 围绕主题、扣紧导语

主体是导语的展开和深化，主体要按照导语规定的方向行文，要紧扣导语中所确立的主题来选用材料。若与主题无关或关系不大的材料，即便再具体、再生动、再感人也应割舍。一条消息的导语和主体，必须是互相支持，互相扶助的。梅茨所说："导语中的任何陈述均须由下面段落中的事实予以支持。"如果导语和主体在题材和观点上出现互相脱离，互相抵触的现象，就成为跑题新闻，新闻跑题是新闻表达的重大失误。

例如：

齐达内荣获世界杯金球奖　一代大师赢得完美结局

北京时间7月10日电　国际足联于今日宣布，在刚刚结束的世界杯决赛中，被红牌罚下场的法国球员齐达内被评选为2006德国世界杯最佳球员。国际足联并未因齐达内此前的愚蠢行为而否定这位大师在本届世界杯的完美表现，而是把万众瞩目的金球奖，授予法国的这位功勋老将。

在所有的候选人中，齐达内得票最多，为2012票；意大利队长卡纳瓦罗以1977票获得第二；而意大利另一位核心，中场灵魂皮尔洛得到715票，名列第三。世界杯金球奖是颁发给历届世界杯足球赛决赛阶段表现最优秀的球员的奖项，从1982年开始评选，曾获得过此殊荣的球员有：1982年西班牙的保罗·罗西(意大利)；1986年墨西哥的迭戈·马拉多纳(阿根廷)；1990年意大利的萨尔瓦托·斯基拉奇(意大利)；1994年美国的罗马里奥(巴西)；1998年法国的罗纳尔多(巴西)；2002年的韩国/日本奥利弗·卡恩(德国)。

本届世界杯是齐达内的谢幕演出，在同意大利的决赛中，因为和意大利队的马特拉齐在一次拼抢后，两个人发生了口角，随后齐达内用头狠狠地将对方撞倒在地，主裁判在与助理裁判和第四官员商量后，果断地将齐达内罚出了场，虽然没有人知道马特拉齐到底说了什么，但一向温文尔雅的齐祖的这一举动还是震惊了全世界的球迷。虽然一代艺术大师用这样一种方式遗憾地告别了绿茵场，但依然得到了广大球迷的爱戴和专家们一致的认可，获得世界杯的金球奖，这是为他送别的最好礼物。

附：本届德国世界杯的其他奖项，巴西队和西班牙队分享了本届世界杯公平竞争奖；葡萄牙队被球迷评为最受欢迎(最具娱乐性)球队；德国球员克洛斯以五粒进球得金靴；仅失两球的意大利门将布冯当选最佳守门员；波多尔斯基则获得最佳新秀的荣誉。

(资料来源：http://bulu.soufun.com/5563026/articledetail_0____1068962_1.htm)

这条消息的标题和导语表达的核心事实是齐达内荣获世界杯金球奖并光荣退役。但主体部分并未按照导语设定的方向行文。主体第一段报道了荣获世界杯金球奖候选人的名单和得票统计,主体第二段主要报道了齐达内在本届世界杯足球比赛中的不良表现,最后还附加了一个"本届德国世界杯的其他奖项"材料。这样的新闻让受众找不到一个观测点,不知道记者表达的主题到底是什么?所以,消息一定要围绕一个主题来写,无论有多丰富的材料,都只能围绕这个主题选择材料、使用材料。否则,写作就会迷失方向,受众就会一头雾水。

2. 叙事具体、内容充实

消息是简明扼要的,它要求篇幅短小、语言简洁。所以,有些记者为了追求"简洁"而把消息写得太概括、太抽象,干枯无味。消息虽不似通讯细致、深入地报道事实,但它依然要求传达出较具体的新闻信息,以使受众对新闻人物和事件有较完整而真切的了解。

例如:

温家宝汶川板房过除夕

据新华社电(记者赵承、苑坚) 国务院总理温家宝1月24日至25日来到四川地震受灾最为严重的北川、德阳、汶川等地,和灾区人民一起过年。

24日下午,温家宝来到北川县擂鼓镇猫儿石村。这是一个羌族聚居村,温家宝给村民们拜年。

当晚,温家宝来到北川中学。在学校食堂,温家宝和100多名学生吃了晚饭。饭前,温家宝和同学们一起为遇难学生默哀,大家还一起唱了《歌唱祖国》。

7次到北川中学的总理说:"从地震灾难中抢救学生,到抚平孩子们创伤的心灵,我们一直和你们在一起。地震过去8个多月了,大家虽然还没有完全从悲痛中走出来,但已经有了充满希望的笑脸,开始人生征途上新的迈进。你们要坚强站立,努力学习、努力奋斗、努力做人。做一个于国家和人民有益的人。太阳总会出来,冬天总会过去。你们未来的路很长,可能还会崎岖不平,但必定通向光明。"

离开北川中学,温家宝来到北川县城遗址,在"5·12"地震纪念碑前向大地震中遇难的同胞们敬献了花圈。

大年三十一大早,温家宝来到德阳市德新镇新玉村,向搬进新房的村民们拜年,和大家一起观看耍狮子,与村民们打乒乓球。

温家宝来到在震灾中损失惨重的东方汽轮机有限公司。公司负责人说,公司新基地将于2010年5月12日前全部建成。温家宝对工人们说:"在遭受严重地震灾害,又遇到国际金融危机的情况下,东汽震不倒、压不垮,一个新东汽

正在地震灾区崛起。这向世界传递一个信息，要对中国的工业有信心，对中国的经济有信心，对中国的发展有信心。我们已经战胜了巨大的自然灾害，也完全有信心、有能力应对国际金融危机的影响，保持经济平稳较快发展。胜利必将属于中国人民。”

温家宝在职工食堂和坚守岗位的工人们一起吃午饭，并走到每个人面前，向他们拜年。

下午，在映秀镇，温家宝走进秀坪社区板房安置小区。这里有近1000名受灾群众，他们要在板房里过春节。总理挨家挨户向大家拜年。在板房内，总理与大家围坐在一起喜气洋洋吃年夜饭。

大年三十晚上，在映秀镇的灾民安置板房，温家宝还亮了一回厨艺，炒了一道回锅肉。

在秀坪社区板房安置小区，温家宝走进吴志远几家合用的厨房。他看到大家正在准备年夜饭，就系上围裙、拿起锅铲，炒出一道香喷喷的回锅肉。

吴志远说，这里有三家人，包括藏族、羌族和汉族，大家合在一起过春节图个热闹。温家宝说，算我一家，是四家人。其实，大家都是一家人。

饭菜端上来，总理忙着给大家夹菜。他让每一家的代表说一句话，大家在欢快的话语中表达着美好的祝愿。轮到总理了，他对大家说：“映秀在地震中受到了很大的伤害，但你们表现得很勇敢。今天，这里已经发生了很大的变化。今年你们在板房里过节，明年就可以搬进新居过年。我们要加快重建、科学重建，让所有地震灾区面貌比以前更美好，让群众的生活更美好！”

（原载《新京报》2009年1月27日，限于篇幅，文字稍有删节）

汶川特大地震后的第一个春节，温家宝总理惦记着灾区的群众。在2009年在1月24日至25日，他到四川灾区和灾区人民一起过年。这条消息在有限的篇幅里，报道了总理第7次来到北川中学关爱和鼓励同学们，到东汽公司拜年，特别报道了大年三十晚上，在映秀镇的灾民安置板房，温家宝还亮了一回厨艺，炒了一道回锅肉。这条新闻叙事具体、内容充实、材料典型。

3. 叙述生动，行文灵活

消息篇幅短小，体式规范性强，在写作手法上具有一定的模式化，但消息同样不能缺乏新闻的表现力，这就要求写作消息时，要尽量避免平铺直叙，叙述要生动，行文也要灵活创新。在消息中加强形象描写，用生动的形象来说明抽象的事物，往往会收到好的效果。

例如：刊登在《中国铁道建筑报》2002年8月17日上的消息《请过路吧，亲爱的藏羚羊》，在第13届中国新闻奖评选中，被评为消息二等奖。

欢迎"孕妇"来，不舞彩旗；喜送"母子"去，不敲锣鼓

这段青藏铁路又成"无人区"

请过路吧　亲爱的藏羚羊

本报格尔木讯(记者 朱海燕)　昨晚，约有500只藏羚羊带着刚满月的儿女们，通过可可西里青藏铁路建设工地，向黄河源头的扎陵湖、鄂陵湖迁徙。

为不惊扰这些可爱的精灵，可可西里至五道梁一线，铁路夜间停止施工，拔走彩旗，灯光休眠，机器熄火；作为高原生命线的青藏公路，过往车辆在夜间停驶3个小时，这里又呈现一种远古洪荒的宁静，只有高原的夜风为这群母子结成的队伍送行。

潜伏下来的观察哨称：跨越铁路线，母藏羚羊若无其事，像跨过自己家的门槛一样；小羊羔紧依着母羊，流露出一种莫名其妙的惊喜。

每年6至8月，藏羚羊集结成群，长途跋涉，前往可可西里腹地的卓乃湖、太阳湖一带产崽，去完成一年一度的延续种群的历史使命。小羔羊满月后，再由母羊呵护着返回原栖息地。

今年6月20日前后，2万多只雌性藏羚羊北上产崽，铁路夜间停止施工10天，为它们开辟通道。一个多月里，2万只小羔羊诞生在那块神秘的"天然产床"上。估计，从8月4日到8月15日，将有4万只大小藏羚羊跨过铁路安然回迁。

藏羚羊是国家一级保护动物，有"羊绒之王"之称，因此，也带来杀身之祸。近10多年，偷猎者大量涌入，每年有上万只藏羚羊遭到捕杀。1994年，保护区工委书记索南达杰，为保护藏羚羊，在太阳湖与18位偷猎者搏斗壮烈牺牲。

青藏铁路开工后，环保理念渗透到建设者的血脉之中，青藏高原成为他们心目中环保的圣地。他们精心爱护每寸绿草，善待每一种动物。一年来，他们将5只失去母爱的小藏羚羊送到自然保护区机关，可爱的小宝贝得到妥善的保护。在他们的精神昭示下，没有一只藏羚羊在捕杀的枪声里倒下。

这片拥有野生动物230多种，国家重点保护的一、二级动物有20多种的土地，正在恢复野生动物天堂的动人景象。

可可西里自然保护区区委书记才嘎说，铁路建设的一年间，藏羚羊增添了2万多只，到铁路建成之日，将由现在的7万只增至15万只。

据悉，青藏铁路在设计中专门设立了动物通道。铁路建成后，不影响野生动物正常生活和自由迁徙。

(原载《中国铁道建筑报》2002年8月17日)

这条消息赋予藏羚羊以人的思想感情和形象，层次清楚，起承转合自然，文字生动形

象，让受众如临其境。

第二节　消息的背景

麦尔文·曼切尔说："不使用背景材料，几乎没有什么报道是全面的。忽视这个忠告的记者，他们决不能给读者和听众提供充分的情况。"任何新闻都不是孤立存在的，都是在一定的环境和历史条件下产生的，这些因素和条件并不是新近发生的事实，它们本身并不是"新闻"，但它们是新闻事实赖以产生的制约因素和相关条件，我们在写作中要对这些因素和条件作必要的交代和介绍。这些与新闻人物或事件形成有机联系的一定的环境因素和历史条件就是新闻背景。

一、新闻背景的类型与作用

按照不同的标准，背景可以划分出很多种类。通常依据写作手法的不同，把背景分为三种类型，分别是衬托对比性背景材料、说明性背景材料、注释性背景材料。

1. 衬托对比性背景

新闻的意义常常寓于当前情况与过去情况，此一事物与彼一事物的比较之中，将与新闻事实密切相关的过去的情况或彼一事物的情况写入新闻，以显示新闻的意义，这样的材料即为衬托对比性的背景。缺乏衬托对比性背景就会使新闻缺乏深度，局限受众视野。衬托对比性背景的作用是使主题在较大的范围内得到更全面深刻的发掘和表现。

例如：

中国地铁列车今天穿过天安门广场

本报北京天安门9月28日15时15分讯（记者 李丹、雷风行）　5分钟前，一列银灰色的地铁列车，在仅距地面2.8米的地下，首次穿过世界最大的广场——天安门广场。

这是首都向她的共和国母亲50大寿献上的一份最珍贵的礼物。

今天通车试运营的地下铁道西起距天安门3公里的复兴门，东至距天安门8公里的八王坟，全长13.5公里线路坐落在神州第一街长安街超浅埋层之下。

为此，承担西单、天安门、王府井等首都心脏地段地铁施工设计重担的铁道部隧道工程局、铁道部第十六工程局和铁道部第三勘测设计院的建设者们苦苦奋斗了十个春秋。参加世界建筑师大会的各国专家参观后曾惊叹"中国又创造了一个奇迹"。

国务院副总理温家宝、日本国驻中国大使谷野作太郎等中外贵宾与地铁建设的功臣们,作为通车后的首批乘客,一起登上了国产新型电动地铁客车。从长安街东部的八王坟到天安门,列车运行刚好17分钟。

30年前的国庆节,北京建成了从苹果园到北京站全长23.6公里的地铁一号线,结束了中国无地铁的历史。

15年前的国庆节前夕,北京又开通运营了16.1公里的地铁第二期环线。

早在5年前,北京地铁的年客运量就已突破5亿,而现在,平均每天乘坐地铁的旅客已达140万人。

北京地铁虽然在当今世界43个国家117个有地铁的城市中,开通年代和运营里程均排在30位以后,但却创下了满载率和单车运营公里两项"世界之最"。

投资75.7亿元人民币的地铁"复八段"的今日开通,使北京地铁通车总里程由原来的41.6公里增加到55.1公里,超过了香港地区的43.2公里,成为中国六个城市地铁之最。同时也使中国城市地铁的总里程逼近150公里。

目前,中国除北京、天津、香港、台北、上海、广州已开通地铁外,青岛、南京、重庆、深圳、高雄等城市也正在或计划建设地铁。

自1863年伦敦建成世界上第一条地铁到136年后的今天,全世界的地铁长度已接近6000公里。

(原载《人民铁道报》1999年9月29日)

这是获得第十届中国新闻奖消息类一等奖的作品。在这条篇幅有限的消息中,新闻背景资料却有不少,如:"30年前的国庆节,北京建成了从苹果园到北京站全长23.6公里的地铁一号线,结束了中国无地铁的历史。"、"15年前的国庆节前夕,北京又开通运营了16.1公里的地铁第二期环线。"、"早在5年前,北京地铁的年客运量就已突破5亿,而现在,平均每天乘坐地铁的旅客已达140万人。"这些背景资料通过事实的历史形态的介绍,与新闻事实形成明显对照和衬托,从而增强了报道主题的深度和广度,使报道更加丰满、充实、深入。

例如:

华尔街日记:黑色一小时

新华网纽约10月9日电(记者陈刚)已经是连续第7天了,纽约股市还在跌,没有任何像样的反弹,市场里人心惶惶。对于任何救市方案,市场似乎都只有三分钟的热情,之后一切重新回归到漫漫无期的下跌通道。

一个有意思的现象引起我的注意:连续几天,每天下午3点之后,股市经过一天的反复振荡之后会出现不可遏制的下滑。今天也是这样,道·琼斯指数在

三点之前一直稳定在9000点之上，一过3点，道指狂泻500多点。什么机构还在这么不计成本地抛售呢？

“现在共同基金的赎回压力很大，每天下午3点基本上一个时间点，共同基金要计算当天赎回的金额从市场上套现，这也是为什么你看到从3点到4点收盘期间大量基金做空的原因。”一位多年在华尔街从事交易的投行经理解释说。

由于金融危机恶化，美国的基金行业遭遇了空前的赎回压力。统计显示，9月份投资者从美国股票型和债券型共同基金中总共赎回了创纪录的720多亿美元，其中投资人从股票型基金中赎回的资金总额达到435亿美元。10月第一个星期又有493亿美元被从共同基金中赎回。

股民都知道炒股应该关心基本面、资金面以及技术面。现在基本面和资金面都出了问题，剩下的只有通过技术面博取短线的机会。

“在纽约证券交易所上市的上千支股票里，只有4支股票在200天移动平均线之上，”一位资深股市技术分析专家在电视上说，“在我参与交易的过去40多年里，很少见到这种情况，不少股票已经开始具有投资价值。我不知道市场的底部在哪里，但是经验告诉我，如果股市继续暴跌，那么我们不久就会见到一次具有历史意义的短期反弹”。

一年前的10月10日，道·琼斯指数在多次刷新历史新高之后站在了1.4万点整数关口之上。一年之后，道指回到了不足8600点，创出5年来的新低。

（资料来源：新华网2008年10月10日）

这条消息在背景上，将一年前的“新高”与一年后的“新低”做了对比。

2. 说明性新闻背景

对新闻事实产生的相关的政治背景、地理背景、历史背景、思想状况或物质条件等情况进行交代，以及对新闻事件的来龙去脉做出阐述的那些文字，就是说明性材料。说明性新闻背景的作用是说明事物产生的各种因素，揭示事物发生或变化的意义。

例如：

150年第一次，泰晤士河出现海豹

路透社伦敦5月1日电　最近，一只海豹沿着泰晤士河逆流而上，游过了议会上下两院所在地。此事引起极大的轰动，电视台向全国播放了海豹吞食河鱼的镜头，报纸也作了报道。

这是150年来人们第一次看到海豹出现在这条一度有毒的历史名河中。

人们对此兴高采烈，认为这条污染了几百年的河流治理了20年之后，终于实现了世界上同类工作中最为成功的一项工作。

泰晤士河管理局把死去的泰晤士河变成了令人喜爱的河，吸引来成千上万名钓鱼和游泳爱好者，许多人原先曾说，这项任务是无法完成的。

在50年代中期，这条河从生物学的角度上说是死亡了。它的含氧量为零。今天，这条河处于最适宜生存状态，氧气含量达到98%，适宜于100种鱼生存。

泰晤士河大规模污染是从18世纪末开始的。

在19世纪，人口愈来愈多，工业污染更为严重，加上伦敦沼泽地排放积水以建造码头，结果使这条河成了一条肮脏、毫无生气的臭河。

从1849年到1854年之间，几次发生霍乱，约有4万人死亡。1856年是特别糟糕的一年，当时以"臭气熏天年"而署称，泰晤士河的气味腐臭难闻，以至于面临泰晤士河的议会大厦的窗子都不得不悬挂用消毒水浸泡过的窗帘。

伦敦人开玩笑说，掉进泰晤士河的人还没有被淹死就被毒死了。

1964年开始了首次大规模的整治河流工作，当时通过了立法，委托伦敦港当局控制排放工业污水，这些工业污水占污染的30%。

一项调查表明：1200万人口和数千家工厂每天向河中排污水418万立方。专家制定了计划，重建和延长伦敦的下水道。

整个泰晤士河流域现在同453个污水处理厂连接在一起，每天处理9.4亿加仑污水，变污水为清洁水。

垂钓爱好者争相捕捞到泰晤士河来产卵的大鲑鱼，当局已难以控制甲壳动物的繁殖，甚至连海马也回到泰晤士河。

泰晤士河管理局现在承担了泰晤士河的控制污染、保持水中物质含量和废水循环，使之成为饮用水等全部任务。管理局已在为技术援助和培训提供国际性咨询服务。它已向24个国家提出建议，同时还参加了另外20个国家的研究项目。

（资料来源：王蕾编著：《外国优秀新闻作品评析》）

这条报道用大量篇幅介绍了新闻的背景材料，这些说明性的背景材料叙述了150年来泰晤士河的污染情况，在背景材料中用具体的调查数据说明18世纪以来这条河污染的严重程度，以及有关当局20年来为治理泰晤士河所做出的努力。让受众对"150年来泰晤士河第一次出现海豹"这一新闻事实的来龙去脉有了全面的了解，同时对这一事实的深远意义有了更深刻的认识。

例如：

泰国希望通过双边途径解决泰、柬边境冲突问题

中新社曼谷10月14日电（记者 顾时宏） 泰国外交部部长颂蓬13日晚在此间重申，泰国希望通过双边途径解决泰柬边境冲突。

颂蓬当天晚些时候针对柬方在边境问题上的最新表态向记者表示，有关边境冲突问题的处理要经过慎重考虑，要求泰国军队从已经巡逻了20～30年的地区撤出是一件大事。但如果柬埔寨执意将两国边境冲突问题提交国际法庭，泰国也许无法阻止。

颂蓬重申，泰国仍然希望通过双边途径解决两国边境冲突问题，泰方将保持耐心并认为对峙不是解决问题的出路。

同一天，柬埔寨首相洪森在金边与到访的泰国外交部部长颂蓬举行会谈后对记者说，当天清晨进驻柏威夏寺附近地区的80余名泰国官兵必须在两天之内撤返泰国，否则泰、柬双方将发生战火。洪森还说，泰、柬双方都不会向对方割让领土，但柬埔寨希望和平解决泰、柬边境争端，而国际法庭则是解决争端的最佳场所。

据悉，柏威夏寺位于柬埔寨与泰国接壤的边境地区，泰、柬两国在历史上都曾宣称对该寺所属区域拥有主权。1962年6月15日，海牙国际法庭将柏威夏寺判归柬埔寨所有，这一裁决结果在泰国国内引发争议。今年7月7日，联合国教科文组织正式批准该寺为世界文化遗产。泰国前外长诺巴敦曾因与柬方签署关于柏威夏寺申请加入世界文化遗产名录的泰、柬联合公报，被泰国法院判决违宪，于今年7月10日辞职。

今年7月15日，包括一名僧侣在内的3名泰国人越过柬埔寨边境检查站，试图进入柏威夏寺并宣布泰国拥有该寺主权，他们随即被柬方逮捕。尽管柬方当天释放了这3名泰国人，但此后泰、柬双方的军队一直在这一地区保持对峙局面。

泰、柬发生边境争端后，两国曾举行多次会谈，但均未能取得进展。8月底，由于泰国国内局势动荡，两国边境问题会谈暂时中断。

（资料来源：中新网2008年10月14日）

这条消息在背景上，说明了“泰、柬两国在历史上都曾宣称对该寺所属区域拥有主权”、“曾举行多次会谈，但均未能取得进展”，让受众对消息主旨有所明白。

3. 注释性新闻背景

因为消息来源于生活的各个层面，所以，其内容难免会涉及一些受众不甚懂得的知识，这时，就需要新闻背景来解释。如果不作注释，就会给读者造成阅读的障碍。对概念、术语、著名历史事件和人物、有关科学知识进行解释的文字，就是注释性新闻背景。注释性新闻背景的作用在于为受众解疑释惑，排除阅读障碍，增长知识和见闻。

例如：

关注“非典型肺炎”

非典型肺炎病原是衣原体？

广东专家对此持保留意见，认为病毒引起的可能性极大

本报讯(记者 段功伟) 昨天，新华社发布消息，称经中国疾病预防控制中心和广东省疾病预防控制中心的共同努力，引起广东省部分地区非典型肺炎的病原基本可确定为衣原体，但广东的绝大多数专家对此持保留意见，他们认为是病毒性肺炎的可能性很大。

为什么将本次非典型肺炎的病原基本确定为衣原体呢？新华社报道说，中国疾病预防控制中心病毒预防控制所报告，通过电镜观察发现两份死于本次肺炎病人的尸检肺标本上有典型的衣原体的包含体，肺细胞浆内衣原体颗粒十分典型。

报道说，衣原体是一种在真核细胞内寄生的原核微生物。某些衣原体曾经被归为病毒，可通过呼吸道分泌物，气溶胶，直接与病人接触，以及与病禽或鸟类接触而传播，临床表现为肺炎和支气管炎。衣原体引起的肺炎采用针对性强的抗生素治疗非常有效，但必须是全程、足量的规范化治疗。同时对病人加强护理和休息，供给营养丰富，易于消化吸收的食物及充足水分。

报道称，该病是完全可以预防的。……

(原载《南方日报》2003 年 2 月 19 日　有删节)

关于衣原体的争论，是抗击“非典”斗争中一起重大事件。《南方日报》在全国众多媒体中第一次如实报道广东专家的观点，既鼓舞了广东专家的士气，也显示出媒体和记者所具有的巨大职业勇气。这条消息获得了第 14 届新闻奖消息类一等奖。这条意义重大的新闻的一个核心概念——衣原体，对于大多受众来说是陌生的，所以，消息用一个自然段的篇幅对“衣原体”及其相关知识做了解释，以便于受众对新闻的理解。

例如：

大明宫国家遗址公园启动建设

本报西安 10 月 21 日电(记者杨永林) 国家“十一五”大遗址保护重点工程——西安大明宫国家遗址公园保护工程今天全面启动建设，到 2010 年 10 月，大明宫国家遗址公园将建成开放，成为我国大遗址保护的示范工程和未来西安的“城市中央公园”。

“九天阊阖开宫殿，万国衣冠拜冕旒”，大明宫是唐长安城三座主要宫殿中规模最大的一座，始建于贞观八年(634 年)，原为唐太宗为其父李渊修建的夏宫

永安宫。贞观九年李渊去世后，改称为大明宫。大明宫选址在唐长安城宫城东北侧的龙首塬上，利用天然地势修筑宫殿，形成一座相对独立的城堡。宫城的南部呈长方形，北部呈南宽北窄的梯形。城墙东西宽1.5公里，南北长2.5公里，周长7.6公里，面积约3.2平方公里，为北京故宫的4倍多。自唐高宗开始，大明宫成为国家的统治中心，历时达234年。

这次正式启动建设大明宫国家遗址保护展示示范园区暨遗址公园保护工程规划占地面积19.16平方公里，其核心区——大明宫国家遗址公园占地3.2平方公里，同时，大明宫周边棚户区改造建筑面积600多万平方米，新建居民新型社区500万平方米，城市绿地240万平方米，水面245亩。建成后的大明宫国家遗址公园包括唐文化主题公园、考古主题公园、唐风休闲及生活主题公园等内容。作为国家"十一五"大遗址保护重点工程和"丝绸之路"整体申报世界文化遗产的龙头，大明宫国家遗址公园将成为我国大遗址保护的示范和世界大遗址保护的东方典范。

（原载《光明日报》2008年10月22日）

这条消息用背景资料注释了"大明宫"在历史上的符号性意义，让受众有所了解。

二、背景的写作要求

1. 新闻背景要紧扣报道主题

背景的主要功能是衬托主题、突出主题、深化主题，所以它必须紧扣主题。如果背景脱离了主题的制约，不仅没有存在的必要，而且它的存在会起到分散主题的反作用。

2. 新闻背景的介绍要适度

背景为说明新闻事实而存在，是从属者。因此，新闻背景材料的组织要服从于新闻事实，服从消息所表达的中心思想。该多则多，该少则少。背景要讲究精炼，文字不宜太多，否则就会喧宾夺主。

3. 新闻背景材料可以灵活穿插

消息的重要组成部分，一般都有固定的位置，只有背景，没有固定的位置，可以出现在导语、主体、结尾的任何一个合理的地方。由于主体的篇幅最长，具有更强的容纳性，所以背景出现在主体中的情况是最常见的。另外，新闻背景可以独立成段，也可分散灵活穿插于文中。

(1) 可以出现在导语中。如果背景能够衬托新闻事实的新意，增加报道的魅力，将它放在导语中，会让报道一开始就牢牢地吸引住受众。但在新闻实践中，背景出现在导语中的情况比较少见。

(2) 可以出现在主体的任何部位。

(3) 可以出现在结尾。背景出现在最后，通常是为了对新闻事实的某些方面起补充说明的作用。

例如：

奥巴马去年赚了 270 万美元

根据白宫 15 日公布的数据，美国总统奥巴马和第一夫人米歇尔去年收入约为 270 万美元，大大高于美国家庭平均的 5 万美元年收入，不过和 2007 年 420 万美元的收入相比还是减少不少，奥巴马收入主要来自于其自传作品《无畏的希望》的版税。

奥巴马著有两本书，分别是《父亲的梦想》和《无畏的希望》，后者卖得特别火，两本书去年一共为奥巴马带来 250 万美元的版税收入。此外，由于去年奥巴马还没有就职，因此还没有 40 万美元的总统年薪，但他还是联邦参议员，这一职位给他带来了约 14 万美元的年收入。第一夫人米歇尔之前在芝加哥大学医院工作，去年领到的薪水有 6 万多美元。所以，两人去年的收入约为 270 万美元。另外，去年奥巴马夫妇交的所得税约有 85 万美元，占整个收入的 3 成左右。除了交税之外，奥巴马去年还捐了 17 万美元给慈善机构，占家庭年收入的 6%左右，这个比例要比美国家庭的平均数高出两三倍。

和奥巴马相比，副总统拜登的年收入要少不少，他和妻子吉尔去年才赚了 27 万美元。拜登是美国政界的“穷人”，去年的收入也就是担任参议员的工资，吉尔则在一家社区学院工作，收入也不多。另外，拜登也有自己的回忆录《坚持的承诺》，这为他带来了一定的版税收入。

(原载《新闻晚报》2009 年 4 月 16 日)

(4) 可以分散穿插在全篇各处。

例如：

丹麦王室图书馆失窃案有望告破

美联社哥本哈根 2003 年 12 月 10 日电 丹麦警方今天说，30 多年前发生的丹麦王室图书馆失窃案终于有望告破。

从 20 世纪六七十年代，丹麦王室图书馆损失了大约 3200 本从 16 世纪至 18 世纪的珍贵文献，其中包括哲学家康德、《乌托邦》作者托马斯·莫尔和英国诗人约翰·弥尔顿的著作，还有马丁·路德的数百份出版物。

丹麦王室图书馆负责人埃兰·科尔丁·尼尔森说：“这无疑是丹麦有史以来最大的文物失窃案之一。”

他说，这么多年来，王室图书馆和丹麦警方一直找不到任何线索。几个月

前，案件终于出现了突破口。一批估价二三百万克朗（约合 32.3 万至 48.8 万美元）的珍贵文物被送到一位拍卖商手中。

皇家图书馆得到消息后马上采取行动，查出这批古书是失窃的馆藏，并与丹麦警方取得联系。

哥本哈根警局发言人亨里克·斯温德特说，警方已经在丹麦等地找到 1600 本失窃古书和其他文物。

4 名嫌犯现已被警方逮捕。目前还不清楚已出手古书的数量、销售地点及买家的身份。根据法院的命令，斯温德特也不能透露嫌犯的姓名、羁押时间或地点。

媒体消息称，被逮捕的嫌犯中包括 1 名前王室图书馆员工的寡妻、她的儿子和儿媳。

据说，这名 68 岁的寡妇是在试图通过一次拍卖出手某些文献时被逮捕的。她丈夫去年去世，生前是语言学家，在王室图书馆的东方书库工作过几十年。

丹麦王室图书馆自 1648 年建馆后一直是国立图书馆和博物馆；1999 年改建为一座由烟灰色玻璃与钢质框架构成的滨海大厦，有“黑钻石”的美誉。

（资料来源：程道才编著：《西方新闻写作概论》）

这条消息共有 11 个自然段，其中第 2、第 3、第 4 及第 10、第 11 段都属于新闻背景材料，这些背景材料如同天女散花般穿插在全篇各处，与新闻事实材料融为一体，使得读者更深入地了解事实。

至于新闻背景出现在哪里最为合理，要看具体情况而定。

4. 新闻背景表达要生动

背景要写得生动，甚至有情趣，受众才更愿意接受。生动来自于背景本身的新鲜感，也来自于表达技巧，所以，写作时要善于用描述情节、刻画场面、渲染气氛、引用典故等手法，使得背景更加生动形象。

奥巴马一家迎来“白宫第一狗”

东方网 4 月 13 日消息：据英国《每日邮报》报道，美国总统奥巴马一家 12 日在白宫迎来了新的“白宫第一狗”。

奥巴马一手抱着女儿萨莎，另一手去抚摸 6 个月大的葡萄牙水猎犬“波”。第一夫人米歇尔和大女儿马莉娅则在一边观看。“波”是爱德华·肯尼迪参议员及其夫人维多利亚送给奥巴马女儿的礼物。这只狗是在德州一家犬舍培育的，被一位买家退回。一位消息来源称：“这只狗 6 个月大，是一只公狗，有非常密的黑色鬈毛。它的前主人称，他们无法对付这样喧闹的动物。它原先的名字叫查理，但第一家庭将给它重新起名。”

奥巴马在总统选举获胜的晚上曾称，他将给他的两个女儿买一条狗，作为对她们支持他竞选总统的奖励。美国人在此之后一直非常关注奥巴马一家将选择哪种犬作为“白宫第一狗”。奥巴马夫妇选择了葡萄牙水猎犬，因为奥巴马的大女儿马莉娅有过敏症，而葡萄牙水猎犬是一种不易引起过敏的狗。它的卷毛与贵宾犬的毛相似，需要每隔数个月进行打理，尤其是眼睛附近的区域。葡萄牙水犬原产地为葡萄牙，是葡萄牙阿尔加维地区渔民饲养的品种，是优秀的游泳者和潜水者，具有特殊的才干和毅力。它常从事把鱼赶入渔网、在海中寻回失落的渔具、在小船间或小船与陆地间传递消息。是忠诚的伴侣和警惕的卫士。它是非常实用的工作犬，英勇无畏，兢兢业业，可以全天候工作。

米歇尔2月份在接受美国《人物》杂志采访时称，奥巴马一家已选定了葡萄牙水猎犬为“白宫第一狗”的种类，“第一狗”将于4月“复活节”后来到白宫。77岁的肯尼迪参议员拥有三只葡萄牙水猎犬，他说服了奥巴马夫妇，葡萄牙水猎犬非常适合充当“白宫第一狗”。消息来源称：“参议员肯尼迪从同一家犬舍获得了他的狗，它们都很健康、强壮、心地善良。它们和儿童相处得非常好，但需要许多运动，这一点很好，因为奥巴马非常喜欢健身。”

美国西敏寺狗舍俱乐部名犬展的戴维·弗雷称：“人们对第一家庭的宠物抱着浓厚的兴趣，我对此并不感到奇怪。因为这能引发所有人的共鸣。”前白宫宠物都成了小明星，前总统布什的爱犬“巴尼”是一只备受瞩目的苏格兰梗犬，它甚至拥有自己的网站。

(资料来源：中国网2009年4月13日　作者：周翔)

这条消息很亲切、很有情趣，而穿插在消息中的关于“白宫第一狗”的相关新闻背景资料写得更是生动活泼，趣味盎然。

第三节　消息的结尾

一、结尾是与受众告别的地方

消息是一种“虎头蛇尾”的文体，结尾并非是所有消息都必须具备的一个独立的组成部分。短消息结构极其单纯，特别是简讯有时只有一两句话，表述完新闻事实便就此收住，戛然而止，可以不必有结尾。在倒金字塔结构中，材料按其重要性依次排列，到结尾处就是最次要的了，也就无所谓结尾的问题了。如：

北约野蛮轰炸我驻南使馆

《人民日报》贝尔格莱德 1999 年 5 月 8 日电(记者吕岩松报道)　当地时间 7 日午夜(北京时间 8 日早 5 时 45 分),以美国为首的北约至少使用 3 枚导弹悍然袭击我驻南斯拉夫大使馆。到目前为止,至少造成 3 人死亡,1 人失踪,20 多人受伤,馆舍严重毁坏。

当地时间 7 日晚,北约对南斯拉夫首都贝尔格莱德市区,进行了空袭以来最为猛烈的一次轰炸。晚 9 时始,贝尔格莱德市区全部停电。子夜时分,至少 3 枚导弹从不同方位直接命中我使馆大楼。导弹从主楼五层楼顶一直穿入地下室,使馆内浓烟滚滚,主楼附近的大使官邸的房顶也被掀落。

当时,我大使馆内约有 30 名使馆工作人员和我驻南记者。新华社女记者邵云环、《光明日报》记者许杏虎和夫人朱颖不幸遇难。据悉,这是外国驻南外交机构第一次被炸。

爆炸发生后,中国驻南联盟大使潘占林一直在现场指挥抢救。许多华侨对使馆给予了极大帮助。潘大使在被炸毁的使馆废墟前,愤怒地指出:“这是对中华人民共和国的攻击。”

南联盟外长约万诺维奇说:“使馆是中华人民共和国的领土,北约炸弹是对外交的轰炸。”

当地时间 8 日下午,中国在贝尔格莱德的数百名华人举行抗议游行,数千名南斯拉夫人参加了游行。

没有结尾的短消息固然存在,但不是所有的消息都没有结尾。英国新闻学者安德鲁·博伊德认为:“任何一个节目或新闻给人的长期印象通常都是最开始或最后几个词留下的。”故而他建议:“像有力的开头一样,结尾应该加强语气,避免虎头蛇尾。新闻报道宁用呼然响声做结尾而不用低声呜咽。有力、确定、语气强烈的结尾胜过软弱无力的结尾。”

结尾是跟受众告别的地方,如果草草收束,不了了之,将会破坏文章的整体价值。

消息结尾,是指为了深化新闻主题、强化新闻价值或扩大消息的信息容量,记者根据新闻内容,精心设计的消息的收结部分。它通常是消息的最后一段或最后一句话。

我国元代的作家乔梦符,曾对写作提出“凤头、猪肚、豹尾”的要求,元末陶宗仪把它解释为“起要美丽,中要浩荡,结要响亮”(《南村辍耕录》)。明朝谢榛在《四溟诗话》中说:“凡起句当如爆竹,骤响易彻;结句当如撞钟,清音有余。”其中对结尾的要求同样适合于消息的写作。写好新闻结尾,不仅可以使新闻在形式上更为完美,而且可以画龙点睛,使新闻的主题得到进一步的深化和升华,使得受众读来意犹未尽,回味悠长。

二、结尾的写作形式

1. 评论式

在消息收结的地方对新闻事实进行简要的评论,以突出新闻事实的意义,凝练和升华新闻主题,引领读者更深刻地感悟新闻事实中蕴含的主题思想。具体表达时,要尽量避免记者直接公开地发表议论,可以是借别人之口进行评议,或者转述有关的评价。

例如:获第15届中国新闻奖消息类一等奖的作品《中国国家主席与艾滋病人握手》报道了在2004年"世界艾滋病日"前夕,国家主席胡锦涛走进北京一家医院与艾滋病人握手、交谈,用实际行动推进中国抗击艾滋病病魔的斗争。报道的结尾是:

> 世界卫生组织中国艾滋病项目协调官赵鹏飞指出:"胡锦涛主席看望艾滋病人并和他们亲切握手,将使各级党委、政府一把手亲自抓艾滋病防治工作成为必然。"

通过这样的评论,受众可以进一步认识到胡锦涛主席作为最高国家领导人与艾滋病人握手这一事实,深刻地表明了中国政府在艾滋病这一过去高度"敏感"的问题上,有了历史性的态度转变。

2. 总结式

在新闻的结尾处对新闻主体交待的新闻事实或新闻事实所表达出的思想、道理进行总结、归纳,以给读者一个完整的印象。例如:获得第七届中国新闻奖消息类三等奖的作品《王封矿四千余职工实现"整体转移"》的结尾:

> 回首当初,王封矿面临的是矿井报废、4200名职工安宣的严峻现实,而今天他们已实现了"整体转移",产品有5大系列40多个种,预计产值可达1.5亿元左右,且有很可观的利润。曾经培育了全国劳模丁百元的王封矿,现已改名为焦作王封集团有限公司,它们的总经理张少卿日前对我们感慨地说,企业要活得有滋有味,必须痛下决心,真正实现两个根本性转变。

总结式写法在概括整体面貌、明确新闻的意义和目的方面,有着不可替代的作用。

3. 启发式

在新闻事实已表达清楚的基础上,再引导人们进一步联系现实、揭示某种社会现象,引导受众进行深层次的思考的结尾写法,就是启发式。也有称这种写法是"希望式",即提出希望和要求,启发和激励人们的思考和想象。

例如:获第八届中国新闻奖消息类一等奖作品《别了,"不列颠尼亚"》报道:1997年7月1日,香港回归。接载查尔斯王子和末代总督彭定康回国的英国皇家游轮"不列颠尼亚号"驶离维多利亚港湾,消失在南海的夜幕中。它的结尾是:

> 从1841年1月26日英国远征军第一次将米字旗插上港岛，到1997年7月1日五星红旗在香港升起，一共过去了156年5个月零4天。大英帝国从海上来，又从海上去。

这个精彩的结尾是对历史趋势的总结，也是对历史规律的理性认识，成为整个报道的点睛之笔。激发了受众对于历史这一刻的民族自豪感。

4. 展望式

在新闻事实表达完毕之后，对其发展方向和结果做出预测。2008年11月6日《人民日报》刊登的消息《奥巴马担子不轻》，写了这样一个结尾：

> 俗话说，许愿容易兑现难。也许，在当选的兴奋过后，奥巴马考虑的已经是如何面对民众对他的期许，拿出足够的政治智慧和才干解决当下诸多棘手问题，这还真不是件容易的事。
>
> 美国民主党总统候选人巴拉克·奥巴马击败了共和党对手麦凯恩，成为美国历史上第一位黑人总统。作为非洲裔美国人，应该说这一胜利来之不易。但是，等待新总统的不只是支持者的热情，还有众多的棘手难题。

消息的结尾预测奥巴马将要走的路还很漫长。

当然展望式结尾通常是描绘乐观的前景。例如：获得第5届中国新闻奖消息类二等奖作品《陆家嘴金贸区一派沸腾》的结尾：

> 再从天上看地面，南有盘旋的南浦大桥，北是弯曲的杨浦大桥，中间一颗闪闪发光的东方明珠，陆家嘴地区构成了一派"双龙戏珠"的沸腾景象。有位外国商人参观后预言："这里将是21世纪的国际资本市场！"

5. 引用式

美国政治撰稿人巴尼·克雷布斯说："我总是把一条好的引语留到最后一段，奖给那些为数很少的一直读下来的忠实读者。"（《美国名记者谈采访工作经验》）

在消息的结尾引用相关人物的话来作结束，也是消息常用的结尾方式之一。

例如，1991年，在入侵科威特一周年之际，伊拉克人都在悄悄地遮掩这场曾经搅得天翻地覆的事件。路透社记者在这条消息的结尾写道：

> 巴格达街头到处都是萨达姆·侯赛因各种着装的画像，有人戏称：这个400万人口的城市有800万张面孔。

借口传话，巧妙地暗示了巴格达市民的精神状态和萨达姆统治这个国家的办法，一针见血，堪称神来之笔。[①]

---

① 黄宏俊：《怎样写好新闻的结尾》，载《新闻三昧》，2006(06)。

6. 补充式

在将要收结的时候，又对新闻事实做适当的补充。这些补充的内容，一般不是核心新闻事件，但必须跟核心新闻事件有紧密联系。

例如：2005年9月23日《江门日报》刊发的新闻《污水“漂白”后可养鱼》，报道了记者在市文昌沙水质净化厂目睹的生活污水的处理过程，在消息的结尾记者写道：

> 市物价部门也曾透露，目前市区污水处理厂处理1立方米污水的总成本达到1.46元，0.55元/立方米的污水处理费远远不能满足实际需要，年资金缺口约5000万元，再加上计划中要兴建文昌沙二期、江海污水处理厂，目前还需要上亿元资金。

这样的补充常使消息宕开一笔、再起波澜。

美联社记者马利根说：“一篇报道既要有好的导语，也要有一个有力的结尾。事实上，我常常在最后一段下的功夫比在第一段下的功夫大，因为我希望那真正动人的最后一行话将使编辑高抬贵手，不致砍杀我努力的整个成果……一条使人激动的引语、一段概括性的趣闻、一件将最后一次打动读者的情感，即引起读者悲伤或大笑的有趣材料，可以使一篇报道生辉。这样，这篇报道看起来就是一个统一体、一个完全的整体。”(《美国名记者谈采访工作经验》)

新闻的结尾方式也不仅仅这么几种，要写好结尾，需要在实践中不断历练和创新，实际上整个新闻的发现与表达何尝不是如此，需要实践、实践、再实践。

新闻写到结尾就要和受众告别了，希望你的新闻让受众依依不舍。

练习

一、阅读一条消息(教师提供)，对其主体的写作提出自己的意见。

二、病文分析：下面这条消息主要存在的问题有哪些？

首届中国特殊奥运会开幕

本报深圳27日专电 首届中国特殊奥运会今天在这里开始举行。

在隆重的开幕式后进行的田径比赛，今天已经产生了37个冠军。北京代表团获10项冠军、10项第三名。获得冠军的运动员和项目是：×××获男子少年二组的50米和垒球投掷冠军，× ×获男子少年一组50米和垒球投掷冠军，××获女子少年二组铅球和垒球投掷冠军，××获少年二组铅球冠军，××获少年一组200米冠军，×××获男子成年1500米冠军，×××获男子成年组400米冠军。

三、下面是刊发于《南方周末》2008 年 10 月 15 日的一篇报道。请将该篇报道改写成一条 600 字左右的消息。

麦凯恩小镇拉票目击记："你们已经进入美国大选的战场"

《南方周末》记者　文平　发自美国明尼苏达

10 月 10 日，距离大选投票日还有二十来天。决战在即，72 岁的共和党总统候选人，曾在越南战争中做过越南战俘的麦凯恩，赶到明尼苏达州，在名叫 Lakeville 的小镇上，在 Lakeville South 高级中学的室内运动馆，参加小镇公民大会，推进和选民零距离对话的拉票活动。

小镇拉票，不同于在华盛顿造势，后者讲究的是国家伦理的宏大叙事，候选人嘴巴里满是美国的未来、世界的走向或者上帝的声音；前者注重的是民间伦理的家长里短，大多数时候，只能说农民、主妇、退休老人、退役士兵们感兴趣的教育和医疗。

奔往 Lakeville 小镇的巴士刚一发动，美国国务院的外交官 Clerk 说："你们已经进入美国大选的战场。"

小镇拉票虽然是总统选战的一部分，核心内容不是与对方舌战，而是对己方"劳军"。Clerk 介绍，明尼苏达州是麦凯恩的老巢，几个月前，他就是在明州被共和党确定为总统候选人。不幸的是，5∶5 的民意调查，毫不留情地向麦凯恩暗示，那个年轻的哈佛大学毕业生奥巴马，可能端掉他的老巢。面对危局，麦凯恩和他的团队决定返回明州，去 Lakeville，争取那些还没想好把选票投给谁的中间选民，他要告诉明尼苏达州的老乡们，他们的选票对他是多么的重要，他还要告诉那些坚决支持他的选民们行动起来，巩固并扩大他的战果。

小镇公民的民主禀赋

赶到 Lakeville South 高级中学时，正是阳光明媚的午后。大操场上挤满了车，早早赶到的人们已排出长队，等待安检入场。

在与操场相对、隔着一条马路的草坪上，警方给反对麦凯恩的人预备了一片天地。反麦者们站在划定的区域内，挥着反麦标语，舞在空中的旗帜上写了"让战争滚开"的口号，反对者身后的草坪上，插满了牌子，上面的口号是："一百年不要共和党"、"谁为战争埋单，谁在战争中获益"。

出身军官世家的麦凯恩当过飞行员，"越战"中，他驾驶的战机被击落，他在越南做了好几年的战俘。据说，他相信民主不是免费的，国家安全也不是免费的，必要的战争是必须的。

来自附近乡镇的反对者，是不能进入拉票现场的，哪怕拉票的现场就在他们的孩子平时读书的公立学校。

这是拉票活动的入场券，印有麦凯恩头像，映入眼帘的是他的竞选口号：国家第一。

Clerk 解释说，拉票活动现场，不是什么人都可以进入的。每一个进入现场与麦凯恩亲密接触的人，都必须拿到麦凯恩竞选团队发的入场券。而这个规则同样适用于奥巴马竞选团队，几天后他们在明州的聚会，也会拒绝那些坚持将选票送给麦凯恩的选民。

从 1 点开始，静候安检的人们就在指定的区域内，顺着长长的队伍，欢声笑语但秩序井然地等待着。

最近，明州登记投票的选民以每天 500 人的速度递增，小镇百姓对选举的热情，比过去的大选高得多。两天前，跟记者介绍美国选举制度的一位乔治敦大学教授说，笼罩在金融危机的阴影下，越来越多的公民开始关心自己和国家的命运。

"远在华尔街的金融危机对你们有影响么？"同伴向身边的两个中学生提问。"当然。过去，父母隔三差五带我们去餐馆吃饭，现在，我们已经好久没有出去吃饭了。"那个有些青涩的男孩腼腆地回答道。

男孩身边站着一个佩戴胸章的女孩。胸章上雕刻着一头大象和一句口号："我是个女孩。"大象是共和党的标志，口号中强调我是个女孩，是因为麦凯恩提名阿拉斯加州的女州长佩林为副总统。

据分析，希拉里在民主党总统候选人提名大战中输给了奥巴马，看到支持希拉里的女性伤心落泪的麦凯恩，试图让佩林带动女性的选票。

3 点，经过严格安检，记者进入室内运动馆。安检处，几个消防队员、几个警察带着一条警犬转来转去，但其叠加而成的场景，并不令人紧张。气氛是和谐的，犹如中国乡镇的赶集。

警察并不直接介入到拉票活动中，相对于志愿者，他们势单力薄，处理活动细节的都是支持麦凯恩的志愿者。轻松活泼的氛围，有条不紊的秩序，就是志愿者在麦凯恩竞选团队的授意下有效执行的结果。

政治嘉年华中的选举艺术

室内运动馆，早已被改造成和平的大选战场。

运动馆中央是一面巨大的美国国旗。四周到处是"国家第一"的口号，到处印着麦凯恩的竞选网址，每一个座位上都垫着麦凯恩的竞选海报，现场的每一个细节都在鼓励小镇选民，毫不犹豫地将选票投给麦凯恩。

音乐突然响起。美国乡村音乐的欢乐氛围中，排队入场的小镇公民们，

渐渐占据了场馆的每一个角落。大致估算一下，人数不会少于 2000 人。除了偶尔的黑人，放眼望去，几乎都是白人。

美国国务院的工作人员告诉记者，黑人和其他少数民族后裔大多数都去支持奥巴马了。根据目前的民调，麦凯恩的支持者多是收入中等偏下的白人和农民。

音乐声越来越高昂，人越来越多，本来属于新闻记者和联邦警察的二楼看台，也挤满了麦凯恩的“粉丝”。

掌声、灯光、舞台，该响的时候响，该亮的时候亮，一切都在精准地操纵着观众的情绪。“女士们，先生们，请大家坐紧一点，我们就要看到美国的下任总统了。”此音刚落，潮水般的掌声骤然响起，嗷嗷的欢呼声震耳欲聋。

有熟悉此道者提醒记者注意：舞台中央有一拨领着大家鼓掌的“领掌人”。

这时，3 点刚过了 5 分钟。

通往舞台中央的通道让出来了，出来的不是麦凯恩。4 个穿着童子军服装的中学生抱着国旗和州旗昂首走过。

熟悉美国选战的国务院雇员告诉记者，这些细节都是麦凯恩竞选团队制造气氛的小动作。“女士们，先生们。”舞台中央的声音在童子军的背影中再度响起。

掌声，尖叫声。

出场的依然不是麦凯恩。

一个共和党的小官开始介绍出场的各界人士。除了州议员是全州的名流，大多是小镇选民熟悉的名流。“我妈妈是无党派人士，这回却主动站出来，在国家危机的时刻，将她的票投给麦凯恩。”一个妇女上台现身说法。

陡然间，运动馆里安静下来。向国旗宣誓、唱国歌、牧师祈祷的仪式开始了。

全场起立。

美国人的背书开始了。

美国人的国歌唱响了。

美国人祈祷的头低了下去，人们的右手放到胸前。

刚才还和男伴嘻嘻哈哈的女青年也一副虔诚安静的模样。只有摄像机来回转动。

牧师刚扭身退场，场内的音响旋即响起。嗷嗷，嗷嗷，喊声再度震天。

3 点 33 分，这回麦凯恩要出场？

不！他还在看不到的角落。

舞台中央，社会名流和志愿者们轮番登台，或者家长里短，或者微言大义，主旨是说麦凯恩多么关心民间疾苦，多么在乎国家前途，他的政治经验多么丰富，他一定是改变美国历史的伟大的总统。

台上的演讲者口若悬河，台下的选民们有的扭动腰肢，有的摇头晃脑，偌大的运动馆宛若超级大酒吧。

这应该是美国的选举心理学，麦凯恩得像明星一样，吊足了大家的胃口，才能闪亮登场。

七十多岁了，不容易啊

观众席上突然骚动起来，欢呼声在全场回荡。

4 点 03 分，麦凯恩隆重登场。

握手、拥抱、点头、鞠躬——握手、拥抱、点头、鞠躬——从入场口，头发花白的麦凯恩花了差不多十分钟，才摆脱一双双热情的会投票的手，挪到舞台中央。

站在十米开外直直地看他，与观看他的电视辩论，感觉还是不一样。

满脸堆着笑容，电视辩论中的严肃面孔了无踪迹。

背微微有些驼，麦凯恩的老态一目了然。

七十多岁了，不容易啊。这么一把年纪的人，不待在别墅中含饴弄孙，却跑到这个偏远小镇，讨好选民。兴许，权力不仅让男人性感，还会让男人有颗不服老的心。

接过麦克风，麦凯恩的头转了一圈，向各个角落的选民们致谢。

他开始演讲了。

他开始感谢所有在场的人，以及不在场的人。

他开始宣讲政治主张。

这些套话，他不知重复了多少遍。但他仍然说得很真诚，不厌其烦。

他始终注意将目光送给不同角落的人们，他的身子总是在舞台中央转来转去。

他说，他要领导大家打倒华盛顿和华尔街的腐败分子。掌声雷动，尖叫声四起。

总是在他说出激动人心的话语时，全场喧嚣。

演讲结束，麦凯恩开始回答提问。入场券上白色字体标注的“零距离对话”，指的就是这个环节，他要兑现竞选团队的承诺，他要倾听选民的心声。二十多个问题中，有两个关于中国。他们一般并不在意遥远的东方，之所以提到中国，是因为他们觉得中国廉价的产品正在鲸吞他们的市场、他们的就业机会。

事先就听说，美国普通民众，尤其是乡镇选民，对世界事务大多没兴趣。但听到一个白人妇女跟麦凯恩说，一定不能让奥巴马这个阿拉伯恐怖分子当选总统，记者还是大吃一惊。

这个妇女的感性，和前几日于华盛顿体会到的另一名女性的理性，有天壤之别。

在华盛顿的一个政治酒吧中观看总统候选人第二次电视辩论时，一个美国中年白人女性指着电视屏幕上的奥巴马说：奥巴马非常非常聪明，可是，他太年轻，所以不能把票给他，尤其是经济危机和深陷战争泥潭的今天。她说，过几年吧，奥巴马很年轻，他还有当总统的机会。

小镇妇女的言辞，让记者猛然从美国选民都很理性的判断中醒悟过来。

理性也好，感性也好；有知也好，无知也好，对麦凯恩而言，他都得同等对待，因为她们都掌握均等的一票。

麦凯恩没有嘲弄那个妇女的无知，他一副君子之风地说，奥巴马是个良家子弟，是个好孩子，他们之间仅仅是政见不同而已。

有媒体报道说，奥巴马小时候和一个恐怖分子一起玩过。有人怀疑麦凯恩竞选团队故意以此误导乡下人。

不管这个小道消息是否为麦凯恩竞选团队故意放出，面对电视镜头，面对选民，他是不敢信口开河，因为绝大多数谎言，都会被迅速揭穿。

社会化媒体时代到来后，以微薄为代表的浅阅读正在成为人们在进行深入阅读的障碍。这种碎片化的阅读正在成为习惯，长篇的通讯和特稿不仅在写作上需要花费更多功夫，在阅读习惯和深入程度上对读者的要求也更高。特稿还有人看吗？如何写出对抗网络碎片化的新闻通讯和特稿是我们这一章要讨论的问题。

第十四章　通讯和特稿是深刻而丰满的新闻

第一节　我国通讯向特稿的转向

经济社会快速发展，传播格局深刻变革，受众需求更加多元，一方面工作条件大为改善，采访手段更为先进；另一方面也对新闻工作更加贴近群众、更好服务群众有了更高期待。那种鼻孔朝天的“老爷记者”、隔窗看景的“车轮记者”、闭门造车的“文件记者”、复制粘贴的“电脑记者”，其作风飘浮、文风僵硬的背后，是丢弃了群众观点，放弃了群众立场，脱离了群众路线，遗失了基层这个最大的新闻源，忽略了群众这个最重要的新闻主体，也割断了新闻工作者与群众的情感脐带。①

2011年开始的“走基层、转作风、改文风”活动，出现了很多主题深刻、贴近群众的优秀通讯。“走转改”活动，实质上是在新的发展阶段，延续新闻界“接地气”“抓活鱼”的好传统，进一步树立群众观点、站稳群众立场、执行群众路线。只有深入群众生产生活，才能走进群众内心世界；只有了解百姓生存状态，才能体会群众冷暖诉求；只有感受群众喜怒哀乐，才能把握群众所思所盼。带着感情走基层，加大民生报道分量，增强采写百姓故事力度，才能更好地服务群众。

---

① 《人民日报》评论员文章：《带着感情走基层：“走转改”活动思考之一》，载《人民日报》，2011-09-22。

中央电视台的"走转改"系列报道中这样说："坐在同一条板凳上，才缩短了心与心的距离；住在农家的炕头上，收获的才不只是建议。我的脚下沾有多少泥土，我的心中就沉淀多少真情。真情实意地走近你，走近你、读懂你、为了你、依靠你……"

20世纪90年代以后，市场领域、私人领域和公共领域逐渐在中国扩展，一元的宣传模式和评论取向的新闻事业逐渐向多元的新闻报道模式和信息取向的新闻事业过渡，传统的通讯类报道由于空疏甚至在真实性等基本品质上持续受到质疑，即便是揭露性的报告文学，也由于细节等缺陷在法治背景下陷入困境。一批面向严肃读者和大众市场的报刊不得不抛弃固有的报道范式，超越传统的价值认知，引进了域外的新闻写作价值理念。

从范长江提出"一张报纸，一个记者，其基础在群众，前途也在群众"，到穆青以"勿忘人民"激励青年人，再到"走转改"提倡"同群众坐在一条板凳上"，都是一种对生活和时代的贴近和理解。

中国新闻文体中本来是没有特稿这个品种的。传统新闻文体通常有三种：消息、通讯和报告文学。

特稿似乎与人物通讯接近：重故事性和细节描写。实际上二者大相径庭。新闻学者展江认为：其一，特稿一般写凡夫俗子，通讯可用于制造神迹。其二，特稿是信息取向，通讯是信息和观点甚至抒情的杂糅。其三，特稿是权利取向，面向普通公民，通讯往往是权力取向，面向和取悦既成体制。其四，特稿是新闻文体，秉持一切细节的客观性，通讯是宣传和文献杂糅的问题，伴随着整体和细节的客观失真及主观想象。①

第二节　特稿的写作

一、什么是特稿

（一）特稿之由来

和通讯相比而言，"特稿(feature)"更像一个舶来品。

广义而言，通讯和报告文学都是特稿的早期形态。20世纪60年代《中国青年报》记者王石写的通讯《为了六十一个阶级兄弟》，通篇借鉴采用电影的蒙太奇手法，如果撇开某些局限性时代特征，已经是比较成型的"特稿"了。但是我们所熟悉的"通讯"，带有太浓烈的宣传色彩，数十年来往往服务于塑造"典型"之类，让事实服务甚而屈从于宣传工作的需要，而很少具备记者的中立意识。报告文学虽然一度带有强烈的现实批判，却时

① 展江：《新闻问题范式革命的引领者》，《南方周末特稿手册》序，广州，南方日报出版社，2012。

常模糊了真实与虚构的边界。这两种文体还都有一个毛病让今天的记者难以忍受，就是写作者时常跳出来发表一通评论和感想。

后来的人们从美国新闻界引入特稿(Feature)这个概念，与通讯和报告文学区分，也在语态上刻意告别“宣传腔”。某种程度上，是中国新闻人长期以来试图将新闻从宣传的母体中剥离出来，走向专业主义的又一次探索和尝试。①

梅尔文·门彻在《新闻报道与写作》中这样定义特稿：“特稿旨在娱乐或以侧重讲故事来提供信息。”作者让个人的动作和意见来传递故事。特稿通常是以延迟式的导语开头——阐明特稿要点的一个事件或者趣闻轶事。主题包括补充性事件、一些引语和新闻题材。结尾或许对全文加以概括或者制造一个高潮。

美国1830年代进入平民主义和大众化报纸时代。随着经济生活的民主化，以意识形态论证为主导的政党报刊随之衰落，代之以商业性大众化报刊。特稿相对于硬新闻的“软新闻”，也随之在报端大量出现，以其“人情味”吸引了大批新近大量获得读写能力的新读者，尤其是女性。②

在19世纪和20世纪之交的普利策与赫斯特之间的发行大战中，特稿故事成了一种竞争的武器。犯罪报道、体育、社会新闻、科学新闻——这些统统加上了经常是虚构多余事实的煽情性细节——用以吸引读者。这时的特稿，成了黄色新闻的同义词。③

由此我们可以知道，特稿发展的最初阶段，其写作方式和煽情、夸张等表现手法紧密联系在一起。

W. A. 斯旺伯格在传记《公民赫斯特》(*Citizen Hearst*)中这样描述它们：它们是印刷出来的娱乐和刺激——等同于新闻纸上的炸弹爆炸、乐队齐奏、鞭炮爆响、受害者尖叫、旗帜飘扬和被处决犯人烧焦的肉上升起的烟雾。一名为赫斯特的某报工作的记者把一份典型的赫斯特报纸形容为“一个喉咙被割破了的女人尖叫着沿着大街跑”。

与此同时，普利策的纽约《世界报》的意味报道航运的记者描述了记者试图以特稿写真实新闻时讲了一个故事：在那些失事的船中，有一只猫在其中一艘船上，船员回去救它，他们因为被击败而受到本市新闻主编的责骂。下次有了船只失事，上面没有猫，但是其他航运新闻记者不希望错过，就把猫加进去了。于是我会因为被他们打败而受到严厉的斥责。所以，现在一旦有船只失事，我们大家总是把猫写进去。④

特稿诞生的很长一段时间里，由于琐碎、八卦和无聊，而被美国一些正派读者诟病，被视为一种低俗乃至恶质。进入20世纪，特稿逐渐融入了人文和社会关怀要素，其价值逐渐被美国严肃报刊和读者接受。到1979年，普利策奖委员会增设特稿写作奖，其地位

---

① 包丽敏：《特稿的魅力》，载《南方传媒研究》，第42辑，广州，南方日报出版社。

② 展江：《新闻问题范式革命的引领者》，见《〈南方周末〉特稿手册》，序，广州，南方日报出版社，2013。

③ [美]梅尔文·门彻著：《新闻报道与写作》展江主译，215页，北京，华夏出版社，2008。

④ [美]梅尔文·门彻著：《新闻报道与写作》展江主译，216页，北京，华夏出版社，2008。

获得了空前提升。

（二）特稿之定义

美联社特稿撰稿人朱尔斯·骆(Jules·Loh)在分析特稿和一般新闻消息的区别时这样写道："新闻撰稿人告诉你一座桥坍塌了，告诉你有多少辆车掉入水中。特稿撰稿人则告诉你当时那里的情况是什么样的——当乔·史密斯刚开始过桥的时候，桥开始摇晃，他紧抓住栏杆——诸如此类的细节。"

"特稿"的地位日渐彰显，但究竟如何厘定"特稿"，却在学理上有待进一步探讨。新闻特稿，既指"有组织性报道"的一种形式，也是一种新闻体裁。它泛指各种新闻媒介中的特约稿件。这类稿件，是因新闻媒介在传播新闻信息的总体布局需要或特定的各种背景的需要，为反映传媒总体要求或特定导向意图而组织写作的新闻稿件。它有别于一般的纯告知性新闻报道，也不同于一般的"言论"或文章，而是有针对性、有特别视角，并对某一专门问题进行较系统、较充分解释的新闻体裁。

《新闻学大辞典》对特稿是这样解释的："特稿就是运用解释、分析、预测等方法，从历史渊源、因果关系、矛盾演变、影响作用、发展趋势等方面报道新闻的形式。"这一定义的内涵含混，而外延又很巨大，也不足以定义特稿。

美国新闻学教授詹姆斯·阿伦森在《特稿写作与报刊》中指出："特稿，通常指报刊上篇幅较长的某类稿件，这类稿件没有正规的新闻导语，写的是有关某人、某个机构的一桩新闻事件，或某一政治事件，或社会事件。"①写得长就叫特稿？没有导语就叫特稿？这个定义同样无法给出特稿之所以成为特稿的核心理由。

首届普利策特稿写作奖的记者乔恩·富兰克林在论文《为故事而写作》中提出："特稿是一种非虚构的短故事形式。"——他说的当然没错，而且也贡献了特稿的两个要素：非虚构、故事。但是，这个定义依然是不准确的，它同样适用于某些有故事性的短消息。

在当今的美国，特稿一般指除消息(news)和深度报道(含解释性报道和调查性报道)之外的其他新闻文体。普利策特稿写作奖对其获奖作品的评奖条件是："除了具有独家新闻、调查性报道和现场报道共有的获奖特质外，特稿主要是考虑高度的文学品质和原创性。"

普利策新闻奖评选优秀特稿的条件是："除了具有独家新闻、调查性报道和现场报道等共有的获奖特质外，特稿主要是考虑高度的文学品质和原创性。"

这个并不算定义的评奖标准，因为必须解决实际操作的问题，还是比较准确地指向了特稿的核心。如果我们从这个评选标准入手，倒是可以总结出不少生产好特稿的规律，比如，如何做到独家，调查报道的手段，多信源调查的准则，现场报道法则，等等。

---

① 张惠仁：《现代新闻写作学》，448～449页，成都，四川人民出版社，2001。

（三）特稿之特点

20世纪50年代，特稿作为美国新闻报道中的重要组成部分，已真正声名鹊起。普利策特稿写作奖在西方新闻界被视为实力派记者的标志，一些新闻研究学者也把特稿奖获得者称为“普利策超级明星”，将获奖作品誉为“不凡之作”。在美国，特稿的评奖条件比独家新闻、调查性报道和现场报道的评奖条件更为苛刻。“一篇杰出的特稿首要关注的应该是高度的文学性和创造性”。[①] 不难看出，特稿写作更加凸显了传播信息的艺术独创性，它所青睐的文学性的叙事手法，如精巧的构思、辗转的悬念、饱和的情理冲突、出神入化的细节等，都在一定程度上丰富了新闻报道的技巧，开创了多元的新闻写作模式。当然，特稿将文学的叙事手法运用到新闻写作中，并不是通过这种手段来达到虚构新闻事件的目的，而是将事件中的矛盾冲突和人们的情感巧妙展现在新闻事件的叙述中，从而更好地打动读者，引起社会的关注。

1. 题材广泛，形式灵活

普利策特稿获奖作品的特稿题材十分广泛，大致可以分为几大类：第一类主要是非限时的社会事件的特稿，这类事件中有“硬新闻”的内容，关注的题材比较重大；第二类是社会各色人物的特稿；第三类是日常生活话题的特稿。后两类大致以“软新闻”为主，关注社会困难群体，带有社会公益服务的功能。特稿的形式也比较灵活，可以是对某一事件的分析综述，也可以是就某个特殊场景进行深入描写，或者就某个专题进行不同角度的报道整合，抑或就某个社会问题或现象进行深入调查或解释。它不仅是客观地报道事实，而且将情感渗透于事实；不是简单地对新闻事件的一个综合，而是深度挖掘事实，发现更多有价值的新闻。

2. 选题重大，诉诸情感

与一般的深度报道比较，“特稿”之“特”体现在哪里呢？首先，是选题的取向。我们知道，调查性报道、解释性报道着力报道的是为社会普遍关注的重大新闻事件、问题，或者说它主要开掘了“硬新闻”领域，而新闻特稿除了关注这类题材以外，还把触角伸向任何自然现象和人类活动，许多不为调查性报道、解释性报道重视的“软新闻”题材，只要读者有兴趣，也会得到充分挖掘。其次，是旨趣的移位。调查性报道、解释性报道追求的深度旨趣主要在于“诉知”，目标是诉诸读者的理性和知性，引发读者对社会问题的深层次思考，而感性的画面、情景和细节仅仅被看作是一种辅助性手段；新闻特稿则有所不同，它追求的深度旨趣更多的是一种引人入胜的“趣味”，目的是以写作打动人心，强化身同感受之体验，因而寻求叙事角度上的“感性化”“文学化”，其感性的画面、情节和细节也构成了获得戏剧性效果的目标。事实上，特稿写作十分强调穿透新闻事件本身，发现那些

---

① [美]戴维·加洛克编：《普利策新闻奖(特稿卷)·前言》，4页，北京，新华出版社，1999。

隐藏其后真正让人有兴奋感、富于戏剧性的纠纷。

3. 生动深入、报道真相

“特稿”不是“特写”，也应作区分。特写是记者选取新闻事实中最富有表现力的局部或片段，集中表现新闻事实的精彩瞬间，是一种立体感和现场感都很强的描写性新闻体裁。如美国学者丹尼尔·威廉森所说：“特写是一种带有创造性的，有时也带有主观性的文章，旨在给读者以精神享受，并使他们对某件事、某种情况或对生活中的某个侧面有所了解。”[①]而特稿尽管在追求新闻的生动性方面与特写别无二致，但它不只关注某个事件的局部和侧面，还深度报道事物的整体和全貌；不仅对一个瞬间场景做生动描写，而且对事情的来龙去脉做宏观叙事。换言之，特写手法可以在特稿写作中得到运用，但不能等同于一篇完整的特稿。

尽管特稿的特征赋予了它一定的“特权”，但作为新闻，仍然限定它不能违背客观、真实的本质：首先，特稿所报道的事件必须是客观真实的，而不是记者在脑海中虚构的，这也是特稿和文学作品的最大区别。1996 年《纽约时报》记者里克·布拉格获得普利策特稿奖，但后来发现作品内容是记者编撰虚构的，于是该奖被取消；其次，须坚持从客观事实出发，让事实说话——特稿毕竟是一种新闻报道的体裁，而不是报纸的评论版或言论版。

二、特稿的核心要素

特稿文体折射出的新闻价值理念获得普遍认同，其原因首先在于，事件的叙述具有人的维度，有人情味儿；其次在于，文学化的新闻写作样式为读者喜闻乐见；最后在于，对时代的进步意义，经得起历史的检验。不同国家可能在具体的操作层面上有区别，但都包含了以上三种基本原则。

特稿写作没有标准化的模式可以去硬套，普利策获奖特稿中几乎没有哪两篇的写作方式完全雷同。特稿写作不像“客观报道”写作那样有各种关于如何写导语、主体、结尾等模式参考。但仍有几个写作要素是十分突出的：

（一）克制情感：特稿的低温表达

也许源于“诚信危机”，也许有憾于“炒作煽情”之风的盛行，作为一种极致的反弹，要求特稿必须“零度”提供事实的观点近年来颇为流行，认为客观真实性既然是特稿必须遵从的基本原则，特稿写作就必须坚持“零度写作”。

如果“零”的含义就是“不具情绪”，代表“雪藏或者秒杀思想”，只提供一个“裸事实”

---

① ［英］丹尼尔·威廉森：《特写写作技巧》，3 页，北京，新华出版社，1986。

的话,这样的"零度写作"在特稿中,是不存在的,也是"反新闻"的。"客观真实性"并不极致地派生"零度写作",它们之间不存在"因果"。

"零度写作"是一个非常著名的文学概念,来源于法国文学理论家罗兰·巴尔特的一篇文章《写作的零度》(1953年)。巴特尔在文中称,零度的写作是"一种中性和惰性的形式状态",不再承载社会意识形态,是一种毫不动心的写作。"毫不动心的写作"在文学领域中是否存在,这里姑且不论,由文学而植入新闻——以毫不动心,而且"不再承载社会意识形态"的"零度写作"来取代传统的"客观报道",是不可能完成的任务,因为新闻的对象和本质远远不是"中性的、惰性的",更因为特稿在取材阶段的取舍无不包含了媒体意图。[①]

从来没有一种新闻报道像特稿那样,把"情感"要素提高到质的高度来认识。美国学者戴维·加洛克把特稿定义为"强烈的情感和内容——富有力度,让人感动,让人恐惧,让人痛苦的新闻。"[②]。与一向强调冷静、客观、从事"零度写作"的纯新闻相比,特稿把情感渗透提升到了前所未有的境界。特稿几乎是席卷读者的写作,这方面它显然受到了"新新闻主义"的影响。它标榜,重要的是要让读者感觉置身于事件发生的现场,去感觉事件发生时当事人的一种情感,或喜或悲,或兴奋或失望。美国一位著名记者 Thomas Hallman 说过:"记者们已经记不得了人们为什么去读,但我认为人们之所以去读是因为他们想感觉到一些东西","我是一个有情感的作者,我要使我的读者也同样能感觉到相同的情感。"[③]

特稿"高温"叙事的一个明显特征就是夹叙夹议,充溢着大量正面的说教或负面的煽情,目的是以记者个人的价值观或报社的立场影响受众,取得更多的认同。

事实证明,往往叙事语境的"温度"高了,受众的温度就下降,曾长期占据特稿写作圈的"高温报告",正因为充斥着灌输、说教、祈使、渲染和矫饰而广受诟病,近年来发生的一种变异,就是为追求票房利益而出现的"高温"特稿,比较受关注的就是 2010 年 12 月 22 日某报特稿《夜上黄山,谁让救援队变敢死队?》

这篇 4000 余字的调查报道在特稿中属于中等长度,但行文过程中,因渲染"名校效应"而有"高温语境"之嫌。其特征是"复旦祈使句"使用较多,全文共出现"复旦"18 次、"学生"24 次,作者乃著名记者,写过很多好稿,但本次报道没能控制好情绪。"夜不上黄山"是惯例,可"被困者是复旦学生啊!";"这些被困者身份特殊,复旦大学的学生!……";"或者是没有来得及说是复旦大学生这个身份",这些反复强调"复旦效应"的话语,容易让人误读为整个救援因"复旦"而"高度关注",而"夜上黄山",而"警员敢死"。

---

① 胡展奋:《特稿的"低温表达"》,载《南方传媒研究》,第 42 辑,73 页,广州,南方日报出版社,2013。

② [美]戴维·加洛克编:《普利策新闻奖(特稿卷)》,前言第 7 页,北京,新华出版社,1999。

③ [美]凯利·莱特尔、朱利安·哈里斯、斯坦利·约翰逊:《全能记者必备》,第七版英文原版,167 页,北京,中国人民大学出版社,2003。

以调查的术语来看，作者是“在场”的，但是叙述中“不在场”的议论较多，因而影响了报道的传播效果。[①]

（二）讲述故事：特稿的真实底线

新闻是易碎品，记者需要在新闻的速死中发现永恒，以新闻的短暂生命挑战恒久。能从一个个的新闻背后发现一些永恒的东西——或许它们并没有一个模式，但有一点是相同的，就是它们都会感动很多人，它们对不同的民族、不同的国家的人来说都是有意义的，它们在本质上都和长久永恒有关。

特稿写作中，最难把握的是描写人物心理活动和感受，如何准确而且客观的来表现人物的内心活动，是许多记者都面临的问题。这个环节能否写好，会影响特稿的真实可信度。戴夫·柯廷在写作《亚当和梅根》这篇特稿时，随时都在关注这两位因丙烷爆炸而毁容的孩子情感上的变化，将孩子们的内心世界的活动通过记者这个“他者”来真实表达出来。柯廷始终在这篇特稿中坚持自己新闻记者的职业准则，力求客观写作。正如他说的，“有时候，晚上我回到家里会为所听到的而流泪。到了写作的时候，我力图把自己拉开一点距离，并努力避免把它变成一个催泪器”。戴夫·柯廷为了获得翔实的资料，为了能够更好地进入被访者的内心世界，柯廷非常注意采访的方式可能对被访者带来某种伤害，所以他不使用录音机，“有几次真正动感情的时候，谈了一些感人肺腑的事。我不打算在房间里乱动并拿出笔记本。我从很小的闲聊式的话题谈起。但我们开始进入沉重的话题时，我会问他们是否介意我做一些笔记。很快，他们甚至忘记了笔记本”。[②]

为了表现真实，柯廷通过对细节的描述来反映人物内心活动，极力避免个人主观情绪的过多介入，保持了特稿真实的本质。如在描述亚当和梅根自烧伤后第一次和小伙伴相聚时，记者通过描写梅根观察的对象来反映梅根内心流动。“她注意到其他的小女孩都有一头飘逸的长发，她们的皮肤像丝一样，脸上放着光，穿着星期天的礼服。”、“孩子们都看着她。眼泪从梅根那布满疤痕，凹凸不平的面颊上流了下来。”又如治疗专家卡西问梅根过生日想做什么时，记者抓住了梅根的话“在我受伤前，我还用唇膏呢?”；说起洗澡时，梅根说，“但是我不能用香波了。”、“我过去的头发比我的小妹妹多得多……我要长好长好长的头发。在我烧伤之前，我的头发到我的背那么长。”虽然记者没有直接写梅根内心感受如何如何，但通过客观描写记者的所见所闻，抓住人物的行动细节，使读者自然能感觉到梅根此时的复杂心情。这就很好地处理了如何通过“他者”来表达当事人内心活动的问题，不仅坚持了新闻客观真实的原则，同时也使报道更加生动感人。记者凭借自身扎实的采访和良好的文学功底，以及对新闻真实的准确认识，才会如此成功地叙述了

---

① 胡展奋：《特稿的“低温表达”》，载《南方传媒研究》，第42辑，74页，广州，南方日报出版社，2013。

② ［美］戴维·加洛克编：《普利策新闻奖（特稿卷）》，451页，北京，新华出版社，1999。

两个受伤的孩子在父母、医生和周围人的帮助、鼓励下，克服烧伤给他们心灵和身体带来的双重伤害，最终重新融入社会的过程。

1. 为什么要讲故事

特稿首先要是一个好故事。特稿的故事肯定不是那么戏剧性的、表面的、喧哗的东西，而是本质的东西。追寻事物的本质和长久的东西，想办法把繁杂的历史和现实进行还原，还原成最普通的简单的东西，还原成妇孺皆知的东西。而这些最本质的东西，是最能够引起不同人群的共鸣、最长久的东西。

特稿以文采见长，这是显而易见的。特稿也许是具有文学色彩的新闻，但特稿必须与文学划清界限。

真实，是特稿最重要的不可缺失的本质。文本的完美表达是一个追求。记者职业的特殊之处在于他在新闻事实和大众之间的传递关系，这就决定了记者的两个基本职责：调查还原事实；精彩传达事实。

尽管特稿表达借助了很多文学的方法，但大多数的特稿写作中总是尽力逃避文学。因为在真实与文学之间，记者必须绝对选择真实。你可以用文学来表达它，这是手法，与内容无关。

特稿是新闻的展开；特稿是对新闻关节点的深入；特稿还是一个好故事。这种新闻的展开可能就需要借助文学或小说的手法为整个故事搭起一个好的结构框架。它可能有一个平白朴素但意味深长的开头，也可能有意安排一个戏剧性的开头。关键一点是，如果文章头三段还不能将读者抓住的话，这篇文章无疑是失败的。

2. 特稿的故事特征

好故事应该包含了具有戏剧性、冲突性、独特性、唯一性等要素，但特稿最主要的要素是延展性和复杂性。或者这个故事并不具有爆炸性的、冲击力的要素，它只是安静的、常态的，但它却有足够的深度、广度和复杂度，它就有了特稿的特质。它安静的表面下包含了一些本质的和长久的东西，就像是一座有绵长矿脉的金矿，虽然一时一地的储量并不丰厚，但它给了你足够的开掘空间，这就是特稿需要的。①

好特稿故事的戏剧性、冲突性可以以戏剧来做一个借鉴。戏剧尤其是舞台剧最重要的是情节饱含了冲突，冲突要一波波一环环引向最高潮，在一个点上爆发，不可收拾，无路可走，最后轰然而解。冲突的强烈程度，是衡量戏剧是否成功的标尺。

如果我们细心体察，就会发现，戏剧强调显性的冲突(为了轰轰烈烈的舞台效果)。但好的、高明的戏剧冲突，一定还有一个隐性冲突在。这个冲突是巨大的，不可收拾的，它指向社会或者生命的终极矛盾，激烈冲撞而又完全无解，正如俄狄浦斯的弑父娶母、哈姆莱特的生存还是死亡，最终指向的是命运——人类根本性的、人力无法控制和化解的

---

① 南香红：《特稿之特》，载杨瑞春、张捷编：《南方周末特稿手册》，314页，广州，南方日报出版社，2013。

悲剧力量。

新闻和戏剧非常相似，新闻的冲突也是显著性的。没有冲突的事件，不能说是新闻。新闻和戏剧一样，同样也存在着隐性的冲突，这种冲突需要作者有慧眼去发现和挖掘。

面对一个新闻的时候，一个有经验的新闻人用本能来判断就不会错到哪里去，比如这件事是否奇，是否险，是否独特，是否包含着诱人的魅力，一个新闻人应该随时对此保持着敏感，这是一种职业本能。[①]

特稿对抗时间、对抗新闻的易碎性，让报道虽经时间冲刷依然具有文本价值，依然可给人提供阅读的快感。

特稿还对抗宏大叙事。是各种细节汇成了特稿潺潺而下的叙事之河，没有细节就不成其为特稿。许多好的特稿也都是从具体而微的人或事着笔。比如，李海鹏的《车陷紫禁城》，批判北京的城市美学，写大城市的焦虑感，描述的却是一辆堵在车流中的出租车；他写举国体制，只是讲了一个举重冠军在贫病交加中孤独死去的故事。再比如，冰点前记者林天宏的《回家》，在汶川地震导致的数万个死难故事中，只写了一对夫妻不顾震后山路艰险，坚持将死于校舍垮塌的儿子背回家的故事。这不是孤注一掷，而是源自冰点编辑部一段时间以来的选题思路：寻找时代的经典意象。而具体到这场堪称“国殇”的灾难，用冰点时任主编杜涌涛的话说，“再广大的悲伤也比不上一个具体而微的悲伤”。某种意义上，特稿需要具象，需要微缩，需要戏剧冲突的集中。“一千万人死亡是统计数字，一个人怎么死却可以写成悲剧”。特稿记者要做的，常常是寻找到这样的“一个人”。

并非所有人的死都可以写成悲剧，也并非所有小故事都能撬动你想表达的大问题。而换个角度看，一个人的死之所以可以写成悲剧，是因为背后有“一千万人死亡”这样的大背景在。正是这个大背景凸显出这个人死亡的意义。倘若你看不见这个大背景，那你很可能就算“看到”了一个人的死，也“看见”不了悲剧。事实上，很多人很多时候能看到事件，却看不见故事。看见故事的关键之一，在于增进理解力，理解人和人性，理解你所处的时代。[②]

新闻特稿与调查性报道的不同在于人情味。中文特稿成熟的方式，一种是“碎片拼接式”；一种是“时空嵌套式”，写一个人的一天，但也讲了他的一生，如李海鹏的《举重冠军之死》：

举重冠军之死[③]

由于睡眠呼吸暂停综合征，多年受困于贫穷、不良生活习惯、超过160公斤体重的才力麻木地呕吐着，毫无尊严地死了。在生前最后4年，他的工作是辽

① 南香红：《特稿之特》，见于杨瑞春、张捷编：《〈南方周末〉特稿手册》，317页，广州，南方日报出版社，2013。

② 包丽敏：《特稿的魅力》，见《南方传媒研究》，第42辑，58页，广州，南方日报出版社，2013。

③ 李海鹏：《举重冠军之死》，载《南方周末》，2003-06-10。

宁省体院的门卫，在他死去的当天，家里只有300元钱。

很多迹象表明，对于这位心地单纯、开朗乐观的冠军来说，退役后的5年是一生中最郁闷的时期，他不仅受困于运动生涯带来的各种痛苦的顽疾，更受困于家庭琐事、地位落差和生活压力。而更根本性的郁闷，既来自两个地方、两个时代的寂寞与喧哗的对比，也来自于他一生都无法脱离的举国体育体制。

母亲感到不祥的早上

这天是5月31日，早上4点，布谷鸟刚叫起来，商玉馥梦见儿子喊她："妈呀，妈呀，你给我蒸俩肉馅包子吧，给那俩人吃。"在梦中，老太太最初以为儿子又像往常一样饿了，可是一阵突如其来的心慌让她猛然害怕起来。果然，儿子马上又重复了那句让人难以理解的话，"给那俩人吃!"商玉馥惊醒了，透过没有窗帘的窗子看了看微明的天色，心里堵得难受，叫起了老伴才福仲。这天清早老两口心情压抑，在租住的郊区房附近的野地里，紧抿着嘴，一言不发地走，一走就是好几个小时。等他们回到家，吃了稀饭，就接到了儿子的电话。

早在头一天夜里，刘成菊就在担心丈夫的忍耐力。他睡眠呼吸暂停综合征的宿疾早已培养了刘成菊的警觉，像往常一样，头一天半夜她突然醒来，及时地看到才力巨大的胸膛艰难地起伏着，由于只呼不吸，憋得面色发青。她赶紧找来那台辽宁省体院付账的价值6800元的小型呼吸机，给他戴上，打开到中档刻度"10"。才力又睡着了，房间里顿时充满了突然顺畅但仍粗重的呼吸声。借助这间朝北房间里的夜色，刘成菊看到丈夫汗水涔涔的皮肤，结婚5年以来已经数不清是第几次，深刻地意识到他活得有多么辛苦。

"我想我儿子了。"在走过苞米田时，商玉馥对老伴倾诉说。才福仲没有吭声，但这个沉默的男人甚至比妻子更觉得难受。当这对夫妇打开锁，回到在长白乡的租赁屋里时，在沈阳市铁西区艳粉新村的24楼501号，他们儿子一家起床了。

那是5月最后一天的8点钟，沈阳正是初夏的天气，家里人走来走去，没有谁特别注意到才力瓮声瓮气的抱怨："上不来气儿，脑袋疼。"由于忙于给全家人做饭，刘成菊也没有意识到，丈夫的烦恼已经预示了可怕的危险。在这套75平米的按揭房里住着6口人：才力夫妇、女儿、刘成菊的父母和外甥张宝珠。8点半，全家开饭，吃的是辣椒土豆片、炒鸡蛋、黄瓜蘸酱和米饭，刘成菊由于常年消化不良，只好吃1元钱3个的馒头。菜是才力的岳父刘敬玺昨天黄昏在菜市场临下市时买的便宜菜，一共花了4元7角。异常的是，以往食量惊人的才力这天早上什么都没吃。刘成菊觉得家里太乱，又怕才力真有什么病传染给孩子，就撵丈夫说："你到长白去吧。"长白就是才力父母赁屋居住的长白乡。

刘成菊事后对因自己的口气而与丈夫发生的一点儿口角后悔不迭。才力

给商玉馥打电话说，“妈，我上你那儿去。”换上鞋，走了。

“一个小时一年”

“才力要来啦，”早上梦境带来的不安一下子消散了，比儿子更为贫穷的商玉馥对丈夫宣布说，“去买4斤五花肉，咱们给儿子吃红烧肉和粽子。”

因为不能报销，才力打车从来不要发票，所以那天第一个载他的出租车司机已经没法找到。当天早上闲待在院子里的居民们，都看到160公斤的才力摇摇晃晃地上了车，车身因此剧烈地一沉。一种莫名的担忧和惆怅，使得刘成菊站在窗口，目睹了这一幕，但她没有意识到这就是永别。

商玉馥的脸上刻满了黑色的、愁苦的皱纹，但她有着乐观的天性，回忆起快乐的往事时，甚至会像一个娇小的姑娘一样挥舞双手，雀跃一下。在接电话时，她跟儿子开玩笑说，“发啥烧啊，你不是得‘非典’了吧？”

才力到达时差5分钟9点。他穿着蓝色无袖T恤，白色棉短裤，趿拉着一双37码的廉价白胶鞋，有点儿轻咳，但看上去精神不错，像往常一样非常乐观。

父母租住的是一间非常简陋的屋子，摆了两张大床，地面是水泥的，墙壁看上去至少有10年没有修缮过，除了一台没接有线、没有天线的长虹电视机之外，没有别的家电。才力喝了一口急支糖浆，睡了半个小时，然后就跟父母一起坐在靠窗的那张床上聊天。与消瘦、体弱、外向的妻子相比，才福仲身体很结实，明显地沉默寡言，更多的是在听妻子与儿子谈话。这天他们聊了5个小时，主要是回忆起往日生活中的乐趣，尤其是才力退役5年中的事情，商玉馥后来痛苦地总结说，“一个小时一年”。

时近中午，她让儿子吃饭，但是在生命中的最后一天，这个一向食量惊人的男人几乎什么都没吃，甚至连红烧肉和粽子也不能吊起他的胃口。下午2点半，商玉馥又一次催促儿子去医院，才力磨蹭着不愿意去，留恋地说：“再唠唠嗑，走了就回不来了。”早在1999年，医生就告诉过商玉馥，她儿子随时可能死去，因此这句话让她特别敏感。她气恼地质问说，“这叫啥话？”

才力意识到自己说错了话，大声地争辩说：“住院就隔离了，能回来吗？又不是死！”

他揣着母亲给的20元和父亲给的100元，打车去了中国医科大学附属医院，8个小时后真死了。

为了一笔象征性住院费

按照路程判断，前亚洲冠军应该在下午3点钟之前到达中国医科大学附属医院，但直到一个小时后，在医院门口经营小卖店的刘思齐才看到他，第二天，当才福仲夫妇带亲友到太平间看望儿子时，他还向他们提起了才力走下红色出租车、走进医院的情景。

为了防范SARS,进入呼吸内科的病房需要多项程序,因此才力不得不在挂号处滞留了半个多小时。此时才力面临的最大问题是,自己的钱只够看病,不够住院。由于父母都是这所医院的退休工人,因此从1999年第一次住院以来,院方一直很照顾他,这一次,大夫告诉他,住院费只需要象征性地先交一点儿就行。但是才力裤兜的钱连这"一点儿"也不够。

刘成菊是在下午5点接到丈夫的电话的,她盘算一下了家里的钱,只有300元。

邵永凤今年68岁,住在才力家楼下的二楼,那天晚上6点钟刚过,她听到敲门声,开门一看是五楼的老头儿刘敬玺来借钱,"我女婿才力住院了。"邵永凤本来有550元钱,但儿子下午去买鞋,拿走了200元,只剩350元。刘敬玺想了想,借了300元。

就在岳父借钱的这个当口,像是一栋被侵蚀太久的庞大建筑物,才力的健康状况突然间开始崩塌了。刘敬玺拿着300块钱站在走廊里,正在考虑该再向谁开口的时候,他的女婿进了病房,在住院记录上,他当时的血氧分压值已经只有20,血细胞却高达17000,已经显示出呼吸衰竭的征兆。稍早前拍的X光片被送了过来,呼吸内科专家康健看了看,肺部已经有了明显可见的浸润阴影。

刘敬玺这时发现自己借钱很难。才力贷款购买的房子就在艾敬唱过的艳粉街上,小区由一个滑翔机场改造而成,路面残破,空地上堆积着碎石和砖头,任何人只要一望,就可知道这是个廉价街区,居民们普遍没什么钱。事实也确实如此,对于350块钱一平方米的补差价,回迁户们觉得已经太高。

康健教授事后回忆看到X光片时的感受时说:"当时就知道没救了,肺部几乎没好地方,什么都晚了。"他觉得如果早一些送到医院,才力本可以避免死亡。才力一直拖延没有就医,事实上正是因为缺少医资。亲人和朋友都猜测,那天他到父母家实际上是希望能借些钱的,但始终没能开口——父母收入微薄,宁可赁屋居住也一再帮衬他,让他早已惭愧不已。

这一切家人还都不知道。刘敬玺已经又借了100元。7点多,天已经擦黑了,马玉芹正在艳粉新村的铺面里卖一天中的最后几个馒头,刘敬玺急匆匆地走过来请她帮忙。马玉芹跟老头儿并不熟,但觉得他很可靠,就从自己的450元钱里拿出400元借给了他,两张百元钞票,其余的是零钱。

这时,最初的药物治疗已经失效了。"上呼吸机。"康健说。护士把管子插到才力的气管里,呼吸机开始工作,暂时代替了他的肺。

7点半,才力的病情平稳下来,抢救告一段落。拿着800块钱的刘成菊和外甥张宝珠赶到了医院,但因严格的SARS预防措施而被阻挡在病房外,院方说只能进一个人。刘成菊到门口买了两瓣西瓜、一瓶纯净水和一瓶鲜橙多,让外

甥送进去，嘱咐说："让他开机。"

这是才力最后的清醒时刻，他打开了手机，跟妻子通了最后一个电话。刘成菊问："力力，你怎么样啊？"才力回答说："正呼吸呢。"对于他来说，"呼吸"几乎是个医学名词，专指依靠机械的辅助进行呼吸。夫妻二人聊了会儿体己家常，刘成菊哭了，然后说，没事就好，先挂电话吧。赶在妻子挂机之前，才力说出了最后的遗言："别哭，别哭。"

第二天早上8点，二楼的邵永凤又听到敲门声，开门一看又是刘敬玺，脸色发黑，手里攥着300块钱。她问他："你着急还啥呀？"老头儿痛苦的回答把她吓了一跳："才力死了。"

沉重身心的最终解脱

在退役后的5年中，才力一直被各种各样的烦恼包围着。从1998年起，除了后来致死的呼吸疾病之外，腿伤和腰痛都没有停止过对这个大力士的折磨，少年时代在手掌和颈背做的肉茧手术造成了后遗症，常常疼得他汗流浃背。命中注定地，自打1990年在北京亚运会达到个人事业的顶峰之后，他就不由自主地滑落下来。贫穷曾使他买不起肉，偶尔吃一次，全家都因肠胃不适而呕吐。在与人聊天时，说不到20分钟，他就会突然睡着。他尽量不穿袜子，怕弯腰时猝死。为了省钱也为了锻炼身体，他每天都以160公斤以上的体重骑自行车上下班，结果自行车就压坏了十几辆。因为过胖，他在找工作时受到事实上的歧视。

邻里琐事与家庭纷争也使他烦恼。父母家他难得去一次，而自己家，由于保安工作需要值班，他待的时间也并不长。

最现实又最经常的烦恼是钱，家庭纷争常常与此有关。由于月收入只有1200元，工资卡又由妻子掌握，才力经常囊空如洗，养成了买东西尽量赊账的习惯。在他工作的辽宁省体育运动技术学院附近，有好几个小商店都向他赊销过日常生活用品。在他死去的第7天，父母两人挨店逐铺地还了800多块钱。

这一切烦恼，在外甥张宝珠第二次进病房时，事实上已经解脱了。

那天晚上9点，看到他病情平稳，父亲才福仲和妻子刘成菊就都回了家，张宝珠暂时留下陪护。才福仲刚到家坐下，就接到张宝珠的电话，"快来吧，病重了。"刘成菊刚进家门脱了鞋，手机就响了，"我姨夫不行了，你快回来。"

张宝珠第二次进病房是在夜里10点，医生告诉他才力在睡觉。他推门进去，却看见才力仰躺在床上，嘴巴里满是泡沫，枕头湿了一大片，他使劲拍才力，但是没有任何反应。从这时起，才力就再也没有醒来。由于长期低氧、睡眠呼吸暂停综合征、身体肥胖、血压高、肺高压、心血管系统比较薄弱，可能诱发了心血管系统并发症，才力先是意识丧失，随后心脏停跳。第二天是女儿的节日，一

> 周后是结婚5周年纪念日，但是生命的时间表已经排定。赶在午夜之前，冠军与5月一起离去了。刘成菊赶回病房是在夜里11点多，看到医生们正在做胸压，心电图显示一条水平线。她愣住了，“觉得还能救回来。”
>
> 从被布谷鸟惊醒的梦中脱身出来之后19个小时，商玉馥看到梦境的征兆变成了现实，她走进病房，第一眼就看见才力只穿着一条内裤，姿势僵硬地仰面躺在病床上。一种不祥的预感让她本能地尖叫起来：“哎呀！快给他穿上裤子！”
>
> 这时病房里所有的家属都看见，一直俯身做胸压的护士停止了动作，转过身来对他们说：“你们准备后事吧。”他们在最初的一段时间里都没有听懂这句话，就像被截断了一条肢体之后以为它还在那里，很难相信自己已经失去了什么。

《举重冠军之死》是李海鹏在2003年的一篇力作。这篇特稿的故事元素很饱满，有冠军、有猝死、有贫困、有孤独。李海鹏在记者手记里说，只要超越猎奇报道，赋予它《南方周末》价值观的理解方式，事实就会自然地呈现应有的深度。

在采访完成之后，李海鹏只用很短的时间完成了初稿：“死前一日”的思路在最初就产生了，到最后也没有改变。在具体的写作中，记者把才力的生平，尤其是最近几年的遭遇穿插进去，并把报道的范围扩大到辽宁体育运动技术学院和铁西区。

一般新闻之所以难以说得上什么价值，首先是因为肤浅和直白，其次就是因为关心事件多过关心人本身。李海鹏谈到他对《举重冠军之死》这篇报道的满意，还不完全在于特稿的文学性和纵深感，而是因为他关注了才力作为一个在体制内工作又被遗弃的人的命运。①

（三）写作节奏：记者的自我风格

好的新闻是社会和世界的一扇窗口，透过这个窗口，我们感触到真实的社会。

如果说深度报道和特稿为美国新闻界迈入新闻专业主义时代做出了贡献，那么在我国，特稿的引进和发展，也帮助都市媒体形成了独特的文体样式和专业话语。如今越来越多的记者已经不再写通讯，而专注于写特稿，更多的记者，在写作的过程中寻找自己的节奏和风格。

2011年的“7·23”动车事故发生后，各大媒体通过深入的采访和挖掘，从不同角度阐述了对这一事件的看法，或追问，或反思，或综合，而《中国青年报》的这一篇《永不抵达的列车》通过其立体感的再现和画面感的描写瞬间打动了人们的心灵，仅在微博上的转发

---

① 李海鹏：《记者手记：追寻湮没的遗踪》，见于杨瑞春、张捷编：《南方周末特稿手册》，75页，广州，南方日报出版社，2013。

量就达到近10万条，评论约1.5万条。

图14-1　"7·23"甬温线特大铁路事故路段已清理干净，恢复通车。
（图片来源：李震宇摄）

永不抵达的列车

在北京这个晴朗的早晨，梳着马尾辫的朱平和成千上万名旅客一样，前往北京南站。如果一切顺利的话，这个中国传媒大学动画学院的大一女生，将在当天晚上19时42分回到她的故乡温州。

对于在离家将近2000公里外上学的朱平来说，"回家"也许就是她7月份的关键词。不久前，父亲因骨折住院，所以这次朱平特意买了动车车票，以前她是坐28个小时的普快回家的。

12个小时后，她就该到家了。在新浪微博上，她曾经羡慕过早就放假回家的中学同学，而她自己"还有两周啊"，写到这儿，她干脆一口气用了5个感叹号。

"你就在温州好好吃、好好睡、好好玩，吹空调等我吧。"她对同学这样说。

就在出发前一天，这个"超级爱睡觉，电话绝对叫不醒"的姑娘生怕自己误了火车。在调好闹钟后，她还特意拜托一个朋友"明早6点打电话叫醒我"。

23日一早，20岁的朱平穿上浅色的T恤，背上红色书包，兴冲冲地踏上了回家的路。临行前，这个在同学看来"风格有点小清新"的女孩更新了自己在人人网上的状态："近乡情更怯是否只是不知即将所见之景是否还是记忆中的模样。"

就在同一个清晨，中国传媒大学信息工程学院的2009级学生陆海天也向着同样的目的地出发了。在这个大二的暑假里，他并不打算回安徽老家，而是要去温州电视台实习。在他的朋友们看来，这个决定并不奇怪，他喜欢"剪片子”,梦想着成为一名优秀的电视记者,并为此修读了“广播电视编导”双学位,“天天忙得不行”。

据朋友们回忆,实际上陆海天并不知道自己将去温州电视台实习哪些工作,但他还是热切地企盼着这次机会。开始他只是买了一张普快的卧铺票,并且心满意足地表示,“订到票了,社会进步就是好”。可为了更快开始实习,他在出发的前几天又将这张普快票换成了一张动车的二等座票。

23日6时12分,陆海天与同学在北京地铁八通线的传媒大学站挥手告别。

7时50分,由北京南站开往福州、途经温州南站的D301次列车启动。朱平和陆海天开始了他们的旅程。

后来,人们知道陆海天坐在D301次的3号车厢。可有关朱平确切的座位信息,却始终没有人知道。有人说她在5号车厢,有人并不同意,这一点至今也没人能说得清。

几乎就在开车后的1分钟,那个调皮的大男孩拿起手机,在人人网上更新了自己的最新信息:“这二等座还是拿卧铺改的,好玩儿。”朱平也给室友发了条“炫耀”短信:马上就要“飞驰”回家了,在动车上,就连笔记本电脑的速度也变快了,这次开机仅仅用了38秒。

D301次上,陆海天和朱平的人生轨迹靠近了。在学校里,尽管他们都曾参加过青年志愿者协会,但彼此并不认识。

朱平真正的人生几乎才刚刚开始。大一上学期,她经历了第一次恋爱,第一次分手,然后“抛开了少女情怀,寄情于工作”,加入了校学生会的技术部。在这个负责转播各个校级晚会、比赛的部门里,剪片是她的主要任务。

室友们还记得,她常常为此熬夜,有时24个小时里也只能睡上两个钟头。一个师兄也回忆起,这个小小的女孩出现在校园里的时候,不是肩上扛着一个大摄像机在工作,就是捧着一台笔记本电脑做视频剪辑。

就像那些刚刚进入大学的新生们一样,这个长着“苹果脸”的女孩子活跃在各种各样的课外活动上,她甚至参加了象棋比赛,并让对手“输得很惨”。

有时,这个“90后”女孩也会向朋友抱怨,自己怎么就这样“丧失了少女情怀”。随后,她去商场里买了一双楔形跟的彩带凉鞋,又配上了一条素色的褶皱连衣裙。

黄一宁是朱平的同乡,也是大学校友,直到今天,他眼前似乎总蹦出朱平第一次穿上高跟鞋的瞬间。“那就是我觉得她最漂亮的样子”。一边回忆着,这个男孩笑了出来。

可更多时候,朱平穿的总是在街边“淘来的,很便宜的衣服”。当毕业的时节来临,朱平又冲到毕业生经营的二手货摊上买了一堆“好东西”,“那几天,她

都开心极了”。

她平日花钱一贯节俭，甚至每个月的饭钱不到 200 元。这或许与她的家庭有关，邻居们知道，朱平的父亲已经 80 多岁，母亲 60 多岁，这个乖巧的女儿总是不希望多花掉家里一元钱。

就连这趟归心似箭的回家旅程，她也没舍得买飞机票，而是登上了 D301 次列车。

“车上特别无聊，座位也不舒服，也睡不痛快，我都看了 3 部电影了”。朱平在发给黄一宁的短信里这样抱怨，“我都头晕死了。”

在这个漫长而烦闷的旅途里，陆海天也用手机上网打发着时间。中午时分，朋友在网上给他留言，“一切安好?”

他十分简短地回答了一句，“好，谢。”

在陆海天生活的校园里，能找到很多他的朋友。这个身高 1.7 米的男孩是个篮球迷，最崇拜的球星是被评为“NBA 历史十大控球后卫”之一的贾森·基德，因为基德在 38 岁的高龄还能帮助球队夺取总冠军。

师兄谢锐想起，去年的工科生篮球赛上，陆海天的任务就是防守自己。那时，谢锐还不认识这个“像基德一样有韧性”的男孩，被他追得满场跑，“我当时心里想，这师弟是傻么，不会打球就知道到处追人。”

其实，在篮球场上，这个身穿 24 号球衣的男孩远不如基德那样重要，甚至“没有过什么固定的位置”。可在赛场内外，他都是不知疲倦的男生。他曾担任过中国网球公开赛的志愿者，“对讲机里总是传出呼叫陆海天的声音”。志愿者们在高近 10 米的报告厅里举办论坛时，也是这个男孩主动架起梯子，爬上顶棚去挂条幅。

学姐吴雪妮翻出了一年前陆海天报考青年志愿者协会时的面试记录。在这个男孩的备注里，吴雪妮写着：“善良，任务一定能够完成。”

甚至就在离开学校的前一个晚上，他还在饭桌上和同学聊了一会儿人生规划。据他的朋友说，“陆海天最讨厌愤青，平时从来不骂政府”。如果不出意外，他可能会成为一个记者，冲到新闻现场的最前线。而第二天到达温州，本应该是这份规划中事业的起点。

在这辆高速行驶的列车上，有关陆海天和朱平的信息并没有留存太多。人们只能依靠想象和猜测，去试图弄清他们究竟如何度过了整个白天。“希望”也许是 7 月 23 日的主题，毕竟，在钢轨的那一端，等待着这两个年轻人的是事业，是家庭。

7 月 23 日 20 时 01 分

人们平静地坐在时速约为 200 公里的 D301 次列车里。夜晚已经来临，有人买了一份包括油焖大虾和番茄炒蛋的盒饭，有人正在用 iPad 玩“斗地主”，还有人喝下了一罐冰镇的喜力啤酒。

据乘客事后回忆，当时广播已经通知过，这辆列车进入了温州境内。没有人知道陆海天当时的状况，但黄一宁在 20 时 01 分收到了来自朱平的短信：“你在哪，我在车上看到闪电了。”

当时还没有人意识到，朱平看到的闪电，可能预示着一场巨大的灾难。

根据新华社的报道，D301 前方的另一辆动车 D3115，遭雷击后失去动力。一位 D3115 上的乘客还记得，20 时 05 分，动车没有开。20 时 15 分，女列车长通过列车广播发布消息：“各位乘客，由于天气原因，前面雷电很大，动车不能正常运行，我们正在接受上级的调度，希望大家谅解。”

有人抱怨着还要去温州乘飞机，这下恐怕要晚点了。但 1 分钟后，D3115 再次开动。有乘客纳闷，“狂风暴雨后的动车这是怎么了？爬得比蜗牛还慢”。将要在温州下车的旅客，开始起身收拾行李，毕竟，这里离家只有 20 分钟了。

20 时 24 分，朱平又给黄一宁发来了一条短信，除了发愁自己满脸长痘外，她也责怪自己“今年的成绩，真是无颜见爹娘”。可黄一宁知道，朱平学习很用功，成绩也不错，“但她对自己要求太严了，每门考试都打算冲刺奖学金”。

已经抵达温州境内的朱平同时也给室友发了一条短信：“我终于到家了！好开心！”

这或许是她年轻生命中的最后一条短信。

10 分钟后，就在温州方向双屿路段下岙路的一座高架桥上，随着一声巨响，朱平和陆海天所乘坐的、载有 558 名乘客的 D301，撞向了载有 1072 名乘客的 D3115。

两辆洁白的“和谐号”就像是被发脾气的孩子拧坏的玩具：D301 次列车的第 1 到第 4 位车厢脱线，第 1、第 2 节车厢从高架上坠落后叠在一起，第 4 节车厢直直插入地面，列车表面的铁皮像是被撕烂的纸片。

雷电和大雨仍在继续，黑暗死死地扼住了整个车厢。一个母亲怀里的女儿被甩到了对面座位底下；一个中年人紧紧地抓住了扶手，可是很快就被重物撞击，失去意识……

附近赶来救援的人们用石头砸碎双层玻璃，幸存者从破裂的地方一个接一个地爬出来，人们用广告牌当做担架。救护车还没来，但为了运送伤员，路上所有的汽车都已经自发停下。摩托车不能载人，就打开车灯，帮忙照明。

车厢已经被挤压变形，乘客被座位和行李紧紧压住，只能发出微弱的呼救声。消防员用斧头砸碎了车窗。现场的记者看到，23 时 15 分，救援人员抬出一名短发女子，但看不清生死；23 时 25 分，一名身穿黑白条纹衫的男子被抬出，身

上满是血迹；然后，更多伤者被抬出列车。

有关这场灾难的信息在网络上迅速地传播，人们惊恐地发现，“悲剧没有旁观者，在高速飞奔的中国列车上，我们每一位都是乘客”。

同时，这个世界失去了朱平和陆海天的消息。

在中国传媒大学温州籍学生的QQ群里，人们焦急地寻找着可能搭乘这辆列车回家的同学。大二年级的小陈，乘坐当晚的飞机，于凌晨到达温州。在不断更新着最新讯息的电脑前，小陈想起了今早出发的朱平。他反复拨打朱平的手机，可始终无人接听。

黄一宁也再没有收到朱平的短信回复。当他从网上得知D301发生事故后，用毫不客气的口吻给朱平发出了一条短信：“看到短信立即回复汇报情况！”

仍旧没有回复。

因为担心朱平的手机会没电，黄一宁只敢每隔5分钟拨打一次。大部分时候无人接听，有时，也会有“正在通话中”的声音传出。“每次听到正在通话，我心就会嘭嘭跳，心想可能是朱平正在往外打电话呢”。

可事实上，那只是因为还有其他人也在焦急地拨打着这个号码。

同学罗亚则在寻找陆海天。这个学期将近结束，分配专业时，陆海天和罗亚一起，凭着拔尖的成绩进入了整个学院最好的广播电视工程系。这是陆海天最喜欢的专业，可他们只开过一次班会，甚至连专业课也还没开始。

朋友们想起，在学期的最后一天，这个“很文艺的青年”代表小组进行实验答辩，结束时，他冒出了一句：“好的，over!”

“本来，他不是应该说‘thank you’吗?”

陆海天的电话最终也没能接通，先是“暂时无法接通”，不久后变为“已关机”。也就在那天夜里10时多，朱平的手机也关机了。

在这个雨夜，在温州，黄一宁和小陈像疯了一样寻找着失去消息的朱平。

约200名伤者被送往这座城市的各个医院，安置点则更多，就连小陈曾经就读的高中也成了安置点之一。

寻找陆海天的微博被几千次地转发，照片里，他穿着蓝色球衣，吹着一个金属哨子，冲着镜头微笑。但在那个夜晚，没有人见到这个“1.7米左右，戴眼镜，脸上有一些青春痘”的男孩。

那时，陆海天就在D301上的消息已经被传开。朋友们自我安慰：陆海天在D301，这是追尾车，状况应该稍好于D3115。另悉，同乘D301的王安曼同学已到家。

人们同时也在寻找朱平，“女，1.6米左右，中等身材，着浅色短袖，长裤，红色书包，乘坐D301次车”。

人们还在寻找30岁、怀孕7个月的陈碧;有点微胖、背黑色包包的周爱芳;短发、大门牙的小姑娘黄雨淳,以及至少70名在这场灾难中与亲友失去联系的乘客。

一个被行李砸晕的8岁小男孩,醒来后扒开了身上的行李和铁片,在黑暗中爬了十几分钟后,找到了车门。周围没有受伤的乘客都跑来救援,但他只想要找到自己的妈妈。后来在救护车上,他看到了妈妈,"我拼命摇妈妈,可妈妈就是醒不来"。

追尾事故发生后,朱平的高中和大学同学小潘也听说了朱平失踪的消息。她翻出高中的校友录,在信息栏里找到朱家的电话。24日0时33分,她告诉QQ群里的同学,她已经拨通了这部电话,可是"只有她妈妈在家,朱平没有回去过"。

这位年过六旬的母亲并不知道女儿搭乘的列车刚刚驶入了一场震惊整个国家的灾难。"她妈妈根本不知道这个消息"。小潘回忆通话时的情景。朱妈妈认为,女儿还没到家可能只是由于常见的列车晚点,她已经准备好了一桌饭菜,继续等待女儿的归来。

凌晨3时许,黄一宁和小陈分头去医院寻找已经失踪了7个小时的朱平。他们先是在急诊部翻名单,接着又去住院部的各个楼层询问值班护士。

广播仍然在继续,夜班主持人告诉焦急的人们,只有极个别重伤者才会被送往温州医学院附属第三医院和附属第一医院。而在那时,黄一宁根本不相信朱平就是这"极个别人中的一个"。在医院里,死亡时刻都在发生。

当黄一宁看到,一位老医师拿着身份证对家属说,这个人已经死了,他的心里紧了一下。有的死者已经无法从容貌上被辨识,一个丈夫最终认出了妻子,是凭借她手指上的一枚卡地亚戒指。

可朱平却像是从这个世界上消失了,谁也不知道她的下落。

当小陈最终找进附一院时,他向护士比划着一个"20多岁,1.6米高的女孩"时,护士的表情十分震惊,"你是她的家属吗?"

那时,小陈突然意识到,自己之前抱有的一丝希望也已经成为泡沫。他从护士那里看到了一张抢救时的照片,又随管理太平间的师傅去认遗体。女孩的脸上只有一些轻微的刮蹭,头发还是散开的,"表情并不痛苦,就好像睡觉睡到了一半,连嘴也是微微嘟着的"。

他不敢相信这就是自己的"包子妹妹"。但是,没错。他随后打电话给另外几位同学,"找到朱平了,在附一院。"

黄一宁冲进医院大门时看见了小陈,"朱平在哪里?"

小陈没说话,搂着黄一宁的肩膀,过了好一会才说:"朱平去世了。"

两个男孩坐在花坛边上，眼泪不停地往下掉。小陈又说，“可能是我王八蛋看错了，所以让你们来看一下。”

黄一宁终于在冰柜里看到了那个女孩，她的脸上长了几颗青春痘，脖子上的项链坠子是一个黄铜的小相机，那正是他陪着朱平在北京南锣鼓巷的小店里买的，被朱平当成了宝贝。

那一天，他们一起看了这条巷子里的“神兽大白”，“就是一只叫得很难听的鹅”。那一天，朱平炫耀了自己手机里用 3 元钱下载的“摇签”软件，还为自己摇了一个“上签”。

“你知道吗？我们俩都计划好了回温州要一块玩，一起去吃海鲜。可是看着她就躺在太平间里，我接受不了。”回忆到这里，黄一宁已经不能再说出一句话，大哭起来。

7 月 23 日 22 时

朱平是在 23 日 22 时 44 分被送到医院的，23 时左右经抢救无效后身亡。

21 时 50 分，被从坠落的车厢里挖出的陆海天，被送到了温州市鹿城区人民医院。据主治医生回忆，那时，他已经因受强烈撞击，颅脑损伤，骨盆骨折，腹腔出血，几分钟后，心跳停止，瞳孔放大；在持续了整整 1 个小时的心肺复苏后，仍然没有恢复生命的迹象，宣告死亡。

在 D301 次列车发生的惨烈碰撞中，两个年轻人的人生轨迹终于相逢，并齐齐折断。这辆列车在将他们带向目的地之前，把一切都撞毁了。

天亮了，新闻里已经确认了陆海天遇难的消息，但没人相信。有人在微博上写道：“我不敢相信也不愿相信！希望有更确切的消息！”

陆海天才刚刚离开学校，他的照片还留在这个世界上。这个总是穿着运动装的男孩有时对着镜头耍帅，有时拿起手机对着镜子自拍，也有时被偷拍到拿着麦克风深情款款。

直到 24 日中午，仍有人焦急地发问：“你在哪儿？打你电话打不通。”也有人在网络日志里向他大喊：“陆海天你在哪里？你能应一句么!!!”那个曾与他在地铁站挥手道别的朋友，如今只能对他说一句：“晚安，兄弟。”

朱平失踪的微博也仍在被转发，寻人时留下的号码收到了“无数的电话和短信”，一些甚至远自云南、贵州而来，他们说，只是“想给朱平加油”。

可那时，朱平的哥哥已经在医院确认了妹妹的身份。他恳求朱平的同学，自己父母年事已高，为了不让老人受刺激，晚点再发布朱平的死讯。那几个已经知道朱平死讯的年轻人，不得不将真相憋在心里，然后不停地告诉焦急的人们，“还在找，不要听信传言”。

这个圆脸女孩的死讯，直到 24 日中午通知她父母后才被公开。悲伤的母亲再也说不出什么话来，整日只是哭着念叨："我的小朱平会回来的，会回来的。"

黄一宁也总觉得朱平还活着。就在学期结束前，她买了一枚"便宜又好用"的镜头，并且洋洋得意地告诉朋友们，"回家要给爸妈多拍几张好照片"。

黄一宁还记得，朱平说过要回来和他一起吃"泡泡"(温州小吃)，说要借给他新买的镜头，答应他来新家画墙壁画。"朱平，我很想你……可是，希望我的思念没有让你停下脚步，请你大步向前。"黄一宁在26日凌晨的日志里写道。

他也曾想过，如果这趟列车能够抵达，"会不会哪一天我突然爱上了你"。

阳光下花草、树木的倒影还留在这个姑娘的相机里；草稿本里还满是这个姑娘随手涂画的大眼睛女孩；她最喜欢的日剧《龙樱》仍在上演；这个夏天的重要任务还没完成，她在微博上调侃自己"没减肥徒伤悲"……

但朱平已经走了。

新华社发布的消息称，截至25日23时许，这起动车追尾事故已经造成39人死亡。死者包括D301次列车的司机潘一恒。在事故发生时，这位安全行驶已达18年的司机采取了紧急制动措施，在严重变形的司机室里，他的胸口被闸把穿透。死者还包括，刚刚20岁的朱平和陆海天。

23日晚上，22时左右，朱平家的电话铃声曾经响起。朱妈妈连忙从厨房跑去接电话，来电显示是朱平的手机。"你到了?"母亲兴奋地问。

电话里没有听到女儿的回答，听筒里只传来一点极其轻微的声响。这个以为马上就能见到女儿的母亲以为，那只是手机信号出了问题。

似乎不会再有别的可能了——那是在那辆永不能抵达的列车上，重伤的朱平用尽力气留给等待她的母亲的最后一点讯息。

(作者　赵涵漠《中国青年报》2011年07月27日12版)

整篇文章的总体脉络是"灾难前""灾难发生""灾难后"。"灾难前"朱平和陆海天各自通过微博和人人网表达自己即将出发的感怀与兴奋，如朱平在人人网状态中写到"近乡情更怯是否只是不知即将所见之景是否还是记忆中的模样"，而陆海天则写到"订到票了，社会进步就是好"。

同时文章如蒙太奇般闪回到他们的过去，他们各自的生活，如有对朱平大学时的爱情与生活得描述，又特意提到陆海天喜欢打篮球以及做网球志愿者的事迹。车开前的一切描述都与后面的灾难形成了鲜明的对比，一明一暗，色彩忽强忽弱，平静中暗含着冲突。

灾难即将发生时，作者特意还原了现场的一个片段，"人们平静地坐在时速约为200公里的D301次列车里。夜晚已经来临，有人买了一份包括油焖大虾和番茄炒蛋的

盒饭，有人正在用 iPad 玩‘斗地主’，还有人喝下了一罐冰镇的喜力啤酒”。

灾难发生后，记者对灾难现场进行了细致的描写，同时开始重点描述人们焦急的寻找着自己的亲人。写作风格方面，语言生动、形象、有感情，并多处使用直接引语。该文语言也极具特色和感染力，并多处使用了直接引语，既突出了新闻的客观性，加强了新闻的真实性，也使文章更加形象、感人。如写陆海天是“调皮”的大男孩，朱平是“苹果脸”的女孩子，描述动车相撞时，“洁白”的列车，“撕裂”的纸片。描述朱平的朋友在听到医生对其他遇难者宣布噩耗时，心里“紧了一下”。文中还有大量动情的直接引语，如黄一宁在日志里写道“朱平，我很想你……可是，希望我的思念没有让你停下脚步，请你大步向前”，如果这趟列车能够抵达，“会不会哪一天我突然爱上了你”。

年轻的记者赵涵漠因为这篇稿子一举成名。同样因为特稿出名的记者还有李海鹏、曹筠武、南香红等，这些记者都是在写作中的不断摸索，逐渐形成了自己的风格。

三、特稿的关怀：精神的力量

特稿同样承担着一种人文关怀，一种社会责任。它关注人类面临的困境，关注身边的困难群体和边缘人群，由此把新闻的“视点”引向被主流新闻（一般为重大、重要事件报道）忽视的边缘地带。从大量的经典特稿来看，记者将笔触更多地伸向社会很少关注的领域或人群，从关注个体生命而延伸到对整个群体的关注，深切地体现出一种人文精神。特稿《土地上的生活：一个美国农场家庭》通过 5 篇系列报道，按时间顺序生动详实地反映了美国一农户一年来的生活，突出展现了美国农场在经济萧条下的困顿与惨淡。《亚当和梅根》写了一个被丙烷爆炸摧毁的家庭和这个家庭中两个因爆炸而毁容的孩子的康复生活，以及如何从朋友和陌生人中得到力量和勇气的故事。

优秀的特稿会让读者感受到一种向上的力量，一种当人们在面对生活中许多不如意或困境时表现出来的勇气。它始终散发着一种人性之美。如《凯利太太的妖怪》，尽管凯利太太脑部手术是以失败告终，“妖怪胜利了”，但从文中我们看到了一个不畏困难、不倦探索的脑科医生形象。而《策普的最后一站》，记者给人们展示了一个用 60 年时间向政府证明当时拒绝服兵役“不是出于怯懦”，显示出超人的坚毅品格。《艾滋病在哈特兰》中，艾滋病患者汉森面对疾病和社会对他们的歧视，他以死抗争，以一种平静的方式离开了世界，而他的伴侣汉宁森则选择了活着，仍坚强地面对人生。汉宁森说的那句话“牵牛花的根扎得很深。它会长得很好的”，似乎也给人类以很多启示。在《中毒性休克》中，记者南·罗伯逊就是中毒休克的当事人，虽然她经历了一段极为痛苦的过程，截断了 8 个指头，记者忍着剧痛，每天打 200 到 250 个字的速度写了这篇特稿。这篇特稿反映的并不是什么重大的社会事件，而仅仅是记者私人生活的一部分，但由于人格的光辉，透射出了向上的不懈精神，同样深深吸引读者，产生如此巨大的反响。

任何特稿如果离开了深刻的人生启示,就失去了生根发芽的土壤。我国目前部分特稿作品缺少精神层面的追求,纯粹玩弄文学手法,如果记者青睐于那些绯闻、暴力事件,肆意地、大篇幅地记述性侵害、凶杀案件过程,进行各种赤裸裸的描绘,这都是走入误区的表现,也都难以成为优秀的特稿作品。

练习

一、给你印象最为深刻的特稿作品是什么?说出它打动你的地方。

二、你认为特稿的真实性和文学性是一种怎样的关联,当下时髦的非虚构写作和特稿是一种什么关系?

1972年《华盛顿邮报》关于"水门事件"的调查以及由此产生的历史性的影响开始，调查性报道充满了令人尊敬的力量，从那时起，调查性报道已经不仅仅以一种新闻报道体裁存在，也成为了社会调控机制的重要组成部分。

第十五章　调查性报道是深度和力量的结合

对于一名有职业抱负的记者来说，能从事调查性报道，是一件值得荣耀的事情。1985年普利策新闻奖增设"调查性报道奖"。调查性报道，作为现代新闻一种出色、有效的报道形式与方法，在西方新闻界一直备受青睐。普里策新闻奖中设有"调查性报道"专项奖。

它有别于其他新闻报道类型，有两个基本要素：第一，调查目标明确，致力于揭示对受众有重要意义的事实的真相；第二，调查行动由媒体与记者独立完成，调查与收集材料是记者的原创行为。①

关于调查性报道定义各不相同，但多种定义都注意到了几大关键要素：一是调查的对象针对损害公众利益的行为；二是这种损害公众利益行为被掩盖；三是记者进行独立的调查揭露真相。这样，调查性报道无疑具有了超越资讯传播的意义和力量，成为社会调控机制的重要组成部分，也成为维持社会正义的重要底线之一——这也正是它"让无力者有力，让悲伤者前行"、"寻找真相"的价值所在。

在国外调查性报道的理念被引入我国并进行大规模实践的时候，关于调查性报道的一些重要技术问题也不断被提出：

调查性报道中，媒体的边界在哪里？

是否任何真相都需要通过调查性报道来揭露？

调查性报道是否全部都是揭露和批评？

如何进行有效的调查？

---

① 张意轩、丁荷莲：《调查性报道的力量和魅力》，载《中国记者》，2003(7)。

除了偷拍(隐性采访)之外,还有哪些调查方式?

梅尔文·门彻的《新闻报道与写作》里给的定义是:尽可能给每一方,尤其是受到指证的一方说话的机会。听起来非常简单,但问题在于,在实际操作中,什么叫“尽可能”?这些问题迄今并没有获得系统的回答。①

第一节 什么是调查性报道

一、如何定义调查性报道

美国密苏里新闻学院的教授们认为,“调查性(揭露性)报道指的是一种更为详尽、更带有分析性、更要花费时间的报道,因而它有别于大多数日常报道。其目的在于揭露被隐藏起来的情况:其题材相当广泛,广泛到涉及人类活动的各个方面。”

英国学者雨果·蒂·博赫认为,调查性新闻记者就是那些运用媒体所可能的一切手段去发现真相,从真相中鉴别渎职、堕落并以此为职业的人们。像这样的报道常被称作调查性新闻,它和警察、律师、审计员及政府管理机构的调查有相似的地方,那就是它们都不为目标所限,不一定通过合法途径获得信息,但这些信息是和公众密切相关的,但它们又不完全相同。

1990 年日本出版的《大众传播视点》一书,对调查性报道的说明是:“不是依赖当局发表的材料写报道,而是记者亲自进行调查,逼近真相;不是独家新闻那样只依靠到手的单个秘密材料,而是通过彻底的调查采访,揭示事件的整体情况。不是依赖警察,而是新闻界有意识地、自主地,以政治腐败、税收浪费、有组织犯罪为对象,并且对权力一方有意隐瞒的问题,进行独自采访、调查、揭露。”日本上智大学新闻学教授武市英雄则认为,调查性报道是彻底的调查、探查,它的题材是今天的、现在的,是在日常生活中被无视、被忽略的事物,这些事物即使被片段地报道过,也还没有从正面深入地发掘;调查性报道与普利策所倡导的“社会改革报道”相比,在揭露隐秘的现实这一点上是相同的,但调查性报道不虚张声势和推测,而是始终地道、科学、详细而公正地调查:调查性报道的表现手法与传统的客观报道不同,它一开始就亮明报道者的态度。这两种解释都认为调查性报道是彻底的、深入的。前者强调了调查性报道的独立性、自主性,武市英雄则将调查性报道和普利策所倡导的“社会改革报道”及传统的“客观报道”进行了对比,强调了调查的科学性和调查性报道写作中涉及调查者的立场态度问题。

中国学者张威认为,调查性报道是以暴露或揭丑为核心,以社会的腐败现象、犯罪、

---

① 柴静:《调查性报道中的平衡技巧》,载《中国记者》,2005(3)。

政府官员的错误行为、内幕新闻以及被某些人企图掩盖的事实为主要目标；它是新闻媒体相对独立的、精密的、深入的采访活动；它比较费时，篇幅较长，经常以连续报道的形式出现。

所谓调查性报道，就是媒体职业新闻记者花费大量时间与精力，独立进行的线索梳理、题材选择、档案查考、整体策划、现场侦察、层层追问、深度挖掘、多方核实、逐个剥离、背景分析等各种侦察式、访问式纵深调查，进而获取大量的关联证据与材料。在此基础上完成的调查揭发一些被某些人或某些组织故意掩盖的、损害公众利益的行为与事件的内幕及真相的深度报道。其调查内容广泛涉及政治、经济等领域的各个方面。①

二、调查性报道的发展历程

1969 年初，越共发动春季攻势，自由撰稿人西摩·郝什从五角大楼得到一个令人震惊的消息：美国军队曾在一个村庄屠杀了大批村民。他决心调查此事，在一个愿意支持调查报道的基金会，他申请了 2000 美元，于是便开始全面搜索，有人警告他停止调查，因为会“伤害军队的名誉”。但他坚信揭发事实的真相是自己的责任。他终于找到了参与的军人核实了这一事件。“美莱屠杀案”的报道被《纽约时报》等 36 家报纸采用。1972 年此稿获得普利策奖，从此名垂青史。

20 世纪六七十年代，美国以及英国、日本等国家的新闻媒体又掀起了新一轮的揭发报道运动，但这次的报道主力不再是杂志，而转换成了报纸。期间最具影响力的当然就是 1972 年《华盛顿邮报》关于“水门事件”的报道。

《华盛顿邮报》的年轻记者罗伯特·伍德沃德与卡尔·伯恩斯坦正在调查总统。1972 年 6 月起，他们从一起窃听事件以及一名肇事者身上搜出来的电话本开始，揭发了最高统治者尼克松的政治黑幕。在强大压力面前，美国许多媒体站出来与《华盛顿邮报》一起对尼克松群起而攻之，最后导致总统辞职。此报道持续时间 1 年 9 个月，《华盛顿邮报》获得了普利策奖中最为重要的奖项“服务公众奖”。

“水门事件”显示出大众传媒的巨大威力，成为新闻史上传媒抗衡权力、扫除腐败的经典案例，并为新闻界追求新闻自由和传媒独立树立了一个职业标准。“水门事件”被认为是美国新闻史上调查性报道的里程碑。从此，调查性报道由于揭露内幕与丑闻容易引起轰动，便在西方新闻界名声大振。许多报刊、广播、电视台纷纷安排一些记者专门从事调查性报道。

调查性报道在英国崛起于 60 年代，当时由于英国的报纸面临电视的竞争，报纸需要增加版面来吸引读者，特别是特稿和图片报道，再加上当时的社会风气偏向怀疑和玩世

---

① 王克勤：《对调查性报道的若干思考》，见《南方传媒研究》，第 27 辑，22 页，广州，南方日报出版社，2010。

不恭,因此使调查性报道应运而生。

1974年秋季,东京《文艺春秋》发表了两篇文章,分别是《田中角荣研究——它的金脉和人脉》《寂寞的越山会女王》以大量的事实披露了首相巨额政治资金的诸多疑点以及绯闻。这篇报道成为当时日本最高政府长官田中角荣倒台的导火索。记者立花隆从田中角荣有限的收入和庞大的开支不符入手,展开深入调查最终以大量令人信服的证据揭开了田中内阁的金钱政治内幕。一个半月后,田中角荣在舆论的谴责声中辞职下台。《田中角荣研究》成为日本调查性报道的开山之作,从此各媒体纷纷响应,日本调查性报道由此兴起。

1976年2月5日,《朝日新闻》发布了一条惊人的消息,称美国洛克希德公司将6亿日元通过其在日本代理公司送给日本政府高官,以便打通关节推销飞机。这一消息震动日本朝野。经过政府公开调查,发现田中角荣接受了该公司5亿日元的贿款。1977年7月27日,田中角荣被捕。此后又有18名涉案官员被捕。虽然田中角荣及其亲信千方百计销毁证据,其司机笠原政则不惜自杀以掐断线索,但在媒体的一直紧咬下,历时6年多,审判有了结果,田中角荣被判有期徒刑4年,罚金5亿日元。

1988年6月18日,《朝日新闻》发表独家报道,揭露川崎市副市长小松秀熙非法购买非公开上市的股票牟利,揭开了"里库路特案"的第一层黑幕。在近一年中,《朝日新闻》记者与日本其他记者一起探究细挖。揭开了重重黑幕后,1989年6月,竹下登不得不辞去首相职务,一批涉案官员被捕入狱。

在新闻业发达的澳大利亚,调查性报道主要集中在三个领域:政府官员的渎职、警察机构的腐败以及社会上的不义与欺诈。

1997年,霍华德市,在当年年初的一次国会论战中,反对党提出政府的一名部长到其家乡出差,住在家里,却领取国家给部长的高额旅馆补贴。此事引起媒体关注,《悉尼晨锋报》派记者深入其家乡调查,得到证实,在此过程中记者发现政府有9名部长都有类似问题,并一一调查取证。此报道一出,9名部长被解职,1名长自杀未遂。

目前,在全世界许多国家新闻界都一致认同调查性报道,并且把调查性报道作为媒体发展与崛起的利器。1975年,美国新闻界成立了全世界第一个"调查性报道记者与编辑协会",以协助全国各地从事调查性报道的记者与编辑的工作。瑞典、西班牙、德国、法国、印度等国家也都成立了"调查报道与编辑协会"。

三、中国社会的调查性报道

1. 中国调查性报道最早的殉道者

调查性报道的核心是暴露与揭丑,因此,它只能繁衍于宽容与开明的社会。在中国近代史上,揭发与暴露性报道一直举步艰险、备受打击。

记者沈荩，应该是中国调查性报道最早的殉道者。就在美国的“扒粪运动”刚刚起步的时候，即1903年7月31日，沈荩因报道出卖国家权利的《中俄密约》内容，被清廷活活打死，时年31岁。此后的报人邵飘萍、史量才、邹韬奋等均因揭发性报道触怒当局而身遭厄运。

2. 新中国的第一篇调查性报道

1956年4月，《中国青年报》记者刘宾雁在《人民文学》杂志发表了揭露官僚主义的批评性特写《在桥梁工地上》，是新中国最早的调查性报道。此后他以犀利的文笔大胆地揭露社会阴暗面和敏感问题，成为中国最著名的记者和作家。其报告文学《人妖之间》和《第二种忠诚》轰动全国，被誉为“中国的良心”。

3. 推迟8个月的“渤海二号沉船事件”报道

1979年11月25日，由于海洋石油局领导的错误指挥，“渤海二号”石油钻井船在迁往新井位的拖船中翻沉，造成72名职工死亡，直接经济损失达3700万元。对此，个别领导部门封锁消息，掩盖矛盾，逃避责任。《工人日报》记者得知此消息后，但无法从正常渠道了解情况，于是记者找到死难者家属和职工，从侧面调查真相，甚至跑到钻井平台察看。对此事件报与不报，在《工人日报》内部产生了分歧，由于否定意见占了上风，该报像其他媒体一样对该事件保持了沉默。

1980年5月23日，时任国务院副总理的薄一波在同该报两位负责人谈话时指出此事报纸应该登。6月11日，另一位副总理在谈到“渤海二号”事故时，指出既然搞清楚了，就应该在《工人日报》上发表。于是该报成立报道小组，在一个月时间连续发表20多篇消息、文章、专访，以及6篇评论员文章。并于8月25目的分析文章中，点名批评石油部部长宋振明。

虽然对事件的披露推迟了8个月，然而它直接导致石油部部长解职、国务院副总理记大过、国务院做检讨，这在中国新闻史上是绝无仅有的一例。

4. 中国调查性报道几个阶段：批评报道——报告文学——舆论监督——调查性报道[①]

（1）以报告文学形式出现的中国较早的调查性报道

20世纪80年代，随着中国的改革开放以及市场经济的快速发展，一批新闻人与作家开始把揭发中国当代历史中的冤假错案以及当时现实中的社会问题作为自己的选题。但是由于媒体整体上还处在宣传报道与工具喉舌状态下，所以这些揭露时弊的“准调查性报道”选择了相对比较安全的方式即报告文学的方式出现，并且大部分都发表在文学期刊或以书籍的形式出版。

这一时期的主要代表人物与代表作品是：由苏晓康所写揭露1956年“庐山会议”内幕的《乌托邦祭》；《解放军报》记者钱钢所写全景表现1976年唐山大地震惨状和内幕的

---

① 王克勤：《调查性报道的采访与写作》，2008年10月，北京中报联培训班讲义。

报告文字《唐山大地震》;揭露由于人为破坏、生态失去平衡的《伐木者,醒来》(徐钢)和《北京失去平衡》(沙青):还有暴露中国体育界弊病的《强国梦》和《兵败汉城》(赵瑜);新华社高级记者戴煌揭露政府内部某些腐败的《权柄魔术师》《在案层厚网的覆盖下》;诸如还有《人妖之间》《白衣上的污垢》等。《中国青年报》记者卢跃刚做的《大国寡民》就是一个以报告文学的方式呈现的调查性报道样式。

调查性报道的先锋、作家赵瑜说:“调查性新闻报道在中国的角色和地位暴露出的更多的是尴尬和无奈,以至于一些记者和作家只能把调查报道这只脆弱的小羊赶到文学小说的草原上去。”

(2)《南方周末》《焦点访谈》《中国青年报》《本报调查》领军的舆论监督

20 世纪 90 年代,随着中国改革开放的程度越来越高,中国社会的开明程度与媒体环境也越加宽松,媒体除了做宣传报道外,可以部分行使舆论监督的功能,于是真正意义上的媒体舆论监督在中国出现了。而这个时期的舆论监督已经完全有别于过去意义上的批评报道,虽然批评报道依然占据所谓“负面报道”的主流,但是,不能否认中国真正意义上的舆论监督已经出现。

中国记者在舆论监督的实践和探索中,以鞭挞丑恶、揭示问题、守望社会的精神,获得了职业荣誉与职业梦想的巨大满足。摆脱了脱离事实、粉饰现实的工具阴影,开始意识到以职业推动社会进步的作用和意义。这一意识觉醒,催生了中央电视台《焦点访谈》《中国青年报》《本报调查》等一系列新闻媒体具有创新意义的探索,获得了社会认可,也一定程度上改变了中国新闻从业者的精神气质和面貌。

更有意义的是,80 年代中国报告文学运动中开创的“独立调查”“关注底层”的传统,开始被中国传媒大面积地继承和发展。

(3)《新闻调查》《财经》《冰点》领军的调查性报道

90 年代中后期开始,真正意义上的调查性报道样式在中国出现了,这与此前中国新闻人对于舆论监督的不断探索有关,也与这期间中国新闻学界对于西方调查性报道理念的引入有着不可分割的关系。这个过程中,中央电视台的《新闻调查》《财经》杂志、《中国青年报》的《冰点》以及其他一些媒体都做出了许多积极的探索。

1996 年年初,《新闻调查》栏目组建,5 月 17 日,播出第一期节目《宏志班》。双机拍摄、记者现场采访、现场评述,对事件多角度分析、递进式探究——从形式到内容,开始了调查性报道的路子。《透视运城渗灌工程》《楷模》《绛县的经验》《海灯神话》《温岭黑帮真相》《药品回扣内幕》《南丹矿难内幕》等好节目不断出现。

因为发表《基金黑幕》《银广夏陷阱》等调查性报道,《财经》杂志在中国传媒界一举成名。《财经》是通过调查性报道做大做强的一个成功典例。

另外,随着媒体市场化的程度越来越高,许多都市类报纸较大程度地摆脱了宣传工具的工作状态,把更多的资源用于新闻报道,同时,基于都市报同业及整个新闻业的激烈

竞争，许多都市报均选择了用特别报道、图片等样式来吸引读者，于是调查性报道也顺利的在都市报得到催生。在这方面国内比较著名的有广州的《南方都市报》、北京的《新京报》、西安的《华商报》、成都的《成都商报》等。2003 年《南方都市报》记者发表了《被收容者孙志刚之死》的调查性报道，从而改变了中国使用几十年之久的"收容遣送制度"。①

与此同时，一些介于体制与非体制的媒体也开始大胆运用调查性报道行使社会责任，提升媒体公信力，为此不少媒体专门成立专业的深度调查部，组织一些经验丰富的记者专门从事调查性报道。例如，《中国经济时报》在 2002 年 12 月 6 日发表的《北京出租车业垄断黑幕》《中国新闻周刊》在许多话题上都不断推出深度调查。还有《瞭望东方周刊》也在这方面有不少很好的调查出现。

同一时期，一些体制内的媒体也开始大胆突破，新华社记者朱玉采写"龙胆泻肝丸"损害患者的事情、中央电视台《焦点访谈》记者曲长缨大胆揭发煤矿矿难，等等。②

第二节　如何做调查性报道

实践中，有一部分调查性报道记者缺乏科学的规范，常常是凭着一腔热血，凭着"富贵不能淫，威武不能屈，贫贱不能移"的勇气在做。更为关键的是，由于调查性报道所承担的社会担当，因而，一种科学的、规范的操作程序对于报道的实现是至关重要的。

一、调查性报道的选题来源

新闻报道在一定的意义上是发现与选择的艺术。调查性报道成功的前提与关键，也首先在于发现与事实真相密切相关的线索，然后选择并确定调查的方向、调查的路径，这直接决定了调查性报道的切入角度和最终能否挖掘出最核心的事实。

（一）早期准备阶段如何发现问题

1. 有意识地寻找多元的信息，从对不同来源、不同角度的信息比较中，找出矛盾和问题，这将成为中后期调查的一个重点所在。

2. 有全局观念，级大限度地涉及与所调查事件相关的方方面面。

3. 确定调查报道思路。可以有先发制人和后发制人两种选择。

---

① 王克勤：《调查性报道的采访与写作》，2008 年 10 月，北京中报联培训班讲义。

② 王克勤：《调查性报道的采访与写作》，2008 年 10 月，北京中报联培训班讲义。

（二）实地调查中如何继续发现问题

在早期准备阶段发现了相关问题之后，就要进入实地调查。人物作为证据的重要来源，是调查中必须加以关注和重视的能动主体，特别是与事件直接相关的当事人，他的出场对于展现事实真相有着不可替代的作用。

1. 证据的取得和利用

真实证据的取得和利用是调查性报道最集中的体现，以至于国外从事调查性报道的记者更愿意将之称为“证据的报道”这就要求记者最大限度地应用专业采访技巧，用“诚实、直接和平衡的手法”为最初激起记者调查冲动的事件提供大量不容置疑的证据。[①]

在具体操作上，可以从以下三个方面来进行分析：

(1) 来源选择

哪些资料能够作为真实的证据应用到报道中？如何保证证据的可信程度？如何区分有效证据和无效证据？这是记者接近、收集信息的第一步。

(2) 从事件的关键人物处获取事实

新闻线人十分重要，所以，好的记者，良好的社会活动能力非常必要。

对于一个新闻事件来说，事件真相和相关人物通常构成一种“同心圆”的关系，要了解真相，最逼近圆心的当然是事件当事人，其次则是事件参与者，再外层则是事件目击者，然后是知情人。越内层的人物提供的信息越有价值。

在此意义上，“立体式调查法”指的是：记者从当事人、参与者、目击者、知情人 4 个层面，根据重要程度的不同，按由内向外的先后顺序采集信息。如果内层信息由于特定原因难以获得，记者就跳过内层转而向次内层，在一个由事件相关人物构成的立体空间中，并行不悖地获取信息。[②]

这种调查方法的优势在于：一方面，当内层人物不愿或不能透露信息时，通过对大量外层人物的采访，记者可以将调查继续下去；另一方面，记者也能够避免与有关利益集团正面交锋，从侧面切入真相内核。

2. 媒体以及公开资料

从媒体上得到的往往是新闻线索，然后记者根据线索顺藤摸瓜。而公开的资料、新闻发布会、网站等也都是证据的来源。

梅尔文·门彻在《新闻报道与写作》中指出：所谓报道的平衡，是尽可能给每一方，尤其是受到指证的一方说话的机会。这体现在证据的使用上，就是记者应当避免“一边倒”

---

① 张意轩、丁荷莲：《调查性报道的力量和魅力》，载《中国记者》，2003(3)。

② 毛晖圆：《再现“一个三十年的秘密”——从一篇普利策获奖作品看调查性报道技巧》，载《新闻记者》，2005(12)。

的证据筛选方式，尽量从不同的角度和立场选取事实，平衡、客观地使用证据。

3. 一些内部资料

这部分资料的获得充分体现了记者的职业素质。在不违反保密规定的原则下，争取获得一些专业的内部资料。

4. 利用网络等辅助工具进行调查性报道

利用网络进行调查性报道方面，《中国青年报》特稿部主任吴湘韩，曾引用了中青报文章《国家体彩中心掌门人涉嫌滥用职权落马》的报道来做说明。这篇报道的来源是来自一篇博客，相关消息人士在博客上报料，记者马上和他取得联系获得突破。

做这篇稿子的过程，第一，是从官方网站上找权威资料，对非权威渠道获得的资料进行了佐证；第二，是利用网站的权威信息对稿件进行了核实订正；第三，是利用官方网站上的领导讲话材料文件充实稿件。最后是对相关人士进行采访。最终写出了稿件，但这篇稿子很大的遗憾是没有采访到最直接的当事人。

对利用网络寻找来源，一是从网络信息中找到相关线索，比如，北青报做的“陕西舞女当法官”的报道，后在《南方周末》的介入中影响力逐渐扩大；二是对网络中出现的简单有价值的信息的背景进行重点挖掘；三是关注一些网站的论坛博客调查报道记者的 QQ 群；中央处理的某类不正之风案件后面的跟帖，也能发现线索。

如何找到当事人，利用邮箱搜索当事人，找到电话，在寻找学术界人士的时候可以利用中国期刊网进行搜索查找。对数据的处理可以利用 ACCESS 等数据库进行数据处理。

值得注意的是，近些年来，越来越多的调查性报道开始依赖网络社交媒体上的资料。例如 2013 年《南方周末》关于“复旦投毒案”的报道，由于新闻当事人不便接受采访，记者在调查中使用了相当一部分诸如 QQ 和微博这样的信息作为补充。这种方式也引发了业界和学界的探讨。

与自己的战争　复旦研究生为何毒杀室友①

……

但这次争执应该只是激化了既有的矛盾。《南方周末》记者查证，早在半年前，林就从 QQ 好友列表上删除了“五官科-黄洋”，而黄洋当时也将林删除。两个共处一室的室友，自此不在对方的网络联系人之中。

葛林也回忆不起当时两人为什么网络“绝交”，但从另外的消息渠道能够确认，林从实验室偷出致命试剂，正是在随后的半年中。

……

很少有人注意到他内心的灰暗。

---

① 《南方周末》记者 叶飙、范承刚，实习生郭琛、张雪彦，载《南方周末》，2013-04-25。

在QQ日记里，林写道："像《恰同学少年》里面那个在进大学时对着学校领导说他自己父亲是他雇用的挑夫一样，我在本科以前一直也有这么一种自卑的身份心理，每次听说谁谁谁的父母是什么医生、大官的，我就会内心小羡慕一番。"

实习时，科室老师问到家庭情况，林从不愿多说。有一次闲聊，老师问起父母是否退休，他突然愣住、点头。老师回忆，意识到他脸上表情的细微变化，没再问下去。

后来的日志里，林这样总结自己的心理："我的潜意识中确实有着一种想借助裙带关系上位的成分，可是我的自尊心又时不时把我给拉回来继续奋斗，形成了我矛盾的人生观与价值观。"

与自己的战争

2005年，和平镇的"林仔"来到了广州，进入中山大学中山医学院；林随后四年生活中的很大一部分都集中在了网络上，不自信又要强的性格在虚拟空间里更为清晰地显露。

如今外界往往把目光集中在那些饱含情绪又不知所云的QQ状态上，却少有人知道，中山大学的"博济论坛"才是林的"主战场"。

在那里，他用一个账号总共发表了458个主题、13777个帖子，以至于"水友"们回忆起来"小钢帽"(林在论坛上的绰号)时，总记得那个图书馆机房里的身影，面前的屏幕上，永远打开着的论坛。

在这里，他可以尽情倾泻自己的无力感，尤其是来自与异性交往不顺的经历。

大二的林，还只是做些情感测试，在征友主题下跟帖，诸如"寻找射手座女孩"；到了大三，和一大批"水友"熟络后，他被称作"主题刷版王"，并逐渐不吝于展示自己的渴望与脆弱。平日里不讲究穿着的林会在论坛询问，"暑假回家去找那个她约会，想打扮一下自己，怎么打扮好？"

这种询问通常没有下文，林会随后自己回复："像我这种女生都讨厌我，我一走近她就走开的，怎么跟她聊天呢？"

……

他在论坛上记录下这一切，并公布决定，"以后众多人物聚集的场合，我不会再和MM交流！——等她们来和我交流"。

到了大四，林已经熟练掌握了自嘲的武器，用来抵抗挫败。2008年的冬天，他在一番自问后对自己进行了概括："有谁会喜欢我这个人？丑男第一、手无缚鸡之力、木讷、迂腐、时代的落伍者。"

即使故乡也无法提供慰藉。2009年的暑假，家乡又一次在练江上举行龙舟

赛，那里有林少年时代的美好回忆。然而，在“惨不忍睹”的江水上，他面对一堆“生疏的面孔”。

“很多小伙伴都不知道跑哪去了，没有再联系过，船上每个人都是那么成熟，都已经是大人了——至少是在社会上穿行了，相比之下，觉得自己很单纯，不免有种在异乡的感觉”。

比赛中天降大雨，林回忆起小时候冒雨游泳的往事，激动得大笑大叫，但“每个人都带着种诡秘的笑容看着我——现实中，我是最讨厌那种笑的”。

故乡沦落为异乡，甩不脱异乡的林，逐渐用“闷骚”来定义自己，他引用书本上看到的段落来解释这个词：“生活使其有太多的郁闷，而生活本身及其自身习性却又阻止了其正常呐喊出来，于是，不正常的发泄就出来了，这就是所谓的闷骚。”

自卑、挫败、闷骚，被林严格限定在网络生活中，他为自己塑造了沉默、冷感的外壳，搭配上优异的成绩，现实中与他相识的人，很少意识到他内心的虚弱。

……

陈娇觉得，林努力与外界沟通，特别是活跃于论坛、微博，或许是一种要跟自己内向本质作斗争的努力。但林始终没有找到有效的沟通渠道。

从网络上那一万多个帖子能够发现，林给自己在学业和生活中不断加压，又不断寻找排解压力的出口。他似乎陷入了与自己性格中充满挫败感、无力感和疏离感的那一半抗争。

……

林无疑是带着期待来到上海的。2010年暑假，他不仅勉励自己锲而不舍，要追求“阿甘的奔跑”，也憧憬着迟迟不来的爱情。

他一边自我安慰，“吾乃平常人，岂可有甚者，意图结交美色”，一边又思索起《围城》。林把钱锺书的名作与《三国演义》并列为他最喜欢的小说，最令他牵挂的是小说主人公方鸿渐的感情生活。

“是支持方鸿渐应该顺势娶了苏文纨，还是应该照小说里的去追求他的真爱呢，后来想想，也只有我这种毫无恋爱经历却又经常幻想的人才会有这种傻B问题，就作罢了。”2010年8月，林在网易博客上写道。

他详细填写了博客的个人资料，“喜欢的名人”是“周恩来”；“喜欢的音乐”是“交响乐”；人生格言则为“是你的终究会是你的，不是你的，强求之后也可以是你的”；在感情状况一栏，他填了单身。

……

在实验开始后的两个多月里，林24次更新了“QQ说说”，其中20次鼓励自己“胆子要大，下手要狠”。

他不再把排解压力的希望寄托于故乡,但依旧希望雨水能冲走重负,当天气预报上海阵雨,他就骑着车,从徐汇一路骑去黄浦江边,“时不时大笑一下,又时不时想起我那些善变的关于人生的决定或者假设,然后我时不时地痛一下、两下、三下”。

……

惟有一些散落的片段,显示在搬入寝室大半年后,林似乎在网络上显得更加冲动。

2012 年夏天,他在微博上开始参与到几次网络争论。

发帖记录显示,当年 7 月 23 日下午,林连续两次用满是脏字的语言在别人的微博下辱骂韩寒及其粉丝。过了 10 天,他又在罗永浩的微博下,留下“裸泳浩,我×你妈”等字句。他还在自己的微博上将木子美形容为“极品肮脏女,跟狗上床的饥渴女”。

那个夏天,林攻击的范围并不仅限于名人:在饭堂里,他“不经意”看了一位女生一眼,对方质问“看什么看”,还骂林“跟个娘们一样”。

“我随即说出我跟她母亲发生了关系。”林在微博上记录道。

……

与此相似,2009 年夏天,在一次医院实习中,林与本科室友起了口角。一年后,已经毕业的林申请了一个新的 QQ 号,并冒用另一同学的名字,在网上大骂这位同学——“尽是些难以启齿的脏话”。

同学总结说:“他记仇,但绝不轻易外露。”

大约正是在这段网络上的冲动期之后,2012 年末,林与黄洋如前文所述,互删了 QQ 好友。

直到事发,同学们才开始回想这两个早出晚归的人的相处。高科和室友都猜测,黄洋说话略带点骄傲,有时难免带刺,不知道是否刺伤过林的自尊。

黄洋的一位好友回忆,黄洋死前两周曾提及,自己开玩笑说林是“凤凰男”,并用轻松的语气调侃称,林老在寝室说他的奋斗经历。

……

他在微博上记录,“10 进 6,其中 6 博士 4 硕士,面试时刚好排在最后,与前面 9 位正装出席者相比,我的橙色羊毛衫显得我极其渺小,领导们都不瞧我”。

事实上,林无处安放的自卑感再一次扭曲了现实。医院一位负责人告诉《南方周末》记者,他也看到了林的微博,不理解林为何有这样的感受,“当时几位领导对他的印象还是不错的,虽然一同面试的人里,一半以上是博士,但其实对他影响不大,一是他自身条件优秀,二是医院影像科比较缺人,他的专业非常对口,所以他的竞争力还是很强的。”

……

整个3月,似乎是林最为纠结的时段。27岁的他反复阅读毕淑敏的《孝心无价》,来回观看一部叫做《鮀恋》的潮汕本土电影,仿佛在寻求自己回归家乡的理由。

在这部电影里,主人公碍于家庭宗族的压力,不得不放弃想去苏州发展的念头,落叶归根,这让林获得了短暂的安慰:"挺好的,在选择与决定上,有很多能引起共鸣的地方。"

他甚至开始怀疑自己奋斗多年的学业,他觉得影像检查只是一种辅助手段,并不能真正地帮到患者。他在微博上写道:"有时候挺痛恨这个行业的,名义上叫做医生,但是面对病人,尤其面对那些急切想从这里解决困惑的病人,帮忙总不能帮到底……而且,离开了机器,就没办法为病人解决一丁点问题。"

……

3天后,林被警方带走,林在那十来天里的微博被蜂拥而至的围观者反复咀嚼,尤其是一条关于《牯岭街少年杀人事件》的影评。

这是一部台湾导演杨德昌根据真实事件改编的作品。主人公是一群生长在"眷村"的孩子,他们和父母一样失去了故乡,彷徨于形形色色的处世法则之间。在灰色的城市、浑浊的空气笼罩下,主人公——沉默而耿直的少年小四——最终捅死了他爱慕的女孩。

几乎和看待《围城》的方式如出一辙,林抛开了深沉的背景和复杂的逻辑,赞赏道,"勇敢倔强的少年,不带丁点娘炮,大赞,不然要青春来作甚!"还贴上标签,"带种的就来真的"、"出来混,就不要怕死"。

……

4月17日,黄洋去世次日,421寝室的幸存者和见证者葛林发布了新的QQ状态:责人易,非己难。

以上部分,是这篇报道中来自互联网的信息内容。随着社会化媒体的普及,人们越来越多地选择在各种社交媒体上记录自己。这种表达某种程度上,可以弥补记者信息搜索中的一些空白;但值得注意的是,这一类信息的真实和客观有一定局限,在可能的情况下,记者需要做更多的调查来证实这些信息。

二、调查性报道的操作

20世纪初,美国的罗斯福总统曾称从事"调查性报道"的记者为"专门打听丑闻的人"。这个说法似乎有些贬损之意,但是它从另一侧面说明了这类报道的独特魅力。调查性报道通常聚焦于公众关心的重大社会问题,意在揭露人所未知的内幕,并敢于向社会权威挑战。这些特点都使它与某些利益集团冲突，并往往遭受各种阻挠甚至是镇压。因此，记者必须采用灵活的方法并具备非凡的毅力，才能克服重重阻力，从而了解事情的真相。

调查性报道记者的必备素质

美国新闻学专家总结出，美国最优秀的调查性报道记者或多或少地具有下述几个特点：欲望、动力、判断力、决心、坚韧、想象力、正直、抽丝剥茧的分析能力和洞幽烛微的直觉。

判断力指正确估计报道的性质、范围和重要性的能力，然而以专业方式进行报道和写作。避免极端，控制激情；多数调查逻辑性极强，各种事实环环相扣，逐步导出结论。

一些记者是逻辑推导能力强；一些记者则善于感性思维。只有具有抽丝剥茧的能力才能将复杂的问题分解成各个容易理解的小问题。在谈及调查性报道时，想象力具有特殊的含义，即指从事实和事件中觉察出规律，并将其运用到后面的调查中去。洞幽烛微指剔除冗余事实，一针见血地抓到问题的实质。此外，在泰山崩于眼前仍泰然自若的能力也是调查性报道记者所应具有的能力，不仅在报道和写作时保持冷静，而且在调查性报道获得成功后遭受个人攻击、诽谤起诉和猜疑时同样如此。

调查性报道记者和编辑最重要的个人素质是为人正直，即在报道中，记者必须客观、坚韧，具有道德感，对其从事的调查性报道抱有热情。这包括：

1. 对政府部门和私人机构中存在的不公平、不公正和腐败现象，克制住自己的愤怒之情，用理性戳穿不公正和犯罪。

2. 必须认识到，获得成功最大的机会在于进行公正和符合道德的调查，避免坠入党派偏见。如果以公认的标准来看，记者和编辑的行为有任何属于不合法、偏见、甚至不公正的地方，那么都会阻碍和毁掉一次卓有成效的新闻调查。调查性报道记者必须知道其行为必须恪守诚实和道德的原则，任何非法和不道德的举措对记者、报纸和他们从事的工作来说都是危险的。

3. 在处理消息和调查主题时，诚实、直接和平衡的方法是最佳的，并且是唯一能保证能够连续不断地做出成功的调查性报道的方法。必须认识到，如果记者和报纸误用了新闻界的权力，有意识地歪曲事实，或者热衷于肤浅的煽情手法，那么将失去消息源和公众的信任。①

2013 年 1 月 4 日早上，河南兰考县一收养孤儿和弃婴的私人场所发生火灾。起火地点为兰考人袁厉害家。据了解，袁厉害多年来一直在兰考县人民医院门口摆摊，以收养弃婴和孤儿出名。火灾已造成 7 名孩童死亡。这样的恶性事故，引起了很多媒体的

---

① 赵钢：《美国调查性报道的理念与操作》，载《中国摄影》，2007(4)。

关注。

我们来看两篇报道。第一篇是《南方周末》2013年1月10日发自河南兰考的《那么多的爱，那么少的钱　兰考大火之前的“弃婴王国”》，第二篇是《人物》杂志的《厉害女士》，同样是对兰考大火的调查，记者习易豪参与了这两篇报道，而《厉害女士》这篇引来了更多的麻烦和质疑。

那么多的爱，那么少的钱　兰考大火之前的“弃婴王国”[①]

袁厉害曾被当地官员称作“好人”、被当地媒体称作“爱心妈妈”，甚至派出所的民警也把捡到的弃婴送给她。但一场大火之后，袁即被官方认定非法收养。

起火的小楼，已是过去近30年来袁厉害所能提供给孤儿们的最好的居住环境。袁厉害有那么多的爱，却只有那么少的钱。

2011年9月，袁厉害接受捐助打算建一圈平房安置孩子；2012年12月，兰考县民政局计划建设一个福利中心。但这一切都不会再与袁厉害和她的孩子们有关了。

图15-1　一场大火也许将彻底摧毁袁厉害已近30年的善良传说。但如何完善孤儿救助体系却远比分辨袁厉害收养模式的利弊急迫得多

（图片来源：《南方周末》）

没声息地死去

大人们都出门了，唯一能照料孩子的是一个智障小儿麻痹症患者。

致命的大火几乎是在张喜梅出门去医院的同时燃烧起来的。作为袁厉害

---

① 记者 雷磊，实习生 习宜豪：《那么多的爱，那么少的钱　兰考大火之前的“弃婴王国”》，载《南方周末》，2013-01-10。

家的“保姆”,63岁的张喜梅另一个身份是医院的临时工,大火燃起的1月4日这天,她是离开袁家小楼的最后一个大人。

此前,孩子们刚刚吃了她煮的面条。矮胖的“母亲”袁厉害已经出了门,她要用那辆破旧的电动三轮车送4个孩子去兰考县城关镇东街小学。而袁厉害的母亲张素叶也在之后离开,这个72岁的老人家的任务是送智障孩子袁晶晶去残联学校上学。过去27年里,袁厉害是河南省兰考县远近闻名的“弃婴妈妈”,这栋小楼住着她收养的14个弃婴。

早晨8点30分,河南兰考县城关镇中山北街县卫生局西侧这栋小楼里仍显得生气热闹。五孩、扎根和小哑巴已经起床,小十坐在客厅的旧沙发上正在看电视,旁边油腻的桌子上杂乱放着奶粉罐子和七八个奶瓶。两个捡来不久的婴儿躺在床上,平常爱赖床的小雨还睡得香甜。

孩子们中最大的“五孩”袁申大约有20岁,患有小儿麻痹症的他行走迟缓。大人都离家了,“弟弟妹妹”多是还没到学龄的幼儿,照料的任务就落在这个仅有简单表达能力的年轻人身上。

事后官方的火灾调查报告显示,大火是由这帮没有任何安全常识的孩子在客厅玩火所致。2012年5月,《南方周末》记者曾进过这栋大火袭击之前的两层、共四间屋子的小楼。起火点所在的客厅位于一楼。当时,客厅除了电视机、电视柜、一排已经破旧看不清颜色的布艺沙发、一张木桌子外,还有一辆自行车,一堆孩子的旧衣服,堆在角落里。

已经无法还原大火燃起的具体过程,但迅速蔓延的火势显然超乎了袁申的应对能力,他甚至都没能拯救自己。

客厅隔壁以及二楼的两间屋子,都是小孩们的住处。上楼需通过一楼卧室的木质楼梯。楼道狭窄,屋子里横竖几张木架床,上面是小孩的衣物和棉被。很快,火从客厅蔓延到隔壁卧室,再从木质楼梯蹿上二楼。

“妈妈家的位置黑烟直冒。”第一个发现着火的家里人是袁厉害的亲生女儿杜鹃,她已怀孕5个月,走在皮鞋厂附近的道路上,猛然意识到“大事不好”,赶紧联系了丈夫郭海洋。等郭跑到小楼时,房屋早已被刺鼻的浓烟笼罩,除了火苗的噼啪声,几乎听不到其他的声息。

邻居吴芳(化名)回忆,她刚吃完早饭,忽然听到外面“噼噼啪啪”的响声,“那是大火烧东西的声音”。从窗户望出去,她发现对面袁厉害家一楼窗口冒出黑烟。5分钟后,一楼的窗口出现明火,二楼的两个窗户也开始浓烟滚滚。

郭海洋从烟尘热浪中摸到了屋里,房间的木门正在燃烧,“火苗蹿到20公分以外”。他试图进屋去救孩子,但瞬间“头发被烧焦,脸上像沾了烙铁”。他跑回院子里,披上浸水的棉被再次往屋里冲,“比半夜还黑”,房间就像一个火炉,

他的手一直没有探到孩子。感觉快被烤出油来了，撑了不到半分钟，他退到院子的东北角，扶住墙呕吐起来。

消防车还在路上。赶来救火的养子袁松发现还有一个豁口，这个20岁的小伙子冲进去将小十抱了出来。猛烈的火势让救援的尝试一次次失败，围看的人们束手无策。

9点04分，大火被扑灭。除了自己跑出来的袁聪聪和被抱出的十孩，死亡的消息伴着消防队员靴子踏水的声音一个接着一个传出来。4个孩子在被抱出小楼大门时已经离世，3个在之后的救治过程中因伤过重死亡。

而此时，他们的"母亲"袁厉害正在急匆匆赶回的路上，她刚刚接到女儿杜鹃的电话。47岁的农妇还不知道，她经营27年的"弃婴家园"以一种惨烈的方式走向终点。

"弃婴王国"

媒体把袁厉害和她的孩子们称为"弃婴王国"，但这个"王国"的领地就是县医院门口的一间窝棚。

袁厉害难以想象自己近30年前开始的"慈善事业"，会结下如此苦果。按照现行法律，非法收养出现事故，将可能给她带来数年刑期的牢狱之灾。

事故发生之后，惊惧的她悲伤而懊恼，但当被问及"还收不收孩子"的问题时，她的回答依然是肯定的。27年来，她的"犟脾气"让她成为了远近闻名的穷人慈善家。通过提供极为贫乏的生存条件，她建造了自己的"弃婴家园"。

时间回到1986年，袁厉害还在兰考县人民医院门口摆摊，3个小孩的接连出生让一家人的日子过得紧巴巴的。由于同医生们熟识，她常接一些掩埋死婴的零活，埋1个报酬20元。

王丽兰是袁厉害的好友，她曾是兰考县城关镇计生办主任。她介绍，兰考县是国家级贫困县，人们的收入很低，那时尚未有外出打工的潮流。"那时养一个有缺陷的孩子负担太沉重了。"王丽说，绝大多数父母都选择狠心抛弃有缺陷的孩子。兰考县也有着"重男轻女"的传统，女婴占当地弃婴中的多数。

当地人介绍说，当时一些大月份引产和有缺陷的孩子就常被扔在垃圾堆或者医院的厕所里，有些被冻死或者溺亡。靳艳玲曾在兰考县人民医院的妇产科工作，医疗条件那时很差，按时接受妇检的孕妇很少。孩子出生前，父母对其健康几无预计。"死胎、有疾病的新生儿，都比现在要多"。

"有一次我从医院抱一个孩子去埋，突然听见他的哭声，我给吓到差点丢地上了。"袁厉害对《南方周末》记者回忆道，四处找不见孩子的父母，她一狠心就抱回家了。后来，她给这孩子取名叫做"海洋"，这是她收养的第一个孩子。

一发不可收，袁厉害不断将这些被抛弃的婴儿抱回家中。她成为远近闻名的“爱心妈妈”,她的家庭逐渐变得庞大,不堪重负。王丽兰说,当时袁厉害的收入每月有百余元,比她这样的公务员还略高,但随着孩子数量的增加,收入被摊薄,日渐窘迫。

为了养活这些孩子,袁厉害将自己的小儿子杜鸣送回丈夫的老家。杜鸣一直跟在爷爷奶奶身边长到 12 岁。在这期间,杜鸣只见过妈妈袁厉害两次,“一次是 7 岁那年,一次是 9 岁那年”。袁厉害“不顾家”的行为终于触怒了老实巴交的丈夫,1995 年,他跟袁厉害终于闹翻离家,回到河北农村老家的敬老院做伙夫。

“我就是想让这些孩子有个活命”。这些嗷嗷待哺的稚儿们令袁厉害没有办法回头,放下就意味着放下这么多条生命。随着“爱心妈妈”在街坊邻居中传开,很多人直接抱着孩子就往她家里送。这些被抛弃的孩子们,就像“淘沙”一样集中到了袁厉害的家中。袁厉害对《南方周末》记者说,最多的一年她收养了十多个弃婴。

跟着袁厉害时间最长的袁申被送到袁厉害家里时看起来已有五六岁,没人知道他的生日。抱她来的是孩子的奶奶,她告诉袁厉害孩子患有小儿麻痹症,也有智力障碍。“孩子的爹妈离婚,没人养,只有送你这儿”。袁厉害本不想收养,老太太一直乞求,袁又给收下了。

袁厉害能做的不过是延续他们的生命而已。为了安置越来越多的孩子,袁搭在县医院门口的窝棚不断加宽。王丽兰看着都有些不忍心:孩子们挤着睡在木板床上,连被罩都没有的棉絮盖在他们身上,为了防寒,棉絮的四角被用水泥砖头压住。床边是和孩子一样排成一列的奶瓶。为了养活这么多孩子,袁夜里都常蹬着三轮送货,回到窝棚,她就瘫在藤椅上睡觉。

有十多年的时间,袁厉害带着一批兔唇或者白发的儿童走在路上,是兰考小城的独特景观。2005 年,袁厉害带着两个患白化病的孩子赶火车,奇异的“母子组合”引起了乘客们的注意。在人群中,这个穿着旧红袄,身材肥硕的中年女人讲述了自己十数年收养弃婴的故事。乘客深为故事感动,并向当地媒体转述。

借助媒体,袁厉害以及她的孩子们的故事被传播开来。人们把她建立的家庭称为“弃婴王国”,但袁厉害从来不是一个国王,她只是嗷嗷待哺的孩子们口中的“妈妈”。

与政府的“默契”

在绝大多数时间里,当地政府机关都默许了袁厉害的收养。

在兰考县流行着一句话:焦裕禄第一,袁厉害第二。这令袁厉害感到自豪,虽然她没上过学,没钱也没啥地位,但落了个好名声。虽然是家喻户晓的名人,

图 15-2　做了二十多年好事，袁厉害对于自己的所作所为有些自负，但她也发现要说清自己"是个好人"很难

（图片来源：南方周末：刘栋杰/图）

但经济上的窘迫还是逼得她要去政府部门争取救助。

多家媒体的报道都证实，袁厉害曾带着孩子们去民政部门要求办低保，孩子们又哭又闹，但除了大家都很尴尬之外就没什么结果了。当地官方对她不可能不熟悉，事实上，当地医院捡到弃婴也直接送到袁厉害的家中。2012 年 4 月 27 日，跑了二十多里路，兰考县公安局爪营派出所的民警将出警时收到的 1 名弃婴送到了她家。袁厉害说自己听不得小孩哭，没办法还是抱进了屋。

通过多年的沟通，袁厉害同当地政府部门保持了一种奇特的平衡关系。对袁厉害的收养行为，官员们在二十多年间大多数时间里都采取默许态度；一遇媒体报道，官方又表示这是非法收养。这与火灾发生之后当地民政部门的表态一脉相承。

隔三岔五，袁厉害会去民政局找救助。主管救济的兰考县民政局原党组副书记李美姣出示的一份表格，统计了 2004 年到 2006 年 9 月底民政部门对袁厉害的救助情况：5900 元、1200 斤面粉、6 床被子、8 件衣服；其他项目里包括 130 件旧衣服和 4 箱方便面。

兰考县民政局原社救股股长多年和袁厉害打交道，他告诉《南方周末》记者："虽然我们很肯定她收养孩子的行为，而且我们也不能强制要求她去提高条件什么的，她确实尽力了。"他说自己了解袁本来没有工作，条件有限，不能为孩子提供更好的环境。

更为吊诡的是在 2011 年，袁厉害遭前来帮她照顾孩子的志愿者举报涉嫌"非法收养"，袁厉害的许多孩子都没有到民政部门登记，不符合收养法。遭举报后，袁厉害为 20 个孩子登记，并到公安机关注册了户口。凭着手续完善，兰考县民政局又给她的20个孩子上了低保。这样,她每个月能领到1740元。

因为办理户口程序复杂,袁厉害的孩子们很多都很难说得清来由,她能迅速办成这些事儿,很难说清是她的个人行为。对此,兰考县副县长吴长胜在接受媒体采访时承认,这一过程确实有不符合有关规定的地方。

而在私下,由于在街头同各色人群打交道多年,袁厉害在兰考县也有了自己的"特殊能力"。常年都有人请她帮忙进政府机构办事儿,使得她在各个机构都混熟了脸。她加入自己侄女开的中介公司,揽一些说情调解的活儿;县城里的地产开发商遇上了钉子户也会想到她,请她摆平,她收取一定的中介费用;甚至,她还带来了工程队把县城的三条大马路修了修。"别人开价5000,她能3000拿下"。之前,她还请了建筑队,建了个10户的自建房卖。

袁厉害的经济状况改变了,她有了比较可观的收入,她自谦地说每年"也就弄几万块钱"。条件变好了,但孩子却保不住了,政府机关常来游说让她把孩子送到福利院。

"我都养这么大了,有情感了舍不得。"袁厉害也有自己的想法,她想留下这些孩子。坊间关于她"送孩子要钱的说法"不胫而走,兰考县民政局社救股原股长冯杰也曾对媒体表示,他相信这其中有金钱利益。王丽兰说,有些领养人想要给几百块钱作为感谢是有的,她见过的最高是700块钱。也有袁厉害的家属在接受采访时说,她最高收过2000元的。

袁厉害也想过把孩子送到福利院。早年她曾将孩子抱到开封市福利院,福利院一看孩子有残障就拒收。按照规定开封市福利院本来是不收兰考县弃婴的,媒体报道后,才勉强开始接受。

2011年,袁厉害几次将几个白化病和脑瘫的弃婴送到开封福利院,但遭到了开封福利院的拒绝。袁厉害只好学那些家长,把孩子往福利院门口一放就跑。"我在前边跑,福利院的工作人员在后边追,边追边骂"。

"命若垃圾"

孩子被按照身体缺陷命名:"豁妮"是一个兔唇女孩,"白头"是一个白化病男孩。

"让孩子们有活命"是袁厉害一直以来的精神支柱。这一简单信念受到最直接的挑战,是她在2011年底前往东方卫视参加的一次节目录制。在节目录制的现场,其他嘉宾尖锐质疑了她的收养资格,觉得她不应该收养这些孩子。

"这让我感到很伤心。"在录制现场袁厉害和孩子们哭作一团。

进入大众视野之后,袁厉害开始感到别人嫌自己没有文化。做了二十多年好事,袁厉害对于自己的所作所为有些自负,但她也发现要说清"是个好人"很难。

从2009年开始，摄影师卢广多次前往兰考跟拍袁厉害和她的孩子们。他拍下的照片令人无法直视：在一片天地里，一个老人拿着铁锹正在挖坑，而身边则是一具白花花的婴儿尸体。卢广后来回忆说："拍这张照片时，我的整双手都在发抖。"

有一次他去袁家探访，正好碰到一个老人往垃圾堆里扔东西。"仔细看了一下，竟然是个死婴。"老人是袁厉害以每月400元的工资雇来照顾弃婴的。

一个生命就这样被处理掉，这方式让摄影师难以接受。之后，他将自己的摄影作品命名为："命若垃圾"。

在火灾之前，《南方周末》记者曾多次前往袁厉害收养弃婴点探访。袁厉害曾将不少孩子都安排在"花园"，"花园"只是县城的一群小别墅和县人民医院家属楼包围的一个三角地，因为它靠近一片花圃而得名。名字透着诗意，临时搭建的窝棚却相当粗陋，旁边还有散发臭气的垃圾堆。屋子里到处是脏衣服和垃圾，散发着令人作呕的臭气，许多流浪狗和流浪猫也经常在这里借宿。六十多岁的张喜梅在这里吃力地照顾着孩子们，孩子们"尿不湿已经完全湿透粘在小屁股上，除了咳嗽、眼部有病，还有拉稀的迹象"。

在糟乱的"花园里"，半大孩子们连裤子都没穿地打作一团，有时还会冒出令人难堪的脏话，引得袁厉害大笑。《南方周末》记者多次在这里看到过袁申，他总是穿着一件灰色带有白色线条的短袖、黑色的裤子和脏兮兮的球鞋。

"只有跟着妈妈，我们才能有饭吃了。"在那一次采访中，袁申表达吃力，但他努力表达着自己的想法。

在"花园"的孩子，也是经过挑选剩下的，这些孩子们的残疾包括小儿麻痹、白化病以及智障或脑瘫，这三种病不像唇腭裂和心脏病可以由政府资助治愈。这些孩子没有人愿意收养，袁厉害也不喜欢他们。袁厉害喜欢健全长得好看的，比如双胞胎。而"花园"孩子多连名字都没有，他们被按照身体的缺陷命名："豁妮"是一个兔唇女孩，"白头"是一个白化病男孩。

2011年，一个在这里照顾小孩的河南大学生志愿者实在无法理解孩子们的生存状况，向当地民政部门举报袁厉害"非法收养"。一时间沸沸扬扬，袁厉害的捐款使用、领养收费均受到质疑。袁厉害也感到她面临的危险，随着她变得"宽裕了一些"，越来越多的人质疑她丧失了作为一个穷人慈善家的纯良，而是将小孩作为牟利工具。

"如果我真是卖小孩，逮住了把我枪毙。"在此前的采访中，这个47岁的农妇赌咒发誓道。

卢广和王丽兰都相信，袁厉害真心爱孩子，他们相信这个人。但就是她的支持者也不能否认，袁厉害在经济条件变好之后，并没有改善孩子们的境况。

袁厉害自己也对《南方周末》记者承认，开始她照顾孩子很细心，后来多了就照顾不过来。那些“花园”里的孩子常常几个月见不到她。

2013年1月4日，大火骤起，兰考县随即免去了民政局局长杨佩民，民政局党组副书记李美姣，民政局社救股股长冯俊杰，兰考县城关镇党委副书记、镇长金卫东等6人的职务。剩下的10个孩子一次性被开封市福利院接收，开封市福利院院长这一次显得颇有先见之明地表示：袁厉害的“弃婴王国”出事只是时间问题。

在2011年9月媒体热议“弃婴王国”的事迹之后，袁厉害接受了一位广东老板资助的10万元钱，在四皓村转租了一块5亩地30年的承包权。她打算建一圈平房，将孩子安置过去。2012年12月，兰考县的申请也得到批准，上级财政拨付县民政局90万元，计划建设一个有200～300个床位的福利中心。

民政部有关负责人9日接受新华社记者采访时表示，兰考火灾事件暴露了孤儿救助体系存在漏洞。就民政部门而言，将从中吸取深刻教训，依法履行职责，主动做好对个人和民办机构收留孤儿的管理，全面提高孤儿收留养育能力。

河南兰考县宣传部官员则对中新社记者做出如下表示：“7个孩子的生命，6名干部的担责，若能换来孤儿救助体系完善及社会进步，我感觉值了。”

但这一切都不会再与袁厉害和她的孩子们有关了。

袁厉害，正躺在兰考县人民医院的病床上，当地政府婉拒了《南方周末》记者对袁的采访要求。

五孩：小儿麻痹、智障，约20岁；小雨：先天性心脏病，约5岁；扎根：兔唇，4岁；傻妮：脑瘫，3岁；小哑巴：聋哑，2岁；男婴：脑瘫，1岁；男婴：脑瘫，7个月。七个弃儿的幸与不幸，都已经结束了。

这篇文章的调查相对全面，与之相比，《厉害女士》给人一种预设立场的阅读体会。调查性报道是从“扒粪”运动中来，但理性和建设性对于好的调查报道而言更为重要。

厉害女士[①]

她为自己和家人自建或购买过超过20套住宅。但她从没过过一天有钱人的生活，敢挣不敢花。

她低声说，“我不敢穿好衣服，怕人家说我”。

来自河南省兰考县农村的袁厉害女士，近期频繁出现在媒体与公众视野里。导火索是1月4日一场突如其来的火灾，她所收养的7个孩子在自家居住的房子里丧生。袁厉害成名已久，她的成名依赖于24年来她收养了超过

① 魏玲、习宜豪、卢广等：《厉害女士》，载《人物》，2013(2)。

100名弃婴。多年来，当地政府与媒体将她打造为一个典型的“中国式好人”——高尚、善良、无私、贫穷而生活悲惨，秉持着常人难以想象的道德标准，并不惜牺牲自己。

但经过《人物》记者7天的实地观察和调查，我们得到许多与此前描述互相矛盾甚至完全相反的事实：在此前宣传中，袁厉害对她收养的100多个孩子一视同仁，关怀备至，视若己出。

事实是，这些年，袁厉害的孩子以残疾程度和相貌，被她分为几等。“头等”孩子得以享受最好的照顾，而最需要照顾的下等孩子，一度同垃圾、苍蝇、大小便挤在一起艰难求生。

此前，袁厉害对外承认的经济来源仅为20个孤儿的低保，并多次公开宣称没有一分钱存款。

事实是，袁厉害做生意的名声在兰考几乎人尽皆知，所涉面之广，覆盖修路、圈地、盖楼、讨债、协调纠纷等领域。在一栋刚被拆除的非法民用建筑里，袁厉害就投资了45万元。

此前，袁厉害对许多媒体宣称其没有房产。

事实是，据不完全统计，袁厉害为自己和家人在兰考自建或购买多处房产，保守估算超过20套住宅。

此前，在媒体宣传中，她深受当地百姓爱戴，人们为她感动并赠予其“焦裕禄第二”称号。

事实是，面对《人物》记者采访，许多当地民众讳莫如深，闭口不谈，也有一些人对她感觉复杂，甚至颇有非议。

此前，在外界舆论中她被置于当地政府的对立面，作为制度空白与官员渎职的受害者出现。对她的同情，加剧了人们对当地政府的反感与憎恨。

事实是，她和当地民政局、公安局、土地局、计生办等政府部门都存在不言而明的互助默契。这种默契甚至成为她财富积累的重要路径。

一方面，这个农村妇女缺少教育(小学一年级辍学)，性格急躁、泼辣，有着朴素与善良的动机；另一方面，她精明、警惕、狡猾、心思缜密，自我保护欲望强烈。她熟悉明里暗里的各种规则，甚至是掌控媒体心理的好手，多数时候都能取得采访者信任，达成自身目的，并巧妙隐藏秘密。

做到这一切，袁厉害靠的是催生她的社会土壤与时代特征，是中国传统农村的宗法人情社会里翻滚半生的经验，和她性子里也许与生俱来的“厉害”。

……

《厉害女士》一文在开头就有要“揭底袁厉害”的基调。在这种思路下，报道的第一部分通过五个“此前……，事实上……”的对比段落。将之前媒体塑造的袁厉害形象进行了大的扭转。而这种扭转在下文中没有找到足够充分的证据。因此，在《厉害女士》一文刊出后，《人物》杂志的采写记者和负责人都受到了质疑。调查记者的每一句话都应该是尽量贴近客观追踪真相，为了揭露而揭露，往往会使记者带有强烈的主观意图，调查过程一旦从不预设立场变成了寻找论据的过程，难免有失专业水准。

4. 耐心并充满信心：诚实、坚持不懈、系统的调查将最终揭露事实真相，找出掩盖政府和私人机构管理混乱、腐败及职能紊乱的责任者。

5. 定期抽身于报道之外，从旁观者的身份用人性的角度审视事件中的每一位当事者，省问自己是否公正地对待秘密的消息源、公开的消息源和批评对象。

6. 有勇气承认你在事实和观点上的错误，立即采取必要的措施加以纠正。①

三、调查性报道的操作要领

杰出的调查性报道记者是报纸最宝贵的财富。当他们付出艰辛工作之后写出的调查性报道发表在报纸的要闻版上，其他报纸、电视台、电台竞相转载，它们为自己的报纸赢得了巨大荣誉。

成为一位调查性报道记者和编辑的最佳途径是，主修新闻学专业，接受第一流的新闻学教育。同时学习政府、政治、历史和经济知识。理想的成长道路是，在合格教师指导下接受了训练之后，到一家报纸的调查性报道小组接受实践锻炼。

调查性报道意味着：

这样的一种报道是没有记者的进取心就没有办法被披露的报道；

这种报道是对多样的和不确切的消息来源的整合，为读者提供有公共意义的报道；

这样的披露也许和官方的说法是完全相反甚至截然不同的，所以，需要有足够的勇气和足够的好奇；

为了做好这样的一种报道，我们来看看一些技巧：

1. 即使完全是新手，也可以尝试着查询记录和就一些简单的主题进行采访，这是成为一名经验丰富的调查性报道记者和编辑的第一步。

2. 没有必要等着编辑给你分配任务，你可以自己动手做第一步的工作。绝大多数编辑忙于处理每天报纸内容，或是指导调查性报道小组，没有太多的时间教导初学者。自己动手做一些小选题，风险既小，又可以锻炼调查性报道的基本技巧。

3. 记住，成功的调查性报道的基石是单调的，通常令人厌恶，反复地核查警察局、行政部门和法院的记录。随意地翻阅几遍记录和材料是不足以掌握其内容的。记者必须熟悉到相当程度，以至于凭其“培养起来的直觉”就知道哪些材料是可用的，它们保存在

---

① 赵钢：《美国调查性报道的理念与操作》，载《中国摄影》，2007(4)。

何处，包括有哪些信息。

4. 当记者怀疑管理不善和腐败后，没有必要马上告诉编辑，可以先开始第一步的材料核查和常规采访。主编工作繁忙，如果记者向其反映的情况只是一些尚未确定的怀疑、传闻和未经证实的指责，他很可能做出消极的回答。

5. 制订出一种简易而切实可行的保存调查记录的方法，确保迅速地查找到材料和保存材料。

6. 学会分析政府弊端，制订出一项调查性报道所能获得的最大和最小的目标。

7. 不必一直等到掌握了最大罪行的确凿证据之后，才刊登第一篇调查性报道。通常，关于小弊端的报道会促使官方调查人员和检察官采取实际行动。在另一些情况下，会在负责者中引起争论，促使关键人物通过新闻界向公众做出解释，或再调查再透露事实。

8. 虽然恰当的采访技巧因环境变化而各有差异，但通常情况下是提简单的问题，以收集事实和解释，同时避免引起被访者的对抗。采访时，可以装作对情况不甚了解，但是表现出不知道相关事实、术语和法律却是很不利的。

9. 调查性报道记者在与警察、政府调查者和检察人员打交道时必须极其小心。当调查性报道记者与诚实的官员交往时，一定程度的合作对双方都是有利的，但是记者必须避免因为这种关系而陷入党派之争。记者要认识到，警察和检察官即使动机纯正也会犯错误，所以记者要保持独立、客观和平衡。[①]

练习

一、找出其他有关河南兰考大火的报道，研究其中的调查方法，分析它们各自的媒体风格和写作技巧。

二、从近期报纸中找出你所感兴趣的消息性新闻，其中是否有你想继续了解的问题？试着根据你的这条消息，展开一次调查性报道。

三、一些记者喜欢使用隐性采访的方式进行调查性报道，你如何看待这种采访方式？这种采访方式在实践中应该注意什么？

① 赵钢：《美国调查性报道的理念与操作》，载《中国摄影》，2007(4)。

信息技术时代的先知马歇尔·麦克卢汉曾提出“媒介是人的延伸”，认为媒介是人体感官能力的延伸和扩展，比如文字印刷媒介是视觉能力的延伸；广播是听觉能力的延伸；电视是视觉、听觉和触觉能力的延伸。无疑，网络媒介延伸了人的大脑和双手。因此，在网络主导写作的时代，能迅速适应这个以快制胜的社会化媒体时代，记者才能脱颖而出。

随着数字技术、计算机网络技术以及移动通信技术的飞速发展，极大地改变着媒体的存在形态、信息传播的样式，因而也深刻影响着媒体工作者，特别是记者编辑的工作方式。特别是集媒介之大成的网络媒体的出现，以及其传播技术、传播功能的不断完善、拓展，今天的记者已经与传统的记者有着极大的差别。

第十六章　网络新闻是新时代媒体的选择

第一节　什么是网络新闻

尽管非常确定，网络新闻以及多媒体新闻是未来新闻和信息报道的重要特征，但同时我们也知道，给网络新闻或者多媒体新闻下定义，并不是一件简单的事情。它是特稿吗？它是商业新闻吗？它是国际关系报道吗？它是硬新闻吗？我的回答你一定不太满意：既是，又不是。

一、网络新闻定义

简单地说，网络新闻是突破传统的新闻传播概念，在视、听、感方面给受众全新的体验。它将无序化的新闻进行有序的整合，并且大大压缩了信息的厚度，让人们在最短的时间内获得最有效的新闻信息。不仅如此，进入社交媒体时代，网络新闻发布不再受传统新闻发布者的限制，受众可以发布自己的新闻，并在短时间内获得更快的传播，而且新闻将成为人们互动交流的平台。

传统媒体，特别是纸媒的生产模式几乎在一百多年内都没有发生革命性的变化。以都市报为例，为了每天能够及时生产出报纸，都市报每天都需要记者去采集原材料——新闻线索；为了提高效率，都市报的负责人把自己所在区域内（通常是一省或一市）的各个领域，分割成部门和条线。记者被安排在相应的条线——公安线的记者，就需要有针对性地和公安系统的人员进行情感联络，以便能够获得第一手有价值的新闻；相应的，金融线的记者最大的目标就是成为银行行长的座上宾，以期获得独家新闻。这样的新闻采写模式，在互联网诞生之前，具有强大的竞争力。因为传统媒体作为大众传播机构，几乎垄断了所有大众化信息发布渠道（政府公文除外）。当时的公安局局长或者银行行长，没有电脑和智能手机，也没有微博、微信，他想发布信息，要么去街道上大吼大叫（即便没人当他是疯子，也只有少量的人能够听到他发布的信息），要么就将信息告诉记者，通过记者的报道传递给大众。

世易时移，随着互联网的蓬勃发展，通过技术赋权，尤其是随着社会化媒体兴起，人人手中都握有了"传播权杖"，人人都是自媒体。以新浪微博为例，2013 年 1 月 22 日，新浪微博注册用户数突破 4 亿，高峰时段日微博发布数超过 1 亿。虽然最近一段时间来，新浪微博活跃度下降，并且屡屡受到业内的批评，但直到目前，仍有上亿中国人从中获取信息、表达诉求、沟通交流，每天也在产生成千上万有价值的内容。去年崛起的微信，更是给媒体的生产方式带来了革命性的变化。

二、网络新闻的时代特点

网络的迅速发展，不单改变了人们的阅读习惯，也永久地改变了记者的采写方式。数字时代，新闻业不再能完全掌控自己的未来。传统新闻业面临的"根本性挑战"越来越明显。虽然他们仍然生产大部分内容，但受众在逐年减少。而且每一次技术革新，都增加了新的玩家，这些玩家负责将内容与用户、广告商建立起联系。传统媒体越来越依靠这些玩家：它们依靠新闻聚合工具和社交网络来为它们提供潜在的用户，随着新闻消费越来越移动化，新闻公司必须按照硬件设备商和软件开发商的规则来发布它们的内容。

1. 社会化媒体时代

社会化媒体是什么？简言之，它是用户社会交往和信息分享的平台。微博上曾流传过一张图，它试图概括中国的社会化媒体应用。在这张图里，我们可以看到，除了门户网站，几乎所有其他类型网络应用都可以归为社会化媒体，例如我们熟悉的论坛、博客、即时通信，还有微博等。但是这张图有一个缺陷，那就是它忽略了一些电子商务的平台，尽管它将团购网站归为社会化媒体，但是更重要的电子商务网站，例如淘宝、京东等，没能被它归纳进去。而在我看来，电子商务网站也是社会化媒体。如果套用"无跟帖，不新闻"这样一个说法，那么在电子商务领域，便是"无评论，不交易"。用户的评论决定着人

们的购买行为。

在社会化媒体的时代,我们可以看到的是,门户网站正在逐渐地被社会化媒体所挤压。社会化媒体的特点是用户唱主角。用户用社会化媒体干什么？他们是在生产内容,但是推动他们生产内容的底层心理需求是社交。用户不是为生产内容而生产内容,而是要扩大自己的社交圈子,获得更多人的关注。①

2. 网络新闻业的环境变化

进行网络新闻写作,必须首先了解我们所处的媒体网络环境发生了怎样的变化。

Alexa 提供的数据显示,新浪微博的影响力已经开始挑战新浪的传统门户 sina. com。从页面浏览量来看,相比已有近 13 年历史的新浪门户,2011 年 4 月正式更名为 weibo. com 域名的新浪微博,一路上升,在 2011 年 7 月 23 日左右,微博的页面浏览量首次超过了新浪门户。从人均页面浏览量和人均网站停留时间这两个数据看,微博几乎一直占上风。这样的数据反映了类似微博这样的社会化媒体对用户的影响力和黏性。尽管 10 月之后微博的一些数据在下降,这些数据反映了微博正在进入一个相对疲软状态,但是这样的下降也不会改变这样一个趋势：那就是社会化媒体对传统门户网站的挑战。②

首先,用户数据可能成为最重要的商品。皮尤研究中心发布的"美国新闻业 2011 年度报告"中显示,在媒体市场已经成为买方市场之后,用户决定着哪些内容以哪些方式呈现。媒体业的未来属于那些"既懂得公众不断变化的行为,也能准确投放内容,并将广告按照每个用户偏好投放的人"。这些知识,以及懂得这些知识的人,越来越多地出现于科技公司,而外在于新闻业。我们可以继续信奉"内容为王"的教条,但"内容为王"的内涵必须有革新。这个内容,不是快餐信息,而是有价值的服务信息,是刚需信息。以教育新闻为例,部分家长可能会喜欢看类似《考生迟到半小时不能参加高考,跪求保安进门》之类的新闻,但他们也许更喜欢你帮我整理出一个全国高校历年录取分数数据库,当读者作为家长输入我孩子今年的分数的时候,你会给出一个参考："根据往年的分数线,并综合考虑大小年,你们孩子 A 大学录取率是 0.3%,B 大学录取率是 1%,……C 大学 50%,综合考虑,我们建议您孩子报考 C 大学"。或者告诉他们,未来 5 年,哪几个专业的就业率、薪酬水平比较高。

同样,医疗卫生、法律、汽车和房产等刚需领域,都可以有类似的内容转型探索。比如《海峡都市报》的 968111 公众服务中心。同样,如果电话结合微信,沉淀出庞大的数据库,数字媒体的这一特性将得到更好的利用。

其次,新的新闻中介(New intermediary)登场亮相。软件程序,内容聚合工具,设备制造商都成为新的新闻中介,比如中移动等电信运营商、Flipboard、Zaker 等新闻聚合工

---

① 彭兰:《社会化媒体与媒介融合的双重挑战》,载《新闻界》,2012(1)。

② 彭兰:《社会化媒体与媒介融合的双重挑战》,载《新闻界》,2012(1)。

具、Appstore\android 等平台商、苹果等软件制造商。这些新出现的新闻中介，不仅要分新闻业利润的蛋糕，还控制着用户数据。

同时，新闻的移动化也成为一个最重要的特征。移动化已经成为新闻的重要影响因素。它们的一份调查发现，近一半(47%)的美国人现在从各种移动设备上获取地方新闻。它们在移动设备商获取的新闻通常服务于即时性的需要(Immediate needs)，包括天气、附近餐馆、交通以及其他地方性的商业服务信息。

更值得引起我们注意的一大变化是读者正在加速转移到网络。大部分新闻平台的受众要么停滞，要么下降，而网络确是例外。三大有线电视网的观众十几年来首次下降。更多的人从网络而非报纸获取新闻。网络现在是仅次于电视的新闻终端，而从趋势看这种差距将终结。2010 年的网络广告收入已经超过印刷媒体收入。对新闻业而言，网络广告收入中最大的份额到目前为止流入非新闻机构(NON-news sources)，特别是新闻聚合服务商。

和受众的变化相比，传统新闻编辑部也在发生变化。传统新闻编辑部与衰退前发生较大变化，它们变得弱小，降低了目标，并压缩了人员规模。这种变化在传统媒体管理者嘴里是“更能适应变化、更年轻、更加多媒体化、聚合使用用户内容”。这使得新媒体与传统媒体越来越相似。

最后需要指出的是新闻的“去专业化”。新的媒介生态可能出现两种令人忧虑的现象。一是重要新闻被忽视。大家都忙着试验新的盈利模式，容易造成资金上的不稳定，进而不愿意花大价钱投入报道，重要新闻被漏掉了；而新媒体试验导致的低工资、速度优先、缺乏培训、过度依赖志愿服务，容易使得新闻日益缺乏有价值的东西，也即新闻的去专业化。

第二节　网络新闻写作技巧

网络新闻也是新闻，同样需要遵从传统新闻写作的基本原则，讲求传统新闻写作的基本规律、要求和技巧。但因为网络受众在网络新闻传播过程中的心理及行为方式出现的新变化、新特点，网络新闻写作在遵循传统新闻写作基本原则的同时，也要遵循网络传播的特殊规律，考虑网络新闻受众的心理、行为特征和阅读需求，使用专门技术，运用特殊技巧，以保证更好地满足受众需求，更好地实现传播目标。

目前一个完整的网络新闻作品通常可以分解为标题、内容提要、新闻正文、关键词或背景链接及相关文章或延伸性阅读 5 个层次。因此，层次化写作是目前网站比较常用的一种新闻写作形态。在网络新闻的层次化写作过程中，网站编辑、记者应熟知和掌握每一层次的写作技巧。

一、以标题引导读者进入深层信息

由于网民对新闻标题的“第一依赖感”形成，网络新闻标题已经成为受众识别新闻内容、判断新闻价值的第一信号，成为受众决定是否索取深层新闻信息的第一选择关口。读者每一次对于下一层网页链动结构的点击(即对深层新闻信息的选择和索取)，支付的不仅是时间，而且是金钱，因此，标题实际上也成为他们权衡自己获取新闻所支付成本的第一判断。标题在网络新闻传播中的重要性格外突出。

网站的“信息集合页”与报纸版面有很大区别：新闻标题与正文不是在同一网页上，正文通过标题超链接到次一级页面上，即标题先于新闻主体而呈现于受众眼前，吸引读者点击。为增大信息容量，网络媒体的“信息集合页”通常采用新闻标题集中组合的引导式版面布局。在这样的版面结构下，最先呈现于受众眼前的是由大量新闻标题组成信息集群，每条新闻的深层内容往往需要通过点击标题的链接才能索取。因此，新闻标题在网络新闻传播中的重要性就更加突出了。

在“信息集合页”，面对庞杂、密集的信息，结构复杂的网页设计，网络读者对新闻的分辨、取舍的难度加大，易陷入被动局面而茫然不知所措。通常受众是在对这些标题的扫描中做出判断，决定点击哪一个标题。这与读报时人们可以通过直接阅读正文内容来决定阅读目标有着很大区别。网络新闻的竞争，首先是网络新闻标题的竞争。

好的标题会吸引、刺激、引导读者点击链动索取下一层新闻内容，而不好的标题则成为深层新闻内容展示的直接障碍。一个网络媒体要想吸引受众向网站的深层内容进入，就必须强化“标题意识”，在标题的制作上下大功夫，让新闻标题对受众具有“不可摆脱”的吸引力。

网络新闻标题大多是独立出现的，通过标题上的链接，人们才可以读到信息内容。一个栏目下，可能会同时出现几十条标题，人们需要在很短的时间内，在这些标题中扫描，做出判断，进一步决定点击哪一条新闻。印刷媒体的标题由于其版面展示空间的完整性，读者可以在同一时间和空间，看到新闻的主标题和副标题乃至主体新闻的提要等内容，因此，在标题的制作上可以调用各种文字技巧，比如，主标题借用了一个比喻，则可以用副标题对其进行解释和说明。在网页上，标题是导读的决定性手段之一，它对于新闻主要要素的提示，起着重要作用。正因为如此，新闻网站往往把标题的竞争作为常规新闻竞争的一种主要手段。从国内各大网站来看，目前比较流行“两段题”，即主题＋副题，主题揭示稿件的主要内容，副标题补充相关内容。“两段题”的主要特点是一目了然，有时间可以链接网页继续阅读，没有时间也基本知道文章的大概。

制作标题应注意的几个问题：

(1) 不要使用专业术语。比如说某某地方拆除D级危房。

(2) 能用虚标题，都要用实标题。

(3) 标题要有主语。例如"培育农村专业经协"可改成"某地：培育农村专业经协"。

(4) 研究网站首页各个栏目能显示出的标题字书，在设计标题时可以以此字书为参考。主要是考虑标题能在网页上"完整显示"，如太长就会出现"显示不完整"的现象。"显示不完整"常常带来一些负面效果：有的文稿标题后半部分是文章要反映的内容，因为标题"显示不完整"，可能让受众把标题"部分显示"当做新闻要反映的内容，比如《天津：建37公里高速路，倒下37乡干部》，如显示不完整，就成为《天津：建37公里高速路》，似乎是说修路，实际上是说因为修路过程中产生了腐败使得37个乡干部倒台。

(5) 不要为了赚取点击数，在标题制作上不惜挂羊头卖狗肉。优秀的广播写作主要使用紧凑、简洁的陈述句而且坚持一句话一个意思。它避免长的从句和被动的印刷品写作。每个表达出来的意思逻辑自然地接入下一句。网络写作运用这些理念，则会使文章更易懂，而且能更好地抓住读者的注意力。努力用生动的散文，依赖有力度的动词和鲜明的名词。在文章中注入区别性的声音以助于把它和网上的多数内容进行区分。运用幽默，试着以活泼轻快的风格或态度来写作。网上对话风格发挥的作用尤其好，网络受众更易于接受非常规的写作风格。①

二、让新闻适合于扫描式阅读

目前，扫描式阅读已经成为网络新闻阅读的主要方式。在网络新闻传播过程中，受众阅读信息的速度加快导致阅读方式的改变，据美国学者的研究发现：79%的网络读者对内容是一扫而过，只有16%的人逐字逐句地阅读。网络新闻传播开辟了人类信息传播史上扫描式阅读(潜阅读)的时代。这种阅读带有极大的跳跃性、检索性、忽略性，如果新闻中没有醒目的关键词，没有清晰的提示与标识，没有引人注意的种种细节，就难以抓住读者飞速运行的眼球。为了让新闻适合于扫描式阅读，要想方设法突出重点新闻要素，要在新闻的内容提要、导语和新闻主题上多下工夫。

(1) 内容提要：突出核心或主要，让读者在不看新闻内容的情况下对这篇新闻所要表现的内容有一个感性的了解，内容提要也就是这篇新闻的灵魂或是中心思想。

内容提要是用一句话或几句话简单地把新闻的主要部分概括出来的新闻写作形态。在传统广播电视节目中，新闻提要经常出现在节目的开头、中间或结尾，主要的目的是让受众对下面将要展开的主要内容有个大概的了解和感性认识。一般来说，在传统媒体中，有新闻提要的新闻往往都是节目中比较重要的新闻。在网页中，一般没有赋予它这么高的地位，只是深化标题，让网民对新闻的主要内容有进一步认识。

---

① [美]乔纳森·杜博：《网络新闻写作的12个技巧》，孟凡东译，载"中国新闻传播学评论"网站，2004。

在新闻提要写作中，编辑要注意新闻提要写作与标题写作的不同：标题写作是把最重要的要素（如何人、何时、何事、原因等要素）凸显出来；而新闻提要则是把文中核心部分写出来，但不一定是最重要的要素。

（2）新闻导语：突出新闻要素，让读者一看到导语就知道该篇新闻所要叙述的事件。新闻导语是新闻稿件中的第一句话或第一段，是用最简洁的语言把新闻中最重要、最新鲜的要素概括出来，以期引起受众的浏览和阅读兴趣。当进行网络写作的时候，重要的事要快速地告知读者故事是关于什么的，以及为什么他们应该继续阅读——否则他们就离开了。

一个解决方法是运用“T字模型”的故事结构。在这个模型中，一个故事的导语——“T”字的水平线——概括了这个故事，而且理想的话，告知故事为什么重要。导语不需要泄露结局，只是给人提供一个继续读下去的理由。然后，故事的其余部分——“T”字的垂直线——可以采取任何一种结构形式：作者可以以叙述的方式讲述故事；提供一则轶闻，然后跟上故事的其余部分；以堆积木的形式从一种跳到另一种；或者只是继续进入一个“倒金字塔”。

导语在消息中占有重要的地位和作用。它承担着两个重要任务：一是突出事实中最主要的内容，用精炼的文字开门见山地表达出来；二是启发、吸引受众浏览、阅读整条消息。美国传播学者尼尔森研究发现，人们在网上阅读新闻的时候通常采用快速阅读的方式，即力图在15秒钟时间内得到想要掌握的信息的要点。因此受众在快速浏览过程中能迅速抓住一篇新闻的主要内容并产生兴趣，才有可能进一步深入阅读。导语写得好与坏，决定着一条消息的成败。因此，美国报业巨子赫斯特曾经说过，“千万记住，如果你的第一句话不能打动读者，也没有必要写第二句了”。

在导语写作实践中，导语的常用表达形式主要有：叙述式导语、描写式导语、对比式导语、结论式导语、评论式导语等。叙述式导语，就是把新闻中最重要、最有意义、最新鲜的事实，用简练、概要的文字叙述出来；描写式导语，就是把富有特色的事实或有意义的某一侧面，用文学的“白描”手法简练勾画出它的形象，给受众以鲜明、深刻的印象；对比式导语，就是用正确与错误、好与坏、现在与过去的事实进行对比，形成强烈的反差，吸引受众并引起关注和思考；结论式导语，就是将事实中的最重要的结果、结论概括出来；评论式导语，就是用事实进行精辟的、画龙点睛式的评论，揭示事物的性质、点明意义或重要作用。

（3）新闻主体：是对内容提要、导语进一步的解释、补充和叙述。新闻主体是导语后面的部分，是新闻作品中的主要部分。主体是对导语中已揭示的新闻要素做进一步的解释、补充与叙述。在消息写作实践中，常用结构安排通常是按时间顺序，或按事件发展顺序、“倒金字塔”结构等。第一种结构比较简单，从事件发生、发展、高潮、结束来安排材料。对于后一种“倒金字塔”结构，难度稍微大一点。从网络的发展来看，网络新闻对这

种结构的要求不像传统媒体那么严格。传统媒体主要是从版面安排和时间段安排来考虑的，在某些情况下，对稿件要做部分裁减，最便捷的方法就是删除“倒金字塔”结构的文章的最后一部分或若干部分。网络媒体由于数据库庞大以及采用链接技术，几乎不存在长稿的问题。

新闻主体的写作可采用以下两个小的技巧：一是使用有特色的小标题；二是保持每段的独立性，即一段一个内容。

三、用背景资料扩大受众的视野

不要让电子化新闻收发机构的工作思路攫住网络编辑的头脑，因为编辑尽快地得到最新的新闻，要考虑全部重要的事情。读者很少注意到或在意谁是第一人。人们想知道的不只是发生的事情，而是事情为什么重要。

新闻背景是对新闻事件发生的历史、环境与原因所做的说明，解释事件发生的主客观条件及其实际意义，具有烘托和发挥新闻主题的作用，是新闻报道中不可或缺的重要组成部分。网络新闻中，新闻信息的链接不再仅仅是线性的，而是网状的，这为在报道中提供更多的与新报道相关的新闻背景材料创造了条件。

背景资料称之为“新闻背景”，它是指新闻报道中同新闻的主要事实有密切关系的历史情况、社会环境、政治局势、自然情况、人物简历、知识资料和基本数字等。用澳大利亚一位新闻学者的话说，所谓新闻背景就是用过去的事情解释今天的事情。世界上任何事情的发生几乎都会有历史性，都是有原因的，并不是孤立存在的。写新闻时要考虑背景资料的主要目的是，让受众更容易理解现在发生的事件。常见的背景资料分类主要有：对比性背景资料。它是指那些能与新闻事实形成某种对比的材料，包括正反对比、前后对比、好坏对比、彼此对比、黑白对比、先进落后对比，等等。有比较才有鉴别，经过比较，就能看出问题、比出差别，事实的特点、意义和价值就能清楚地显露出来。①

注释性背景资料是用以帮助受众看懂新闻内容，增长知识和见闻的背景材料。比如产品或其他物品性能特点的说明、科技成果的通俗介绍、技术性问题的解释、名词术语的注释、文史记载的知识、风土人情的介绍，等等。它一方面让受众知其然更知其所以然；另一方面扩大受众的视野，对陌生的新闻事实有更清楚的了解。

说明性背景资料是用来说明和解释新闻事实产生的原因、条件和环境，人物活动的背景材料。美国新闻学家麦尔文·曼切尔在《新闻报道与写作》一书中说：“如果不交代一个事件的来龙去脉，这个事件的意义就不会完整”，“在新闻写作中，最基本的东西莫过于对任何一个事件、讲话、情况或数据都必须交代其来龙去脉，以确切地反映它”。在网

① ［美］乔纳森·杜博：《网络新闻写作的12个技巧》，孟凡东译，载“中国新闻传播学评论”网站，2004。

络传媒中,说明性背景资料的价值仍显重要。

提示性背景资料是指经过作者或编辑精心安排的、对新闻事实的意义有所提示的、或对受众有某种暗示作用的背景材料。它的主要作用是将作者或编辑的某些见解暗示给受众,或是将受众的思路引向某个方面去思考。这些内容既可能是对立的判断,也可能是相关的类比。

在网络文稿写作中交代背景的方式主要有两种:一是将背景与事实融合在一起,比如穿插在导语、主体或结尾中;另一种是将背景与新闻事实区别开来,放在专门的背景栏目或通过链接放在其他网页上供受众浏览、阅读。

四、多媒体互动式写作网络新闻

网络新闻的呈现符号有文字、图片、音频、视频、动画等,并可以为新闻设计受众参与的互动形式。写作网络新闻时,应该根据前期收集到的写作材料,根据新闻的性质和受众的特点、需求,确定网络新闻呈现的最佳手段。尽量选择一种与传统媒体不同的报道形式和表现形式,写作多媒体型的网络新闻。

对于同一新闻事件的报道,受众既可以阅读文字,观察图片,也可以点击观看相关视频,或者点击观看专门制作的动画。多媒体型的新闻可以从多个角度、立体地构筑事实真相,让新闻报道变得更生动,富有人情味,从而满足受众多方面的需求。

比如"发现频道"(Discovery Channel)2000 年持续了一年时间的对美国的种族仇恨和暴力的独家报道,可以说是一次成功的多媒体深度报道。记者用文字、图片、音频和视频报道等构建丰富深刻的多媒体报道,包括了社区暴力犯罪,如何建设一个健康的社区以及有关人物报道,同时还链接到一系列校园枪击案和办公室枪击案,暴力事件给社会带来的经济损失和给受害家庭带来的精神损害,以及对这一社会现象的最新研究,等等。这种做法被认为是沿用了传统报纸的深度报道做法,但因网络媒体的多媒体表现特长而使报道的深度和广度大大加强了。

网络新闻的写作要努力营造一个网上互动的新闻传播环境,给网络新闻受众以充分的参与新闻传播的自由和可能。让受众不是被动地接受信息,而是能够主动地参与新闻报道。基于信息传播技术和受众的心理,积极思考、主动创新互动的方法和形式。

网络新闻记者必须不断地以不同要素相互补充的方式进行思考:寻找与文字相配的影像、音频、录像相配的文字,引进互动性的资料等。

记住,照片在拍得或取得窄时看起来更好,流体录像在背景素朴、最小聚焦的情况下更容易观看。如果有人说那将会成为有力度的剪辑时,就尽可能把采访录制下来。寻找会成为有趣的谈话嘉宾的名人。并且一直关注运用互动工具进行更有效传递的信息。

五、通过超链接层次式布局网络新闻结构

在网络新闻的写作中，要通过超链接层次式的网络新闻结构，不要试图在一个网络页面上呈现一切信息。网络新闻的发布过程是一个逐层推进的过程。在开始报道和写一个故事的时候，考虑一下讲述故事最好的方法是什么，是否通过使用音频、录像、可点击的插图、文本、链接等方式——或一些组合。与音频、录像和互动设备的厂商进行合作。订一个计划并让它指导新闻采集与生产的全过程，而并非只是报道一个故事，然后添加各种各样的元素。寻找可用到网上的故事——这些故事能够讲得与其他媒介不同或者更好。

一条网络新闻的首页面，应该如同数字电视的某个节目情节板块的组合版面，这种版面节目组成、结构的精彩说明，描述正在播出的电视节目的情节、内容、人物等，诱惑观众上钩。网络新闻的首页面应该通过多媒体、超链接，构筑网络新闻的故事性导语。网络新闻的第二级页面提供的是新闻背景，接下来几级页面都是支持或挑战故事主题的。

网络读者通常是根据自己的需求，一层一层去索取新闻信息的，沿着网络记者和编辑精心制作的超链接和故事版图，不断翻滚点击出更多相关的文章和资料。

每个超链接文本都必须遵循"倒金字塔结构"写作原则，浮光掠影的网络读者，能够方便地通过导语或开头几个页面获知新闻要点。网络媒体上，故事被切成小块讲述出来，变成无数个倒金字塔漂浮在读者眼前。"网络媒体新闻事件的完整报道更像一部小说情节的不断展开，高潮一个接着一个。无论使用何种新闻媒介，'倒金字塔结构'都是从一堆杂乱无章的事实中判断和选取有新闻价值的事实的最好方法，也是吸引读者，满足读者需求的最好途径"①。网络研究人员的研究表明，网络读者对每一条新闻的停顿时间平均不超过 1 分钟。如果按照人类平均阅读速度来计算，他最多只能读完 200 字，不超过 3 段文字。而且，调查还发现，大多数读者在阅读新闻时，并不用鼠标向下翻滚网页，多半是停留在文章的前半部分的文字里。只有那些对这条新闻有特殊兴趣的人，才会用鼠标往下翻滚，但是，很少有读者会把鼠标一直拖到倒金字塔的低端，因为通常只有悠闲地躺在床上或坐在宽松的地铁里的人，才会有兴致和耐心，把整篇新闻细嚼慢咽地每个细节都读到。

网络记者和编辑把他们的作品用倒金字塔式结构分割成小块，篇幅最好不超过一个屏幕，以免麻烦读者去翻页，但是通过点击超链接，进入其他网页，看到的是另外的倒金字塔，整个网络空间是到处漂浮着"倒金字塔结构"的新闻小块的网络海洋。

"倒金字塔结构"在网络新闻写作中不仅有印刷媒体常见的上下水平布局的平面结

---

① 李希光：《新闻学核心》，350 页，广州，南方日报出版社，2002。

构关系，而且具有前后纵深布局的立体结构关系。

在网络新闻的写作中，记者和编辑要精确地判断新闻价值的层次结构，按照其读者的关注度、需求度，对纷繁复杂的新闻因素进行立体化的划分排列，不仅需要确定在一个页面里诸新闻要素的组合排列的关系，而且要确定在多层页面中的组合排列关系。

目前门户网站和新闻网站发布的绝大多数新闻还没有实行这样的分层处理和展示。大多数新闻网站的"纵深链接"往往是对"相关新闻"、"背景资料"等外部相关信息的链接。这就使得主体新闻缺乏纵深度和广阔度。需要说明的是，造成这一缺陷的原因目前看来不仅是网络新闻结构处理技术上的问题，更重要的是网络新闻从业者普遍缺乏对新闻进行深度开掘的意识。

高钢在《新闻写作精要》一书中认为，从事网络新闻写作需要建立起分层表述的概念，特别是要建立起立体分层表述的意识。在印刷媒体上，一则新闻表现为一个整体，读者看到的是信息的全部，所谓分层表述是重点的平面排列技术。而在网络媒体上，由于页面的限制、读者阅读习惯的特性等因素的制约，你可能需要把同样的信息拆分为独立的个体，制作成多重的超链接页面，因为读者不可能把一个很长的页面尽收眼底。

在进行"立体分层表述"的过程中，有两点需要注意：一是要对新闻的重点因素进行精确的分解，以确定哪些内容需要在第一页面呈现，哪些内容需要通过超链接在第二、第三页面呈现；二是要保证让每个页面的内容具有相对独立的完整性，并且从一个侧面更详细更深刻地解释主体新闻。因为在网络上，读者可以在他们选择的页面间自由移动，所以不要设想你的读者是在看过前一页后才来索取这一页面的内容，不要奢望你的读者能够按照严格的逻辑程序去点击各个链动。要让他们看到一页一页的相对完整的有着内在联系的信息群落，通过这些信息群落深刻了解网络媒体所要传达的整体信息。

通常实施超链接的内容应该包括：新闻诸要素的详细描述与解释、支持结论的论据说明、直接背景资料、统计的表格与数据、问题的定义与专门机构的缩写解释以及更加广泛的参考资料，等等。不要惧怕链接。许多网站有一种妄想的恐惧，以为如果它们把其他网站链接进来，读者就会流失而不会回来。而事实上，读者愿意上能够收集编辑有点击价值链接的网站——正如雅虎的成功。

同时，新闻记者有责任把新闻判断和编辑的标准用于他们选取的链接。避免链接明显错误的信息或冒犯无礼的内容。通过帮助读者从新闻幕后人物那里取得额外信息的方式来精选能增强故事价值的链接。

在网站上可以链接过去与当前的相关故事，这才真正是网络的优势之一。通过链接其他故事来提供语境和背景，作者免于陷入旧信息故事的泥潭，有更大的自由度集中在当天的新闻上。要对文本、文件进行有序的组织，它的分层展示一般不要超过四层链接。如果想要传达的信息能够在一个页面上简洁而完整地呈现，就不要使用超链接。

同时，网络新闻应该避免给读者过多的超链接。超链接太多，读者就会迷失方向，无

所适从。

六、在写作中突出重点新闻要素

写作者与编辑要把网络读者的需求与习惯放在心上。网络使用性研究表明，读者往往浏览网站而不是专心地阅读。他们也往往比印刷品的读者或电视观众更活跃，搜寻信息而不是被动地接收网站提供的东西。

考虑一下网站的目标受众。因为网站的读者正在网上获取他们的新闻，极有可能的是他们比电视观众或报纸读者对与网络有关的故事感兴趣，因此重视这样的故事是有意义的。另外，网站具有抵达全球的潜力，所以要考虑到编辑想把它做得可以让地方、国家或者全世界的受众都看得懂，写作者和编辑要把这一点放在心上。

有研究表明，网络传播受众不愿意在线阅读大量的文本、文件，网络新闻每一个页面的字数相比同样的印刷媒体新闻的字数要减少50%。因此，网络记者要用印刷媒体新闻一半的篇幅来写作网络新闻的每一个超链接网页，用短段落尽量把每一个超链接页面在一个页面上完成。网络新闻的每一个超链接页面上新闻消息的字数最好控制在800字以内，如果新闻内容非常吸引人，能够促使读者深入地阅读下去，可以超过这个限制。网络新闻应该更短小、文字更简练。人们上网看新闻不是为了寻找大块的文章来慢慢地细细品味和解读，而是想马上了解世界、生活的最新变动。

新闻要短小、精练，还要保证新闻的完整以及深度，因此就要在网络新闻的写作中注意突出新闻的重点要素。

网上读者阅读新闻的主要方式为扫描式阅读，在这种阅读方式下，要想保证读者能够容易、清晰、准确地捕捉新闻的核心内容，在写作上就要做到：一是将重要新闻因素用最清晰的文字方式描述出来；二是要对重要新闻因素进行合理排列。

准确、简洁、突出——这三个要求在新闻主体的构造过程中需要同时完成。

罗伯特·加宁：清晰写作的十条原则

美国学者罗伯特·加宁曾经是包括《华尔街日报》在内的一百多家日报以及合众国际社的顾问，在《清晰写作的技巧》一书中，他提出了他称之为清晰写作的十条原则：

(1) 保持句子短小；

(2) 宁可简单而不复杂；

(3) 尽量使用熟悉的词；

(4) 不用多余的词；

(5) 使用动作性强的动态动词；

(6) 按说话的方式写作;

(7) 使用读者可以想象的词语;

(8) 与读者的经历联系起来;

(9) 充分利用多样的变化;

(10) 通过写作来表达而不是追求轰动效应。①

清晰是网络新闻达到简短精练、突出重要新闻要素要求的最行之有效的方法,也是网络新闻突出重点的必要条件。这十条原则对网络新闻的写作者具有深刻的启发意义。

七、制作便于检索的导语和概要

搜索引擎已经成为人们检索网上信息必须使用的重要工具,美国SUN公司研究机构的研究发现,至少超过半数的网络使用者依赖于搜索引擎去发现自己需要阅读的网页。因此,让新闻更容易被受众检索和查寻,是扩大新闻传播的影响范围,增强新闻的再度利用率的重要条件。

当使用者从搜索引擎上看到一个网页的链接时,搜索引擎上展示的对这个链接的简要说明应该能够保证他们立刻准确地了解这个网页的内容,清晰地判断这个网页与他们的需求之间有什么样的联系。②

有学者认为,为了使新闻信息的最本质的内容能够在搜索引擎上清晰地显现,在新闻的写作上要注意以下两个环节:

一是为新闻制作清晰明确的标题,这一点在上面已有论述。

二是为新闻制作精彩的导语或概要。在搜索引擎上,一则新闻最前端的数十个字往往作为这一新闻全部内容的简明提示,使用者往往就是通过在搜索引擎上呈现的这数十个字的描述去判断这则新闻信息与自己需求之间的关系。

(1) 使用能够引起人们注意的词汇和简洁的句式制作导语。

(2) 如果是长篇的报道则要使用能够引起人们注意的词汇和简洁的句式制作一个摘要,将其置于这一页面的最前端。在这个概要上设计链接,将读者引向报道的详细内容。这个摘要往往会成为在一些搜索引擎中显示为这页新闻内容的最为精要的提示。

(3) 导语和概要描述必须准确反映全文的内在联系及本质含义。

(4) 不要用夸张的和浮华的语言描述导语及概要,把精力集中于事实之上。

---

① [美]布鲁斯·D.伊图尔等:《当代媒体新闻写作与报道》,贾陆依等译,41页,北京,中国人民大学出版,2006。

② 高钢:《如何让网络新闻的重点突出——网络新闻写作规律探讨》,载《新闻战线》,2004(4)。

(5) 概要描述应该控制在200字以内。[①]

八、活泼生动,富有人情味

美国《圣彼得斯堡时报》写作指导罗伊·彼得·克拉克(Roy Peter Clark),曾在《华盛顿新闻评论》提出了优秀撰稿人的一些特征,比如"优秀的撰稿人喜欢讲故事,他们不懈地寻找新闻中人性的一面,寻找让作品活起来的声音。他们的语言反映了他们对讲故事的兴趣。他们更喜欢谈论逸闻趣事、事件场景、事件的时间顺序和叙述而不是新闻的五要素","优秀的撰稿人喜欢在写作时冒险。他们喜欢用一种令人惊奇的、非传统的方式撰写新闻报道"等。

在网络新闻的写作中,网络新闻写作者应该加强这些优秀的品质,写出生动活泼,不拘一格,富有人情味的新闻来。因为网络新闻的受众,不拘泥于传统,更倾向于突破传统,在自由自在的氛围中检索信息、查看信息。

网络新闻更讲求戏剧性,从而要求网络记者在新闻的写作上更像一个讲故事的人。

练习

一、如何看待社会化媒体时代的记者角色?

二、公民新闻和专业主义新闻二者的区别在哪里?你认为一个记者应该如何使用网络资源?

---

① 高钢:《如何让网络新闻的重点突出——网络新闻写作特殊规律的探讨》,载《新闻战线》,2004(4)。